《碧岩录》研究

第一奇书的现代释读

张耀南 著

商务印书馆

图书在版编目（CIP）数据

《碧岩录》研究：第一奇书的现代释读 / 张耀南著 .—北京：商务印书馆，2024
ISBN 978-7-100-23458-0

Ⅰ.①碧… Ⅱ.①张… Ⅲ.①禅宗—研究 Ⅳ.①B946.5

中国国家版本馆CIP数据核字（2024）第054973号

权利保留，侵权必究。

《碧岩录》研究
——第一奇书的现代释读

张耀南　著

商 务 印 书 馆 出 版
（北京王府井大街36号　邮政编码100710）
商 务 印 书 馆 发 行
北京市白帆印务有限公司印刷
ISBN 978-7-100-23458-0

2024年8月第1版	开本 880×1230　1/32
2024年8月北京第1次印刷	印张 17¼

定价：89.00元

序

宋代著名禅师圜悟克勤（1063—1135年）所著之《碧岩录》，是他对雪窦重显禅师（980—1052年）的《颂古百则》加以评唱的精心力作。圜悟禅师在每一则公案和偈颂的前面加一段提纲式的垂示，然后列出公案，并加些评论性的著语，在整个公案和偈颂后面加上一段评唱，阐述他的观点，之后再对雪窦重显的颂古诗加以评述。

这部书对一些参禅悟道者有很大的启发作用。《碧岩录》是宋代禅宗"文字禅"的代表作，所以在中国佛教史上又有"宗门第一书"的称号。

宗门自谓："教外别传，不立文字。"达摩东来，单传心印，固与文字无关，然著论传法，又非文字不可，故古人言"不在文字，不离文字"。禅师们用文字来诠释禅意，固然有启发的一面，但同时也可能使参禅者落入文字死义之中，而得不到真正的禅意，尤其是像"文字禅"那种运用过分华丽的诗句和不说破、绕着说的话语，更有可能使参禅者不知所云，乃至误入歧途。

圜悟克勤的高足大慧宗杲，深怕此流弊耽误参禅众生，于是不仅努力收回流于世间的《碧岩录》,而且把《碧岩录》的雕版也全部毁掉,以防再传播。由此,也就开启了大慧宗杲直参公案话头的"看话禅"。

圜悟评唱而成《碧岩录》,大慧毁版《碧岩录》,谁是谁非,历史上聚讼不息。然元代三教老人的评述是平实的,他说:"或问:《碧岩集》之成毁孰是乎?曰皆是也。……圜悟顾子念孙之心多,故重拈雪窦颂;大慧救焚拯溺之心多,故立毁《碧岩集》。释氏说一《大藏经》,末后乃谓:不曾说一字,岂欺我哉!圜悟之心,释氏说经之心也;大慧之心,释氏讳说之心也。"(见《碧岩录》卷首)

《碧岩录》传世至今已近千年,可是后世对它全书的注释、讲解则至今尚未有见。人们有见到的,也只是一些禅师在说法时引述到其中的某些内容而已。近代大德元音老人曾有《碧岩录讲座》问世,但目前能见到的也仅有已整理出来的第一、二、三、四和七十五、七十六等六则评唱的讲解而已。

大约半年前,张耀南教授将其辛苦钻研和用心体悟十余年而写成的皇皇大作《〈碧岩录〉研究——第一奇书的现代释读》一书的稿本交给我,希望我为之作序。由于我冗事缠身,一直没有时间认真阅读书稿,然仅就粗读到的部分书稿,就感受到了这是一本有切身体悟的用心之作。

本书不是对《碧岩录》一般的文字注释,而是有很多的"衍"生之意,其中有历代祖师的公案故事、问答禅语,更有作者的现代解读和作者今日参禅心得的自问自答等,其中不乏启智妙语。

尤其值得一提的是,作者在每一则公案最后,都对圜悟评唱的用意,进行了概括和揭示。

如，作者对第一则公案的概括和提示说："总之通过'圣谛第一义'这则公案，圜悟克勤告诉我们：人若没有一颗'大心'，他就没有'禅缘'。"

又如，对第二则公案，作者概括和提示说："通过'赵州至道无难'这则公案，圜悟克勤告诉我们：人要进入禅境，起码要有'无别心'。"

再如，对第三则公案，作者概括和提示说："通过'马祖日面佛月面佛'这则公案，圜悟克勤告诉我们：人要进入禅境，须有一颗'恒心'。"

往下，作者对每则公案的概括和提示，都归结到"圜悟克勤告诉我们"，要持有一颗什么样的"心"，或去掉一颗什么样的"心"。常言道："以佛治心。"此之谓也。

本书作者从《碧岩录》评唱的前50则公案中体悟出50个须要持有的"心"，或去掉的"心"，仅就这一"衍"生出来的意义言，就值得向广大读者推荐这本《〈碧岩录〉研究——第一奇书的现代释读》。

是为序。

楼宇烈

二〇一五年六月夏至日

目 录

导言　禅问千年今再问 …………………………………………… 1

第一卷

第一则　圣谛第一义 ……………………………………………… 13

第二则　赵州至道无难 …………………………………………… 23

第三则　马祖日面佛月面佛 ……………………………………… 35

第四则　德山挟複问答 …………………………………………… 45

第五则　雪峰粟粒 ………………………………………………… 57

第六则　云门日日好日 …………………………………………… 66

第七则　慧超问佛 ………………………………………………… 77

第八则　翠岩眉毛 ………………………………………………… 86

第九则　赵州四门 ………………………………………………… 96

第十则　睦州掠虚汉 ……………………………………………… 104

第二卷

第十一则　黄檗噇酒糟汉 ………………………………………… 112

第十二则　洞山麻三斤 …………………………………… 123

第十三则　巴陵银碗里雪 ………………………………… 136

第十四则　云门一代时教 ………………………………… 145

第十五则　云门倒一说 …………………………………… 154

第十六则　镜清啐啄机 …………………………………… 163

第十七则　香林坐久成劳 ………………………………… 173

第十八则　忠国师无缝塔 ………………………………… 181

第十九则　俱胝只竖一指 ………………………………… 191

第二十则　翠微禅板 ……………………………………… 200

第三卷

第二十一则　智门莲花荷叶 ……………………………… 213

第二十二则　雪峰鳖鼻蛇 ………………………………… 222

第二十三则　保福长庆游山次 …………………………… 234

第二十四则　刘铁磨老牸牛 ……………………………… 242

第二十五则　莲花峰拈拄杖 ……………………………… 251

第二十六则　百丈独坐大雄峰 …………………………… 260

第二十七则　云门体露金风 ……………………………… 267

第二十八则　南泉不说底法 ……………………………… 274

第二十九则　大隋随他去也 ……………………………… 282

第三十则　赵州大萝卜头 ………………………………… 290

第四卷

第三十一则　麻谷持锡绕床 ……………………………… 296

第三十二则　定上座伫立 ……………………………… 307

第三十三则　陈操具只眼 ……………………………… 313

第三十四则　仰山不曾游山 …………………………… 320

第三十五则　文殊前后三三 …………………………… 328

第三十六则　长沙芳草落花 …………………………… 337

第三十七则　盘山三界无法 …………………………… 345

第三十八则　风穴祖师心印 …………………………… 353

第三十九则　云门花药栏 ……………………………… 366

第四十则　陆亘天地同根 ……………………………… 374

第五卷

第四十一则　赵州大死底 ……………………………… 385

第四十二则　庞居士好雪片片 ………………………… 394

第四十三则　洞山无寒暑 ……………………………… 403

第四十四则　禾山解打鼓 ……………………………… 414

第四十五则　赵州七斤布衫 …………………………… 424

第四十六则　镜清雨滴声 ……………………………… 433

第四十七则　云门六不收 ……………………………… 441

第四十八则　招庆翻却茶铫 …………………………… 453

第四十九则　三圣透网金鳞 …………………………… 463

第五十则　云门尘尘三昧 ……………………………… 471

附论

第一章　圜悟"住澧州夹山灵泉禅院"之因缘 ………… 483

第二章　五面而观"夹山境"
　　　　——"猿抱子归青嶂后，鸟衔花落碧岩前"分疏……487
第三章　文字禅三款六式论
　　　　——初阶文字禅与二阶文字禅齐备《碧》书考……524

导言　禅问千年今再问

到石头希迁的禅床边问"如何是禅",师曰:"碌砖。"
到清平令遵的禅床边问"如何是禅",师曰:"胡孙上树尾连颠。"
到林阳志端的禅床边问"如何是禅",师曰:"今年旱去年。"
到黄山良匡的禅床边问"如何是禅",师曰:"三界绵绵。"
到陈尊宿的禅床边问"如何是禅",师曰:"猛火着油煎。"
到益州崇真的禅床边问"如何是禅",师曰:"澄潭钓玉兔。"
到鹿门处真的禅床边问"如何是禅",师曰:"鸾凤入鸡笼。"
到正勤蕴禅师的禅床边问"如何是禅",师曰:"石上莲花火里泉。"
到保福殊禅师的禅床边问"如何是禅",师曰:"秋风临古渡,落日不堪闻。"

一、千年问答

问的人问了一千年,答的人答了一千年。他们一起消失在历史的尘埃里,也已经一千年了。

但还是不能明白,为什么禅就是"碌砖",为什么禅就是"胡孙上树尾连颠",为什么禅就是"今年旱去年"?

不能明白,为什么禅就是"三界绵绵",为什么禅就是"猛火着油煎",为什么禅就是"澄潭钓玉兔"?

不能明白,禅为什么就是"鸾凤入鸡笼",禅为什么就是"石上莲花火里泉",禅为什么就是"秋风临古渡,落日不堪闻"?

一千年的问,一千年的答。答是答了,却为什么,还是不能明白。

石头希迁、林阳志端、黄山良匡,是如何的高僧大德啊,一百年出不来一个,他们会欺瞒我们吗?

陈尊宿、正勤蕴、保福殊,又是如何的禅门龙象啊,莫非他们会诓骗我们?

二、"禅"只是"好像"

也许不会的吧。

你看那"三界绵绵",莫非你认为那里面没有"禅"?是的,好像真有。

再问你"真有吗",你一定答:"好像没有!"

你看那"澄潭钓玉兔",莫非你认为那里面没有"禅"?是的,好像真有。

再问你"真有吗",你一定答:"好像没有!"

你看那"秋风临古渡,落日不堪闻",莫非你认为"禅"不在"秋风"里、禅不在"古渡"上?"落日"是有声的呀,那不是"禅"吗?

你说好像是有。

再问你"真有吗",你一定会答:"好像没有!"

问了一千年,答了一千年,我们只得到一个"好像"、一个

"似乎"、一个"也许"。

三、"有境"与"无境"

这就对了。

那些高僧大德们,那些禅门龙象们,只是让我们记取这个"好像"、这个"似乎"、这个"也许"。

神秀上座在蕲州黄梅破头山,给师傅弘忍交上一份答卷,回答"什么是禅":

身是菩提树,心如明镜台。
时时勤拂拭,莫使惹尘埃。

这已经是不错的境界了,可弘忍不满意,他等待着一份更好的答卷交上来。

果然慧能交卷了,那个目不识丁的"伙夫",那个担水劈柴的"杂役",交卷来了。他把答案请人写在墙上,墙壁就是他的卷面:

菩提本无树,明镜亦非台。
本来无一物,何处惹尘埃。

弘忍得卷,眼前一亮,觉得这个境界确是比神秀上座多走了一步,从"有境"进入"无境"了。

没错,就是他了。所以才夜半三更,密授衣钵,让慧能连夜离寺,南下弘法。

四、亦有亦无

不错，神秀上座理解的"禅"，是落在"有境"中；慧能多走了一步，把"禅"带进到"无境"中。

你以为到了"无境"，就可以停下来吗？

你以为神秀上座说得不够，慧能就说够了吗？

且看如下之偈：

树无树亦有，台非台亦是。
可拭可不拭，尘在尘不在。

这是"有境"吗？不是。

这是"无境"吗？也不是。

这是"亦有亦无境"：说"身是菩提树"，固然不够；说"菩提本无树"，亦是不够的。

说"心如明镜台"，固然不够；说"明镜亦非台"，亦是不够的。

说"莫使惹尘埃"，固然不够；说"何处惹尘埃"，亦是不够的。

"双亦""双俱"，是更高层次的一个境界。

五、非有非无

但"禅"却又不能停留在"双亦""双俱"中，因为在此境之上，还有更高的境界。

这境界，叫作"双非""双遣"。

试看如下之偈：

树无树非无，台非台非非。

不拭不不拭，无尘非无尘。

你说"树无树亦有"，是落在"亦有亦无"之境中；比它更高之境，是"非有非无"，故曰"树无树非无"。

你说"台非台亦是"，是落在"亦是亦非"之境中；比它更高之境，是"非是非非"，故曰"台非台非非"。

同样地，从"可拭可不拭"再跨上一步，就是"不拭不不拭"之境；从"尘在尘不在"再跨上一步，就是"无尘非无尘"之境。

这是对于"菩提树"之"双非""双遣"；这是对于"明镜台"之"双非""双遣"；这是对于"拂拭"与"尘埃"等之"双非""双遣"。

六、四句百非

这境界已经够可以的了，还能往前走吗？

"禅"是不能停下来的，当然要往前走。

"禅门四句"的第一句是"有"，第二句是"无"，第三句是"亦有亦无"，第四句是"非有非无"。这叫"有无四句"。

四句完了，再往前走，还有一境，叫作"非非有非非无"。此境实际上可以无限追加，而得"非非非有非非非无"，等等。

于"一""异"关系，同样有"一异四句"：第一句"一"，第二句"异"，第三句"亦一亦异"，第四句"非一非异"。再往前走，就是"非非一非非异"，等等。

于"厌""离"关系，同样有"厌离四句"："厌而非离""离而非厌""亦厌亦离""非厌非离"四句,以及"非非厌非非离"等境。

于"权""实"关系,则有"权实四句";于"有""空"关系,则有"有空四句"。于"常"与"无常"之关系、"自"与"他"之关系、"净"与"秽"之关系,等等,莫不如是。

前面四句,谓之"四句";后面一步,谓之"百非"。

禅门合而称之,叫作"四句百非"。

七、离四句绝百非

其实"四句百非"作为一个整体,还是不能停下来。

"四句"作为"句",同样是要被超越的;"百非"作为"非",同样是要被超越的。

因为"禅"不可落在"句"中,"禅"不可落在"非"中。

落在"句"中,是"执于句",那不是"禅";落在"非"中,是"执于非",那不是"禅"。

从"四句"再往前走,禅门就叫作"离四句"。

从"百非"再往前走,禅门就叫作"绝百非"。

"禅"的究竟境界,就是所谓"离四句绝百非"。

禅门一千五百则"公案",要参的,无非是这个"离四句绝百非"之境。一千多年来,它几乎就是禅僧们参禅辨道之"指南"。

高僧大德们,禅门龙象们,谆谆提撕于僧徒的,也无非就是这个"离四句绝百非"之境。

八、"禅"永远在"路上"

然则"禅"要在"离四句绝百非"上停下来吗?

你要是这样想,那就错了。

"离"是永远的"动":你说"有","离"之则入"无";你说"无","离"之则入"无无";你说"无无","离"之则入"无无无"。这是没有穷尽的。

"绝"是永远的"动":你说"非","绝"之则入"非非";你说"非非","绝"之则入"非非非";总之见非加非,见无加非。这是没有穷尽的。

现在我们明白了,"禅"永远不会停下来,因为它本身就是永远的"动"。

"禅"是个"动词","禅"永远在"路上"。

永远"动"着的,是什么?是生命,是万物,是天地。

永远在"路上"的,是什么?是生命,是万物,是天地。

所以"禅"就是"生命","禅"就是"万物","禅"就是"天地"。

"禅"停不下来。能停下来的,就不是"禅"。

春有百花秋有月,夏有凉风冬有雪。
若无闲事挂心头,便是人间好时节。

"禅"就是"百花","禅"就是"秋月","禅"就是"凉风","禅"就是"冬雪"。

更为重要的,"禅"就在春夏秋冬的"交替"中,"禅"就在是非成败的"转折"中,"禅"就在生老病死的"循环"中。

"交替"是"动","转折"是"动","循环"是"动","禅"

只是一个"动",只是一场永不停歇的"行"与"走"、"奔"与"跑"、"上"与"下"。

九、妈妈与道

张天夫①曾撰《禅无思》,电传至宗师。余秉烛夜读,欲置一评,竟不能得。

耀南问天夫:"如何是禅?"天夫答:"妈妈!"

天夫问耀南:"如何是禅?"耀南答:"娘!"

这两位禅客,回答是一样的吗?

好像是一样,"妈妈就是——娘,娘——就是妈妈"。

真的是一样吗?又好像不一样!一个答的是"妈妈",一个答的是"娘"。

真的好像不一样。

耀南问天夫:"如何是禅?"天夫答:"道!"

天夫问耀南:"如何是禅?"耀南答:"老子!"

这两位禅客,回答是一样的吗?

好像是一样,"道者,禅也。《道德经》也可算作一部只可悟,不可言的禅学"。

真的是一样吗?又好像不一样!一个答的是"道",一个答的是"老子"。

真的好像不一样。

---

① 张天夫:湖南当代作家,撰有散文《禅无思》。

耀南问天夫："如何是禅？"天夫答："什么也没做，什么也没说。"

天夫问耀南："如何是禅？"耀南答："目不识丁。"又答："哑巴吃黄连。"

"目不识丁"，自然不读书；"哑巴吃黄连"，自然说不出话。

这两位禅客，回答是一样的吗？

好像是一样，又好像不一样。

耀南问天夫："如何是禅？"天夫答："夜静孤心远，天浅白雪深。"

天夫问耀南："如何是禅？"耀南答："结庐在人境，而无车马喧。"

这两位禅客，回答是一样的吗？

好像是一样，"夜静"是讲"静"，"无车马喧"也是讲"静"。

又好像不一样，一个是讲先"境静"而后"心静"，一个是讲先"心静"而后"境静"。

十、非思非无思

耀南问天夫："如何是禅？"天夫答："禅无思。"

天夫问耀南："如何是禅？"耀南答："禅非无思。"

从"禅有思"走出来，就是"禅无思"。

从"禅无思"走出来，就是"禅亦思亦无思"。

从"禅亦思亦无思"走出来，就是"禅非思非无思"。

从"禅非思非无思"走出来，就是"禅非非思非非无思"。

从"禅非非思非非无思"走出来，耀南就到了街上，行走，奔跑，上路了。

"禅"就是"行"与"走"，"禅"就是"奔"与"跑"，"禅"是停不下来的。

"禅"永远是"动"，永远是在"路上"。

"禅"其实只是一辈子的"行脚"。

雨下阶头湿，晴干水不流。
鸟巢沧海底，鱼跃石山头。

郁郁黄花，无非般若。
青青翠竹，尽是法身。

空手把锄头，步行骑水牛。
人在桥上过，桥流水不流。

"禅"什么都得不到，什么都没有得到，却因此而得到一切。

"禅"只是"动"，只是在"路上"，只是一辈子的"行脚"……

十一、中国"文字禅"之最高峰

约九百年前，中土禅宗临济宗杨岐派的著名大师圜悟克勤，受当时住在荆州的无尽居士张商英师礼之邀，住澧州夹山（今湖南石门夹山）灵泉禅院，讲解雪窦重显禅师的名著《颂古百则》（又名《颂古语要》或《百则颂古》）。克勤在夹山住了七年。他的讲解被门人普照等记录下来，编成《佛果圜悟禅师碧岩录》十卷，简称《碧岩录》。这是一部中国禅宗史上的经典之作，被称为"宗门第一书""天下第一奇书"。是六祖慧能《坛经》之后，禅林中最著名的典籍，其地位可与《坛经》比肩。

《碧岩录》最重要的贡献，是把"文字禅"推到了极致。换言之，《碧岩录》乃是中国"文字禅"的最高代表与终极表达。所以我倾向于把《碧岩录》定位为"中国文字禅的最高峰"。须知禅宗最初的宗旨是"不立文字"，后来才有所谓"绕路说禅"，最后形成"不离文字"的所谓"文字禅"，出现两宋时期"禅宗文字化"的浪潮。

在这股浪潮中，临济宗的汾阳善昭（存奖一系的第四传）和云门宗的雪窦重显先后编辑《颂古百则》（"颂古"是在前贤公案后用韵语歌颂出其奥蕴），自此走上从文字追求禅意之路，"文字禅"于是兴起。克勤之外，曹洞宗禅师投子义青等人也有《颂古》，林泉从伦加以"评唱"，编成《空谷集》；曹洞宗另一著名禅师天童正觉也有《颂古》，元初万松行秀加以"评唱"，编成《从容庵录》。这是"文字禅"的主流。但影响最大的是《碧岩录》。这跟当时和以后"临天下，曹一角"的禅宗布局是相应的。克勤"文字禅"到顶之后，才有大慧宗杲的"看话禅"（提出某些"话头"即禅师答语来参究，曰"看话头"），以及正觉宏智的"默照禅"（主张默默静坐，观照内心）。

"评唱"是"文字禅"的主要体裁，主要包括三种做法：一是在"公案"前加"垂示"，也就是开列"总纲"；二是在"公案"及"颂词"中加"著语"，也就是"夹语"，"著语"分布在"公案"及雪窦重显对"公案"的"颂词"中，"著语"不同于一般常见的"注释",它是反映圜悟克勤禅学思想的重要体裁,文字既清丽优美,又简洁明快;三是"释读",重在发挥讲解者个人的思想。通过"垂示""著语"与"释读",各种禅宗公案的"微言大义"也就发挥殆尽了。

　　本书站在现代人的角度来"释读"《碧岩录》中的五十则公案,"评论"《碧岩录》这部著名典籍,于是产生了这部《〈碧岩录〉研究——第一奇书的现代释读》。在九百年后的今天,我们将从这种经典中读出一些什么新意呢?

第一卷

第一则　圣谛第一义

《碧岩录》的第一则公案，有时被称为"梁武帝问达摩大师"，有时被称为"圣谛第一义"。读者千万不要因名称的不同，而生误解，以为是两则不同的公案。公案的内容是一样的，只是前一题称强调问话者，后一题称强调所问的内容。这一则公案提示我们要有一颗"大心"，认为这是进入禅境的前提。

[甲]**圜悟克勤之"垂示"**　隔山见烟，早知是火；隔墙见角，便知是牛。举一明三，目机铢两，是衲僧家寻常茶饭。至于截断众流，东涌西没，逆顺纵横，与夺自在。你们且说说，什么样的人才能达到这样的境地呢？让我们从雪窦禅师葛藤般的说法开始吧。

[乙]**"圣谛第一义"之公案**　梁武帝问达摩大师："如何是圣谛第一义？"达摩回答说："廓然无圣。"武帝对曰："（既然无圣，）那坐在我对面的是谁呢？"达摩说："不识。"

武帝不解其中之意，于是达摩渡江至魏。武帝随后向志公禅师说起这件事，志公问："陛下还认得这个人吗？"武帝说："不认得。"志公于是解释说："这是观音大士，是来中土传播佛陀心印的。"

武帝后悔,准备派遣使者去追。志公劝阻说:"莫道陛下发使去追,就是全国的人去请,他也不会回来了。"

[丙]圜悟克勤对公案之"评唱" 达摩在印度,遥观东土有大智大慧者,于是渡海到中国来,以"不立文字,直指人心,见性成佛"之法,传播禅宗心印,开示迷途。若能见证得此法,便能自由自在,不随一切语言转,超脱形骸,当下现成。便能于后头,懂得达摩与武帝对谈的内容,甚至懂得达摩为二祖慧可"安心"的所在。不再计较情与尘世的得失,一刀截断,洒洒落落;不再计较是非,患得患失。

话虽如此说,但能达到此种境界的,有几人?武帝也曾身披袈裟,自讲《放光般若经》,而得天花乱坠、地变黄金之感应;也曾诚心向佛,诏告天下起寺度僧,依教修行,并因此被人称为"佛心天子"。这样的一位帝王尚且不能让达摩满意,何况其他人?

达摩头一次见武帝,武帝问:"我起寺度僧,有何功德?"达摩说:"无功德。"这就犹如一盆冰水猛然浇到武帝头上,各位如能读懂这个"无功德"的话,我让你亲自去见达摩。你说说,起寺度僧,为什么却"无功德"。达摩讲这个话,究竟是什么意思呢?

武帝曾和娄约法师、傅大士、昭明太子讨论过真、俗二谛的问题。教义上说,真谛以明非有,俗谛以明非无,真俗不二,就是"圣谛第一义"。这是佛学家极妙穷玄之处。武帝就专挑这个极则处,问询达摩"如何是圣谛第一义",达摩答以"廓然无圣",天下衲僧不能懂得,达摩于是一刀截断。很多人不能懂得达摩的意思,却又装神弄鬼,也睁大眼睛说什么"廓然无圣"。这是和达摩的本意根本不沾边的。

五祖法演禅师曾说："若有人能读懂这'廓然无圣'四字，就可以回家稳坐了。"要是有人厘不清头绪，如葛藤缠绕，不妨设法帮他打破漆桶，见得光明，透入达摩的奇特境界。所以说"参得一句透，千句万句一时透"。这样自然就坐得断，把得定。古人说："粉骨碎身未足酬，一句了然超百亿。"达摩劈头盖脸，给武帝一个下马威，已多少透露了一些信息给他。可武帝不敏感，依然以常人的见识反问"坐在我对面的是谁"；达摩也慈悲得可以，又答以"不识"二字。直弄得武帝两眼发直，不知该把目光放到哪里为好。这是一番怎样的对谈！到了这地步，不管有事无事，张口就不对劲，似已没有开口的余地。

应端和尚曾撰有一"颂"，说："一箭寻常落一雕，更加一箭已相饶。直归少室峰前坐，梁主休言更去招。"你再说说，是谁想去招他回来？武帝不能懂得其意，达摩遂潜出国，渡过长江到达魏国。当时魏国是孝明帝在位，此人属于北人种族，姓拓跋氏，后来入主中原。达摩到达那里，孝明帝也不出来见他。于是达摩直入嵩山少林寺，面壁九年，把接力棒交到二祖慧可的手上。当地人都称达摩为"壁观婆罗门"。

梁武帝后来问询于志公禅师，志公问："陛下还认得此人否？"武帝答："不认识。"你且说说，这和达摩前面所说的"不识"，是相同呢，还是不同？说它相似也有些相似，说它不同也的确不同。人们常常产生误解，认为先前达摩讲"不识"是以禅意作答，后来梁武帝答志公的"不识"是相识的识，含义完全不同。

如果是这样的话，当时志公禅师又何必发问，武帝又何必回答？志公何不一棒打杀，以免让武帝糊里糊涂地答上"不识"二字。

志公禅师见机行事，说："此人是观音大士，特来中国传播以心传心之禅法。"武帝后悔，遂遣使去追，此种做法，很不地道。当时要是等志公说完"此是观音大士，传佛心印"之后，再把达摩赶出国，武帝面子上恐怕还好看些。

有人说志公禅师天监十三年（514年）圆寂，达摩则是普通元年（520年）才到中国来，前后差了七年，如何说他们同时相见呢？故一定是一种谬传。这传记上所载时间的差异，并不重要，我们只要知其大意就行了。重要的是究竟达摩是观音，还是志公是观音，他们到底哪个是观音。既是观音，为什么却有两个？何止两个，成群结队！当时后魏的光统律师、菩提流支三藏曾与达摩讨论经义，达摩主张破除法相、直指人心，气量褊局之人，自然是无法理解。

于是几次想害死达摩，数次下毒药。直到第六次的时候，达摩觉得自己化缘已毕，传法得人，也就不再采取自救措施，端居而逝。死后葬于熊耳山的定林寺。后魏的宋云出使西域，据说曾在葱岭遇到达摩，达摩正手提一只鞋往西行走。

梁武帝追忆这段往事，曾自撰碑文说："嗟夫！见之不见，逢之不逢，遇之不遇，今之古之，怨之恨之。"又撰赞词说："心有也，旷劫而滞凡夫；心无也，刹那而登妙觉。"你且说说，达摩如今在什么地方，他从你面前蹉过，你也还是不认得的吧？

[丁] 雪窦重显对公案之"颂词"

圣谛廓然，何当辨的。

对朕者谁，还云不识。

因兹暗渡江，岂免生荆棘。

阖国人追不再来，千古万古空相忆。

休相忆，清风匝地有何极。

师顾视左右云："这里还有祖师么？"

自云："有。唤来与老僧洗脚。"

[戊] 圜悟克勤对雪窦重显颂词之"评唱" 却说雪窦禅师"颂"此公案，就好比是最善舞太阿剑的人，把剑向虚空中舞动，自自然然，不会碰到剑锋。如果没有雪窦禅师这般的手段，一拈着就会碰伤剑锋，划伤手脚。一个具法眼的人，你看他一拈一掇，一褒一贬，只用四句话，就能搞定一则公案。

大凡"颂古"，只是绕路说禅，拈古大纲，据款结案而已。雪窦禅师打开公案，劈头就说"圣谛廓然，何当辨的"。雪窦禅师于公案的初句下就点上这么一句，也确是太奇特了。你且说说，究竟干吗"辨的"？就算你是铁眼铜睛，也摸索不着的。

到了这程度，就不是以情识能够卜度得的。所以云门禅师说："如击石火，似闪电光。"这些东西，是不落心机、意识、情想的。你一开口，就不知道能说什么；你心生计较的时候，鹞子早飞过新罗去了。

雪窦禅师曾说："你们天下衲僧，读'何当辨的''对朕者谁'这些话，最后都要落脚到'还云不识'四字。"这是雪窦禅师太婆婆妈妈了，太过于替他人着想。你说说看，"廓然"与"不识"是一样，还是不一样？对于能了悟的人来说，这是不言而喻的；对于不能了喻的人来说，一定会打作两橛，认为不一样。

诸方寻常都是道，雪窦禅师重拈一遍，殊不知这前四句话，也就"颂"尽公案了。后面再说，只是出于慈悲，"颂"出达摩的事迹："因兹暗渡江，岂免生荆棘。"达摩到中国来，本来是帮人解粘去缚、抽钉拔楔、划除荆棘的，为何却说"生荆棘"？不仅当时诸人，就是现在我们的脚跟下，也已生出数丈深的荆棘了！

"阖国人追不再来，千古万古空相忆"，这可就不是"大丈夫"的所为了。你且说说，达摩究在何处？如果见得着达摩，便能见着雪窦后来的所作所为。雪窦唯恐别人根据情识去猜测，特地拨转船头，自己说出自己的见解："休相忆，清风匝地有何极。"既"休相忆"，你们脚跟下生出荆棘，又有何不可理解？

雪窦说今日里匝地清风，天上天下又有什么终极？雪窦拈千古万古之事抛向面前，不只雪窦当时没有终极，你们大家在天分上也是没有终极的。雪窦又怕人执着在这没有终极上，所以再着方便高声叫道："这里还有祖师么？"自答"有"。雪窦禅师到这里，对人真是赤心一片。又自云："唤来与老僧洗脚。"这也太灭人的威风了。

你且说说，雪窦禅师的用意何在呢？到了这地步，究竟该叫他"驴"，叫他"马"，还是该叫他"祖师"呢？如何称呼他、描述他呢？常有人叫作"雪窦使祖师去也"，似乎又毫不沾边。你且说说，究竟为什么"只许老胡知，不许老胡会"呢？

[己] 圜悟克勤之"著语" "公案"中之"著语"有：梁武帝问达摩大师（著：说这不唧��汉），如何是圣谛第一义（著：是甚系驴橛），摩云：廓然无圣（著：将谓多少奇特，箭过新罗，可煞明白）。帝曰：对朕者谁（著：满面惭惶，强惺惺，果然摸索不着）。摩云：不识（著：咄，再来不直半文钱）。帝不契（著：可惜许，却较些子）。达摩遂渡江至魏（著：道野狐精，不免一场懡㦬，从西过东，从东过西）。帝后举问志公（著：贫儿思旧情，傍人有眼），志公云：陛下还识此人否（著：和志公赶出国始得，如与三十

棒，达摩来也）。帝云不识（著：却是武帝承当得达摩公案）。志公云：此是观音大士，传佛心印（著：胡乱指注，臂膊不向外曲）。帝悔，遂遣使去请（著：果然把不住，向道不唧噌）。志公云：莫道陛下发使去取（著：东家人死，西家人助哀，也好一时赶出国），阖国人去，他亦不回（著：志公也好与三十棒，不知脚跟下放大光明）。

"颂词"中之"著语"有：圣谛廓然（著：箭过新罗，咦），何当辨的（著：过也，有什么难辨）。对朕者谁（著：再来不直半文钱，又怎么去也），还云不识（著：三个四个中也，咄）。因兹暗渡江（著：穿人鼻孔不得，却被别人穿，苍天苍天，好不大丈夫），岂免生荆棘（著：脚跟下已深数丈）。

阖国人追不再来（著：两重公案，用追什么，在什么处，大丈夫志气何在），千古万古空相忆（著：换手槌胸，望空启告）。休相忆（著：道什么，向鬼窟里作活计），清风匝地有何极（著：果然，大小雪窦向草里辊）。师顾视左右云：这里还有祖师么（著：你待番款，那犹作这去就）？自云：有（著：塌萨阿劳）。唤来与老僧洗脚（著：更与三十棒赶出，也未为分外，作这去就，犹较些子）。

[庚]"圣谛第一义"之现代释读 一个人要进入禅境，需要有广阔的心胸。这个广阔的心胸，中国文化里叫作"大心"。"大心"是什么？"大心"就是不仅要看到"我"，同时还要看到"他"与"你"；不仅要看到"人"，同时还要看到"物"与"神"。"大心"就是打通"我""你""他"的"心"，就是打通"人""物""神"的"心"。

这样的"心"在佛教里叫作"大机用"，具有这样的"心"的人叫作"大根器"。佛教常讲"大慈大悲"，这个"大"就是"大心"

的"大";你有这样的一颗心,就是有"大心"。"大慈"就是以爱子之心去爱他人之子、去爱天地万物之子,"大悲"就是以哀子之心去哀他人之子、哀天地万物之子。这,很不容易做到的。

这样的"大心"是人人都具有的吗?不是人人都具有。有些人"心"很小,只看到"我"而看不到"我之外",只看到"人"而看不到"人之外";不仅没有爱"人子"之心,甚至没有爱"己子"之心,不仅没有哀万物之心,甚至没有哀己之心。这样的人,当然是没有"大心"的,当然是不能进入禅境的。

这样的"大心",什么人才能具有呢?大富大贵的人就具有吗?大权在握的人就具有吗?"梁武帝问达摩大师"之公案告诉我们,不是这样的。武帝作为梁朝之皇帝,其富贵当然已达极境。但他的智慧在达摩大师看来,却是没有达到极境,故公案说"帝不契"。"帝不契",就是表示梁武帝还不能领会达摩大师禅的真义。公案又屡说"不识",这个"不识"确是有禅意的,"不识"就是对禅的不了解。武帝一开口,达摩已知他不是自己的"知心人",所以才毅然渡江北上,到嵩山少林寺开始他"面壁九年"的事业。

一个有"大心"的人,最起码的是要能"举一反三",克勤称此为"举一明三,目机铢两"。什么是"目机铢两"?就是看到锱铢,就能知道它的重量。"眼狠"的人,看一头小牛就知道它是五百斤还是六百斤,差数很小,就是出家人最起码应备的一点"小聪明"。"隔山见烟,早知是火;隔墙见角,便知是牛",也是这样的"小聪明"。如果你要等到翻山过去看到火了才知是火,如果你要等到拐过弯去看到了一头牛才知是牛,那你实在是太不聪明了。

在这点"小聪明"之上，还有"中聪明"，就是"中等智慧"的人。中国文化中叫作"中人"。克勤叫作"褊局之量"，叫作"穿人鼻孔不得，却被别人穿"。比如梁武帝身披袈裟，自讲《放光般若经》，辨道奉佛，不仅自己向佛，还号召天下人起寺度僧，依教修行，人号"佛心天子"。应该算是有一些功德，达到"中人"的水平了。但达摩大师却给他当头一棒，断然说他"无功德"。武帝听了，当然不高兴。因为一个"中等智慧"的人，是无法参透这个"无功德"的评语的。因为这是一个"大智大慧"的人，给一个"中人"所下的评语；没有"大智大慧"，根本不可能理喻。

"中人"之上才是"大机用""大根器""大智大慧"。这样的人，克勤描绘为"截断众流，东涌西没，逆顺纵横，与夺自在"，并形象地描绘成"一似善舞太阿剑相似，向虚空中盘礴，自然不犯锋芒"。这样的人到哪里去找呢？佛教的创始人释迦牟尼是这样的人，中土禅宗的初祖菩提达摩是这样的人，六祖慧能是这样的人，圜悟克勤也是这样的人。这样的人有，但不多。

孟子说"五百年必有王者兴"，这样"大智大慧"的人恐怕也要酝酿五百年才能产出一个。克勤的听众中，是没有这样的人的，就连以师礼请他到夹山来的无尽居士张商英，恐怕也没有达到这样的境地。所以克勤在著成《碧岩录》的时候，时时处处要照顾到听众的水平，不能讲得太高深。他经常是从"底线"上、从最"起码"的水平上，去讲解"大智慧"。

克勤讲"参得一句透，千句万句一时透"，克勤又区分"了底人"与"未了底人"，又讲"解粘去缚，抽钉拔楔，划除荆棘"，又在讲"天上天下有何所极"的同时，讲"尔诸人分上亦有何极"，等等,都是从"底线"上、从"起码"水平上,来让听众明白"大智大慧"的道理。

真正的"大智慧"是无以言说的,真正如云门所说"如击石火,似闪电光",如克勤所说"只许老胡知,不许老胡会"的。既无以言说,克勤又为什么说呢?这是没有办法的事,因为"未了底人"太多了,说一点也许能收"举一明三"之效;若是完全不说,"未了底人"那个漆黑的"漆桶",不是永无打破的希望了吗?

总之,通过"圣谛第一义"这则公案,圜悟克勤告诉我们:人若没有一颗"大心",他就没有"禅缘"。要"大心",亦要"合观大小之兼心"。这是《碧岩录》给我们讲的第一个道理。

第二则　赵州至道无难

现在让我们来看第二则公案，公案涉及赵州从谂。

赵州从谂，唐代禅僧。曹州（今山东菏泽）郝乡人，一说青州临淄人。俗姓郝，法号从谂。生于唐代宗大历十三年（778年），卒于唐昭宗乾宁四年（897年）。南泉普愿之法嗣。幼时出家于曹州扈通院，一说青州龙兴院。历参池阳南泉普愿、黄檗、宝寿、盐官、夹山、五台诸大德，八十岁悟道。应众之请，任赵州城东观音院，居北地而振南宗，大扬禅风四十年。私淑《信心铭》（三祖僧璨），玄言遍天下。世寿一百二十。敕谥"真际大师"。

遗著有《真际大师语录》三卷。事迹见载于《景德传灯录》卷十、《宋高僧传》卷十一、《联灯会要》卷六、《五灯会元》卷四、《佛祖历代通载》卷十七等。

赵州位于今河北西部之赵县，西靠太行山脉，前临河北平原，自古为军事要地。

与赵州从谂相关之公案极夥，除本则外，著名者尚有"赵州三转语""赵州大死底人""赵州大萝卜头""赵州四门""赵州柏树子""赵州洗钵""赵州勘婆""赵州救火"等。

[甲] 圜悟克勤之"垂示" 乾坤窄，日月星辰一时黑。直饶棒如雨点，喝似雷奔，也未当得向上宗乘中事。设使三世诸佛，只可自知；历代祖师，全提不起；一大藏教，诠注不及；明眼衲僧，自救不了。

到了这样的境地，干吗还要来听我讲课呢？道个佛字，拖泥带水；道个禅字，满面惭惶。这个道理对于长久参禅、已然得道者，自不待言；至于那些刚入佛门、初识禅机者，还须努力参究。

[乙] "赵州至道无难"之公案 赵州曾拿中土禅宗三祖僧璨的《信心铭》向僧众讲道，说"至道无难，唯嫌拣择"，并说："人一开口讲话，就是拣择，就是分别。老僧我不在这分别里，在座诸位还愿意留在这分别里吗？"

当时有一僧发问："大师您既然不在分别里，那您是在什么里呢？"赵州回答说："我也不知道。"

那僧说："大师既然不知道，为什么却又说不在分别里呢？"赵州回答："你能提出这样的问题，表明你已经有所得。"于是施礼告退。

[丙] 圜悟克勤对公案之"评唱" 赵州和尚平时就常拿"唯嫌拣择"来作为参禅的话头。这几句话见于三祖的《信心铭》，原话是："至道无难，唯嫌拣择，但莫憎爱，洞然明白。"你心里存有是非的观念，就是拣择，就是分别。你如果误会了上面的话，落在拣择与分别里，就会如铰钉胶粘一般，无法自拔。

赵州和尚说"人一开口讲话，就是拣择，就是分别"，如今我们参禅问道，便免不了陷到拣择中，落入分别里。赵州和尚又有"老僧我不在分别里，在座诸位还愿留在分别里吗"等言，在座诸位既不在分别里，你们且说说，赵州和尚在什么地方呢？为什么他又问众僧是否愿意留在分别呢？五祖法演禅师常说"道垂手来"，你听到这句话，又当如何去领会呢？

你且说说，究竟哪里是"垂手处"，究竟该如何体会"识取钩头意，莫认定盘星"？那僧站出来，大胆出奇招，抓住赵州和尚话中的漏洞，就去追问他："既然不在分别里，那究竟何在？"赵州和尚既不挥棒打，也不大声喝，只说"我也不知道"。

如果不是赵州老汉这样的大师，早就被那僧给问住了。讲话的人免不了常常有忘前失后之处，幸亏是这老汉，能从容给自己找到转身自在的余地。所以才那样地回答追问者。

现今一些刚入禅门的"禅和子"，在被追问时，也说"我不知""我不会"之类的话，这是不能同赵州和尚的答话相提并论的。可说是"同途不同辙"。那问话的小僧是出了奇招，见解很高，才会发出"大师既然不知道，为什么却说不在分别里"这样的追问。突然面对这样的追逼，要是换了别人，常常会张口结舌，无以应答。赵州和尚是见解高超、反应敏捷的大师，只对那僧说"你能提出这样的问题，表明你已经有所得"，就施礼告退了。那僧奈何不得赵州老汉，只得忍气吞声。

赵州和尚真是见解高超的大宗师，他不跟你论玄论妙，不跟你论机论境。他从来只以"本分事"去接引别人，相骂的时候饶你接嘴，相唾的时候饶你泼水。殊不知这老汉平生不以棒喝接人，只以平常言语接人。只是天下人还缺乏从平常言语中悟道的能力。

就因为他平生少了那颗"计较"的心，所以他能横拈倒用，逆行顺行，而得大自在。现今很多人理会不到这一点，总埋怨赵州和尚"不答话""不为人说"。殊不知这是很深的误解。

[丁]雪窦重显对公案之"颂词"

至道无难，言端语端。

一有多种，二无两般。

天际日上月下，槛前山深水寒。

髑髅识尽喜何立，枯木龙吟销未干。

难！难！拣择明白君自看。

[戊]圜悟克勤对雪窦重显颂词之"评唱" 雪窦禅师明白这则公案的关键所在，所以才写出这样的"颂词"。先说"至道无难"，接着就讲"言端语端"。"举一隅不以三隅反，则不复也。"雪窦禅师说"一有多种，二无两般"，就有些"三隅反一"的意思。

你且说说，什么地方是言端语端之所在？为什么一却有多种、二却无两般？如果不具备高超的慧眼，根本不知道向何处去摸索。如果读得懂这两句话，就能懂得古人所说的"打成一片，依旧见山是山，水是水，长是长，短是短，天是天，地是地"。

当我们修炼到一定程度的时候，把天叫作地；修炼到另一程度的时候，把地叫作天；或者唤山不是山，唤水不是水。究竟怎样才能达到平实稳健的境界呢？风来树动，浪起船高，春生夏长，秋收冬藏，"平稳"如何可能？若能进到"一种平怀，泯然自尽"的境界，以上的四句"颂词"，你也就算吃透了。

雪窦禅师有过人的天分，这是他能讲得透彻的原因。只是他之所讲，有点"头上安头"的不畅通。说"至道无难，言端语端。一有多种，二无两般"，虽然还没有讲得太具体，但天边日上时月就落下，槛前山深时水就寒凉，到了这地步，言端也好，语端也好，头头是道,物物全真,不就已经达到"心境俱忘,打成一片"的境界了吗?!

雪窦禅师立意太孤峻,起点太高迈,到最后免不了出现一些漏洞。如果真是参得透、见得彻,就会自自然然如饮酒上头似的;假如情解未忘,就只能陷入七花八裂的境地。绝对不可能像雪窦这样说话:"髑髅识尽喜何立,枯木龙吟销未干。"

这句话意会重重,立论深远,问话的那僧当如何问,答话的赵州又当如何答呢?赵州说"至道无难,唯嫌拣择";说人一开口讲话,就是拣择,就是分别;说老僧不在分别里,在座诸位还愿意留在分别里吗。

当时有僧便问:"既然不在分别里,究竟在哪里?"赵州答:"我也不知道。"那僧说:"大师既然不知道,为什么却说不在分别里?"赵州说:"你能提出这样的问题,表明你已经有所得。"于是施礼告退。

这是一则古人问道的公案,雪窦禅师拿来一分析,就把它讲透了,并用"颂词"将它和"至道无难,唯嫌拣择"的禅语贯通起来。现今之人领会不到古人的用意,只知道咬文嚼字,何时才能到了悟的时候?只有那些通晓禅道的大师,才能听得懂这番对话。

另有一则这样的公案:有僧问唐代邓州香严山的智闲禅师"什么是道",香严答以"枯木里龙吟";那僧又问"什么是道中人",香严答以"髑髅里眼睛"。那僧后来问及石霜禅师,问他"什么是枯木里龙吟",石霜答以"犹带喜在";问他"什么是髑髅里眼睛",石霜答以"犹带识在"。

那僧又去问江西曹山的本寂禅师(840—901年)那里,问他

"什么是枯木里龙吟",曹山答以"血脉不断";问他"什么是髑髅里眼睛",曹山答以"干不尽";问他"何人知晓",曹山答以"世上没有一个人不知晓"。

那僧于是说:"不知道'龙吟'是何章句。"曹山禅师答曰:"我也不知道是何章句,知晓的人都已经不在了。"并撰一"颂",说:"枯木龙吟真见道,髑髅无识眼初明。喜识尽时消息尽,当人那辩浊中清。"

雪窦禅师可谓是大有手脚的一代宗师,他能很快地用"颂词"去表达公案中的对话,准确到位。这样即使说法不同,但意思却是一样的。雪窦禅师在"颂词"的末尾论及为人之道,进一步说:"难!难!"就这"难难"二字,是必须吃透了才能领会得到的。

为什么会如此呢?就像江西百丈山怀海禅师(720—814年)所说的:"一切言语山河大地,一一转归自己。"雪窦禅师所有的一拈一掇,到最后都得归转自己。你且说说,什么才是雪窦禅师所讲的为人之道?他说"拣择明白君自看",既然是葛藤缠绕般地"颂"了出来,却又为何说"君自看",大张旗鼓地教你"自看"?

你且说说,这其中的深意究竟是什么?其落脚点究竟何在?别说在座的诸位领会不到,就连山僧我,到了这地步,也是领会不到的。

[己]圆悟克勤之"著语" "公案"中之"著语"有:赵州示众云(著:这老汉作什么,莫打这葛藤);至道无难(著:非难非易),唯嫌拣择(著:眼前是什么,三祖犹在)。才有语言,是拣择,是明白(著:两头三面少卖弄,鱼行水浊,鸟飞落毛)。老僧不在明白里(著:贼身已露,这老汉向什么处去),是汝还护惜也无(著:

败也,也有一个半个)。时有僧问:既不在明白里,护惜个什么(著:也好,与一拶,舌拄上腭)。州云:我亦不知(著:拶杀这老汉,倒退三千)。僧云:和尚既不知,为什么却道不在明白里(著:看走向什么处去,逐教上树去)。州云:问事即得。礼拜了退(著:赖有这一著,这老贼)。

"颂词"中之"著语"有:至道无难(著:三得公案,满口含霜,道什么),言端语端(著:鱼行水浊,七花八裂,搽胡也)。一有多种(著:分开好只一般,有什么了期),二无两般(著:何堪四五六七,打葛藤作什么)。天际日上月下(著:觌面相呈,头上漫漫,脚下漫漫,切忌昂头低头),槛前山深水寒(著:一死更不再活,还觉寒毛卓竖么)。髑髅识尽喜何立(著:棺木里瞠眼,卢行者是它同参),枯木龙吟销未干(著:咄,枯木再生花,达摩游东土)。难!难(著:邪法难扶,倒一说这里是什么所在,说难说易)!拣择明白君自看(著:瞎将谓由别人,赖值自看,不干山僧事)。

[庚]"赵州至道无难"之现代释读 "至道无难,唯嫌拣择"这句话,在三祖的《信心铭》中,也许是有它确定的含义的;在赵州和尚的开示中,也一定有它确定的含义;雪窦重显为这句话写"颂词",圜悟克勤又来反复地"评唱",心中也一定确有所指。

但我们离开圜悟克勤也已经九百年,那句话原本的真义,或所谓"本义",我们恐怕是找不回来了。我们只能站在现代人的立场,去"发掘"那句话的意义。

"至道无难,唯嫌拣择"这句话该怎样"翻译"呢?我的翻译就是:进入禅境并不难,只要你无分别心。

什么是"分别心"？我们看天高而地低，是不是"分别心"？我们看夏热而冬冷，是不是"分别心"？我们看到富人锦衣玉食，而穷人不得温饱，是不是"分别心"？我们看成败、得失、大小、善恶、美丑、高下、利害、迟速、寿夭、穷达等的差别，是不是"分别心"？

我们在"经济"的世界里生存，只想富而不想贫，这算不得"分别心"；我们在"政治"的世界里生存，只想达而不想穷，这算不得"分别心"；我们在"考试"的世界里生存，只想成而不想败，这算不得"分别心"；我们在"手术"的世界里生存，只想美而不想丑，这也算不得"分别心"……我们都是"凡人"，趋利避害是"凡人"的本性；我们生活在这"凡人"堆里，有上述的意愿是可以理解的。

问题是我们还有没有另一种"生存"，还有没有另一种"生活方式"，还有没有可能找到我们生命的另一种表达？禅宗告诉我们，这种可能性是存在的。趋富而避贫不是"分别心"，但若你以为富者尊而贫者卑，那就是"分别心"；趋达而避穷不是"分别心"，但若你以为达者优而穷者劣，那就是"分别心"；趋成而避败不是"分别心"，但若你以为成者智而败者愚，那就是"分别心"；趋美而避丑不是"分别心"，但若你以为美者善而丑者恶，那就是"分别心"……"凡人"的追求不一定是有"分别心"的，但是许多"凡人"是带着"分别心"去追求的。

禅宗并没有否定"凡人"的追求；甚至连"凡人"的"分别心"，禅宗也是以大慈大悲胸怀，接纳之，容忍之，引导之。禅宗讲"放下屠刀，立地成佛"，一个杀人盈野的人，尚且有成佛的机会，何况只是"分别心"！禅宗只是想告诉你，在"分别心"之外，还有一个"无分别心"的境界，人当向这个境界去努力。进入这个境界，人也就算是踏入了禅门。

当富者踏入禅门的时候，他也许并未放弃对财富的追求，但从此他再不太可能恃富傲贫，即使他是这地球上万富之首；当达者踏入禅门的时候，他也许并未放弃对权力的追求，但从此他再不太可能仗势欺人，即使他是这地球上最大之官；当成者踏入禅门的时候，他也许并未放弃对成功的追求，但从此他再不太可能鄙视败者，即使他是这地球上之唯一"成功人士"；当美人踏入禅门的时候，她也许并未放弃对美貌的追求，但从此她再不太可能看不起丑人，即使她是这地球上之最美……同样是富、同样是达、同样是成、同样是美，当人从"分别心"走向"无分别心"的时候，他会有完全别样的心境；这心境，就是他生命的"另一种表达"。

假如你问在这红尘滚滚的世界，进入"无分别心"的富人有没有，我会说有，但不很多；进入"无分别心"的大官有没有，我会说有，但为数更少；进入"无分别心"的美人有没有，我也会说有，但也少得可怜……假如你又问以这样极少的"无分别心"，去要求绝大多数有"分别心"的人，是不是太苛刻？我的回答是：禅宗没有这样的要求，禅宗不会去强人所难的；禅宗只是高悬起一个理想，黑暗中点燃一盏油灯，愿不愿意接受这油灯的光明，完全取决于你自己！禅宗要"渡人"，但绝不会拉你"上船"。雪窦重显的"颂词"是以什么话结尾的，还记得吗？"难！难！拣择明白君自看"，这就是它的结尾。连声叫"难"，早就告诉你从"分别心"走向"无分别心"的不易；以"君自看"作结，早就讲明你要自己想好，是不是踏上这只渡向彼岸的船。

从"分别心"走向"无分别心",有什么具体的办法没有呢?具体的办法是没有的,但禅宗已经给你指出了一个具体的方向。方向是什么?就是"仰望星空",就是"站得更高一点,看得更远一点"。当我们富有的时候,"仰望星空"会把财富打折;当我们官运亨通的时候,"仰望星空"会把功名变薄;当我们"长"成一个美人的时候,"仰望星空"会把尘世的美丽变丑……仰望星空,地球尚且如稊米之在太仓、沙粒之于恒河,何况我们人类,何况我们人类之贫富、成败与得失?站高一点,我们已分辨不清男人与女人;再站高一点,我们会分辨不清高山与大泽。看远一点,我们已是"不辨牛马";再看远一点,秦始皇的征战与成吉思汗的功业,早已是过眼烟云。到禅的高度,所有一切的"分别"就是没有的;到禅的高度,所有一切的"分别"都变成"无分别"。当你能留一分"心",夜深人静时去"仰望星空"的时候,当你登上山巅、坐上宇宙飞船去"俯视"人间的时候,你的心与身,就离禅门不远了。

圜悟克勤的"垂示"以"乾坤窄,日月星辰一时黑"为开篇,告诉我们的就是上述的道理。"乾坤"已经是够大的了,可说无边无际,为什么说它"窄";"日月星辰"永远在那里放光,为什么说它们"一时",又为什么说它们"黑"?这都是从"更高""更远"的角度说的。当我们站到一个比"乾坤"更大的视野,"乾坤"就是"窄"的;当我们站到一个比"永远"更远的视野,"日月星辰"就是"一时"的;当我们站到一个比"日月星辰"更明亮的视野,"日月星辰"就是"黑"的。一切都是相对的,为了这相对的一切去做"绝对的争斗",是不符合禅的精神的。所以克勤说"未当得向上宗乘中事"。什么是"向上宗乘中事"？就是从"分别心"走向"无分别心"之事，没有一项事业比这件事更伟大。完不成这项事业，"三世诸佛""历代祖师""一大藏经""明眼衲僧"，等等，都只是摆设；完成了这项事业，这些摆设都可以不要，道个佛字拖泥带水，道个禅字满面惭惶。

在"赵州至道无难"这则公案及《碧岩录》的解读中，我们常常可以见到"明白"二字。赵州和尚说"才有语言，是拣择，是明白"，又说"老僧不在明白里"；圜悟克勤引《信心铭》讲到"洞然明白"，又讲"却道不在明白里"；雪窦禅师的"颂词"以"拣择明白君自看"作结，克勤说他"拣择明白君自看"是"打葛藤颂了"。

"明白"二字也许就是"赵州至道无难"这则公案的主题。什么是"明白"？我们常说某某人是个"明白人"，究竟是什么意思？执着于"分别心"是"明白人"吗？走进"无分别心"是"明白人"吗？我们所说的"明白"，究竟是哪一层次的呢？读了《碧岩录》，我们就应该知道，俗世所说的"明白人"，是执着于"分别心"的人；禅门所说的"明白人"，则是走进"无分别心"的人。做个"明白人"不容易，做个禅门所说的"明白人"更是难上加难。

赵州和尚说"老僧不在明白里"，是说自己不再执着于"分别心"，并不表示他不是一个"明白人"；雪窦禅师讲"拣择明白君自看"，是让世人自己决定自己的未来，是执着于"分别心"还是走进"无分别心"；圜悟克勤讲"参得透，见得彻，自然如醍醐上味相似"，也是对"无分别心"境界的一种描绘；他又引百丈禅师"一切语言山河大地，一一转归自己"之言，也表示百丈禅师是一个不再执着于"分别心"的"明白人"。禅宗的历代祖师，都是禅门中的"明白人";但我们俗世的评价,一定以他们为"迂腐"、为"糊涂"、为"不明白"。这都是因为禅、俗二界有不同的评判标准。

我们中国的文化,是追求"分别心"吗?不是的,我们中国有执着于"分别心"的人,但我们中国的文化却并不以"分别心"为追求。我们读《庄子》,《天地》篇中虽也有"机心"二字("有机械者必有机事,有机事者必有机心"),成玄英疏为"机变之心",有点"分别心"的意思;但庄子讲"机心"却是为了反对"机心",而不是倡导"机心"。我们读《荀子》的《解蔽》篇,那上面讲"虚壹而静",表示"心"是以不执着于"分别"为职志;王阳明《传习录》说"人心是天渊",于天地万物"无所不该",执着于"分别"乃是"只为私欲窒塞""只为形体间隔了";陈白沙《赠彭惠安别言》说"忘我而我大",说"山林朝市一也,死生常变一也,富贵贫贱夷狄患难一也,而无以动其心",等等,也是反对"分别心"的。道家的追求、儒家的追求,和禅门的追求是一样的。只是禅师不拉你"上船",而道家引诱你"上船"、儒家催着你"上船"。中国文化有一个"大心"的追求,它和"无分别心"是一脉相承的。

综上所言,通过"赵州至道无难"这则公案,圜悟克勤告诉我们:人要进入禅境,起码要有"无分别心",以及"合观同别之兼心"。这是《碧岩录》给我们讲的第二个道理。

第三则　马祖日面佛月面佛

在解读《碧岩录》第二则公案的时候，我们论及"无分别心"。读者不要以为这个"无分别心"是笔者的杜撰。"无分别心"正是佛教教义中的专有词汇。在佛教中它是指离名言分别的心识，分有漏与无漏二种。有漏之"无分别心"是指五、六、八识现量直觉境相的心；无漏之"无分别心"是指体证真如之智，又称"无分别智"。"无分别智"又分根本与后得两种。

这些佛学上的专业用语，我们不容易懂，可以暂时放到一边。现在让我们看《碧岩录》的第三则公案——"马祖日面佛月面佛"。马祖道一（709—788年），俗姓马，创洪州宗，故有"马祖"或"马祖道一"之称。汉州什邡（今属四川）人。先出家于资州（今四川资中），随处寂禅师学北宗禅。后至南岳衡山坐禅，被慧能高徒怀让发现，引导他学南宗禅。一学十年，终成正果。传禅于福建、江西南康等地，得法弟子包括百丈怀海在内，凡百三十九人。唐宪宗谥号"大寂禅师"。

[甲]圜悟克勤之"垂示"　一机一境，一言一句，且图有个入

处,好肉上剜疮,成窠成窟;大用现前,不存轨则,且图知有向上事,盖天盖地,又摸索不着。

那么做是得,不那么做也是得,这样的禅者着力不够;那么做是不得,不那么做也是不得,这样的禅者又着力太狠。我们如何才能不落入这两种情形呢?我现在就举个公案给你们听。

[乙]"马祖日面佛月面佛"之公案　马祖有一次感到身体不适,院主就问:"和尚近日感觉如何?"他答道:"日面佛,月面佛。"

[丙]圜悟克勤对公案之"评唱"　马大师身体不适,院主问他感觉如何,大师答以"日面佛,月面佛"。祖师若不以本分事相见,如何能悟得此等光辉?

这个公案,你若能晓得它的落脚处,便可以独步云端;你若领会不到它的落脚处,便免不了会在枯木岩前走错路的。你若是个本分人,来解读这则公案,就要有"驱耕夫之牛,夺饥人之食"的手脚,这样才能参透马大师的为人处。

现在有很多人都说这是马大师接引院主的一种手法,这种说法是没有根据的。很多人都把马祖的意思理会错了,睁着眼睛瞎说"左眼是日面,右眼是月面",这跟马祖的原意有什么关系呢?这样来修行,就是修到驴年马月,也理会不到马祖的意思。这样的人干脆混混日子算了,不要再过问古人的事。

只是马大师这样子说话,究竟想落脚何处呢?有的人说这是马大师要一碗平胃散来治胃病,这也是毫无根据的。

到了这样的境地,马大师为什么稳得住呢?谁也不知道他用了怎样的手脚。所以说"向上一路,千圣不传",没有人指点你到达光明顶点的路。学禅者费尽心机,劳形劳神,仍不过如猿捉影,没有收获。

只是这"日面佛,月面佛"的公案,也实在是太难参透了。著名的雪窦禅师,碰到这则公案,也是难以写出颂词。但雪窦却有很高的见地,用尽他平生的功力,为我们挑出这则公案来进行分析。诸位要想了解雪窦的意思,请看取下文。

[丁]雪窦重显对公案之"颂词"

日面佛,月面佛,五帝三皇是何物。

二十年来曾苦辛,为君几下苍龙窟。

屈,堪述,明眼衲僧莫轻忽。

[戊]圜悟克勤对雪窦重显颂词之"评唱" 宋神宗在位时,认为雪窦的颂词有讥讽君王之嫌,所以不肯把《碧岩录》收入《大藏经》。雪窦禅师先突出"日面佛月面佛"这句话,突出之后,即又转说"五帝三皇是何物"。你且说说,他究竟是什么意思?

刚才我讲过,他这是直截了当为"日面佛月面佛"这句话下注脚。所以说"垂钓四海,只钓狞龙",就这一句话,就足够了。其后雪窦禅师自颂他一生的经历,以及他平生用心参寻的所在。"二十年来曾苦辛,为君几下苍龙窟",像个什么?就好像一个人到苍龙窟里去探取珍珠一样。接下来"打破漆桶"让人开悟,我们以为他会讲出许多奇特的景象。想不到他只说出"五帝三皇是何物"那句话。

你且说说,雪窦这句话究竟落脚何处呢?我们恐怕必须退后一步,拉开了距离去看,才能看得见雪窦禅师的落脚处。兴阳剖侍者与远录公不是有这样一段对话吗?远录公问"婆竭出海乾坤震,觌面相呈事若何",剖侍者回答说:"金翅鸟王当宇宙,个中谁是出头人。"远录公又问:"忽遇出头,又为什么?"剖侍者答:"似鹘捉鸠君不信，髑髅前验始知真。"远录公又问："凭什么要屈节当智，退身三步？"剖侍者答："须弥座下乌龟子，莫待重遭点额回。"

所以，人多不懂雪窦禅师"三皇五帝是何物"这句话的意思，总以为它是讥讽君主的。其实这是一个很大的误解，就好像禅月《公子行》所说的："锦衣鲜华手擎鹘，闲行气貌多轻忽。稼穑艰难总不知，五帝三皇是何物？"

雪窦禅师最后说："屈，堪述，明眼衲僧莫轻忽。"不知有多少人像雪窦禅师一样，到苍龙窟里去探取珍珠。他们使出浑身解数，恨不能顶门具眼，肘后有符。明眼衲僧，虽能照破四天，到了这地步，也轻忽不得。还是必须细心揣摩，才会有所得。

[己] 圜悟克勤之"著语" "公案"中之"著语"有：马大师不安（著：这汉漏逗不少，带累别人去也），院主问和尚近日尊候如何（著：四百四病一时发，三日后不送亡僧，是好手，仁义道中），大师云：日面佛月面佛（著：可煞新鲜，养子之缘）。

雪窦禅师"颂词"中之"著语"有：日面佛，月面佛（著：开口见胆，如两面镜相照于中，无影像），五帝三皇是何物（著：太高，生莫谩他好，可贵，可贱）。二十年来曾苦辛（著：自是尔落草，不干山僧事，哑子吃苦瓜），为君几下苍龙窟（著：何消恁么，莫错用心好，也莫道无奇特）。屈（著：愁杀人，愁人莫向愁人说），堪述（著：向阿谁说，说与愁人，愁杀人），明眼衲僧莫轻忽（著：更须子细，咄，倒退三千）。

[庚] "马祖日面佛月面佛"之现代释读 《禅是一枝花》把马祖讲"日面佛月面佛"，比喻成小孩子病中无聊画画玩，画一个圈说"这是爸爸"，画另一个圈说"这是妈妈"，或者画一个圈说"这是日

头公公"，画另一个圈说"这是月亮婆婆"。

司南《禅心一念间》把"日面"解释成"白天"，"月面"解释成"晚上"，认为马祖讲"日面佛月面佛"的意思，是"白天晚上都是佛"，"白天晚上都是一样"。

一个解释成"好玩"，一个解释成"白天晚上"，都是对马祖的误解。克勤在讲解中还批评过一种"左眼是日面，右眼是月面"的说法，此种说法同样是对马祖的误解。"日面佛月面佛"在佛教中是确有所指的。它是两位古佛，《佛名经》说"日面佛"寿长千八百岁，"月面佛"寿仅一日一夜。前者被视为佛寿极长之代表，后者被视为佛寿极短之代表。就像《庄子》书中以"彭祖"为寿命极长之代表，以"殇子"为寿命极短之代表一样。

我猜想马祖在病中回答院主的话，是要表达自己的一种心愿：不管是寿长还是寿短，不管是寿终正寝还是早夭，自己的向明之心，绝不会有改变；有了这样的决心，不仅可以坦然地面对病患，更可以坦然地面对生死；对真正的禅师而言，没有一种境遇是浪费生命，没有一种境遇是一种多余。

每个人到达"彼岸"的路，都各有不相同。就像没有两片相同的树叶，我们每个人，也只能各自走着各自的朝圣路。在这漫长的通向"彼岸"的路上，我们也许可以找到牵引我们的那只手，我们也许可以找到支撑我们的那颗心，它可以温暖我们，抚慰我们。但我们的朝圣路，却是任何人都不能代走的。他代你走，那条路就成了他的路；他代你到"彼岸"，那"彼岸"就成了他的"彼岸"。你还是没有，你还是不得超度，你还是永远在那个因缘世界里轮回。

克勤说"向上一路，千圣不传，学者劳形，如猿捉影"，形象地描绘出芸芸众生汲汲于"找路"的情形。他们以为早有一条通天的大道，正在那里等着他去找。殊不知找来找去，还是找到了自己的脚下：每个人用他自己全部的生命与财富去"找路"，临死前才猛然发现，自己那条通天的大道已经走完。千圣万贤指点给我们的，原来不是"我的路"，而是"他的路"，对"我"而言，路是"千圣不传"的。

但"我"又为什么还要"劳形"去找，如猿捉影般煞费苦心？因为假如"我"不去找，"我"根本就不会甘心；假如"我"不使尽"我"平生力气，不尽"我"最大努力，"我"怎能甘心承认自己"命里只有八角米，走遍天下不满升"的现实？！

没有人代替，这意味着只能靠我们自己。而我们自己的生命是那样的有限，这又意味着我们不能虚度光阴。不虚度光阴，我们就只好把生命的正面与负面、顺境与逆境，全都利用起来，全部当成我们到达"彼岸"的一座桥。克勤说"垂钓四海，只钓狞龙"，我们从一生下来，就要直奔目标。假如"狞龙"是我们的目标，其他所有的东西上钩，我们都不要理会。

这种直奔目标、永不放弃的心，中国文化叫它"恒心"。禅宗告诉你，人要到"彼岸"去，就必须有这样的"恒心"。有了这样的"恒心"，健康是桥，生病也是桥；长寿是桥，短命也是桥；富贵是桥，贫穷也是桥；高贵是桥，低贱也是桥；通达是桥，穷塞也是桥；活着是桥，死时也是桥……这就叫作处寿夭如一、处穷达如一、处生死如一……

常听人指责说，佛教是为强者说话的，是为富人说话的，是为这个世界的"弱肉强食"辩解的：富人讲处贫富如一，是想让贫者永安于贫之地位；贵者讲处贵贱如一，是想让贱者永安于贱之地位；达者讲处穷达如一，是想让穷者永安于穷之地位……这样的指责，不能说毫无道理。但禅宗讲"恒心"，却绝不是立足于这样的出发点。禅宗站在高山之巅，俯瞰山下众生，无论是否蝇营狗苟、患得患失之辈，它只以一颗大慈大悲心，一体平看。它眼中没有贫富之别，就没有贵贱、穷达等之别；就像我们看一群蚂蚁争斗，我们根本看不出它们之间贫富、贵贱、穷达等的区别。当我们是这群蚂蚁争斗的旁观者，告诉它们争斗得无意义时，你能指责我们是在为蚂蚁世界的"弱肉强食"辩解吗？

禅宗也不过就是这样的旁观者。任何一个人，当他退出"名利场"上的争斗，当他退场，不再去参加那场比赛，他都可以是旁观者。若他再站高一点，看远一点，想久一点，他就可以成为一代禅师。这"名利场"上只有三种人：运动员、裁判以及或呐喊或沉默的旁观者。禅师就是旁观者中的一分子，他与其他旁观者唯一的不同，是他站在高山之巅。我们不能把他身居高山之巅的旁观，指责为对"弱肉强食"的辩护。

一个人有苦难，一个社会、一个宗派、一个国家、一个民族，等等，莫不有过苦难。关键不在苦难的有无，关键看我们有一颗怎样的对待苦难的心。你以无苦为福、以苦难为祸，这是以"分别心"对待它；你以无苦为福，同时亦以苦难为福，或者以苦难为祸，同时以无苦为祸，这是以"无分别心"对待它。你前脚踏在无苦的幸福里，后脚踏过苦难的人生，前脚后脚，永不停歇，以全幅生命向光明的"彼岸"劲走，这就是"恒心"。以"恒心"对待苦难，无苦是桥，苦难亦是桥；无苦是河中的踏脚石，苦难亦是渡河的桥板。

《礼记·缁衣》说:"人而无恒,不可以为卜筮。"《论语·子路》中孔子也说:"人而无恒,不可以作巫医。"一个人没有"恒心",就连占卜这样的事情也做不好,遑论其他。《淮南子·说山训》讲:"割而舍之,镆铘不断肉;执而不释,马氂截玉。"以马尾截玉石,这需要何等的韧性!《孟子·告子上》讲"虽有天下易生之物也,一日暴之,十日寒之,未有能生者也",是强调一个"恒"字。《荀子·劝学》讲"锲而舍之,朽木不折;锲而不舍,金石可镂",也是强调一个"恒"字。朱熹在《语类》中把"恒心"称为"坚固心",说有此"坚固心","何患不进"。《小窗幽记》把"恒心"称为"百折不回之真心",认为有此"真心",何患没有"万变不穷之妙用"。

鹿"驰走无顾",所以六驾马车追不上它;它被追上,只因它回头张望。"无顾"就是"恒心",不回头张望,就是"恒心"。目标确定,人就要像鹿那样"驰走无顾",一路跑到光明的"彼岸"。"日日行,不怕千万里;常常做,不怕千万事。"

马祖得道之前到南岳,怀让禅师用"磨砖不能成镜"开导他,劝他放弃坐禅之法。马祖因而开悟,但还是学习了十年。磨砖不能成镜,但假如我们不磨,我们怎知能否成镜?磨砖不是达镜的"直通车",但在我们找到"直通车"之前,它却是领我们上路的引路人。没有乡间小路,我们到不了"高速路";没有地面加速,我们不可能起飞。"恒心"就是耐心,就是领我们走完乡间小路的那颗心。这路很长很长,或许要几十年,或许要一辈子,没有"恒心"是不行的。无论是大贤还是大奸,一经立起,永不倒下,所以他们的善或恶,都是"各造其极"。"经百折而不回,历皓首而不倦",

才能略有所成。历史上那些伟大的禅师，没有一个不是借"恒心"而造其极的。任何境遇，都是他们达至"高速路"与"直通车"的乡间小路。

人生最根本的处境，是寿夭、贫富、贵贱、穷达与生死。我们在解读"赵州至道无难"那则公案的时候，曾讲要以"无分别心"对待它们。但我们用"无分别心"去对待它们，它们的分别就不存在了吗？用世俗的眼光去看，它们的分别是永远存在的，穷人永远不可能跟富人平起平坐。但在禅师的眼中，它们的分别是不存在的。因为他们把人生的苦难，当成了朝圣路上的推动力，有点老子"祸兮福之所倚"的意思。马祖生病了，但他不以为病痛是自己"向上一路"的障碍：不生病的时候，自己是"向上"的；生病的时候，自己照样是"向上"的。而且正因病痛才体悟到生命的珍贵与"向上"的不易。

能够在长寿、富裕、高贵、通达的境遇中积极"向上"，还不是真正的禅师；能够在短命、贫困、低贱、贫寒的境遇中积极"向上"，也不是真正的禅师。换言之，在顺境中"向上"，一遇逆境就放弃追求，这不是真正的禅者；在逆境中"向上"，一遇顺境就饱食终日，无所事事，这也不是真正的禅者。真正的禅者，一定是在逆境中与在顺境中，始终"向上"的；他生命中只有"向上"一事，他要咬定"狞龙"，死而后已。

"日面佛"是佛，"月面佛"也是佛；千八百岁是佛，一日一夜也是佛；只要"恒心"在，时时处处都是佛。我想这正是马祖原来的意思。克勤懂得这个意思，所以他在"垂示"中为我们区分了两种境界：有这颗"恒心"的人，"怎么也得，不怎么也得"；没有这颗"恒心"的人,"恁么也不得,不恁么也不得"。有"恒心"处处都有所得,无"恒心"处处都无所得。雪窦禅师也懂得马祖的意思,所以才在"颂词"里讲"二十年来曾苦辛,为君几下苍龙窟",才讲"五帝三皇是何物"。朝代的更替,对真正的禅师来说,是毫无意义的。对有"恒心"者,"五帝三皇"只是他到达"彼岸"的桥,只是他"向上一路"的助力。宋神宗说这有"讽国"之嫌,不让《碧岩录》入《大藏经》,也并非全无道理。毕竟只把"五帝三皇"当成桥,还是有损于他们的尊严。

"苦辛"与"下苍龙窟",这就是生命的写照。但只要我们有"恒心",永守"不二法门",这生命,就不是悲苦的生命。我们就能在这生命里,找到"光明"。我们"向上",向着"光明"而上,以我们短暂卑微的生命,到达"光明"的"彼岸"。回头望望,寿与夭、贫与富、贵与贱、穷与达、生与死……都只是一座座"渡我"的桥。

综上所言,通过"马祖日面佛月面佛"这则公案,圜悟克勤告诉我们:人要进入禅境,须有一颗"恒心",以及"合观恒暂之兼心"。这是《碧岩录》给我们讲的第三个道理。

第四则　德山挟複问答

在第一则公案里，我们已经讲到"大心"；在第二则公案里，我们已经讲到"分别心"；在第三则公案里，我们已经讲到"恒心"。

讲"大心"，并非说"小心"就毫无价值，所以我们不能执着于"大心"；讲"无分别"心，并非说"分别心"就毫无价值，所以我们不能执着于"无别心"；讲"恒心"，并非说"非恒心"就毫无价值，所以我们不能执着于"恒心"……好的东西被执着，会成为"不好"；善的东西被执着，会成为"不善"；真的东西被执着，会成为"不真"；美的东西被执着，会成为"不美"。

禅宗的最高境界，是"去执"，是不执着于任何东西，包括佛祖。"去执"就是"无着"，"无着"当然"无痕"，禅宗就是要引人到那"春梦了无痕"的境地。

"德山挟複问答"这则公案，就是给我们讲述"去执"与"无着"的道理，以"无执着心"为议论的中心。德山宣鉴（？—865年），俗姓周，唐代简州（今四川简阳）人，精于《金刚经》，著有《金刚经疏钞》（一名《青龙疏钞》），人称"周金刚"。另，公案中出现的沩山灵祐（771—853年），也是禅门中可数的人物。

"著语"与"注释"完全不同。"注释"以"我注六经"为主，不宜过分渲染注释者的个人见地；"著语"刚好相反，以发挥施著者的个人见地为主要职志，完全是"六经注我"的。圜悟克勤的"著语"，就完全是为了伸张己见而出。

[甲] 圜悟克勤之"垂示" 青天白日，不可更指东画西；时节因缘，亦须应病与药。

诸位且说，到底是"放行"好呢，还是"把定"好？且看如下的公案。

[乙] "德山挟複问答"之公案 德山有一次到沩山禅院，挟着随身包袱到法堂上，从东走到西，又从西走到东。环顾四周说一句"无无"，便走出法堂。雪窦禅师评论说，这是"勘破了也"。

德山行至禅院大门，却又说："总不能这样马马虎虎就离开！"于是收拾好东西，神情威严、仪表凛然地折回禅院，跟沩山灵祐相见。灵祐禅师曾入天台山，遇寒山子、拾得，得他们指点，与弟子慧寂共创"沩仰宗"，也是禅门中可数的人物。德山要见他，待他坐下，德山提起坐具叫一声"和尚"。他想取拂子，德山便大喝一声，拂袖而出。雪窦禅师评论此种行为，也说是"勘破了也"。

德山背对着法堂，穿上草鞋，就离开了。沩山到了晚上才问首座弟子："今日来访的那位禅师，现在何处呢？"首座弟子回答说："那时他背对法堂，穿上草鞋，走出禅院去了。"沩山说："此人日后定是到孤峰顶上盘结草庵，呵佛骂祖的人物！"雪窦禅师评论说："这是雪上加霜。"

[丙] 圜悟克勤对公案之"评唱" 夹山善会禅师（805—881

年）曾下三个"点"字，诸位还记得吗？他有时得一根草用作丈六金身，有时将丈六金身用作一根草。

德山原本是精究律藏、通性相诸经的"讲僧"，曾在西蜀讲论《金刚经》，因以"中道"为教，认为须修"金刚喻定"，后得智中，千劫学佛威仪，万劫学佛细行，然后方能成佛。南方"魔子"却说"即心是佛"，显然不合其理。他于是立誓扫除南方"邪说"，挑着所著《金刚经疏钞》，脚行天下，直往南方，准备一扫南方"魔子"。

瞧他这般宏图大略，知他也是个猛利的汉子。他刚到澧州，路上遇一老婆婆在卖糍粑，于是放下《疏钞》，想买"点心"吃。老婆婆问："挑着的是什么？"德山答："《金刚经疏钞》。"老婆婆说："我有一问于你，若是答得出来，我布施糍粑给你当'点心'；若是答不出来，则请到别处去买。"德山说："但问无妨。"老婆婆问："《金刚经》说'过去心不可得，现在心不可得，未来心不可得'，大师您想点哪个心呢？"德山一时语塞，答不出来。

老婆婆于是指点德山去参拜附近的龙潭禅师。到龙潭禅院，德山刚跨进门便问："早就向往龙潭，及至到来，为何却是潭也不见，龙也不现？"龙潭和尚崇信（传法德山宣鉴而后寂）坐在屏风后面，探出身子答："先生已亲到龙潭了。"德山行过礼，退出法堂。

德山入夜时分进入龙潭的禅房，侍立身边直至后半夜。龙潭问："为何还不下去？"德山于是小心翼翼地揭起帷帘退出，看到外面漆黑一团，返身说："门外黑。"龙潭于是点燃纸烛，递给德山。德山刚一接手，龙潭一口把灯吹灭。德山豁然大悟，当下便拜龙潭为师。龙潭问："先生见到了什么，这样施礼拜师？"德山答："我这个人从今以后再也不会怀疑天下老和尚所说的话了。"

第二天龙潭上法堂,对众僧说:"你们中间有位汉子,牙如剑树,口似血盆,一棒打不回头。将来总有一天他会到孤峰顶上,弘扬我的禅道。"德山听后取出《金刚经疏钞》,在法堂前举起火把,说:"穷诸玄辩,若一毫置于太虚;竭世枢机,似一滴投于巨壑。"说完烧掉了《疏钞》。

后来他听说沩山灵祐道行高超,于是一路直往沩山,俨然以"作家"(按,即大师)的身份求见。随身带的包袱都不放下,直接走上法堂,从东走到西,又从西走到东,环视四周说一句"无无",便退出。你们且说说,他这是想干什么呢?莫非是发疯了吗?人们常常产生误解,以为他这是在建论立说,实在是牵扯不上。瞧他那个样子,足够奇特的了。所以说:"出群须是英灵汉,敌胜还他师子儿。选佛若无如是眼,假饶千载又奚为?"到这地步,须是见解高超的大师,方能见得出端倪。

为什么会这样呢?因为佛法并不复杂,哪里用得着"情见"!不过是人们"心机"太重,哪里需想象的那样劳神费力!所以说佛教的道理是很直接的,就好像"秋潭月影""静夜钟声"一样,"随扣击以无亏,触波澜而不散,就是生死岸头事"。

到这样的境地,不再有得失是非,亦不再有奇特玄妙。既然没有奇特玄妙,德山又为何从东走到西,从西走到东?你们且说说,他究竟想干什么?沩山老汉也不管他。若不是沩山这等人才,也早就被他折挫了。你看人家沩山,面对"老作家"来见,镇定自若,只管坐观成败。若不是对于德山来意了如指掌,岂能如此?雪窦禅师评论说这是"勘破了也",就好像铁橛一样,不好咀嚼。评语看似落在两边,却又不住在两边。为什么他说"勘破了也"?什么地方是"勘破处"?你们且说说,是勘破德山呢,还是勘破沩山?

德山出到禅院大门,却要转身,自言自语说"总不能这样马马虎虎",想跟沩山掀出五脏心肝,展开一场法战。于是再具威仪,回头去见沩山。沩山坐下,德山提起坐具叫一声"和尚"。沩山想取拂子,德山便大唱一声,拂袖而出。这也算得上是一种奇特了。很多人说这是沩山怕他,其实扯不上。沩山只是不慌不忙。

所以说:"智过于禽,获得禽;智过于兽,获得兽;智过于人,获得人。"参禅到达这地步,就算大地森罗万象,天堂地狱,草芥人畜,等等,同时大喝一声到来,他也不会在意;掀倒禅床,喝散众僧,他也不会看一眼。这样的境界如天之高,似地之厚。沩山若是没有坐断天下人舌头的手脚,要对付德山也很难;如果不是他门下一千五百个颇有见地的"善知识"到场,他也许分疏不下。沩山真可谓是有着"运筹帷幄,决胜千里"的大德。德山背对法堂,穿上草鞋便退出,诸位且说说,他想干什么呢?你说德山是胜还是负,沩山那样对他是胜还是负?

雪窦禅师评论说这是"勘破了也",这是他下功夫深,能见透古人的拗折极则处,方能如此。也是一种奇特玄秒。讷堂说:"雪窦以两造的'勘破',作三段的判分,方才把这则公案的'真意'揭示出来,有如旁观者评判当事人一般。"

后来沩山这老汉拖延到晚上才问首座弟子:"今日来访的禅僧现在何处?"首座答:"那时他背对法堂,穿着草鞋就出去了"。沩山说:"此人日后会到孤峰顶上,盘结草庵,呵佛骂祖去的"。诸位且说说,沩山是什么意思?沩山老汉没安好心,德山后来呵佛骂祖,打风打雨,依旧跳不出他的巢窟,被这老汉看透平生伎俩。到这地步,我们叫作"沩山与他受记"好呢,还是叫作"泽广藏狸山能伏豹"好呢?或者说两种说法都扯不上?

雪窦禅师深知这则公案的落脚处,所以才敢做出评判,并进一步以"雪上加霜"四字把公案重拈起来,教人见到"真意"。若你见得到,许你与沩山、德山、雪窦同参;若你见不到,切忌妄生情解,勉强为之。

[丁] 雪窦重显对公案之"颂词"

一勘破,二堪破,雪上加霜曾险堕。
飞骑将军入房庭,再得完全能几个。
急走过,不放过,孤峰顶上草里坐。
咄!

[戊] 圜悟克勤对雪窦重显颂词之"评唱" 雪窦禅师为一百则公案写"颂词",则则都是焚香拈出,所以大行于世。他更懂得文章的"真意",参得透公案的内容,盘礴得熟稔,才敢下笔的。

为什么要这样?就因为"龙蛇易辨,衲子难瞒"。

雪窦参透上述这则公案,在节角拗折之处,加上三句评语,组织起来颂出"雪上加霜,几乎险堕"。此处德山与什么相似呢?与李广相似。李广善骑射,被誉为"飞将军"。他深入匈奴腹地,被单于生擒。此时他身受重伤,被置于两马之间,驮着前行。他于是装死,瞧见旁边有一胡兵骑着一匹好马,一跃而起,腾身上马,推落胡兵,夺其弓矢,策马南驰,弯弓射退追兵,方得逃脱。这汉子有何等手段,死中得活!

雪窦把李广的事迹引在"颂词"中,用来比喻德山再入相见,依旧能够跳得出去之行为。你看古人见到说到,行到用到,是何等英灵!

现今一些参禅的人,被问到头上,一开始还有点衲僧气概,稍稍一逼,便腰做段,股做截,七支八离,四分五裂,完全没有相续的地方。所以古人才说"相续是一件极难之事"。你看德山、沩山那情形,哪里是狭隘的见地!深入敌阵又能全身而退,天下能有几人!这就叫"再得完全能几个"。

再看"急走过"。德山大喝一声便退出去,就好像李广被捉后用计以箭射杀番将,得以逃出虏庭一样。雪窦颂到此地步,大有功夫。德山背对法堂,穿着草鞋出去,以为是得了便宜。殊不知沩山老汉依旧不放他出头,雪窦称此为"不放过"。沩山延到晚上才问首座弟子"今日来访的禅僧现在何处",首座弟子说:"那时他背对法堂,穿着草鞋出去了。"沩山说:"此人日后会到孤峰顶上,盘结草庵,呵佛骂祖去的。"何曾"放过"他!

算是很奇特的了,到了这境地,雪窦为什么又说"孤峰顶上草里坐"呢?为什么又大喝一声"咄"?你且说说,他落脚在什么地方呢?如果回答不出来,就请你再参三十年吧!

[己] **圜悟克勤之"著语"** "公案"中之"著语"有:德山到沩山(著:担板汉,野狐精),挟复子于法堂上(著:不妨令人疑,着纳败缺),从东过西,从西过东(著:可煞有禅作什么),顾视云无无便出(著:好与三十棒,可煞气冲天,真师子儿,善师子吼)。雪窦著语云勘破了也(著:错,果然点)。德山至门首却云也不得草草(著:放去收来,头上太高生,末后太低生,知过必改,能有几人),便具威仪再入相见(著:依前作这去就,已是第二重败缺,

险）。沩山坐次（著：冷眼看这老汉捋虎须，也须是这般人始得），德山提起坐具云和尚（著：改头换面，无风起浪）。沩山拟取拂子（著：须是那汉，始得运筹帷幄之中，不妨坐断天下人舌头），德山便喝，拂袖而出（著：野狐精见解，这一喝，也有权，也有实，也有照，也有用，一等是云攫雾者，就中奇特）。雪窦著语云勘破了也（著：错，果然点）。德山背却法堂，着草鞋便行（著：风光可爱，公案未圆，赢得项项笠，失却脚下鞋，已是丧身失命了也）。沩山至晚问首座适来新到在什么处（著：东边落节，西边拔本，眼观东南，意在西北），首座云当时背却法堂着草鞋出去也（著：灵龟曳尾，好与三十棒，这般汉，脑后合吃多少）。沩山云：此子已后向孤峰顶上盘结草庵，呵佛骂祖去在（著：贼过后张弓，天下衲僧跳不出）。雪窦著语云雪上加霜（著：错，果然点）。

雪窦禅师"颂词"中之"著语"有：一勘破（著：言犹在耳过），二勘破（著：两重公案），雪上加霜曾险堕（著：三段不同在什么处）。飞骑将军入虏庭（著：险，败军之将，无劳再斩，丧身失命），再得完全能几个（著：死中得活）。急走过（著：旁若无人，三十六策，尽你神通，堪作何用），不放过（著：理能伏豹，穿却鼻孔），孤峰顶上草里坐（著：果然穿过鼻孔也，未为奇特，为什么却在草里坐）。咄（著：会么，两刃相伤，两两三三旧路行唱拍，相随便打）！

［庚］"德山挟複回答"之现代释读　波是不是水呢？当我们说"波是水"的时候，我们遗忘了"波不是水"的那一面；当我们说"波不是水"的时候，我们遗忘了"波是水"的那一面；当我们说"波是水且水是波"的时候，我们更遗忘了"波非水且水非波"

的那一面……

　　世界总是多面的，多到什么程度？可以说多到无限！我们对世界可作"无限观"。但讨论"无限观"，总不是太现实，所以佛教把它简化为"三观"，"三观"所得，就是"三谛"。俗人看世界，总以为是"有"，这就是"有谛"；"有"为"假有"，故又称"假谛"；或直称"俗谛"。佛教看世界，以为皆空无自性，这就是"空谛"；"空"是"真空"，故又称"真谛"。"有谛"与"空谛"各有偏执，实际状态是非空非有、亦空亦有，这就是"中谛"；"中谛"在逻辑上占据优先地位，故又称"中道第一义谛"。

　　禅宗也是把"中谛"摆在优先的地位。执着于"有"，便遗忘了"空"；执着于"空"，便遗忘了"有"；执着于"亦空亦有"，便遗忘了"非空非有"。所以禅师特别强调"无执着"。禅师讲"大心"，却并不要你执着于"大"，因为"执大"便会"忘小"；禅师讲"无分别心"，却并不要你执着于"无分别"，因为"执着无分别"便会忘却"分别"之价值；禅师讲"恒心"，却并不要你执着于"恒"，因为"执恒"便会"忘迁"。真善美也是不能执着的，"执真"易为假，"执善"易为恶，"执美"易为丑。任何东西，一旦落入执着中，便会走到它的反面。

　　孔子讲"吾叩其两端而竭焉"，论及两个面观。禅师比他多一个面观，可以称为"叩其三端而竭焉"。比如说"真"，禅师一方面反对"执真"，二方面反对"执假"，三方面反对"执真与假"。比如说"善"，禅师一方面反对"执善"，二方面反对"执恶"，三方面反对"执善与恶"。比如说"美"，禅师一方面反对"执美"，二方面反对"执丑"，三方面反对"执美与丑"。只有合并三方面而观，才能尽可能接近世界的真相。

　　这在现实生活里，就叫作"进得去又出得来"。大多数人进不去，只是俗人一堆；少部分人进得去，却出不来，形成一个苦闷的阶层；只有少数大师、"作家"，进去了，又出来了，终登光明灿烂的"孤峰顶上"。他进去了，所以他不再执着于尘世与此岸；他出来了，所以他也不再执着于天堂与彼岸；这两次的"去执"，就使他进到一个常人难以企及的境地。

　　德山到沩山，挟複子过法堂，就是他的"未进"状态。他退到禅院大门，转身回去，再入法堂，就是他的"进得去"。沩山取拂子时，他大喝一声，拂袖而出，就是他的"出得来"。他有"进得去"的胆识，又有"出得来"的本领，所以沩山断定他日后会"向孤峰顶上"去，进入心灵的最高境界。

　　德山起初研究《金刚经》，陷溺在"千劫学佛威仪，万劫学佛细行，然后成佛"的金刚"定理"中。他这是"进去"了。是澧州卖糍粑的老婆婆把他问倒，他于是"出来"了。他听老婆婆的指引，拜访龙潭崇信，他这是"进去"了；待立到后半夜，不得其门而入，他这是"出不来"。龙潭在黑暗中，以吹灭纸烛的方式开悟他，让他"豁然大悟"，重又教给他"出得来"的本领。这在历史上被称为"龙潭纸烛"。他有了这几个回合的"进得去又出得来"的经验积累，才敢到沩山灵祐那里去叫板的，才敢在沩山禅院的法堂上撒野，目中无人般从东走到西、从西走到东……

　　我们看雪窦禅师的"颂词"，其目标之准、境界之高，真是好生了得。真可谓"杀人不眨眼"。"一勘破，二勘破，雪上加霜曾险堕"。"一勘破"，是要让你"进得去"，"二勘破"，是要让你"出得来";"一勘破",是破"有执","二勘破",是破"空执"。"叩其两端"之后,还要来一个第三着,破"亦有亦空",而进于"非有非空"。这个第三着,就是雪窦所谓的"雪上加霜"。

"出得来"不容易,能够"全身而出"就更是不容易。李广"进得去"也"出得来",但李广是带了"重伤"才出来的,所以雪窦禅师不把它视为最高境界。最高境界是"进得去"之后,历经无穷的折磨打斗,依然能够"全身而出"。所以雪窦禅师才发出"再得完全能几个"这样的惊天大问。能够"全身而出",才算到真正的"孤峰顶上",才算是真正的"孤峰顶上孤峰坐"。次一级的如李广,虽"带伤而出",但总算出来了,也可算得"孤峰顶上草里坐"。这就是雪窦禅师这句话的落脚处。圜悟克勤要诸僧"再参三十年"弄懂那句话,于我们看来是不必的。

克勤在垂示中曾问"放行"好还是"把定"好,解读完公案,结论就有了:"放行"好,"把定"也好;"放行"不好,"把定"也不好;"既放行又把定"好,"既放行又把定"也不好。"放行"与"把定",乃是两种基本的人生,执着于任何一种,都是有欠缺的。所以要"去执":于"放行",要"进得去"又"出得来";于"把定",同样要"进得去"又"出得来"。大雄与大奸,只在一念间;大淫与大贞,只在一念间;大贫与大富,只在一念间……

德山在烧毁自著的《金刚经疏钞》之前,说过一句话:"穷诸玄辩,若一毫置于太虚;竭世枢机,似一滴投于巨壑。"人生不过如太虚之一毫、巨壑之一滴。执一毫而忘太虚,不值;执一滴而忘巨壑,亦不值。反过来我们亦当知,执太虚而忘一毫,不该;执巨壑而忘一滴,亦不该。无执无着了无痕,这恐怕才是禅师的境地。

我们大多数人，执着于俗世，死在"进不去"的状态里。少部分人"进去"了，却"出不来"，死在"出不来"的状态里。极少数人"出来了"，却带着满身的伤痕，死在"带伤而出"的状态里。只有极个别的"天才"与"大师"，禅称"作家"的，方能"全身而出"，活在"孤峰顶上"，一睹存在之"真容"。

综上所言，通过"德山挟複问答"这则公案，圜悟克勤告诉我们：人要进入禅境，须有一颗"无执着心"，无执无着了无痕。这是《碧岩录》给我们讲的第四个道理。

第五则　雪峰粟粒

"无执着心"是讲不执着于真同时不执着于假,不执着于善同时不执着于恶,不执着于美同时不执着于丑,等等。这些都是从反面说的,都是从"不××"的角度说。从正面去说,从"要××"的角度去说,"无执着"就是"兼","无执着心"就是"兼心"。就是要兼真假而观、兼善恶而观、兼美丑而观,等等。通俗言之,就是"一心二用"。

佛教不是讲"不二"与"不二法门"吗?为什么我们解读《碧岩录》,又读出"二"来了呢?我们讲"一心二用",是不是和佛教的"不二法门"相矛盾呢?先请看《碧岩录》第一卷第五则公案。

雪峰义存,唐代禅僧,德山宣鉴之法嗣。俗姓曾,泉州南安人(今属福建)。曾宿于雪峰山,因以为号,世称雪峰义存。生于唐穆宗长庆二年(822年),卒于后梁太祖开平二年(908年),世寿八十有七。法嗣以云门文偃为最显,为云门宗之祖。九岁请出家,不准。十二岁从父游蒲田玉润寺,拜庆玄律师为师,留为童侍。十七岁落发,谒芙蓉山恒照大师。唐宣宗中兴佛教,乃历游吴、楚、梁、宋、燕、秦诸地,于幽州宝刹寺受具足戒。后至武陵德山(今湖南常德)参宣鉴,承其法系。唐懿宗咸通六年(865年)归芙蓉山,咸通十一年(870年)登福州象骨山,卓庵兴法。山未冬先雪,盛夏尚寒,故有"雪峰"之称。声势浩大,僧众每逾千五百。僖宗赐号"真觉大师",并紫袈裟一袭。大顺年中游丹丘、四明之地,并宣法于军旅之中。还闽后,又备受闽王礼遇。

事迹见载于《宋高僧传》卷十二、《景德传灯录》卷十六、《五灯会元》卷七等。

[甲] 圜悟克勤之"垂示" 大凡扶竖宗教,须是英灵底汉;有杀人不眨眼底手脚,方可立地成佛。所以照用同时,卷舒齐唱,理事不二,权实并行。放过一着,建立第二义门,直下截断葛藤。后学初机,难为凑泊。昨日恁么事不获已,今日又恁么罪过弥天。若是明眼汉,一点谩他不得。其或未然,虎口里横身,不免丧身失命。

我现在举个公案给诸位听。

[乙] "雪峰粟粒"之公案 雪峰义存有一次开示众僧说:"尽大地撮来,如粟米粒大,抛到你们面前,你们也许会置身漆桶般,什么也不能知会。我现在就敲敲边鼓,看你们能不能领会。"

[丙] 圜悟克勤对公案之"评唱" 曾在雪峰处得法的长庆慧棱禅师有一次问雪峰禅师的徒弟,也是自己同乡的云门文偃:"雪峰大师讲这番话,还有让人出头不得的地方吗?"云门答:"有的。"长庆问:"在哪里呢?"云门答:"教你不要总作野狐精见解。雪峰说:'比上不足,比下有余。'(我的看法也许不是最好的)在这里跟

你解释，怕是越讲越糊涂。"

云门拿起拄杖，说："还要讨论雪峰么？哎！"王令稍严，不许攙夺行市，大沩慕喆（？—1095年）说："我这里也许是在给诸位土上加泥。"拿起拄杖，说："你们看雪峰大师，是在众人面前拉屎拉尿，哎！为什么屎臭你们也闻不出来呢？"

雪峰开示众僧，说："尽大地撮来，如粟米粒大。"古人接物利生有奇特之处，完全是靠辛苦功夫得来的。雪峰曾三次上投子山拜访名师，九次到洞山拜谒良价（807—869年）等禅师，漫游吴、楚、梁、宋、燕、秦等地，带着漆桶木勺，到处帮人做饭，只为参透生死，完成"向上一着"。

待到洞山，帮人做饭，一日洞山良价问雪峰"做什么"，雪峰答："淘米。"洞山问："你是淘沙去米呢，还是淘米去沙？"雪峰答："沙米一齐去。"洞山问："那大家吃什么呢？"雪峰便把盆掀翻。

洞山于是说："你是在德山宣鉴那里得法出道的。德山要你去见他，刚一见面你就问'向上宗乘中事'自己还有不有分。德山打你一棒，问：'你说什么？'你因此有所省悟。后来到鳌山，被大雪阻路，你对岩头禅师说：'我当时在德山棒下，如桶底脱落一般。'岩头禅师大喝一声说：'你不知道从旁门而入者不是家珍，必须是自家智慧中流出方能盖天盖地，方有少分相应的道理吗？'你雪峰忽然大悟，礼拜岩头，说：'师兄我今日才真是鳌山成道。'"

现今一些人总喜欢说古人特别做作，目的是在教后人依规矩行事。你如果也这样说，那真是诽谤古人，可以称之为"出佛身血"。古人不像现今一些人那样苟且随便，岂能以一言半句，就当成自己的平生心得。你若是为着扶竖宗教、续佛寿命的原因，而说出那一言半句，自然就会坐断天下人舌头，没有你着意路、作情解，以妄识论述禅宗道理的余地。

我们看雪峰开示众僧的那句话，大概就因为他跟"作家"有过讨论，受到过"作家"的锤炼，所以说出任何一个一言半句，都不是心机、意识、思量之类"鬼窟里作活计"的玩意儿，而是超群拔萃、坐断古今、不容拟议的宏言大论。雪峰大师所言所行，几乎都是如此。

有一天他开示众僧说："南山有一条鳖鼻蛇，你们大家务必好生看守。"当时长庆慧棱禅师走出队列说："若如此，则今天法堂上就会有很多人丧命。"又说："全部大地，不过就是沙门一只眼，你们大家到什么地方去拉屎拉尿呢？"又说："在望州亭见到你们，在乌石岭见到你们，在僧堂前也见到你们。"那时保福禅师问鹅湖禅师："僧堂前相见暂且不说，如何是望州亭、乌石岭相见处呢？"鹅湖禅师急步走回方丈室。

雪峰经常举出这一类的话，开示众僧。就如说"尽大地撮来如粟米粒大"，到了这时节，你们且说说，这是可以用情意妄识卜度得了的吗？你若是能打破罗网牢笼，得失是非一时放下，洒洒落落的大师，你自然就能冲破他的圈套，见透他的用意。

你们且说说，雪峰的用意究竟何在呢？人们常常用情意去解释，说他的意思是："心是万法之主，尽大地一时在我手里。"这是完全不沾边的。到了这样的境地，他必须是个"真实汉"，是个一言一行、一举一动，彻骨彻髓，见解透彻，而且不陷入情思意想的大师。如果只是个"本色行脚衲子"，吊儿郎当，总难有出头之日的。我们且看人家雪窦禅师如何下"颂"词。

[丁]雪窦重显对公案之"颂词"

牛头没，马头回，曹溪镜里绝尘埃。

打鼓看来君不见，百花春至为谁开。

[戊]圜悟克勤对雪窦重显颂词之"评唱" 雪窦禅师自然能见出古人"真意"，只需到他们"命脉"上一搭，就能给他颂出"牛头没，马头回"这样的话。你们且说说，他说的是什么。对见得透的人来讲，这就像晨朝吃粥、斋时吃饭一般，是很平常的一件事。

雪窦禅师有慈悲之心，当头一锤把它击碎，一句话截断众人之舌，手法极其孤峻，如击石火，似闪电光，不露锋芒，没有你凑泊的余地。你们且说说，他原来的旨意底蕴，能摸索得到吗？这两句话，一下子就把"真意"说完了。

雪窦的第三句话，却又留出一线通道，稍微透露出一些信息，早就打了埋伏。第四句话直截了当，更是早设下埋伏。你们若是向言上生言、句上生句、意上生意的方向，去解释，去理会，不光是带累了我老僧，也很是辜负了雪窦大师。古人文句虽是如此，意思却不如此，终不会用道理去束缚人的。

"曹溪镜里绝尘埃"，有许多人解读成"静心便是镜"，这实在是毫不沾边。只知道去计较字面上的道理，何时才是了悟之期？这些都是说的本分话，山僧我不敢不依本分说话。

"牛头没，马头回"，雪窦禅师不是明明说了嘛，只是人们没有见出而已。所以雪窦才如此吊儿郎当地"颂"一句"打鼓看来君不见"。痴人还能见呢！更向你说"百花春至为谁开"，可谓豁开门户，跟你一起八字打开！及至春天到来，幽谷野涧，乃至人迹罕至之地，无不百花竞开，争奇斗艳。

你且说说，它们究竟是为谁而开？

［己］圜悟克勤之"著语" "公案"中之"著语"有：雪峰示众云（著：一盲引众盲，不为分外），尽大地撮来如粟米粒大（著：是什么手段，山僧从来不弄鬼眼睛），抛向面前（著：只恐抛不下，有什么伎俩），漆桶不会（著：倚势欺人，自领出去，漠谩大众，好），打鼓普请看（著：瞎打鼓，为三军）。

雪窦禅师"颂词"中之"著语"有：牛头没（著：闪电相似，蹉过了也），马头回（著：如击石火），曹溪镜里绝尘埃（著：打破镜来与你相见，须是打破始得）。打鼓看来君不见（著：刺破你眼睛，莫轻易好漆桶，有什么难见处），百花春至为谁开（著：法不相饶，一场狼藉，葛藤窟里出头来）。

［庚］"雪峰粟粒"之现代释读　知道一切不那么真、不那么善、不那么美，这是你第一次的"出家"；知道一切亦不那么假、不那么恶、不那么丑，这是你第二次的"出家"；知道真善美中有假恶丑、假恶丑中有真善美，真善美中无假恶丑、假恶丑中无真善美，这是你第三次的"出家"。第二次的"出家"难于第一次，第三次的"出家"又难于第二次。每一次的"出家"，都是你境界的一次提升。

知道真中有假、假中有真，同时知道真中无假、假中无真，这就是"兼心"。知道善中有恶、恶中有善，同时知道善中无恶、恶中无善，这就是"兼心"。知道美中有丑、丑中有美，同时知道美中无丑、丑中无美，这就是"兼心"。第三次的"出家"，就是求个"兼心"；"向上宗乘中事"或者"向上一着"，就是得个"兼心"。

"无执着"就是"兼"。从反面去看是"无执着"，从正面去看就是"兼"。

雪峰到德山宣鉴那里，求教"向上宗乘中事"，德山当头一棒，把他打醒，这是他第一次的"出家"。第一次的"出家"，他懂得了"向上宗乘中事"是不可问的。他后来雪阻鳌山，被岩头禅师大喝一声，忽然大悟，这是他第二次的"出家"。第二次的"出家"，他懂得了"向上宗乘中事"是不可外求的。再后来拜谒洞山良价，良价以"淘沙去米还是淘米去沙"之问，把他问醒，于是他才有后来"尽大地撮来，如粟米粒大"那样的开示。这是他第三次的"出家"。他在第三次的"出家"里，懂得了什么呢？就是懂得了"向上宗乘中事"，已经在不可问的"问"里、在不可外求的"外求"里完成了。

我们在"贫"里找寻通向"富"的路，找寻的结果，是懂得没有往日的"贫"就没有今日的"富"。我们在"贱"里找寻通往"贵"的路，找寻的结果，是懂得没有先辈的"贱"就没有后人的"贵"。我们在"穷"里找寻通向"达"的路，找寻的结果，是懂得没有过去的"穷"就没有未来的"达"。兼贫富而观，我们知道富的价值，同时亦知道贫的价值；兼贵贱而观，我们知道贵的价值，同时亦知道贱的价值；兼穷达而观，我们知道达的价值，同时亦知道穷的价值。

贫者求富，懂得富对于人生的重要性，这是他第一次的"出家"；他在富中反思贫之重要，不以己贫为耻，不以人贫为耻，这是他第二次的"出家"；他富甲天下，却又大富若贫，不视富为人生"孤峰顶"，这是他第三次的"出家"。一个人，能够"一着""再着"与"三着"，他就能完成"向上一着"。一个人，能够"一出""再出"与"三出"，他就能出到"孤峰顶上"，独享"尽大地撮来如粟米粒大"的境地。

阴阳无别、长短无别、黑白无别、生死无别……如如平等，亡于彼此，佛教谓之"不二"。以"不二"为一种观行法要，佛教谓之"不二法门"。其要点是观真如实性，舍离用有无一异等一切分别，亦即"无分别"。"不二法门"就是"无分别法门"。何时能达致"无分别"的境地？站高一点，再站高一点，总有一天你眼里不再有分别；看远一点，再看远一点，总有一时你眼里不再有分别。放大空间，延拓时间，就可以送我们到"无分别"的境地。

第一次"出家"是稍高稍远，第二次"出家"是较高较远，第三次"出家"是最高最远。稍高稍远，我们可"一心一用"；较高较远，我们要"一心二用"；最高最远，我们要"一心三用"，甚至"一心多用"。"兼心"就是"二心""三心"或"多心"；这样的"兼心"与"不二法门"是不矛盾的。我们从《碧岩录》里读得出那个基于分别的"不二"，我们从《碧岩录》里也读得出那个不基于分别的"二"。

《汉书·郑当时传》有言曰："一死一生，乃知交情；一贫一富，乃知交态；一贵一贱，交情乃见。"能共生不能共死者，不为真交情；能共死不能共生者，亦不为真交情。能共贫不能共富者，不为真交情；能共富不能共贫者，亦不为真交情。能共贱不能共贵者，不为真交情；能共贵不能共贱者，亦不为真交情。"兼心"要求兼三面而观：能共生且能共死者，或者既不能共生也不能共死者，谓之真交情，此即"一死一生"；能共贫且能共富者，或者既不能共贫也不能共富者，谓之真交情，此即"一贫一富"；能共贱且能共贵者，或者既不能共贱也不能共贵者，谓之真交情，此即"一贵一贱"。"兼心"就是"兼三面而观"之心。

圜悟克勤的"垂示"中，最重要的是"照用同时，卷舒齐唱，理事不二，权实并行"这几句。兼观照与用，同是兼观不照与不用，这就是照用方面之"兼心"；兼观卷与舒，同时兼观不卷与不舒，这就是卷舒方面之"兼心"；兼观理与事，同时兼观不理与不事，这就是理事方面之"兼心"；兼观权与实，同时兼观不权与不实，这就是权实方面之"兼心"。

兼观大与小，同时兼观不大与不小，这就是大小方面之"兼心"。《碧岩录》以雪峰禅师"尽大地撮来如粟米粒大"之开示言，组成"雪峰粟粒"公案，目的就是让我们求得大小方面之"兼心"。同时扩而广之，求得方方面面之"兼心"。

雪窦重显以"牛头没，马头回"为"颂词"的开头，也是为了让我们求一分"兼心"。牛总是低头走路，马则喜欢昂首挺胸，一"没"一"回"，均有偏执处。当我们"没头"前行的时候，别忘了"回头"一望；当我们"回头"一望的时候，别忘了"没头"前行；同时认识到"头没""头回"其实都是一样的很重要，或者一样的无意义。兼此三面而观，就是"头没""头回"方面之"兼心"。"百花春至为谁开"？为你开，为我开，为他开；不为你开，不为我开，不为他开；既为你开又不为你开，既为我开又不为我开，既为他开又不为他开……

综上所言，通过"雪峰粟粒"这则公案，圜悟克勤告诉我们：人要进入禅境，要有一颗"兼心"。这是《碧岩录》给我们讲的第五个道理。

第六则　云门日日好日

"云门日日好日",禅宗公案名又名"日日是好日""云门日日是好日",或"云门十五日"。

云门文偃(864—949年),唐末五代名僧,禅宗五家七宗中云门宗之祖。浙江嘉兴人,俗姓张,法名文偃。幼有出尘之志,历参嘉兴空王寺志澄、睦州(今浙江建德)道明、雪峰义存、灵树寺如敏等著名禅师。贞明四年(918年)嗣如敏法席,主持灵树寺。同光元年(923年)创光泰禅院于云门山,海众云集,法化四播。后汉隐帝乾祐元年(948年),南汉王刘龚敕赐"匡真禅师"。乾祐二年四月十日端坐示寂,世寿八十有六,僧腊六十有六。北宋乾德四年(966年),太祖复追谥"大慈云匡真弘明禅师"。嗣法者有实性、圆明、明教、道谦、智寂、义韶等八十八人。遗著有《广录》三卷、《语录》一卷等。事迹见《古尊宿语录》卷十八之"云门山光泰禅院匡真大师行录"、《景德传灯录》卷十九、《禅林僧宝传》卷二、《五灯会元》卷十五、《释氏稽古略》卷三、《佛祖纲目》卷三十四、《释氏疑年录》卷五等。

云门文偃门风殊绝,机锋险峻,道风显赫,与其相关之公案极多，如"云门一宝"、"云门三日"、"云门六不收"、"云门日日是好日"、"云门沙门行"、"云门两病"（又名"云门光不透脱"）、"云门拄杖化龙"（又名"云门拄杖化为龙"或"云门拄杖子"）、"云门花药栏"（又名"云门花栏"或"云门金毛狮子"）、"云门倒一说"（又名"云门目前机"）、"云门干屎橛"、"云门须弥"（又名"云门须弥山"）、"云门脚跛"、"云门话堕"、"云门尘尘三昧（又名"云门钵桶"）、"云门对一说"（又名"云门一代时教"）、"云门声色"（又名"云门闻声悟道"）、"云门还饭钱来"、"云门糊饼"（又名"云门胡饼"或"韶阳糊饼"）、"云门药病相治"、"云门露柱"（又名"云门古佛露柱"）等。

[甲]圜悟克勤之"**垂示**"（原缺）

[乙]**"云门日日好日"之公案**　云门文偃开示众僧说："十五日已前不问汝，十五日已后道将一句来。"自代云："日日是好日。"

[丙]**圜悟克勤对公案之"评唱"**　云门文偃初参睦州道明禅师时，道明旋机电转，几乎是难以接近。道明平时对待来访者，访者刚跨进门槛，便揪住喊："说！说！"访者若是说不出个一二，就被推出门去，骂道："秦时镀轹钻！"

云门去见他，犹犹豫豫，到第三个来回才敲门。睦州问："谁？"云门答："文偃。"门刚打开，就跳进去。睦州揪住云门："说！说！"云门刚想说话，便被推出门。后脚还在门槛内，睦州急关门，夹折云门后脚。云门忍痛"哎呀"一声，忽然大悟。云门后来讲道接人，也采用睦州的套路。

离开睦州，云门又到陈操尚书家住了三年。睦州指示他去拜谒雪峰义存，一到那里，云门拨开众人便问："如何是佛？"雪峰回答说："莫寐语！"云门于是施礼参拜，一住就是三年。雪峰有一天问云门得了什么见地，云门回答说："鄙人的见地，已和古往诸圣的见地，不差分毫。"

灵树如敏禅师二十年不请首座，常说："我的首座才出生。"又说："我的首座还在牧牛。"或者说："我的首座正行脚诸方。"忽然有一天命僧徒撞钟，出三道门迎接首座，众僧惊讶不已。云门果然到来，被灵树请到首座寮，安排停当。

灵树被人号为"知圣禅师"，能知晓过去事，预知未来事。有一天广主刘王①准备起兵，特意躬身入院，请灵树禅师裁决利害。灵树禅师已事先预知，怡然坐化。广主很生气，问："和尚是何时得病的？"侍者回答说："师父从未生病，刚写好一封密信，命我等在此候迎王爷。"把信交给广主。广主开封，见一贴子，上书"人天眼目，堂中首座"字样。广主会意，于是打消起兵的念头，并请云门出世，住持灵树寺。后来才迁住云门寺。

云门有一天开堂说法，有一位鞠常侍前来发问："灵树上的果实熟了没有啊？"云门回答说："什么时候你才会相信我已经得道呢！"由于刘王曾为卖香客等因缘，刘王后来追封灵树为"知圣禅师"。灵树生生不失通，云门只三生为王，所以失通。

有一天刘王下诏，请云门入宫内消夏，一起受邀的还有数人。这几位高僧均受宫内人问讯，开口说法。只云门一人不言不语，亦无人亲近。有一名直殿使写了一首偈，贴在碧玉殿上，偈曰："大智修行

---

① 即南汉刘王。

始是禅，禅门宜默不宜喧。万般巧说争如实，轮却云门总不言。"

云门平时喜欢讲三字禅："顾，鉴，咦。"又讲一字禅。有一僧徒问他："杀父杀母，佛前忏悔，杀佛杀祖，向什么处忏悔？"云门答："露。"又问："如何是正法眼藏？"云门答："普。"简直让人没有思考的余地。但到平铺之处，他又骂人，给人下断语，就如铁橛子一般，硬邦邦的。

云门门下出了四位高僧，即洞山初禅师、智门宽禅师、德山密禅师、香林远禅师，均是大宗师。香林在云门门下当侍者十八年，每当被接引时，只喊"远侍者"，远答以"喏"，云门则问："是什么。"如此往复十八年，直到某一日开悟。此时云门说："我从今以后再不会喊你了。"

云门平常接引僧众，大多采用睦州的手段，的确是难以领会，难以接近，有抽钉拔楔的钳锤①。雪窦禅师曾说："我爱韶阳新定机，一生与人抽钉拔楔。"云门垂示一个问题，开示众僧说："十五日已前不问汝，十五日已后道将一句来。"坐断千差，不通凡圣，自己代为作答："日日是好日。""十五日已前"这语，已坐断千差；"十五日已后"这语，也坐断千差。这里他并未讲"明日是十六"，后世学人只知从文句上作生硬之解，跟他原来的意思有什么关系呢？

云门树立的宗风，总会有个落脚的地方。垂语完毕，却自为作答："日日是好日。"此语通贯古今，从前至后，一时坐断。山僧我如此说话，也怕是就文句上作生硬之解，他杀不如自杀，讲的这一番道理，只怕也已落入坑谷中。云门一句中三句俱备，这大概就是

---

① 钳锤，此处喻指禅家的授受点化。

他的门风宗旨。每垂示一句话，均须归宗，否则就只是杜撰。此事无须太多论说，只是对未参透者，还须反复论说。若是参得透，自然能体会到古人意旨。

请看雪窦禅师打葛藤般的论说。

[丁] 雪窦重显对公案之"颂词"

去却一，拈得七，上下四维无等匹。

徐行踏断流水声，纵观写出飞禽迹。

草茸茸，烟幂幂，空生岩畔花狼藉。

弹指堪悲舜若多，莫动着，动着三十棒。

[戊] 圜悟克勤对雪窦重显颂词之"评唱" 雪窦禅师撰写"颂古"，偏偏就能做到如此：当头挥动金刚王宝剑，了断一切之后，再稍微显露一些风规。即便如此，毕竟还是没有不同的解释。"去却一，拈得七"，人们大多把这当成一道算术题，认为"去却一"是指"十五日已前事"，雪窦劈头盖脸下两句断语印破了却，目的是教人真见"去却一，拈得七"的道理，万万不可拘泥于语句讨生活。这是什么原因？"胡饼有什么汁"？人们常常会陷入意识妄解中去找寻答案。其实应到"语句未生已前"的境况中去寻找，才会有所得。

大机大用之人，一事当前，自然就能见得透。所以释迦这老头在得道之后，于摩竭提国三个七日中，思考这些事情，得出"诸法寂灭相，不可以言宣。我宁不说法，疾入于涅槃"的道理。到了这地步，想找个开口的地方都不可能，只得勉强为五位比丘说法，最后说了三百六十次。讲论一代时教，只是权宜之计，这就犹如脱下龙袍而穿上布衣，是不得已而到第二义门中的浅近处，去诱引众僧。若是直接让他上达"向上全提"之境，恐怕尽大地也找不到一个半个。

你们且说说,为什么雪窦要把"去却一,拈得七"作为第一句?到这份上,雪窦露出操之过急的苗头,想教人见到真相,却又是上不见有诸佛,下不见有众生,外不见有山河大地,内不见有见闻觉知,如同大死之人却又活着一般,长短好恶打成一片,一一拈来,更无异见,然后运用恰到好处,不失其宜。你听他讲"去却一,拈得七,上下四维无等匹",如果参得透句话,就会直接体会到上下四维无有等匹,森罗万象,草芥人畜,著著全彰自己家风之理。所以说万象之中独露身,唯人自肯。如此方能切身体会"昔年谬向途中觅,今日看来火里冰,天上天下,唯我独尊"之道。

人们常常去逐末,而不去求本。其实若先得本正,自自然然就能收风行草偃,水到渠成之效。"徐行踏断流水声",徐徐行动时,浩浩流水声也应踏断。"纵观写出飞禽迹",纵目一观,就好像飞禽的飞行轨迹亦如写出一般。到了这地步,镬汤炉炭一吹即灭,剑树刀山一喝便摧,也不再是什么难事。

雪窦到这里,还是慈悲为怀,深恐众人迷失在无事界中,所以又补充说:"草茸茸,烟羃羃。"拿"草"和"烟"来覆盖东西,而直接体认出"草茸茸,烟羃羃",你们且说说,这是什么人才能达到的境界?称它为"日日是好日",行吗?恐怕是不沾边的。直接体会到"徐行踏断流水声"尚非极境,"纵观写出飞禽迹"亦非极境,"草茸茸"亦非极境,"烟羃羃"亦非极境,说来说去,总不是那么回事。此时正好颂出"空生岩畔花狼籍",必须转过身去到另一边,才能有所得。

诸位岂不是已见到,须菩提于岩中宴坐,诸天撒下鲜花赞叹他。须菩提问:"天空撒下鲜花来赞叹,这又是何人所为呢?"天神回答说:"我是天帝释。"须菩提又问:"你赞叹什么?"天神答:"我敬重尊者善说般若波罗蜜多。"须菩提说:"我于般若未尝说一字,你又赞叹什么!"天神答:"尊者无说,我乃无闻,无说无闻,是真般若。"说完又撒下铺天盖地的鲜花。

雪窦对此事亦曾撰有"颂词",说:"雨过云凝晓半开,数峰如画碧崔嵬。空生不解岩中坐,惹得天花动地来。"天帝既然已撒下动地鲜花到这里,却又藏到哪里去了呢?雪窦又说:"我恐逃之逃不得,大方之外皆充塞。忙忙扰扰知何穷,八面清风惹衣祴。"一直到净裸裸,赤洒洒,不再有一丝一毫的过患,还不能算是"极则",那究竟什么是"极则"呢?

且看雪窦"颂词"的下文:"弹指堪悲舜若多。"梵语"舜若多"是指虚空神,它以虚空为体,无身无觉无触,得佛光照耀,才能显身。诸位若到了恰似舜若多神的时节,雪窦正好弹指悲叹。又说:"莫动着。"动着时又会怎样呢?无非是"白日青天,开眼瞌睡"罢了。

[己] 圜悟克勤之"著语" 圜悟克勤加于公案本身之著语有:云门垂语云:十五日已前不问汝(著:半河南半河北,这里不收旧历日),十五日已后道将一句来(著:不免从朝至暮,切忌道着来日是十六,日月如流)。自代云:日日是好日(著:收,虾跳不出斗,谁家无明月清风,还知么,海神知贵不知价)。

圜悟克勤加于雪窦重显"颂词"之"著语"有:去却一(著:七穿八穴,向什么处去放过一着),拈得七(著:拈不出,却不放过),上下四维无等匹(著:何似生,上是天,下是地,东南西北与四维，有什么等匹，争奈拄杖在我手里）。徐行踏断流水声（著：莫问脚跟下，难为体究，打入葛藤窟里去了也），纵观写出飞禽迹（著：眼里亦无此消息，野狐精见解，依前只在旧窠窟里）。草茸茸（著：脑后拔箭，是什么消息，堕在平实处），烟羃羃（著：未出这窠窟，足下云生），空生岩畔花狼籍（著：在什么处，不唧嵧汉，勘破了也）。弹指堪悲舜若多（著：四方八面尽法界，向舜若多鼻孔里道将一句来，在什么处），莫动着（著：前言何在，动着时如何），动着三十棒（著：自领出去便打）。

[庚]"云门日日好日"之现代释读　"谁家无明月清风"，这是一种什么境界呢？这是一种"当下心"的境界。在明月普照的当下，明月照我，也会照你；在清风徐拂的当下，清风归我，自也归你。为什么还有人抱怨自家没有明月，为什么还有人抱怨自家没有清风？感觉得"当下"，自会知晓明月无私照，清风无私拂。你觉自家没有明月清风，那是因为你心有"私"，而不是明月清风有"私"。

"通贯古今，从前至后，一时坐断"，这是一种什么境界？这是一种"当下心"的境界。坐断什么？坐断古与今的关联，坐断前与后的关联。坐断古与今的关联，则古不再影响今；坐断前与后的关联，则前不再影响后。这关联是可以人为地坐断的吗？凡人认为不能，禅师则以为能，且以为不如此，便无以上达禅境。沉湎于过去，便无以激活"当下"；沉湎于未来，亦无以把握"当下"。禅宗告诉我们，"当下"是既重于过去，又重于未来的。

"上不见有诸佛，下不见有众生，外不见有山河大地，内不见有见闻觉知，如大死底人却活相似，长短好恶打成一片"，这是一种什么境界？这也是一种"当下心"的境界。上有诸佛，我看不见；下有众生，我看不见；外有山河大地，我看不见；内有见闻觉知，我还是看不见。莫非你是瞎子？不光是"瞎子"，还是"死人"。只是这"死人"还活着，所以圜悟克勤名之为"大死底人"。他死在何处，又活在哪里呢？他死在上下的对立中，他死在内外的对立中，但他却活在"当下"，活在"长短好恶打成一片"的境界中。你讲上下之别，你讲内外之别，他就是"死人"；你讲"打成一片"，你讲"更无异见"，他就是"活人"。一个有机用的人，一个思考生命的人，就是这样的"死人"与"活人"的结合，圜悟克勤称之为"如大死底人却活相似"。

"当下"，就是这则公案的主题；"当下心"就是圜悟、雪窦讲论这则公案的慈悲心。假如不是着眼"当下"，如何有"徐行"，又如何能"踏断流水声"？假如不是着眼"当下"，又如何有"纵观"，如何能"写出飞禽迹"？岩畔之花本无自性，所以是"空生"；但在"当下"的一瞬，它却真实地存在着。不仅存在，还是繁花似锦，所以雪窦讲"花狼籍"。"舜若多神"无色质，体不可见，但在佛光的照耀下，它还是能够"暂见"。"暂见"就是"当下能见"。一瞬是一个"当下"，如昙花；一月是一个"当下"，如月季花；一季是一个"当下"，如夏虫；七十年也是一个"当下"，如人类。花开花落的循环里，把握花开的季节，而不抱怨花落；生老病死的循环里，把握生的机会，而不抱怨老病死……这就是禅宗告诉我们的生存智慧。

佛教中有"当位即妙"一语，讲处当分之地位即是妙事之理。在良医眼中，毒有毒之妙，药有药之妙，未必无毒就是好的。同理，处出世间可契合真理，处世俗间亦可契合真理，未必出世就是唯一的通道。佛教中又有"当相即道"一语,讲诸法之当相即是真实之理。只要你是一个"有心人",世间浅近事相,皆有深妙之道理。佛教中还有"当机益物"一语,讲随根性不同而施以不同之化益之理。众生根性有深浅,机用有高下,要让他们共渡彼岸,必须"因材施教",因应众生之不同根机,而施与化益之善巧方便。"当位即妙"也好,"当相即道"也好,"当机益物"也好,甚至还包括"当体即空""当体即是""当头棒唱"之类,要在一个"当"字。"当"指什么?"当"就是"当下",就是以最大之努力去把握"当下"的瞬间。能向此方向去努力,则你有"当下心";不能向此方向去努力,则你无"当下心"。

人生最基本的单元不是"瞬",也不是"年",而是"日"。所以云门才说"日日是好日"。云门老婆心切①,谆谆告诫佛子日日为最上之日,日日为最高之日,日日为最后之日之道理,要佛子把握千金难换之"当下",努力于眼前之生活,既不徒悔过去,又不托望未来。其实岂止佛子!我们世俗中人,若是能视今日为最上之日,今日岂会虚度?若是能视今日为最高之日,今日岂会虚度?若是能视今日为最后之日,今日岂会虚度?

以昨日来规定今日与明日,那是儒家所为;以明日来规定昨日与今日,那是西洋存在主义者所为;唯中国的禅师,是以今日来规定今日,以今日来规定昨日与明日。所以只有他们才说得出"日日是好日"这样的妙语。

---

① 老婆在禅宗语汇中指那些谆谆教诲后学者的人。老婆心切即指这些堪称老师的人教人心切。

《庄子》讲"人生天地之间，若白驹之过隙，忽然而已"，这是视一生为"当下"；《荀子》讲"王者敬日，霸者敬时"，又讲"善日者王，善时者霸，补漏者危，大荒者亡"，此处王者视日为"当下"，霸者视时为"当下"；《省心录》讲"岁月已往者不可复，未来者不可期，见在者不可失"，《吕氏春秋》讲"往者不可及，来者不可待"，均是重视"当下"之语。《管子》更有"今日不为，明日亡贷，昔之日已往而不来矣"之言，讲论"今日"的重要。强调"当下"，云门如此，但不止云门如此。

　　综上所言，通过"云门日日好日"这则公案，圜悟克勤告诉我们：人要进入禅境，须有一颗"当下心"，以及"合观当下往来之兼心"。这是《碧岩录》给我们讲的第六个道理。

第七则　慧超问佛

"慧超问佛",禅宗公案名,又名"法眼答慧超"。法眼文益（885—958年）,法眼宗之开山祖,五代禅僧,俗姓鲁,浙江余杭人。七岁出家,先随明州希觉攻毗尼,后投长庆慧稜禅师学禅法,但长时间不得开悟。经漳州,偶遇罗汉桂琛而得道,并嗣其法。再住临川崇寿院及金陵报恩院,得南唐国主李氏师礼之遇。高丽、日本等国渡海来学者众。显德五年秋闰七月示寂,世寿七十有四。

慧超提出"明事不二,贵在圆融"与"不着他求,尽由心造"之主张,反对当时禅家之流弊,形成以浙江、福建之地为中心的教派,至宋初极盛,繁茂近百年。

嗣法弟子六十三人,包括天台德韶、清凉泰钦、灵隐清耸、归宗义柔、百丈道常、永明道潜、报恩法安、报恩慧明、报慈行言、报慈文遂、净德智筠、归宗策真等。

[甲] 圜悟克勤之"垂示"　声前一句,千圣不传。未曾亲觌,如隔大千。设使向声前辨得,截断天下人舌头,亦未是性燥汉。所以道,天不能盖,地不能载,虚空不能容,日月不能照,无佛处独

称尊，始较些子。其或未然，于一毫头上透得，放大光明，七纵八横，于法自在自由，信手拈来，无有不是。

你们且说说，这究竟是什么境地，如此奇特？又问："诸位能体会吗？从前汗马无人识，只要重论盖代功。"现在我们又牵扯到雪窦公案，这又是为什么呢？

请看下文。

[乙]"慧超问佛"之公案　有僧徒问法眼文益："慧超向和尚请教，如何是佛？"法眼回答说："你是慧超？"

[丙]圜悟克勤对公案之"评唱"　法眼禅师有啐啄同时的"机"，亦具啐啄同时的"用"，所以他才能这样来回答问题。所谓"超声越色，得大自在，纵夺临时，杀活在我"，也算是很奇特了。但相对这则公案而言，却算不上奇特。各方面研讨这则公案的人很多，但以情识作妄解的不少。他们不知古人凡垂示一言半句，均会如击石火，似闪电光，直下拨开一条正路。后世学人只知从言句上作妄解，说"慧超便是佛，所以法眼禅师那样回答问题"，有的人说是"大，似骑牛觅牛"，还有的人说是"问话者就是答案"。这种种妄解，跟法眼原来的意思，有什么关系呢？

如果这样去理解这则公案，不仅辜负了自己，而且也大大地委屈了古人。若要见他全体的机用，除非是一棒打不回头的汉子，牙如剑树，口似血盆，向言语之外找归宿，才能有少许的相应。如果每一次都是以情识作妄解，尽大地都是"灭胡种族"的汉子，只怕就会如"超禅客"一样，妄解下去，不得回头了。这则公案所表现的就是法眼禅师平时管带参究的方法，所以问话的僧徒能在一言之下，如桶底脱落一般。

有一位则监院，法眼禅师从未让他参请入室。有一天法眼问他："则监院，你为什么不到我禅房来呢？"则监院回答说："和尚难道不知，鄙人已经在青林禅师那里找到个入口了吗？"法眼说："那你给我说说看。"则监院说："我问'如何是佛'，青林禅师答以'丙丁童子来求火'。"法眼说："说得很好。我怕你领会错了，你再解释一下。"则监院解释说："丙丁属火，以火求火，就好像鄙人是佛，还要到别处去找佛。"法眼说："则监院，你果然领会错了。"则监院也不生气，起身便走，单身一人去渡江。

法眼对众人说："这个人如果转身回来，还有救，如果不转身回来，就真是无药可救了。"则监院走到半路，考虑再三，对自己说："法眼也是训导五百僧徒的善知识，他怎么可能耍我呢？"于是返回，再参法眼。法眼说："你现在问我吧，我给你作答。"则监院便问："如何是佛？"法眼回答说："丙丁童子来求火。"则监院言下大悟。

现在有些人只知道胡乱解释，说一些"彼既无疮，勿伤之也"之类的话。上述的公案，久参的人一举便知其落脚何处。在法眼那里，叫作"箭锋相拄"，根本用不着"五位君臣""四料简"之类的功夫。直下断语，箭锋相拄，这就是法眼的家风。如此则一句断下，便见真谛，当阳一照，便能透彻。如果总是在语句上找出路，最后一定摸索不着的。

法眼禅师出世以后，门下有五百僧徒，一时佛法大兴。当时有一位韶国师，长时间跟疏山禅师学禅，自认为已经得其要旨。于是收集疏山禅师平生所撰文字，领着众僧极其隆重地行脚到法眼那里。法眼开堂讲法，他也不去；入室参学，他也只令参徒随众入室。有一天法眼升堂讲法,有一僧徒问:"如何是曹源一滴水?"法眼答:"是曹源一滴水。"那僧惘然而退。韶国师在众人之中听得答语,忽然大悟。后得道出世,承继了法眼的法嗣。韶国师对此撰有一"颂"交呈法眼,说:"通玄峰顶,不是人间,心外无法,满目青山。"法眼印可他,说:"只这一颂,可继吾宗。子后有王侯敬重,吾不如汝。"

你看人家古人,就是这样去开悟的。这其中有什么道理,不要只是让山僧我来说。你还须自己一天十二个时辰,打起精神,像古人那样去承当。将来到十字街头,垂手为人,就不再是一件难事。所以僧问法眼"如何是佛",法眼答以"汝是慧超?"这有什么不对的呢?没看见云门的做法吗?云门说"举",你没有跟上,就错过去了。这样总是在情识妄解中讨生活,到何年月才能开悟呢?

雪窦禅师下面的"颂词",颂得好像有点过头。我现在举给大家看。

[丁] 雪窦重显对公案之"颂词"

江国春风吹不起,鹧鸪啼在深花里。

三级浪高鱼化龙,痴人犹戽夜塘水。

[戊] 圜悟克勤对雪窦重显颂词之"评唱" 雪窦禅师不愧是"作家",在古人难咬、难嚼、难透、难见的节角滑讹地方,能够颂出真相,教人见到,真是非常奇特。雪窦能看透法眼的"关棙子",又能知晓慧超的落脚处;又担心后世学人到法眼的言句上讨生活,得出错误的理解,所以才写出这一首"颂词"。

那僧徒这样问话,法眼这样回答,就是"江国春风吹不起,鹧鸪啼在深花里"。这两句,其实只是一句。你们且说说,雪窦的用意何在呢？江西、江南，人们一般认为是两个地方，认为"江国春风吹不起"是用来颂"汝是慧超"那句答语的。如果仅仅是这样去理解，那可真是江国春风也吹不起了。又认为"鹧鸪啼在深花里"是用来颂"诸方商量"那句话的。浩浩流水，跟"鹧鸪啼在深花里"相似，这能说得通吗？

他们不知道雪窦这两句话，其实只是一句，要得无缝无罅，明明白白向你说出，言也端，语也端，盖天盖地。他问："如何是佛？"法眼答："汝是慧超？"雪窦说："江国春风吹不起，鹧鸪啼在深花里。"向这个方向去思考，就可以丹霄独步。你若总是以情识作妄解，就是三生六十劫，也不可能开悟的。

雪窦"颂词"的第三、第四句，太过慈悲，为人一下子说破了。慧超禅师当下大悟之处，就如"三级浪高鱼化龙，痴人犹戽夜塘水"。禹门有三级浪，孟津就是龙门，大禹帝凿为三级。现在三月三桃花盛开的时节，天地所感，还可见到有鱼透过龙门，头上生角，昂鬐鬣尾，腾云而去。跳不过龙门的，则点额而回。那些"痴人"咬文嚼句，就语句上讨生活，就好像戽夜塘之水而求鱼一样。他们不知鱼早已化为龙了。

守端禅师这老头曾撰有一颂，说："一文大光钱，买得个油糍，吃向肚里了，当下不闻饥。"这首"颂词"非常好，只是太过粗拙。雪窦却是颂得极巧，不伤锋，不犯手。从前庆藏主爱问人说："如何是三级浪高鱼化龙？"我可以回答，但也不一定是我来回答。且问问你们，化龙而去的鱼，如今在什么地方呢？

［己］**圆悟克勤之"著语"** 圆悟克勤加于公案本身的"著语"有：僧问法眼（著：道什么，檐枷过状）：慧超咨和尚，如何是佛

（著：道什么，眼睛突出）？法眼云：汝是慧超（著：依模脱出，铁馂馅，就身打劫）？

圜悟克勤加于雪窦重显颂词的"著语"有：江国春风吹不起（著：尽大地那里得这消息，文彩已彰），鹧鸪啼在深花里（著：喃喃何用，又被风吹别调中，岂有恁么事）。三级浪高鱼化龙（著：通这一路，莫谩大众，好踏着龙头），痴人犹戽夜塘水（著：扶篱摸壁，挨门傍户，衲僧有什么用处，守株待兔）。

[庚]"慧超问佛"之现代释读　名为"慧超问佛"，慧超却没有问法眼，问法眼的是另一僧。慧超想问，但是慧超没来，问话的人或是受托，或是主动，总之不是慧超。法眼就抓住这个漏洞，回答那僧的问题："你是慧超？"意思是：你不是慧超，为何代慧超来问话；或者，慧超既然想问话，为什么自己不来？

在目前所见的解读中，还没有人把法眼的答语视为问句，总是当作肯定的语句，认为法眼的意思是认慧超即佛。慧超既是佛，所以不必再问"如何是佛"。这样就语句所作的妄解，圜悟克勤已经批评过了。只是这批评，到如今还没有受到足够的重视，还是不断地有人重复着这样的妄解。

作为问句的"汝是慧超"，正是这则公案的关键。那僧代慧超问话，就如父母代子女完成家庭作业，就父母言诚是爱，但就子女言却是害。父母所代办的，并没有变成子女自己的东西，这是害子女而非爱子女。就如游泳，别人不可能代你去学；亦如开车，别人亦不能代你去学。别人学会了，那是别人的；你没有学会，那你始终还是不会。法眼禅师"汝是慧超"的惊天一问，告诉我们的就是这个道理：禅是需要"亲证"的，别人代问是不成的！问话的那僧即使懂了，慧超本人还是未懂。

这就是问题的关键。圜悟克勤抓得住这个关键，所以垂示的第一句话就是"声前一句，千圣不传"。"声前一句"就是要话讲当面，"千圣不传"就是没有人能转达，再伟大的圣人也转达不了。这就是生命的特性，生命的体验是不能够转达的。垂示的第二句是"未曾亲觌，如隔大千"，进一步强调"亲"的重要性。不是话讲当面，虽然有人转达过来，也如隔了万水千山，已完全不是原来的模样。

禅宗常讲"如人饮水，冷暖自知"。你不自饮，让人去饮，让人告知你冷或暖，那冷暖就不是你的冷暖，你对于这冷暖还是"不知"。生命的冷暖与轻重，更是如此。上帝造人，总是让人从零开始，恐怕就是基于这个道理。圜悟克勤的垂示中，讲"天不能盖，地不能载，虚空不能容，日月不能照，无佛处独称尊"，恐怕也是基于这个道理。那是你自己生命的冷暖与轻重，天能分担一点，但不能尽盖；地能分担一点，但不能尽载；虚空能分担一点，但不能尽容；日月能分担一点，但不能尽照。能够尽盖、尽载、尽容与尽照的，只有你自己。所以克勤特别强调一个"独"字。"独"就是"孤独"。

克勤"垂示"中又讲"从前汗马无人识，只要重论盖代功"，为什么要"重论"？就因为那是你的。所有已论的，都属于别人；所有已论的，都属于过去。现在的你，既不在过去里，当然只能"重论"，否则就只能是"无人识"。

"声前"是强调"亲自"，"不传"是强调"亲自"，"亲觌"是强调"亲自"，"不能盖""不能载""不能容""不能照"是强调"亲自"，"独称尊"是强调"亲自"，"重论"强调的还是"亲自"。

圜悟克勤的垂示，完全就是围绕"亲自"而展开的。这也是他所揭示的"慧超问佛"这则公案的主题。

则监院从青林禅师那里，得到一句"丙丁童子来求火"的答语，他理解为这是以火求火，"是佛更去觅佛"。法眼禅师说他领会错了，他于是没了主意，立即要跑到青林那里去求证。中途返回，就同样的问题问法眼，得到的是同样的回答："丙丁童子来求火。"这同一句回答，却让他言下大悟。为什么会有这样的区别呢？关键是"亲证"，关键是"切身"。青林答他那句话时，他还没有"切身"体会，所以到关键处会犹豫不决；法眼答他那句话时，那体会就真是深入骨髓了，任何情况下都不可能再生疑、再犹豫。什么叫作"开悟"？"开悟"就是把你心中犹豫不决的信念，变得坚如磐石，把自己变成"一棒打不回头底汉"，把自己变成"牙如剑树，口似血盆"，永不弯腰，永不低头"底汉"。这就是"开悟"，这就是禅的力量。

禅宗亦常讲"自了汉"，这"自了汉"强调的也是一个"亲"字。不是说不能"他了"，他人可以代你了；但他人所了的，终归他人，你的事始终未了。所以你必须"自了"，你必须老老实实当一生"自了汉"。圜悟克勤解读公案时，讲到"超声越色，得大自在，纵夺临时，杀活在我"，讲的就是这个"自了"义。克勤又讲"须是自己二六时中，打办精神，似怎么与他承当，"强调的也是这个"自了"义。雪窦的"颂词"讲"江国春风吹不起"，也可以从"自了"义这个层面去理解：假如江海自己不起，风是不可能真正吹起它。

佛教讲"亲所依"，又讲"疏所依"。何谓"亲所依"，何谓"疏所依"？"亲所依"是讲"切身"之依凭关系；"疏所依"是讲"不切身"之依凭关系。草对地之依赖是"亲所依"，因为草之荣枯生死对地之依赖是"切身"的；桌对地之依赖是"疏所依"，因为桌之高低成毁对地之依赖不是"切身"的。人之于人世冷暖，之于生命轻重，是草与地之"亲关系"，而非桌与地之"疏关系"。圜悟克勤讲这则公案，就是告诉我们"亲关系"的重要性。

你日常口称佛，佛即闻之，这就叫作"亲缘"；你身常礼敬佛，佛即见之，这就叫作"亲缘"；你心常念佛，佛即知之，这就叫作"亲缘"；你心常忆念佛，佛亦常忆念你，这就叫作"亲缘"。"亲缘"就是休戚与共，息息相关，就是"切身"，就是"亲历"。《商君书》讲"自恃者，得天下"，《张子正蒙》讲"己不勉明，则人无从倡，道无从弘，教无从成矣"，强调的也是这个"切身"，也是这个"亲历"。

综上所言，通过"慧超问佛"这则公案，圜悟克勤告诉我们：人要进入禅境，须有一颗"亲缘心"或"亲自心"。这是《碧岩录》给我们讲的第七个道理。

第八则　翠岩眉毛

"翠岩眉毛"，禅宗公案名，又名"翠岩夏末示众"。翠岩，五代僧，生卒年不详。雪峰义存之法嗣。又作翠嵒，法号令参，今浙江湖州吴兴人。尝住明州（今浙江宁波市）翠岩山，法席大张。吴越王钱氏钦仰之，请其至杭州龙册寺，赐号"永明大师"。

此公案涉及保福从展，保福从展之事迹，参见后文。

[甲] 圜悟克勤之"垂示"　会则途中受用，如龙得水，似虎靠山；不会则世谛流布，羝羊触藩，守株待兔。有时一句，如踞地狮子；有时一句，如金刚王宝剑；有时一句，坐断天下人舌头；有时一句，随波逐浪。若也途中受用，遇知音，别机宜，识休咎，相共证明；若也世谛流布，具一只眼，可以坐断十方，壁立千仞。所以道，大用现前，不存轨则。有时将一茎草作丈六金身用，有时将丈六金身作一茎草用。

你们且说说，我这样说的依据是什么？我这样说你们是否能明白？请看公案。

[乙] "翠岩眉毛"之公案　翠岩夏末示众云："一夏以来，为

兄弟说话，看翠岩眉毛在么？"保福云："作贼人心虚。"长庆云："生也。"云门云："关。"

[丙] 圜悟克勤对公案之"评唱" 古人有白天自参、晚上请教的习惯。翠岩到了夏末，竟用这样的方式跟僧众讲话，也算是特孤峻，也算是惊天动地的了。你们且说说，一大藏教，五千四十八卷，无非说心说性，说顿说渐，包含翠岩讲的这个意思吗？一定是那个特定时节，翠岩呈一时奇特之想，才说出上面那样的话。你们且说说，他心意究竟着落何处？

古人垂下一钩，绝不会虚设的，总得有个道理在里头。可惜很多人做错误的领会，认为是白日青天说些无用的话，是无事生事，夏末先自认其错，自我检点，免得别人来检点他。这样的理解，是毫不沾边的。这样的见解，可以叫作"灭胡种族"。

各时代那么多宗师出来，如果不把真实的意思垂示给后人，对大家都没有什么好处。那他们这样做，图个什么呢？因为只有在这上面，才能见出其"透底"的功力，听众也才能知他们有"驱耕夫之牛，夺饥人之食"的手段。

现今的人被问着，便去咀嚼那些言语词句，在"眉毛"等字眼上下功夫，这是不行的。我们观察一个人，很容易就能看出他的来龙去脉。只有那些在"千变万化，节角聱讹"情形下，处处都能找到出路的人，才能以这样的方式跟翠岩酬唱。

翠岩的话若不是很奇特，云门、保福、长庆三人，那样哑哑地与他酬唱干什么？保福说："作贼人心虚。"就这么一句话，就引来了刚才大家许多的情解，你们且说说，保福的意思究竟是什么？千万不要局限于词句去找古人的意思，如果你要妄情揣度，则请你换一个角度去看。

我们当知保福下这样的一个转语，是截断了翠岩的脚跟。长庆说："生也。"很多人认为是长庆随着翠岩的脚跟转，所以才说"生也"。这样的理解是不沾边的。他们不知道长庆自有他自己的见解，说"生也"，自有他"出身"的地方。我且问问你们，什么地方才是"生"的地方呢？这就好像一个"作家"，金刚王宝剑他直接拿来就能用。唯有打破通常见解，截断得失是非，才能见出长庆与翠岩酬唱的奥秘。

云门说："关。"也是很奇特，实在是很难参透。云门大师常以"一字禅"示人，虽只有一个字，却须从中看出三句话来。古人逮住机缘酬唱，自然与现今之人有很大不同。这才像"下句"的样子：他虽然这样说话，但意思却绝不在话里头。既然不在话里头，你们且说说，在什么地方呢？

这需要仔仔细细地自参，才能有所得。如果你是"明眼人"，有照天照地的手脚，自然就能做到直下断语而又八面玲珑。如雪窦禅师，就能依据这个"关"字，而把他们三个人穿作一串颂出来。

[丁] 雪窦重显对公案之"颂词"

翠岩示徒，千古无对。
关字相酬，失钱遭罪。
潦倒保福，抑扬难得。
唠唠翠岩，分明是贼。
白圭无玷，谁辨真假。
长庆相谙，眉毛生也。

[戊]圜悟克勤对雪窦重显颂词之"评唱" 雪窦如果不是那么慈悲颂出，让人去争论，他就称不上是"善知识"了。古人这样做，无一不是迫不得已，总是担心后学局限于自己的言语词句，得出一些不正确的认识，根本把握不到古人的意旨。现实突然有个人出来，掀倒禅床，喝散大众，也怪他不得。

即使是如此，也还须落到实处，到这般田地才能有所得。雪窦说"千古无对"。翠岩只说"看翠岩眉毛在么"，有何奇特处，就说"千古无对"？我们当知，古人吐出一言半句，不是随随便便说出的，一定是有了"定乾坤底眼"才肯说的。

雪窦说出一言半句，像金刚王宝剑，像踞地狮子，又像击石火，闪电光，如果不是顶门具眼的人，根本见不透他的落脚点。翠岩这样示众，弄得"千古无对"，比"德山棒""临济喝"还要厉害。你们且说说，雪窦写出上面的颂词，着意在什么地方？你们又该如何领会？

他说"千古无对，关字相酬，失钱遭罪"，这是什么意思？就算你是"具透关底眼"的大师，在这里也还须仔细再仔细，才能有所得。你们且说说，是翠岩失钱遭罪呢，还是雪窦失钱遭罪，抑或是云门失钱遭罪？你若能见透这一层，也算你是"顶门具眼"了。

"潦倒保福，抑扬难得。"他是抑自己，扬古人。你们且说说，保福何处是抑，何处是扬？"唠唠翠岩，分明是贼。"你们且说说，他偷了什么来着，雪窦就说他是"贼"？我们千万不要跟随他的言语词句转，到了这地步，我们一定得有自己的主见，才能有所收获。

"白圭无玷"之颂，把翠岩说得如"白圭"一般，没有任何瑕疵。"谁辨真假"一句，可说极少有人吃得透。

雪窦是一个具"大才"的人，所以能从头到尾一串穿，到了最后才说"长庆相谙，眉毛生也"。你们且说说，生在什么地方？快去看看吧！

[己] **圜悟克勤之"著语"** "公案"中之"著语"有：翠岩夏末示众云：一夏以来，为兄弟说话（著：开口焉知恁知），看翠岩眉毛在么（著：只赢得眼睛也落地和鼻孔也失了，入地狱如箭射）？保福云：作贼人心虚（著：灼然是贼识贼）。长庆云：生也（著：舌头落地，将错就错，果然）。云门云：关（著：走在什么处去，天下衲僧跳不出，败也）。

"颂词"中之"著语"有：翠岩示徒（著：这老贼教坏人家男女），千古无对（著：千个万个也有一个半个，分一节）。关字相酬（著：不信道，不妨奇特，若是恁么人，方解恁么道），失钱遭罪（著：饮气吞声，雪窦也不少，和声便打）。潦倒保福（著：同行道伴犹作这，去就两个三个），抑扬难得（著：放行把住，谁是同生同死，莫谤他好，且喜没交涉）。唠唠翠岩（著：这野狐精，合取口好），分明是贼（著：道着也不妨捉贼了也）。白圭无玷（著：还辨得么，天下人不知价），谁辨真假（著：多只是假，山僧从来无眼，碧眼胡僧）。长庆相谙（著：是精识精，须是他始得，未得一半在），眉毛生也（著：在什么处？从顶门上至脚跟下，一茎草也无）。

[庚] **"翠岩眉毛"之现代释读** 翠岩开导众僧，不遗余力，讲了一个夏季，末了却问"看翠岩眉毛在么"。他临坛说法，为什么突然扯到"眉毛"？这中间究竟暗藏着怎样的秘密？

宋释普济《五灯会元》卷十六载："问：如何是急切一句？师曰：火烧眉毛。"假如我们知道"火烧眉毛"乃是禅林中的常用词，我们就不难理解翠岩"眉毛在么"的一问，实在只是一句平常话。"眉毛"到哪里去了？"眉毛"被火烧掉了。为什么"眉毛"会被火烧掉？因为心里"急切"。为什么心里会那么"急切"？答得出这一句，就能读得通这则公案。

"急切"是源于"忧心"，所谓"忧心如焚"是也。"忧心"什么呢？翠岩讲法一个夏季，为什么还那样"忧心"？答案就在这里：正因为他讲得太多了，所以担忧就渐渐地多起来；就像一个孩子初出远门，走得越远越是担忧一样。翠岩之忧，是忧在自己与佛之距离：自己所说就是佛所想吗？自己所为就是佛所愿吗？自己一个夏季的劳作是否真的只是"教坏人家男女"？真正的大师总是战战兢兢，禅宗大德虽有掀翻天地的勇气，但在佛的面前，他们依然会"忧心如焚"。

各人有各人之忧：下人忧温饱，中人忧名利，上人忧天地。翠岩所忧，不是温饱，不是名利，而是天地。佛就是他的天，让众僧了解佛就是他的地。佛意不可言说，却又不得不说，所以他有忧；他自以为说明白了，却又不知众僧是否真的已明白，所以他有忧。这是每个禅林大德都曾经历的两难处境，一如范仲淹所说的，"是进亦忧，退亦忧，然则何时而乐耶！"

在似懂非懂的关口，真正的禅师一定要有"定乾坤底眼"，一定要"自有操持"，一定要"坐得断，把得住"。进一步是海阔天空，退一步是荆棘丛生；进一步是如龙得水，似虎靠山，退一步是羝羊触藩，守株待兔；进一步能坐断十方，壁立千仞，退一步是随波逐浪，世谛流行；进一步是一茎草作丈六金身，退一步是丈六金身作一茎草。翠岩面对众僧，觉得自己就处在这进与退之间：往前跨一步，得成正果；往后退一步，前功尽弃。就像将马压死的那最后一根稻草，翠岩举起来，在放与不放之间"忧心"：放上去，也许马就会被累死；不放上去又也许还能承受。

他以这样的心情，面对着众僧的考验，希望能够得到众僧的回应。有三位僧徒出面作答。保福从展答以"作贼人心虚"，此语合乎翠岩的心态：翠岩在当时，确曾有"做贼心虚"的感觉。他偷了什么呢？他什么也没有偷，他只是把佛法佛意拿来转给了众僧。能够"原原本本"地转达当然不是"偷"。若是不能，或者自以为能而实际上没有，那就跟"偷"没有两样。在此意义上说，佛之外的任何禅师都是"偷"，只是程度有不同而已。以此雪窦在颂词中才说"唠唠翠岩，分明是贼"。"唠唠"是说他讲得太多了；"贼"是说他根本不可能"原原本本"地转达。

长庆慧稜答以"生也"，是说"眉毛"被烧，但又"重生"了，意思是他已跨过似懂非懂的那一关。既已跨过，自然就从"不会"进到了"会"，从"不受用"进到了"受用"，从"世谛"进到了"真谛"。此一答语一定程度上缓解了翠岩的"忧心"，所以雪窦视长庆为翠岩之知音（"谙"者，知音也），而颂出最后一句"长庆相谙，眉毛生也"。

云门文偃答以"关"，不是关门，也不是关闸，而是"关口"，谓自己正处在上与下的"关口"、成与毁的"关口"、进与退的"关口"。逆水行舟，不进则退；然或进或退，也许会一己之力所能为。云门由是"忧心"，翠岩亦由是"忧心"。此一关很重要，故云门虽答话在最后，却在雪窦的颂词中最先出现。由此亦可知雪窦深意。

假如我们把自己定位在"下人"的位置上，求温饱而得温饱，平安一生，也没有什么不好；假如我们把自己定位在"中人"的位置上，求名利而得名利，风光一生，也没有什么不好；但假如我们把自己定位在"上人"的位置上，不求温饱，不求名利，只求"为天地立心"，那我们就要准备承受"忧心如焚""火烧眉毛""做贼心虚"之类的命运。

天覆我也无私，地载我也无私，日月照我也无私，四时运我也无私，我何以报天、地之大恩，何以报日月、四时之大恩，"吾"不得而知，故不能不"忧心如焚"。人之生也暂，如白驹之过隙，忽然而已，今日不报，明日不报，明日复明日，明日已无多，"吾"怎能不时时"火烧眉毛"？！

克勤在公案的"著语"中，有"贼识贼"三字，是说保福指翠岩"作贼人心虚"，实际乃是以贼识贼，也就是说他们都是"贼"。此语真可见出圜悟克勤"孤峻"与"惊天动地"的功力：真正的"上人"，个个都是"贼"；他没有"做贼心虚"的感觉，他就成不了"上人"！

天化我，地育我，为着什么？为我混吃等死吗？非也！为我争名夺利吗？非也！只为我能代天而发言，能代地而长养。代天而发言，所发是天所欲言吗？代地而长养，所长所养是地所欲长养吗？如若是，自然"如龙得水，似虎靠山"，天地不会责怪我；如若不是，当然就是"羝羊触藩，守株待兔"，天地纵不责怪，自我亦觉如"贼"。"贼"者不偷一物，只是偷了天地化我育我之"心"。曾国藩

《曾胡治兵语录》卷十三《治心》一节以"宏济群伦"为伟大,以主张"自我中心""人类中心"者为"贼",曰:"彼其视民胞物与,宏济群伦,皆事天者性分当然之事,必如此乃可谓之人,不如此则曰悖德,曰贼。"立意即是如此。

《庄子·大宗师》记"畸人"说:"畸人者,畸于人而侔于天,故曰:天之小人,人之君子;天之君子,人之小人也。""侔于天"就是不辜负于天,不辜负天地之化育。这样的人在俗谛看来,只是"小人",只是"畸人";但在天地看来,却是"君子",却是"大人"。人生一世,不当辜负的东西自然很多,但总当有不辜负天地之心,才称得上是"善知识",称得上是"上人"。即使这样做会成为俗谛视野中的"畸人",亦当在所不惜。"畸人"者,"贼"也,贼于天地而不贼于"人间世",非为恶也!

《成唯识论》卷五以受逼迫之轻微者为"忧",重度者为"苦"。"忧"在佛教"五受"中,被称为"忧受";在佛教"二十二根"中,被称为"忧根"。不管是"忧受"还是"忧根",总之"忧"被佛视为人生根本处境之一。此一处境,正可作为解读"翠岩眉毛"之公案的理论背景。

圜悟克勤住石门夹山,曾说过这样的话:"大凡学道,须是用作事始得,莫只等闲。但二六时中,如欠却人家二三百万贯债负,忧怕还他不彻,如此存诚,不忧不到。是故古者道:大事未办,如丧考妣。"(《圜悟佛果禅师语录》卷第九《小参二》)"忧怕还他不彻"就是翠岩的心态,也是每个"上人"的生存状态,因为这是他们的"大事"。"大事未办,如丧考妣",古人守父母丧谓之"丁忧","丧考妣"就是"忧"。人有欠天地之"债负"的"忧心",有还天地之债负而"不彻"的"忧心",有"大事未办,如丧考妣"的"忧心",便不失其为"大人"。

综上所言,通过"翠岩眉毛"这则公案,圜悟克勤告诉我们:人要进入禅境,须有一颗"忧心"或"忧怕心",以及"合观忧乐之兼心"或"合观怕彻之兼心"。这是《碧岩录》给我们讲的第八个道理。

第九则　赵州四门

"赵州四门",禅宗公案名,又名"赵州东西南北"。

此公案涉及赵州从谂,赵州从谂之事迹,参见前文。

[甲]圜悟克勤之"垂示"　明镜当台,妍丑自辨;镆铘在手,杀活临时。汉去胡来,胡来汉去。死中得活,活中得死。你们且说说,为何要进到这般境地?若无透关底眼,转身处,灼然不奈何。

你们且说说,如何是"透关底眼""转身处"?请看公案。

[乙]"赵州四门"之公案　僧问赵州:"如何是赵州?"州云:"东门,西门,南门,北门。"

[丙]圜悟克勤对公案之"评唱"　大凡参禅问道,明究自己,切忌拣择言句。为什么呢?不见赵州曾举例说"至道无难,唯嫌拣择",又不见云门曾说"如今禅和子三个五个聚头,口喃喃地,便道这个是上才语句,那个是就身处打出语"?这些人不知古人在言句上开个方便之门,只因初机后学未明心地,未见本性,不得已才立个方便语句。

比如达摩祖师西来就是如此,他单传心印,直指人心,见性成佛,哪里有这样复杂的葛藤?一定得是那些能斩断语言,思维特异、见解透脱的大师,才称得上是如龙得水,似虎靠山。只有那些久参的禅僧,有见解但未通透,已通透但未得证明,才说要去请益。

如果本身见解透彻,请益时在言语词句上周旋,当然不会有大的妨碍。久参之人去请益,就像与贼过梯,真正要落实的东西不在言语词句上。所以云门才说:"此事若在言句上,三乘十二分教岂是无言句,何须达摩西来?"

在"汾阳十八问"中,公案中的问话方式被称为"验主问",亦称"探拔问"。这僧亮出那个问法,也算是很奇特,如果不是赵州,怕是还应付不了他。这僧问"如何是赵州",赵州是个本分"作家",便答以"东门,西门,南门,北门"。这僧就说:"鄙人不是问这个赵州!"赵州反问:"你问的是哪个赵州?"

后来有人把这叫作"无事禅",蒙蔽了不少人。为什么呢?那僧问"赵州",赵州答以"东门,西门,南门,北门",也就是只回答他"赵州"一词。你如果这样来理解,野老村夫也都成了深谙佛法者。就凭这一点,你就是在破灭佛法,就好像以鱼目比明珠,看上去相似,其实完全不是。

山僧我现在说"不在河南,正在河北",你们且说说这是"有事"还是"无事"?你们得好仔细想想,才会有收获。远录公曾说:"末后一句,始到牢关,指南之旨,不在言诠。"十日一风,五日一雨,安邦乐业,鼓腹讴歌,这才叫作"太平时节",这才叫作"无事"。

不是"拍盲",便说"无事",这是不行的。一定得是那些"透过关捩子,出得荆棘林,净裸裸,赤洒洒",像平常人一般没事的人,才有可能。这种人你"有事"他能有所得,你"无事"他也能有所得，不管七纵还是八横，他能始终不执着于无，也不执着于有。

有些人说：本来就无一星半点之事，但只遇茶吃茶，遇饭吃饭，就行了。这乃是大妄语，可以叫作"未得"；就算有得，也是"未证"；就算有证，也根本上是"不曾参得透"。听人说心说性，说玄说妙，就说人家是"狂言"，说人家"本来无事"，可说是"一盲引众盲"。

殊不知祖师未来中土之时，哪里有人把天唤作地，把山唤作水？为什么祖师西来之后，诸方禅师都升堂布道，入室说法？说些什么呢？尽是些情识计较。如果是情识计较，情尽时才能见得透。如果见得透，天依旧是天，地依旧是地，山依旧是山，水依旧是水。

古人说：心是根，法是尘，两种犹如镜上痕。境界达到这般田地，自然净裸裸，赤洒洒。如果一定要到言句上去争论，终究会找不到安稳处。碰到这种情况，很多人会产生误解，从而落入"无事"的陷阱，佛也不礼，香也不烧。这看上去好像也差不多，无奈根本上就不对。你一问他，就好像被问穿了；你一逼拶他，他立即七花八裂，有高处不胜寒之虞。等到腊月三十日，就是换手搥胸，也已经来不及了。

这僧那么问话，赵州那么回答，你们且说说，他们为何要这样去"摸索"，弄得这也不是，那也不是？那究竟要怎样才能有所得呢？这些都是很难参究的所在，所以雪窦把它们拈出来，当面示人。赵州一日升坐，有侍者报告说："大王来也。"赵州猛然说："大王万福！"侍者说："和尚，大王还未到。"赵州说："你不是说来了吗？"参究到这地步，见解到这地步，也算是很奇特的了。

南禅师对此曾拈云："侍者只知报客，不知身在帝乡。赵州入草求人，不觉浑身泥水。"这些个实实在在的见解，诸位还记得吗？请看雪窦的颂词。

[丁] **雪窦重显对公案之"颂词"**

句里呈机劈而来，烁迦罗眼①绝纤埃。

东西南北门相对，无限轮锤击不开。

[戊] **圜悟克勤对雪窦重显颂词之"评唱"** 赵州逮住机缘，就好像拿着金刚王宝剑，你想开口就截断你头，而且常常当面换掉你的眼睛。这僧也敢虎嘴上捋须，亮出如此的问法，好像是无事生事，实际上句中暗藏玄机。

他既然呈"机"上来，赵州当然也不会辜负他这种问法，所以也就呈"机"作答。并不是他特意要如此做，大概是因为见解透彻之人能够做到自然合辙，就好像早就安排好了一样。不见印度有一外道，曾手握雀儿考问世尊，说："你且告诉我，鄙人手中雀儿到底是死的呢，还是活的？"世尊于是跨到门槛上问："你说我是出呢，还是入？"（一本说世尊竖起拳头问："开也？合也？"）

外道答不上，于是给世尊施礼。此段对话类似于上述的公案。类似参究之于古人，自然是血脉不断。所以说，问在答之中，答在问之中。雪窦对此看得很透彻，所以才说"句里呈机劈而来"。辞句里暗藏玄机，有点两边不着，既好像是在问人，又好像是在问境。

赵州毫不犹豫，对他说："东门，西门，南门，北门。""烁迦

---

① "烁迦罗眼"是梵语，意思是"坚固眼"，又称"金刚眼"，它不仅能毫无阻碍地照见一切，能相隔千里之遥而明察秋毫，还能定邪决正，辨得失，别机宜，识休咎。

罗眼绝纤埃",这一句颂词是描写赵州的"人境俱夺"。语句里暗藏玄机,与赵州如此作答,可称为"有机有境"。问法刚一亮出,便能照破他心胆。如若不是如此,是难以应对他的问话的。

雪窦说:"东西南北门相对,无限轮锤击不开。"既是无限轮锤,何故击不开?这自然是雪窦个人能见出的所在。你们在座的诸位,又能用什么办法去把门击开呢?请仔细想一想。

[己]圜悟克勤之"著语" "公案"中之"著语"有:僧问赵州:如何是赵州(著:河北河南总谈不着,烂泥里有刺,不在河南,正在河北)?州云:东门,西门,南门,北门(著:开也相骂,饶你接嘴相唾,饶你泼水,见成公案,还么,便打)。

"颂词"中之"著语"有:句里呈机劈而来(著:响,鱼行水浊,莫谤赵州,好),烁迦罗眼绝纤埃(著:撒沙撒土,莫带累赵州,捞天摸地作什么)。东西南北门相对(著:开也,那里有许多门背却赵州城,向什么处去),无限轮锤击不开(著:自是你轮锤不到,开也)。

[庚]"赵州四门"之现代释读 说得准确无误,而又说一不二的那张嘴,我们称之为"铁嘴";证据确凿可靠,无法推翻的判案,我们称之为"铁案";固若金汤,无限轮锤击不开的那道门,我们称之为"铁门";看准了目标,棒打不回头,马拉不回的那颗心,我们称之为"铁心"……

"铁"的特性在其坚固不二,所以"铁心"又可以叫作"坚固不二之心"。雪窦"颂词"中提到"烁迦罗眼",确是已触及这则公案的核心;克勤对此专门加以解释,说明克勤在解读公案时,也是非常重视这个词的。克勤把这个词做两方面的解读,一方面是"千里眼",一方面是"照妖镜"。"千里眼"者,再远也看得清,再远也能明察秋毫;"照妖镜"者,再小也照得出有无,再藏也照得出邪正。所以,克勤的垂示劈头就是"明镜当台,妍丑自辨"。

你眼观八方,看准了吗?如若没有看准,请再看,一直到看准为止。再问你看准了吗?你答曰:看准了!真的看准了吗?你答曰:真的看准了!那好,别动了,你的视线就定格在这里,不再游移,这时候你的眼就是"坚固眼",就是"金刚眼",就是"铁眼"!

你照出了邪正,照出了得失,照出了休咎,你真的照准了吗?你若没有照准,请再照,一直到照准为止。再问你照准了吗?你答曰:照准了!你真的已认定你所谓邪即邪,你所谓正即正,你所谓得即得,你所谓失即失,你所谓休即休,你所谓咎即咎吗?你真的已经认定了吗?你答曰:真的已经认定了!那好,别动了,你的大脑就定格在这里,不再犹豫,吞吞吐吐,这时候你的脑就是"坚固脑",就是"金刚脑",就是"铁脑"!

有"铁眼"有"铁脑",你就会有"铁心"。克勤垂示的第二句"镆铘在手,杀活临时",讲的就是"铁"。甚至比铁还要坚硬,我们就权视为"铁"吧!此剑又名"莫邪剑",为古代名剑,后被广泛用于禅林。莫邪乃春秋时吴国著名剑匠干将之妻,夫妻二人铸阴阳二剑,以助吴王阖闾,阴剑名"莫邪",阳剑名"干将"。禅林以"镆铘剑"喻指"本具之智慧"。此"本具之智慧"坚如磐石,不可改,不可易,无坚不摧,故有"铁"性。有此剑在手,周遭万象之活与死,之存与亡,当然全在掌握中,这就叫作"杀活临时"。

这"本具之智慧"坚硬如铁,所以赵州能"截却你头",能"换却你眼睛"。赵州本就是个信心坚定的人,他为了得道,踏遍名山大川，访遍禅宗大德，直到八十岁才安定下来。他以三祖僧璨《信心铭》之精神，指导自己的修行，而《信心铭》之核心，即在"信心不二，不二信心"八字。"不二"就是"坚固"，就是"金刚"，就是"铁"。"不二"就是棒打不回，马拉不回，一条道上走到黑。

现在有一位"铁心"汉，要来击赵州四门，你看情形会是怎样呢？一方面是"铁心"非要击开那道门不可；一方面是"铁门"就是不让你击开。较量到最后，结果会如何？是"铁心"战胜"铁门"，还是"铁门"战胜"铁心"？谁要能参得透这一层，也算得是上等根器了。

我们都很熟悉"愚公"的故事，在"愚公"与"二山"的较量中，是"愚公"战胜了"二山"，还是"二山"战胜了"愚公"？《列子·汤问》给出了一个折中的方案，就是让第三者帮助"愚公"战胜了"二山"："操蛇之神闻之，惧其不已也，告之于帝，帝感其诚，命夸娥氏二子负二山，一厝朔东，一厝雍南。自此，冀之南汉之阴，无陇断焉。""愚公"最终战胜"二山"的原因是"惧其不已"与"帝感其诚"。

假如我们撇开第三者，按照"愚公"的逻辑推演下去，最后的胜利者依然会是"愚公"，因为"愚公"有子子孙孙无穷尽传承，而"二山"不仅不"加增"，反会一天天减少，总有它们穷尽的一天。以无穷之传承，而对有穷之"二山"，最后的成功者是谁，不言而喻。

此种"血缘的传承"乃是中国文化"可久可大"之追求的根本依赖：儒家以此"血缘的传承"，建立治国平天下的宏大信念；道教以此"血缘"的传承,坚持肉身成仙、飞举升天的不绝理想。唯释家不把"可久可大"的追求,建立在"血缘的传承"之上:它要以"非血缘的传承"去实现跟儒、道两家同样的理想。

一个禅师去跟"二山"较量,以其"残年余力",曾不能"毁山之一毛",他又没有"子子孙孙无穷匮"之依赖,莫非他注定只能失败?非也!他同样会是最后的战胜者,因为他虽没有"血缘的传承,"却有"非血缘的传承",此种"非血缘的传承"不仅同样可收"子子孙孙无穷匮"之效,而且会比"血缘的传承"更有力量,更"坚固",更"金刚",更"铁"!

那要击开"铁门"的"铁心"汉,他把信念建立在"非血缘的传承"之无穷链条上,还有击不开的"铁门"吗?赵州只有四门,百年击一门,也只要四百年,千年击一门,也只要四千年,"何苦而不开"?雪窦说"无限轮锤击不开",怕是诓骗众僧的吧?

克勤追问说:"既是无限轮锤,何故击不开?自是雪窦见处如此。"也就是说,这也许只是雪窦的私见。在克勤的心目中,既有"无限"做背景,"赵州四门"还是有击开的可能的,只要那击门的汉是"铁汉",有一颗棒打不回头、马拉不回头的"铁心"!

综上所言,通过"赵州四门"这则公案,圜悟克勤告诉我们:人要进入禅境,须有一颗"铁心"或"坚固心",以及"合观铁木之兼心"或"合观坚软之兼心"。这是《碧岩录》给我们讲的第九个道理。

第十则　睦州掠虚汉

"睦州掠虚汉",禅宗公案名,又名"睦州掠虚""睦州掠虚头汉""睦州问僧甚远""睦州问僧"等。载于《碧岩录》卷第一、《联灯会要》卷八、《宗门统要续集》卷九等。

睦州道明(780—877年),唐代禅僧,黄檗希运禅师之法嗣。江南一带人氏,俗姓陈。居睦州(今浙江建德)龙兴寺。常织蒲鞋密置于道,鬻之以奉母,人称"陈蒲鞋"。答生徒问时,言辞锐不可当,四方归慕者众,人号"陈尊宿"。云门文偃游修至此,尝以"秦时𨍎轹钻"痛骂之,一时传为禅林佳话。

[甲]圜悟克勤之"垂示"　恁么恁么,不恁么不恁么,若轮(论)战也,个个立在转处。所以道:若向上转去,直得释迦弥勒,文殊普贤,千圣万圣,天下宗师,普皆饮气吞声;若向下转去,醯鸡蠛蠓,蠢动含灵,一一放大光明,一一壁立万仞。倘若是"不上不下",又为何要拿来讲论呢?有条攀条,无条攀例。诸位请看。

[乙]"睦州掠虚汉"之公案　睦州问僧:"近离甚处?"僧

便唱。州云："老僧被汝一喝。"僧又喝。州云："三喝四喝后作么生？"僧无语，州便打，云："这掠虚头汉。"

[丙]圜悟克勤对公案之"评唱" 大凡扶竖宗教者，须有本分宗师之眼目，亦须有本分宗师之作用。睦州禅师机锋如闪电，再加上他喜欢勘验座主，平常讲出一言半句，就好像"荆棘丛"一样，让人着手脚不得。

如他刚见僧人上来，便说："见成公案，放你三十棒。"见到另一僧，又喊："上座！"僧回头，他便说："檐板汉！"或者开示众僧说："未有个入头处，须得个入头处，既得个入头处，不得辜负老僧。"睦州禅师接引人，常常就是如此。

被睦州问话的这僧，也是一个善用心计的人，只是有点虎头蛇尾。当时要不是睦州这样的高手，也就是被他惑乱一场亦未可知。睦州只是问他"近离什么处"，这僧便大喝，你们且说说，他究竟是为什么？

睦州这老汉也不慌张，只是慢慢地跟他说"老僧被汝一喝"，像是把这僧的话撇到一边，又像是在勘验他，斜身看他如何反应。这僧再次大喝，样子看上去很像，却是未见"真实"，最后被睦州老汉牵着鼻子走。睦州于是问"三喝四喝后作么生"，这僧果然无言以对。睦州便打，骂以"掠虚头汉"。

"验人端的处，下口便知音"，只可惜这僧无言以对，惹得睦州禅师说出"掠虚头汉"之类的话。如果是在座诸位，被睦州问以"三喝四喝后作么生"，你只管回答"作么生"就是了，免得睦州骂出"掠虚头汉"的话。

到了这地步，如果你是识存亡、别休咎、脚踏实地的汉子，管他"三喝四喝后作么生"。只因为这僧无言以对,才被睦州老汉据款结案。且听雪窦重显的颂词。

[丁] 雪窦重显对公案之"颂词"

两喝与三喝,作者知机变。

若谓骑虎头,二俱成瞎汉。

谁瞎汉,拈来天下与人看。

[戊] 圜悟克勤对雪窦重显颂词之"评唱" 雪窦确是有自己的见地,如果你不是见解高超的"作者",当然只会胡喝乱唱,所以古人才说:"有时一喝不作一喝用,有时一喝却作一喝用,有时一喝如踞地狮子,有时一喝如金刚王宝剑。"

兴化禅师曾说:"我见你们这些人,东廊下也喝,西廊下也喝,且莫胡喝乱喝,直喝得我兴化禅师'上去'了三十三天,却又扑下来,跌得一点气息也没有了。等我'苏醒'过来之后再跟你们说话,行吗?"

为什么兴化禅师未曾向紫罗帐里撒真珠?你们这些人在这里,只管胡喝乱喝干什么?临济禅师说:"我闻汝等,总学我喝,我且问你,东堂有僧出,西堂有僧出,两个齐下喝,哪个是宾,哪个是主?你若分宾主不得,以后不得学老僧。"

所以雪窦才颂出"作者知机变"一句。这僧虽说被睦州收服了,但他还是有"识机变"的地方。你们且说说,这僧"识机变"的地方在哪里呢?鹿门智禅师点评这僧说:"识法者惧。"岩头禅师说:"若论战也,个个立在转处。"黄龙心和尚说:"穷则变,变则通。"

这些都是历代祖师坐断天下人舌头的地方,你若是"识机变",举着便知落处。有些门外汉说:"管他道三喝四,喝作什么,只管喝将去!"说什么"三十二十喝,喝到弥勒佛下生,谓之骑虎头"。

如果你是持这般的见解,则真是完全不懂睦州,也很难对这僧的所作所为做出有见地的点评。就好像人骑在老虎头上,必须手中有刀,兼能转动自如,才能把持得住。雪窦禅师说,如果是持这般见地,则是"二俱成瞎汉"。雪窦之思维,真似倚天长剑,凛凛全威。

如果你能领会雪窦的意思,自然千处万处你都能同时领会,也能看得出雪窦后面的颂语,只是给前面下注脚。又问"谁瞎汉",你们且说是"宾家瞎",还是"主家瞎",抑或是"宾主一时瞎"?"拈来天下与人看",这是一句活话,有容人转身的地方。雪窦一口气把意思都颂出来了,为什么却又说"拈来天下与人看"?你们且说说为什么要看?睁眼是是看,闭眼也是看,还有人能不看吗?

[己] 圜悟克勤之"著语" 公案中的著语有:睦州问僧:近离甚处(著:探竿影草)?僧便喝(著:作家禅客,且莫诈明头也,解怎么去)。州云:老僧被汝一喝(著:陷虎之机,猱人作么)。僧又唱(著:看取头角,似则似,是则未是,只恐龙头蛇尾)。州云:三喝四喝后作么生(著:逆水之波,未曾有一人出得头,入那里去)?僧无语(著:果然摸索不着),州便打,云(著:若使睦州尽令而行,尽大地草木悉斩为三段):这掠虎头汉(著:放过一着,落在第二)。

"颂词"中的著语有:两喝与三喝(著:雷声浩大,雨点全无,自古至今，罕有人恁么），作者知机变（著：若不是作家，争验得，只恐不恁么）。若谓骑虎头（著：叻瞎汉，虎头如何骑，多少人恁么会，也有人作这见解），二俱成瞎汉（著：亲言出亲口，何止两个，自领出去）。谁瞎汉（著：教谁辨，赖有末后句，洎乎赚杀人），拈来天下与人看（著：看即不无，觑着即瞎，阇梨若着眼看，则两手掊空，恁么举，且道是第几机）。

［庚］"睦州掠虚汉"之现代解读　胸无点墨，装腔作势，是一种虚；东施效颦，邯郸学步，是一种虚；鹦鹉学舌，人云亦云，也是一种虚。

被睦州禅师骂作"掠虚头汉"的那僧，就是典型，就是典型的一个装腔作势、邯郸学步、鹦鹉学舌者。他学谁呢？学唐代临济义玄禅师。须知"德山棒临济喝"在禅林中是非常有名的，可谓是无人不知，无人不晓，被视为"禅者之代表"。义玄以"喝"接引生徒常用四种方法："有时一喝如金刚王宝剑，有时一喝如踞地金毛师子，有时一喝如探竿影草，有时一喝不作一喝用。""喝"有四种功效：第一喝为发大机之喝，若宝剑截物，截断学人一切知解情量，名相言句；第二喝为大机大用之喝，如狮子哮吼，震威修行者为测度师家所呈小机小见；第三喝为勘验之喝，或师家勘验学人，或学人测试师家；第四喝为向上之喝，不入前三喝，却能收摄前三喝。

"喝"之玄机如此，那僧不能领会，东廊下也喝，西廊下也喝，如此发问也喝，如彼发问也喝，向上转去也喝，向下转去也喝，这就难怪被睦州骂为"掠虚头汉"，被雪窦骂为"瞎汉"，被圜悟克勤骂为"胡喝乱喝"了。

"掠虚头汉"是禅林中常用的骂语,专门指斥那些慢心躁急、似是而非的禅者。又作"掠虚汉"。掠者掠取,虚者虚妄不实,掠虚即指模仿他人言语而不能"着实"之表面行动。此类华而不实之言行,乃参禅者之大忌。

圜悟克勤之解读,围绕"实"字而展开。垂示中"恁么恁么,不恁么不恁么"之言,讲的就是一个"实"字,一如孔子所谓"知之为知之,不知为不知,是知也"。该怎么样的就怎么样,不该怎么样的就不怎么样,这才是"实";该怎么样的不怎么样,不该怎么样的偏怎么样,那就是"虚",就是"虚妄不实"。真的假不了,假的也真不了;假的可以装真于一时,但不能装真于永久。会的生不了,生的会不了;生的可以装会于一时,但不能装会于永久。能"向上转去"者就能向上,装"上"是不成的;能"向下转去"者就能向下,装"下"是不成的。只能"不上不下"者,就只能不上不下,装"上"不成,装"下"也不成。不要以为参禅的境界没有标准,这标准是有的,甚至是很精确的。

在对公案的解读中,圜悟克勤提到"识存亡,别休咎,脚踏实地汉",强调的也是一个"实"字。那僧第一喝,好像是那么回事;第二喝出来,就被睦州看穿了,所以问他"三喝四喝后作么生"。那僧心虚,所以被问住,进入"无语"境地。若是心中有底,若是"脚踏实地汉",再喝一声又有何妨?可惜那僧不是,一时"无语",就被睦州老汉降伏了,所以克勤说他"似则似,是则未是"。

在"颂词"著语中,有"雷声浩大,雨点全无"之言,是反"虚"而求"实"的。在对雪窦重显"颂词"的解读中,圜悟克勤论及"瞎汉",并问在座诸僧:"是宾家瞎,是主家瞎,莫是宾主一时瞎?"真正的"瞎汉"是睦州呢,还是那僧,或者是他们两人?如果你把"喝"就理解为"管他道三喝四,喝作什么,只管喝将去",那当然你是"瞎汉"。如果我们用"脚踏实地"的标准去衡量,"瞎汉"当然不是睦州。所以我们的回答是"宾家瞎",而不是"主家瞎",更不是"宾主一时瞎"。禅林中以"瞎汉"或"瞎驴""瞎屡生"等,指称目盲愚痴之人,谓其对法无见识。此等人当然亦是不"实"的。

"实"的反面是虚,是妄,是假。虚者,非实在;妄者,妄法、妄境、妄有、妄知、妄心、妄念、妄执、妄情、妄分别、妄语、妄言等;假者,内怀虚假邪念,外现贤善精进之相。佛教以为众生以虚妄之业障而轮回不已,恰如车轮之辗转不止,故以"虚妄轮"名之。

禅师的目标是砸碎这"虚妄轮",而引众生到一个"真实"的境界中去。"真实"的境界是什么?"实相"是什么?"实相"就是本然之真实,就是"缘起性空",就是佛陀所觉悟之真如、法性、真性、涅槃、无为、无相等。禅师教人要讲"实语","实语"是什么?"实语"就是真实、不妄不异之语,"实语者"就是真语者,就是如语者,就是不诳语者,就是不异语者。

"实"是佛陀的基本追求,更是历代禅师的基本追求。佛教讲"实教",讲"实人",讲"实智",只因"实"才能不灭,"实"才是永久,"实"才是究极。"虚","掠虚头汉"表现的那个"虚",只能蒙人于一时,只能暂时的,只是"权教",只是"权人",只是"权智"。

晋陆机讲"积实虽微，必动于物；崇虚虽广，不能移心"；唐刘禹锡讲"名由实生，故久而益大"；宋司马光讲"取其道不取其人，务其实不务其名"，都是强调一个"实"字。

综上所言，通过"睦州掠虚汉"这则公案，圜悟克勤告诉我们：人要进入禅境，须有一颗"实心"或"真实心"。这是《碧岩录》给我们讲的第十个道理。

第二卷

第十一则　黄檗噇酒糟汉

"黄檗噇酒糟汉",禅宗公案名,又名"黄檗酒糟汉""黄檗噇糟""黄檗噇酒糟"等。载于《碧岩录》卷第二、《从容庵录》第五十三则、《隆兴佛教编年通论》卷二十六等。

黄檗希运(？—850年),唐代禅僧。福唐(今福建福清)人,俗姓不详。相貌怪异,额肉隆起如珠,号为肉珠。幼出家于洪州黄檗山,学通内外。尝游天台山并京师,在京师得野姥指示,还洪州谒百丈怀海,大开心眼。得百丈所传心印,声誉弥高,人皆赞为"大乘之器"。酷爱旧山,故山随人名,凡其所住之山,皆以黄檗称之。唐宣宗大中四年示寂,年寿不详。谥号"断际禅师"。门下有临济义玄、睦州道踪等十数人。弟子、河东节度使裴休辑其语录一卷,题曰《黄檗山断际禅师传心法要》,广行于世。

[甲]圜悟克勤之"垂示"　佛祖大机,全归掌握,人天命脉,悉受指呼。等闲一句一言,惊群动众,一机一境,打锁敲枷。接向上机,提向上事。你们且说说,什么人曾恁么来,还有知落处么？诸位请看。

[乙]"黄檗噇酒糟汉"之公案　黄檗示众云："汝等诸人，尽是噇酒糟汉，恁么行脚，何处有今日？还知大唐国里无禅师么？"时有僧出云："只如诸方匡徒领众，又作么生？"檗云："不道无禅，只是无师。"

[丙]圜悟克勤对公案之"评唱"　黄檗身长七尺，额有圆珠，天性会禅。他有一次游天台山，路逢一僧，与之谈笑如故。认识之后，仔细观察，但见他目光射人，颇有异相，于是搭伴而行。

正值溪水暴涨，黄檗乃植杖捐笠而止，那僧准备牵黄檗一同渡水。黄檗说："您请先渡。"那僧即提衣踏波，如履平地，到达对岸，回头叫道："快过来！快过来！"黄檗斥责说："你这自了汉，早知你这样捏怪，就该砍断你腿！"那僧感叹说："真大乘法器！"说完就不见了。

黄檗初到百丈山，百丈问他："巍巍堂堂，从什么处来？"黄檗回答说："巍巍堂堂，从岭中来。"百丈又问："来为何事？"黄檗答："不为别事。"百丈非常器重他。第二天辞别百丈，百丈问："什么处去？"黄檗答："江西礼拜马大师去。"百丈说："马大师已迁化去也！"

你们且说说，黄檗那样问，是"知来问"，还是"不知来问"？他回百丈说："我特地准备去拜访他，可惜福缘浅薄，不能见他一面。不知道他平日里留下些什么言句，很希望您讲给我听听。"

百丈于是说起他第二次参拜马祖时的因缘："马祖见我到来，便竖起拂子。我问他：'即此用，离此用？'马祖于是把拂子挂到禅床角。过了很长时间，马祖却反问我：'你以后光靠耍嘴皮子，如何接引人呢？'我取下拂子，把它也竖起来，马祖也说：'即此用，离此用。'我将拂子挂到禅床角,马祖振威一喝,我那时被震得耳朵聋了三天。"

黄檗听完,不觉悚然吐舌。百丈又问:"你以后莫不是想承嗣马大师吧?"黄檗答:"不是,今天听您一番话,我得见马大师的大机大用,如果承嗣马大师,以后我就恐怕找不到传人了。"百丈说:"的确如此,的确如此!见与师齐,减师半德,智过于师,方堪传授。你如今见到了这一层,看上去已经超过师父了。"

诸位且说说,黄檗那么问,是"知而故问"呢,还是"不知而问"?只有那些目睹他们师徒之所言所行的人,才能真正领会。黄檗有一天又问百丈:"从上宗乘,如何指示?"百丈沉默良久,黄檗说:"不可让传人绝种了!"百丈说:"我还以为你是个人物呢!"说完就回到方丈室。

黄檗与裴相国是"方外友"。裴当时镇守宛陵,请黄檗到那里说法,并把自己点评的一部书稿给他看。黄檗接过书稿,放到座位上,并不翻看。过了很长时间才问:"理解了吗?"裴相国回答说:"不理解。"黄檗说:"如果是真理解了,还差不多,如果只是纸上谈兵,哪里还有我们禅宗存在!"裴相国于是撰一颂,赞黄檗说:"自从大士传心印,额有圆珠七尺身。挂锡十年栖蜀水,浮杯今日渡漳滨。八千龙象随高步,万里香花结胜因。拟欲事师为弟子,不知将法付何人。"

黄檗听后亦没有多少喜色,说:"心如大海无边际,口吐红莲养病身。自有一双无事手,不曾只揖等闲人。"黄檗住山之后机锋峭峻,临济禅师在其门下,睦州禅师为其首座。有一天睦州问临济:"上座来此已经很长时间了,为什么不去请教师父?"临济回答说:

"你说我究竟问什么话才好呢？"睦州回答说："为什么不去问'如何是佛法大意'？"

临济于是跑去问，去了三次都被打出来。临济于是辞别睦州，说："多蒙首座指教，我去问话三次都被打了出来，恐怕我跟师父没有这份因缘，我就暂时下山去吧。"首座说："你要下山，也得跟师父告辞才行。"首座于是预先去告知黄檗，说："临济问您话，什么回答也没有得到，您何不勉强回答他，就算把他教成一棵树，也好给后人带些荫凉！"黄檗说："我知道了。"

临济前来告辞，黄檗说："你不要到别的地方去，直接到高安滩头去见大愚禅师。"临济到大愚处，向大愚讲明来龙去脉，并说不知自己有什么不对的地方。大愚说："黄檗这是老婆心切，在为你解除困惑呢！你还说什么有过无过！"

临济忽然大悟，说："黄檗佛法，不过如此。"大愚扯住他说："你刚才还在说有过，现在却又说佛法不过如此。"临济在大愚肋下打三拳，大愚推开他，说："你师父是黄檗，不关我的事！"

有一天黄檗对众僧说："牛头山融大师横说竖说，还是不明白'向上关捩子'。到如今石头、马祖门下众多禅和子，还在争先恐后地说禅说道，他们为什么要这样说呢？"黄檗对众僧说："你们这些人，都是些'噇酒糟汉'，那样子游历修行，只会被人耻笑。见到八百上千人的大道场便去，千万不要只图热闹。合适的地方就可以去，如果一切都如你们想象的那么简单，哪里还会有今天这种事出现！"

唐朝时人们喜欢以"噇酒糟汉"骂人，很多人把这叫作"黄檗骂人"。有慧眼的人，自能见出它落脚处之大意。垂一钩，钓人问话,僧众中便会有不惜身命的禅和子出面作答。众僧问他:"只如诸方匡徒领众,又作么生也好?"如此一撺,黄檗这老汉果然分疏不下,出现了漏洞,只好说:"不道无禅,只是无师。"

你们且说说,黄檗之意着落何处?他从"向上宗旨"处着眼,时而擒,时而纵,时而杀,时而活,时而放,时而收,敢问在座诸位,何样之人才算"禅中师"?山僧我那么说,已是连头带尾都看不见了!在座诸位鼻孔何在?过了很长时间,补充道:"我已经把你们鼻孔穿起来了。"

[丁]雪窦重显对公案之"颂词"

凛凛孤风不自夸,端居寰海定龙蛇。

大中天子曾轻触,三度亲遭弄爪牙。

[戊]圜悟克勤对雪窦重显颂词之"评唱" 雪窦这段"颂词",就好像黄檗本人的"真赞"一样,但我们却不能把它当成"真赞"去领会。他言语的背后,有更深一层的意思。明明说"凛凛孤风不自夸",莫非黄檗那样对众僧说话,还不算是争人负我、自逞自夸?如果做这样的理解,就可不管三七二十一,时而孤峰顶独立,时而闹市里横身,岂可偏守一隅,导致愈舍愈不歇,愈寻愈不见,愈担荷愈没溺!

古人说:无翼飞天下,有名传世间。尽情舍却佛法道理,玄妙奇特一时放下,还差不多,自自然然,触处现成。雪窦说:"端居寰海定龙蛇。"是龙是蛇,入得门来便可验取,这就叫作"定龙蛇眼""擒虎兕机"。雪窦又说:"定龙蛇兮眼何正,擒虎兕兮机不全。"又说:"大中天子曾轻触,三度亲遭弄爪牙。"黄檗岂是现今没有见地的禅和子所能比,他从来就是如此的!

关于"大中天子"者,据《续咸通传》载:唐宪宗有二子,一曰穆宗,一曰宣宗。宣宗即是大中,十三岁的年纪,幼小而敏黠,就喜欢跏趺打坐。穆宗在位时,一日早朝完毕,大中玩耍时登上龙床,摆出给群臣作揖的姿势,大臣见及,谓之"心风"。于是奏明穆宗,穆宗看见,抚而叹之曰:"我弟乃吾宗英胄也。"

穆宗于长庆四年晏驾,留有三子,曰敬宗、文宗、武宗。敬宗继父位二年,内臣谋划换掉了他。后文宗继位,在位一十四年。后来武宗即位,常把大中称为"痴汉"。有一天武宗记恨大中昔日戏登父位之事,于是打杀他,拖至后苑中,然后用不洁之水灌他,让他苏醒。大中偷偷跑到香岩闲和尚门下,后剃度为沙弥,未受具戒。

再后来,他与志闲游方至庐山,志闲因有题瀑布诗云:"穿山透石不辞劳,地远方知出处高。"志闲吟出这两句,伫思良久,想考验一下大中之语脉如何。大中续诗云:"溪涧岂能留得住,终归大海作波涛。"志闲听罢,知他不是寻常人,默默地记住了他。

后来到盐官办道场,志闲请大中做书记,黄檗在那里做首座。黄檗有一天礼拜之后,大中见他过来就问:"不着佛求,不着法求,不着众求,礼拜当何所求?"黄檗回答说:"不着佛求,不着法求,不着众求,常礼如是。"大中问:"用礼何为?"黄檗举掌便打,大中说:"太过粗鲁!"黄檗问:"这是什么地方,说粗说细?"说完又是一巴掌。

大中后来继承了皇位,赐黄檗为"粗行沙弥"。裴相国当了宰相后,奏请皇上赐黄檗"断际禅师"号。雪窦知晓他血脉出处,所以"颂词"用得很巧。到现在还有"弄爪牙"的人吗?举掌便打。

[己] **圜悟克勤之"著语"** 公案中的著语有:黄檗示众云

（著：打水碍盆，一口吞尽，天下衲僧跳不出）：汝等诸人，尽是噇酒糟汉，恁么行脚（著：道着踏破草鞋，掀天摇地），何处有今日（著：用今日作什么，不妨惊群动众）？还知大唐国里无禅师么（著：老僧不会一口吞尽也，是云居罗汉）？时有僧出云：只如诸方匡徒领众，又怎么生（著：也好与一拶，临机不得，不恁么）？檗云：不道无禅，只是无师（著：直得分疏不下，瓦解冰消，龙头蛇尾汉）。

"颂词"中的著语有：凛凛孤风不自夸（著：犹自不知有也，是云居罗汉），端居寰海定龙蛇（著：也要别缁素也，要皂白分明）。大中天子曾轻触（著：说什么大中天子，任大也须从地起，更高争奈有天何），三度亲遭弄爪牙（著：死虾蟆多口作什么，未为奇特，犹是小机巧，若是大机大用，现前尽十方世界，乃至山河大地，尽在黄檗处乞命）。

[庚]"黄檗噇酒糟汉"之现代解读 不吃酒而吃酒糟，是舍本而逐末；不上正席而捡残汤剩饭，是舍本而逐末；丢掉白米、麦粒而收藏谷糠、麦麸，是舍本而逐末……不磨刀只欲多砍柴，亦是舍本而逐末。

对禅者而言，"本"是什么呢？"本"就是圜悟克勤垂示中所说"佛祖大机""人天命脉"，就是"接向上机、提向上事"。要"向上"，要了悟此"大机"与"命脉"，就要找到一条适合自己的路，这路就是"末"。舍本而逐末，就表示我们永远是"在路上"。我们上路，原来是有一个目的地的，但我们走着走着，却把这个目的地忘了，我们成了一群丢失了目的地的"路上人"。

"噇酒糟汉"正是这样的"路上人"：他不走，离目的地很远；

他慢走，离目的地很远；他走得越快，或许离目的地越远。"噇"就是饥不择食、狼吞虎咽之意，就是生吞活剥之意。切换到"走"字上，就是快走，就是奔跑：有目的地时，快步与奔跑自然是好的；丢了目的，此种快步就成为"乱快"，此种奔跑就成为"瞎跑"。"盲人骑瞎马，夜半临深池"，这就是"噇酒糟汉"面临的处境。

黄檗一日上堂说法，问及众僧出外行脚情况，众僧连道辛苦，埋怨化缘之难，于是引来黄檗"汝等诸人，尽是噇酒糟汉"这句骂语，并告诫他们，抱这样的心态出外行脚，是不会有任何结果的。行脚辛苦，他们不知道禅就在这辛苦里，"佛祖大机""人天命脉"不必到这辛苦之外去寻找。化缘艰难，他们不知道禅就在这艰难里，"向上机""向上事"不必到这艰难之外去寻找。担水劈柴，无非妙道，担水不是负担，劈柴不是负担。同样地，行脚不是负担，化缘也不是负担。如果以为禅机是在行脚之外，那是舍本而逐末；如果以为禅机是在化缘之外，那也是舍本而逐末。

那什么是不"舍本"呢？不"舍本"就是"不外"任何事，不以任何事"为外"，屙屎屙尿、行脚化缘都不是"外事"，都不是"额外负担"。

"大唐国里无禅师"是黄檗希运点化众僧的重要"句辞"，用现在流行的哲学术语，也可叫"命题"吧！黄檗时常告诫众僧要记住这个命题，可偏偏就有尚未入道之生徒提出质疑：不是说"无禅师"吗，那现在"诸方匡徒领众"又该如何解释呢？此僧不知，禅不可说，当然亦不可教；既不可教，当然"无师"。那为什么我们又要去"求师"，为什么你黄檗本人也在那里"匡徒领众"？

这就叫作"无可奈何"："师"无用，但"师"毕竟是桥，可以引我们渡过激流；毕竟是船，可以渡我们到彼岸。我们必须借桥而过，借船而渡，所以我们要"求师"，要"匡徒领众"；我们又不能据桥而驻，以船为家，所以最后的根本还是"无师"，还是"大唐国里无禅师"。"无禅师"不等于"无禅"，"无师"不等于"无禅"，所以回答那提出质疑的生徒说："不道无禅，只是无师。"把"师"等同于"禅"，那是舍本而逐末；把"禅"等于同"师"，那是舍本而逐末；据桥而驻，那是舍本而逐末；以船为家，那是舍本而逐末。百丈禅师告诫要辞行的黄檗说："见与师齐，减师半德；智过于师，方堪传授。"这才是禅宗对于"师"的真正定位。

"师"是一种"末"，语言、文字等当然也是一种"末"。黄檗向百丈请教"从上宗乘如何指示"，百丈不说话，黄檗以"不可教后人断绝去"为由催他说话，但百丈还是没有说，只是骂了黄檗一句"将谓汝是个人"，就转身走了。百丈为什么不答话呢？因为他知道答话就可能引黄檗走上"逐末"之路。裴相国以黄檗为师，两人是"方外友"，相国把自己点评的书稿给黄檗审阅，黄檗看也不看就放到桌子上，问他"会么"，问他懂不懂，相国坦陈"不会"。既"不会"，那就是"无本"，就是"舍本"；"不会"而又"形于纸墨"，那就是"逐末"，就是"以末为本"。众僧求教于黄檗，黄檗告以"师为末"；黄檗请教于百丈，百丈告以"语言为末"；裴相国请教于黄檗，黄檗告以"纸墨为末"或"文字为末"。目的只有一个，就是告诫众僧不要舍本逐末。

"如何是祖师西来意"或"如何是佛法大意"，乃是禅林中最常用的问语，号为"禅宗开悟之机语"，目的在反省中土禅宗初祖菩提达摩从西方印度到中国传法之"真意"。几乎所有的禅僧都会提这样的问题,为什么黄檗不让门人临济禅师提这样的问题呢?临济"三番去问","三度被打出",以至于临济要离开黄檗,为什么会这样呢?大家都能提的问题,为什么临济就不能提?答案很简单,就因为临济对这个问题并没有真正的思考。他到了黄檗门下很长时间,还不知道向黄檗"问什么话",问"佛法大意"还是睦州首座给他出的主意。这样未经"过脑"的问题,一出口黄檗便知真假,哪能不打他出来?不到"百思不得其解"时,不到"临盆欲出"时,禅僧是不该去请教师父的。临济去提问时,不仅没有"百思",甚至连"一思"也没有,拿一个借来的"假问题"去请教,哪能不被黄檗"三度打出"!本身提问已是语言中事,已是"逐末",提"假问",提未经"过脑"之问,就更是"逐末之末""逐末末之末"了。

中国哲学中有"一本万殊"之说,是讲"本"只有一个,而"末"有千千万,"目的地"只有一个,而"路"有千万条。圜悟克勤解读公案时讲到"有时擒,有时纵,有时杀,有时活,有时放,有时收",解读"颂词"时讲到"一任七纵八横,有时孤峰顶独立,有时闹市里横身",等等,都是就"路"而言。"路"是不定的,但"目的地"是定的;"末"是不定的,但"本"是定的。这"目的地",这"本",就是"垂示"中所谓"佛祖大机""人天命脉",就是"颂词"著语中所谓"大机大用,现前尽十方世界,乃至山河大地,尽在黄檗处乞命",就是"颂词"解读中所谓"定龙蛇眼,擒虎兕机"以及"不着佛求,不着法求,不着众求,常礼如是",等等。

佛教中讲"本化",是在"本佛"与"迹佛"的对比中强调不要"舍本";佛教中讲"本已有善",是在与"本未有善"的对比中强调不要"舍本";佛教中讲"本地"(佛菩萨之实相法身,即能现之本身），是在与"所现之化身"的对比中强调不要"舍本";佛教中讲"本地身",是在与"加持身"的对比中强调不要"舍本";佛教中讲"本有",是在与"修成""修生"的对比中强调不要"舍本";佛教中讲"本来无一物""本来无事""本来成佛""本来面目""本来空",等等,都是强调不要"舍本"。

佛教中更有"本心"一词,指自己本来之真如心性,讲的就是此等不"舍本"之心。《六祖坛经》载有"不识本心,学法无益"之言,并解释说:"其心不青不黄,不赤不白,不长不短,不去不来,非垢非净,不生不灭,湛然常寂,此是本心形相也,亦是本身。本身者,即佛身也。""本心"就是不"舍本逐末"之心。"舍本逐末"的后果,依圜悟克勤解读"颂词"之言,就是"愈舍愈不歇,愈寻愈不见,愈担荷愈没溺"。

《抱朴子·博喻》说:"识远者贵本,见近者务末。"《淮南子·原道训》说:"圣人内修其本,而不外饰其末。"《墨子·修身》说:"置本不安,无务丰末。"《说苑·君道》说:"本小末大,不能相使也。"《韩非子·扬权》说:"腓大于股,难以趣走。"此等反对"舍本逐末"之言论,与禅宗之强调"本心"心同理同。

综上所言,通过"黄檗噇酒糟汉"这则公案,圜悟克勤告诉我们:人要进入禅境,须有一颗"本心"或"本地心"。这是《碧岩录》给我们讲的第十一个道理。

第十二则　洞山麻三斤

"洞山麻三斤",禅宗公案名,又名"麻三斤""答麻三斤""麻三斤话""洞山佛麻三斤"等。载于《碧岩录》第十二则、《禅宗无门关》第十八则、《联灯会要》卷二十六、《五灯会元》卷十五等处。

此则公案所涉及的是五代宋初云门宗洞山守初禅师。云门宗属南宗青原法系,以云门文偃为宗祖,禅宗五家七宗之一。守初禅师之事迹,可参看《景德传灯录》卷二十三"洞山守初"章。其初参云门时,被云门斥为"饭袋子",打以三顿六十棒,被禅林称为"洞山三顿"。遗有上堂示众之语要及歌颂,合辑为《洞山守初禅师语要》一卷,载《古尊宿语录》卷三十八及《续藏经》第118册。

洞山古属筠州,位于今江西宜丰,一说即新丰山。9世纪中叶唐末良价禅师住该山普利院弘禅,创曹洞宗。

[甲]圜悟克勤之"垂示"　杀人刀,活人剑,乃上古之风规,亦今时之枢要。若论杀也,不伤一毫;若论活也,丧身失命。所以

道：向上一路，千圣不传，学者劳形，如猿捉影。你们且说说，既然是"不传"，为什么却有许多葛藤公案？有明白的，请说说看。

[乙]"洞山麻三斤"之公案　僧问洞山："如何是佛？"山云："麻三斤。"

[丙]圜悟克勤对公案之"评唱"　这则公案，不知有多少人做过错误的领会！实在是太难咬嚼了，简直没有你下口的地方。

何故如此"淡而无味"呢？试想想，古人有多少答佛话！或说"殿里底"，或说"三十二相"，或说"杖林山下竹筋鞭"。等到洞山这里，却答以"麻三斤"，真是截断古人舌头。

人们常把它当成一般的答话去理解，说：洞山这个时候恰好在仓库称麻，有僧问话，所以就顺便如此作答。也有人解释说："洞山这是问东答西。或者解释说：你本身就是佛，还要去问佛，所以洞山'绕路答之'。"更有一些死心眼的人说：就这麻三斤，便是佛。

所有这些解释，都离"原意"相差太远。你如果照这种方式去洞山句下寻讨，就是参到弥勒佛下辈子，也不见得会有收获。为什么呢？因为"言语只是载道之器"，不了解古人原意，只顾到言语中去寻求，有什么"巴鼻"①？

不见古人道：道本无言，因言显道，见道即忘言。到了这地步，只有返回到"第一机"才会有所得。比如上述"麻三斤"，就好像一条"长安大路"一般，举足下足，怎么都行。这个答话，与"云门糊饼"有些相似，但更难领会。

---

① 巴鼻，禅林用语，据《佛学大辞典》，巴即把，鼻指牛鼻。巴鼻即穿绳于牛鼻，以牵制之。后引申为根据、把柄之意。

五祖先师曾撰一颂，说：贱卖担板汉，贴秤麻三斤。千百年滞货，无处著浑身。你若能够打落情尘意想，净除得失是非之念，自然就能领会。

[丁] 雪窦重显对公案之"颂词"
金乌急，玉兔速，善应何曾有轻触。
展事投机见洞山，跛鳖盲龟入空谷。
花簇簇，锦簇簇，南地竹兮北地木。
因思长庆陆大夫，解道合笑不合哭。
咦！

[戊] 圜悟克勤对雪窦重显颂词之"评唱"　雪窦见解透彻，所以劈头就说"金乌急，玉兔速"，与洞山答"麻三斤"，可谓同样意味深长。

日出月没，日日如是，人们常常妄作解释，只顾说：金乌是左眼，玉兔是右眼，刚被问着，便瞠眼。我们说，这跟"瞠眼"有什么关系呢？你如果这样去领会，达摩一系的禅宗，就要扫地而尽了。

所以说：垂钓四海，只钓狞龙，格外玄机，为寻知己。雪窦是出入得"阴界"的人，岂能止于这样的见地！

雪窦轻轻地去敲关击节，在关键处透露出一些信息，待你刚刚见及，便立即转下注脚，说"善应何曾有轻触"。洞山不"轻酬"，这僧如钟在扣，如谷受响，大小随应，不敢轻触。雪窦是一股脑把心肝五脏挖出来，呈现到你们面前了！

雪窦真乃"静而善应"之人。颂云：觌面相呈，不在多端。龙蛇易辨，衲子难瞒。金锤影动，宝剑光寒。直下来也，急着眼看。

洞山初参云门时，云门问他："近离甚处？"洞山答："渣渡。"

云门又问:"夏在甚么处?"洞山答:"湖南报慈。"云门又问:"几时离彼中?"洞山答:"八月二十五。"云门不满意,斥曰:"放你三顿棒,参堂去!"

洞山晚间到云门住处,靠近云门提问:"鄙人在什么地方有过失呢?"云门又斥曰:"饭袋子!江西、湖南便恁么去!"洞山听完,豁然大悟,对云门说:"鄙人他日向无人烟处,卓个庵子,不蓄一粒米,不种一茎菜,常接待往来十方大善知识,尽与伊抽却钉,拔却楔,拈却腻脂帽子,脱却鹘臭布衫,各令洒洒落落地作个无事人去!"云门说:"身如椰子大开,得许大口。"洞山于是辞别云门。

洞山当日开悟之处,直下颖脱,岂跟"小见"一般?他后来出世应机,有"麻三斤"之语,诸方僧徒只把它当作一般"答佛话"去领会,实在不够。如何是佛?"杖林山下竹筋鞭""丙丁童子来求火"之类,都是探讨有关"佛"的道理的。雪窦说:如果照这样的方式去领会"展事"与"投机",恰似"跛鳖盲龟入空谷",到何年何月才能找到"出路"呢?

"花簇簇,锦簇簇"一句,源出僧问智门和尚一案。僧问智门:"洞山说麻三斤,意旨如何?"智门答曰:"花簇簇,锦簇簇,能领会吗?"僧说:"领会不了。"智门又说:"南地竹兮北地木。"僧又向洞山提同样的问题,洞山说:"我不为你一人解释,我要向广大僧徒解释。"于是上堂,解释说:"言无展事,语不投机,承言者丧,滞句者迷。"

雪窦要打破人们因情所生之妄见,所以故意把先哲之言串起来颂出,后人不知,反而转生出许多"情见"。说:麻是孝服,竹是孝杖,所以说南地竹兮北地木;花簇簇,锦簇簇,是棺材头边画的花草。这样理解,还知有羞耻吗!

殊不知"南地竹兮北地木"与"麻三斤",就跟"阿爷"与"阿爹"的关系差不多。古人答一转语,绝不会如这些人所想的那样。就好像雪窦说"金乌急,玉兔速",自是一般宽旷,只是金鍮难辨,鱼鲁参差,不好理解罢了。雪窦老婆心切,要打破你们的"疑情",却反而引出个"死汉"。

"因思长庆陆大夫,解道合笑不合哭。"讲到"颂词",有开头三句就差不多了。我且问问诸位,统共不就是个"麻三斤"吗,雪窦要绕那么多葛藤干什么?他只是"慈悲忒煞",才这样做的。陆亘大夫任宣州观察使时,曾参拜南泉禅师,南泉迁化,陆亘闻丧,入寺下祭,反而呵呵大笑。院主问他:"先师与大夫有师资之义,为何不哭?"大夫回答:"你能说出理由我就哭。"院主无语。陆亘大哭说:"苍天,苍天,先师去世远矣。"后来长庆听说这件事,说:"大夫合笑不合哭。"

雪窦借用此句话,大意是要告诉诸位:你们若只是作这般的"情解",正好就是"笑莫哭。"这样理解也不错,只是末后还有一个字,实在有些聱讹。他最后还说:"咦!"这是什么意思呢?到这里,雪窦还脱得了干系吗!

[己] 圜悟克勤之"著语" 公案中的著语有:僧问洞山:如何是佛(著:铁蒺藜,天下衲僧跳不出)?山云:麻三斤(著:灼然破草鞋,指槐树,骂柳树,为秤锤)。

"颂词"中的著语有:金乌急(著:左眼半斤,快鹞赶不及,火焰里横身),玉兔速(著:右眼八两,姮娥宫里作窠窟),善应何曾有轻触(著:如钟在扣,如谷受响)。展事投机见洞山(著:错认定盘星，自是阇黎恁么见），跛鳖盲龟入空谷（著：自领出去，同坑无异土，阿谁打你，鹞子死）。花簇簇，锦簇簇（著：两重公案，一状领过，依旧一般），南地竹兮北地木（著：三重也有，四重公案，头上安头）。因思长庆陆大夫（著：癞儿牵绊，山僧也恁么，雪窦也恁么），解道合笑不合哭（著：呵呵苍天，夜半更添冤苦）。咦（著：咄，是什么，便打）！

［庚］"洞山麻三斤"之现代释读 面对提问，被问者可以有三种应对方法：一种是直接回答，一种是间接回答，一种是不回答。第一种可名曰"直路答"，第二种可名曰"绕路答"，第三种可名曰"不答"。

儒家重点发展了"直路答"。《论语·为政》载：孟懿子问孝，子曰："无违。"孟武伯问孝，子曰："父母唯其疾之忧。"子游问孝，子曰："今之孝者，是谓能养，至于犬马，皆能有养，不敬，何以别乎？"子夏问孝，子曰："色难，有事，弟子服其劳，有酒食，先生馔，曾是以为孝乎？"

《论语·颜渊》载：颜渊问仁，子曰："克己复礼为仁，一日克己复礼，天下归仁焉。"仲弓问仁，子曰："出门如见大宾，使民如承大祭，己所不欲，勿施于人，在邦无怨，在家无怨。"司马牛问仁，子曰："仁者其言讱也。"樊迟问仁，子曰："爱人。"《论语·子路》载：樊迟问仁，子曰："居处恭，执事敬，与人忠，虽之夷狄，不可弃也。"《论语·卫灵公》载：子贡问为仁，子曰："工欲善其事，必先利其器，居是邦也，事其大夫之贤者，友其士之仁者。"《论语·阳货》载：子张问仁于孔子，孔子曰："能行五者于天下，为仁矣。"

《论语·颜渊》又载：子贡问政，子曰："足食，足兵，民信之矣。"齐景公问政于孔子，孔子对曰："君君臣臣，父父子子。"子张问政，子曰："居之无倦，行之以忠。"季康子问政于孔子，孔子对曰："政者正也，子帅以正，孰敢不正？"季康子再问政于孔子，孔子对曰："子为政，焉用杀？子欲善，而民善矣。君子之德风，小人之德草，草上之风必偃。"《论路·子路》载：子路问政，子曰："先之，劳之。"叶公问政，子曰："近者悦，远者来。"

四人四次问"孝"，孔子都采用"直路答"的方式作答。六人七次问"仁"，孔子亦采用"直路答"的方式作答。五人六次问"政"，孔子同样采用"直路答"的方式作答。按照西方形式逻辑的标准，这样的作答是有问题的，因为"孝"只应有一个"定义"，任何情境下只应有同一种回答；"仁"只应有一个"定义"，任何情境下只应有同一种回答；"政"只应有一个"定义"，任何情境下只应有同一种回答。而孔子却根据不同情景给出了不同回答，甚至是完全相反的回答。

西方思想家忙碌几千年，寻求的就是一个"不变的定义"，万象背后那个"不变的本体"。所以我们读苏格拉底、柏拉图的"对话录"，感觉他们才是真正的"直路答"，完全与情境无关的"直路答"。孔子在中国虽说是重点发展了"直路答"，但真正彻底的"直路答"还是在西方。孔子之"直路答"可称为"境遇主义的直路答"，柏拉图之"直路答"可称为"绝对主义的直路答"。前者只承认各种各样的"孝"，各种各样的"仁"，各种各样的"政"，后者则认定在各种各样的"孝"背后一定有一个"孝本身"，在各种各样的"仁"背后一定有一个"仁本身"，在各种各样的"政"背后一定有一个"政本身",哲学就是追问"本身"的一门学问。可知,中国儒家重点发展了"直路答",但却是独立于西方之外的"境遇主义的直路答"。

中国道家,则重点发展了"不答"。"不答"可以有两种方式:一种是绝对的"不答",就是不回答;一种是相对的"不答",就是"答不"。"不答"之例,《庄子》书中很多,如《庄子·应帝王》载:"啮缺问于王倪,四问而四不知,啮缺因跃而大喜,行以告蒲衣子。"《庄子·知北游》载:"知北游于玄水之上,登隐弅之丘,而适遭无为谓焉。知谓无为谓曰:予欲有问乎若:何思何虑则知道,何处何服则安道,何从何道则得道?三问而无为谓不答也。非不答,不知答也。"

"答不"之例,《庄子》书中也很多,如《庄子·齐物论》载:啮缺问乎王倪曰:"子知物之所同是乎?"曰:"吾恶乎知之。""子知子之所不知邪?"曰:"吾恶乎知之。""然则物无知邪?"曰:"吾恶乎知之!"此处是三问三答"恶"。《庄子·让王》载:汤将伐桀,因卞随而谋,卞随曰:"非吾事也。"汤曰:"孰可?"曰:"吾不知也。"汤又因务光而谋,务光曰:"非吾事也。"汤曰:"孰可?"曰:"吾不知也。"汤曰:"伊尹如何?"曰:"强力忍垢,吾不知其他也。"此处是三问三答"不"。

道家为何要采用"不答"之方式去作答?关键在于他们有一种特别的"语言观"。《庄子·齐物论》载:"言者有言,其所言者特未定也,果有言邪,其未尝有言邪!"这是"言"与"所言"的"不等同论"。

又载:"天地与我并生,而万物与我为一,既已为一矣,且得有言乎？既已谓之一矣，且得无言乎？一与言为二，二与一为三。"这是"言"与"一"的"不等同论"。

《庄子·天道》载："语之所贵者意也，意有所随，意之所随者，不可以言传也……夫形色名声果不足以得彼之情，则知者不言，言者不知，而世岂识之哉！"这是"言"与"意"、"言"与"知"的"不等同论"。

《庄子·知北游》载："天地有大美而不言，四时有明法而不议，万物有成理而不说。"这是"言"与"大美""明法""成理"的"不等同论"。

《庄子·徐无鬼》载："狗不以善吠为良，人不以善言为贤，而况为大乎！"这是"不言"对于"言"的"优先论"。

《庄子·外物》载："荃者所以在鱼，得鱼而忘荃；蹄者所以在兔，得兔而忘蹄；言者所以在意，得意而忘言。吾安得夫忘言之人而与之言哉！"这是"言"对于"意"的"工具论"。

《庄子·寓言》载："言无言，终身言，未尝言，终身不言，未尝不言。"这是"言"对于"无言"的"优先论"。

《庄子·天下》载："其所谓道非道，而所言之韪不免于非。"这是"言"与"道"的不等同论。

《庄子·则阳》载："言而足，则终日言而尽道，言而不足，则终日言而尽物。道物之极，言默不足以载，非言非默，议有所极。"这是道家的终极"语言观"：道不可言，然又不得不言；道不可言，谓之"非言"，然又不得不言，谓之"非默"；"非言"所以"不答"，"非默"所以"答不"。

总之，道家"不答"之核心，是"非言非默""非答非不答"。

它是中国思想家创造的另一种"问答体系"。

"不答"与"答不"只是道家发展的重点，其"问答体系"中也并不排除"直路答"。如《庄子·知北游》载：东郭子问于庄子曰："所谓道，恶乎在？"庄子曰："无所不在。"东郭子曰："期而后可。"庄子曰："在蝼蚁。"曰："何其下邪？"曰："在稊稗。"曰："何其愈下邪？"曰："在瓦甓。"曰："何其愈甚邪？"曰："在屎溺。"东郭子不应，庄子曰："夫子之问也。固不及质……至道若是，大言亦然。周遍咸三者，异名同实，其指一也。"此处问答，与孔子之"境遇主义的直路答"，有异曲同工之妙。只是这不是道家发展的重点。

如果说儒家重点发展的是"直言"之"问答体系"，道家重点发展的是"不言"之"问答体系"，则释家，尤其禅师，重点发展的就是"言他"之"问答体系"。"言他"的核心是"言"，"言"的核心是"他"，"王顾左右而言他"，这是禅师重点发展的"问答体系"。它是中国三大"问答体系"之一。

禅林常以"祖师西来意"或"佛法的大意"等为题展开问答，以探讨菩提达摩自西方印度来中土弘传禅法之"真意何在"。

《碧岩录》第十七则载：僧问香林："如何是祖师西来意？"林云："坐久成劳。"

第十八则载：有僧问性空："如何是祖师西来意？"空云："如人在千尺井中，不假寸绳出得此人，即答汝西来意。"

第二十则载：龙牙问翠微："如何是祖师西来意？"微云："与我过禅板来。"牙又问临济："如何是祖师西来意？"济云："与我过蒲团来。"僧问大梅："如何是祖师西来意？"梅云："西来无意。"

《从容庵录》第四十七则载：僧问赵州："如何是祖师西来意？"州云："庭前柏树子。"

对同一个问题，香林、性空、翠微、临济、大梅、赵州诸大师，做出了完全不同的回答。其作答的特点，一是"言"，二是"言他"。既"言"则区别于道家之"不答"；既"言他"，则区别于儒家之"直路答"。几乎所有禅师之间的问答，都采用此种"言他"的形式，亦即"答非所问"的形式。

如《从容庵录》第五则载：僧问清源："如何是佛法大意？源云："卢陵米作么价。"

《碧岩录》第二十一则及第九十则载：僧问智门："如何是般若体？"门云："蚌含明月。"僧云："如何是般若用？"门云："兔子怀胎。"

《从容庵录》第六十五则载：僧问首山："如何是佛？"山云："新妇骑驴阿家牵。"

第七十八则载：僧问云门："如何是超佛越祖之谈？"门云："糊饼"。又有僧云："如何是超佛越祖之谈？"门云："蒲州麻黄，益州附子。"

以上均系"答非所问"。你要说他没有回答吧，是也不是，你要说他回答了吧，是也不是，可说是一种"非言非默，亦言亦默"的"问答体系"，不同于道家的"非言非默"。且根据情境之不同，做出完全不同的回答，又是一种"境遇主义的言他"，不同于儒家"境遇主义的直言"。

圜悟克勤对"洞山麻三斤"公案下"垂示"，以"杀人刀，活人剑"开头，确是一语中的，因为以"言他"形式做出的任何回答，都有赖提问者自己去领悟。能领悟就是"活"的,不能领悟就是"死"的;能领悟就是"活人",不能领悟就是"杀人"。

此"杀人"不是真正的"杀",故克勤又说"不伤一毫";此"活人"亦不是真正的"活",故克勤又说"丧身失命"。为什么不像儒家那样"直言"呢?因为禅师认定"禅"是不能"直言"的,能"直言"者不是"禅"。"直言"对于提问者一点好处也没有。

雪窦重显对公案下"颂词",说"金乌急,玉兔速",就是针对"直路答"而言的,说"直路答"对禅意之探讨太过于直接,太"急",太"速"。真正会作答的人,并不直接触及"本题",这就叫作"善应何曾有轻触"。

重显又讲"跛鳖盲龟入空谷",是什么意思呢?也不难理解:若"直言"是鳖,"言他"就是"跛鳖",若"直言"是龟,"言他"就是"盲龟",若"直言"是实山,"言他"就是"空谷"。"跛鳖盲龟入空谷"讲的就是"以言他的方式作答而不触及本题"。

"南地竹兮北地木""解道合笑不合哭"等,都可以这样去理解,它们强调的是"境遇主义的言他"。

克勤在解读重显之"颂词"时提到,洞山初参云门时,曾吃过云门三顿棒打。为什么呢?且看师徒俩的问答:云门问"近离甚处",洞山答以"渣渡",这就太"实"、太"直"了,是"绝对主义的直路答"(见于《柏拉图对话集》中),难怪要吃棒。云门又问"夏在甚么处",洞山答以"湖南报慈",这又是太"实"、太"直"了,是"绝对主义的直路答",当然要吃棒。云门再问"几时离彼中",洞山答以"八月二十五",简直就"实""直"得无可救药,不吃棒实在说不过去。

三问三"实",三问三"直",所以云门要"放你三顿棒,参堂去"。第一问没转过弯来,情有可原;第二问没引起重视,饶他一棒;第三问还是"死脑筋",云门当然要以"饭袋子"相斥!

　　洞山在"豁然大悟"以后,才能说出"麻三斤"之类的答语,与"杖林山下竹筋鞭""丙丁童子来求火"等答语,有异曲同工之妙。不要以为"言他"是一种随便就能学会的本领,不吃几顿棒,不遭几顿喝,是学不会的。若是碰到一个"死脑筋",吃了棒,遭了喝,还是学不会!这需要一点"天分"。

　　克勤在"公案"中加著语云:"铁蒺藜,天下衲僧跳不出。"讲的就是此种"死脑筋"。又云:"指槐树,骂柳树。"讲的就是此种"言他"的作答方式。在"颂词"的著语中讲"如钟在扣,如谷受响",以及"自领出去",等等,针对的也是此种"言他"的作答方式。

　　司南撰《禅心一念间》,解读此则公案说:"其实,这段对话是有前因的。因为当时僧人问洞山之时,洞山正在称麻,故而有此回答。"克勤在对公案的解读中,痛斥此种解读已经差不多一千年了,千年之后,这样的解读还在被重新提起,可知"言他"之作答方式何其难学!亦可知克勤所斥"死汉"何其难"活"!更可知克勤"还识羞么"之痛斥何其"老婆心切"!

　　综上所言,通过"洞山麻三斤"这则公案,圜悟克勤告诉我们:人要进入禅境,须有一颗"言他心"或"答非所问心"。这是《碧岩录》给我们讲的第十二个道理。

第十三则　巴陵银碗里雪

"巴陵银碗里雪"，禅宗公案名，又作"银碗里盛雪""巴陵银碗里""巴陵银碗盛雪"等，系云门文偃之法嗣巴陵颢鉴禅师"三转语"之一。载于《碧岩录》第十三则、《五灯会元》卷十五、《禅宗颂古联珠通集》卷三十五、《禅宗正脉》卷十五等。

巴陵颢鉴，五代宋初禅师，籍贯、生卒年不详。云门文偃之法嗣，居岳州巴陵（今湖南岳阳）之新开寺，故有是名。因善辩而得"鉴多口"之誉。"银碗里盛雪""珊瑚枝枝撑着月""鸡寒上枝鸭寒下水"，号为"巴陵三句"或"巴陵三转语"，深得云门文偃激赏，赞曰："他日老僧忌辰，只举此三转语供养老僧足矣！"事载《景德传灯录》卷二十三、《联灯会要》卷二十六等。

[甲]圜悟克勤之"垂示"　云凝大野，遍界不藏，雪覆芦花，难分联迹。冷处冷如冰雪，细处细如米末。深深处佛眼难窥，密密处魔外莫测。举一明三即且止，坐断天下人舌头作么生道。

诸位且说，这是什么人分上事？

[乙]"巴陵银碗里雪"之公案　僧问巴陵："如何是提婆宗？"

巴陵云："银碗里盛雪。"

[丙]圜悟克勤对公案之"评唱" 对这则公案，人常常产生误解，说这是指"外道宗"。此种理解是有问题的。第十五祖提婆尊者，也是"外道"中的一支，当日他见第十四祖龙树尊者时以针投钵，龙树很器重他，把佛教"心宗"传给他，让他继承衣钵成为"第十五祖"。

《楞伽经》说："佛语心为宗，无门为法门。"马祖说："凡有言句，是提婆宗。"我们理解提婆宗，就当以此为重点。在座诸位，均是衲僧门下客，曾经认真琢磨过提婆宗吗？若是认真琢磨过，西天九十六种"外道"就会被你一时降伏；若是没有认真琢磨过，或未琢磨透，恐怕就只能反披袈裟，避得远远的。

你们且说说，这是为什么呢？若认为上面的说法是对的，有问题；若认为上面的说法是不对的，也有问题。你们且说说，马大师的真正意图是什么呢？后来云门又说："马大师这是喜好言语，只是无人问他。"于是就有僧徒问他："如何是提婆宗？"云门回答说："九十六种，你是最下一种。"

过去曾有僧向大隋禅师告辞，大隋问："什么处去？"僧答："礼拜普贤去。"大隋竖起拂子说："文殊普贤，尽在这里！"那僧画一圆相，双手托着呈给大隋，继而又抛向背后，大隋就说："侍者请拿一贴茶来，让这僧徒带走。"云门于是解读说："西天斩头截臂，这是自领出去。"又说："赤幡在我手里。"

西天"论议"的惯例，是胜者手执赤幡，而负者反披袈裟，从偏门出入。要想展开"论议"，须得奉王敕，并在大寺中声钟击鼓，之后"论议"才能在这里进行。而"外道"的做法不同，他们是在僧寺中封禁钟鼓，试图不经辩论就淘汰某些宗派。

这时迦那提婆尊者，就知道佛法将遭受摧折，于是运其神通，登楼撞钟，想把"外道"排除出去。"外道"就问楼上撞钟的人是谁，提婆回答说："天。""外道"又问："天是谁？"提婆答："我。""外道"再问："我是谁？"提婆答："我是你。""外道"问："你是谁？"提婆答："你是狗。""外道"问："狗是谁？"提婆答："狗是你。"

如此七个来回，"外道"自知失败，承认理亏，于是打开寺门。提婆也就从楼上持赤幡下来。"外道"问："汝何不后？"提婆答："汝何不前？"外道说："汝是贱人。"提婆说："汝是良人。"如此展转酬问，提婆终于以其"无碍之辩"折服对方，让对方归伏。

这时提婆尊者手持赤幡，理亏者立于幡下，"外道"则全部低头认罪。此时提婆免其罪，并且动员他们削发为僧，走上正道。几番"论议"之后，提婆尊者的宗派势力大增。雪窦禅师后来还就这件事撰写过"颂词"。

巴陵新开寺的颢鉴禅师，因善辩而被人称为"鉴多口"。常自己纺织坐具，禅游四方，深得他师父云门禅师的"真传"，言行奇特，后来出世，成为云门的法嗣。

起初他住在岳州巴陵，也不作"法嗣书"，只是将"三转语"上呈给云门："如何是道？明眼人落井"；"如何是吹毛剑？珊瑚枝枝撑着月"；"如何是提婆宗？银碗里盛雪"。云门说："他日老僧忌辰，只举此三转语报恩，足矣。"后来云门卒，颢鉴果然不做忌辰斋事，遵云门嘱托，只举此"三转语"。

但是后来诸方禅僧解读此"三转语"，常常是就事论事，不得要领。其实巴陵禅师那样说，是极其孤峻，很难领会的。话中也未露出破绽，即使八面受敌，他着着都有出身之路，有陷虎之机，总能让人摆脱情见。就好像谈论"色边事"一般。

到了这地步，必须是自家本就"透脱"的人，才能领会。但这样的人，是可遇而不可求的。所以说："道吾舞笏同人会，石巩弯弓作者谙。此理若无师印授，拟将何法语玄谈。"雪窦随后反复拈提，给人撰出这样的"颂词"。

[丁] 雪窦重显对公案之"颂词"

老新开，端的别，解道银碗里盛雪。

九十六个应自知，不知却问天边月。

提婆宗，提婆宗，赤幡之下起清风。

[戊] 圜悟克勤对雪窦重显颂词之"评唱" "老新开"，"新开"乃是寺院之名。"端的别"，雪窦的赞叹恰如其分。诸位且说说，什么处是"别"处？一切语言皆是佛法，山僧我这样说话，还成什么体统？

雪窦的"颂词"给我们稍微透露一些信息，他只说"端的别"，紧接着就打开大门说"解道银碗里盛雪"，而且进一步为你下一个注脚，说"九十六个应自知"。此种自知，失败时方能悟得。你若不知，就请问取"天边月"。

古人曾解读此话，说："'问取天边月'，雪窦这样颂出之后，末端应当留条活路，有狮子返掷之句。但雪窦没有，反而另起一句，跟你说：'提婆宗，提婆宗，赤幡之下起清风'。"巴陵说的是"银碗里盛雪"，为什么雪窦却说"赤幡之下起清风"呢？还记得雪窦是"杀人不用刀"的禅师吗？

[己] 圜悟克勤之"著语" "公案"中的著语有：僧问巴陵：如何是提婆宗（著：白马入芦花，道什么点）？巴陵云：银碗里盛雪（著：塞断你咽喉，七花八裂）。

"颂词"中的著语有：老新开（著：千兵易得，一将难求，多口阿师），端的别（著：是什么端的，顶门上一著，梦见也未），解道银碗里成雪（著：虾跳不出斗，两重公案，多少人丧身失命）。九十六个应自知（著：兼身在内，阇黎还知么，一坑埋却），不知却问天边月（著：远之远矣，自领出去，望空启告）。提婆宗，提婆宗（著：道什么，山僧在这里满口含霜），赤幡之下起清风（著：百杂碎打云，已著了也，你且去斩头截臂，来与你道一句）。

[庚] "巴陵银碗里雪"之现代释读　一个受贿的官员到什么时候才会醒悟，到他被"双规"的时候。一个好色之徒到什么时候才会醒悟，到他被确诊为携带"艾滋病病毒"的时候。一个奔竞于名利的健康人到什么时候才会醒悟，到他被确诊为"癌症晚期"的时候。

"双规"之于受贿者，乃是一个"机缘"，这"机缘"是他"人生转向"的关键；"艾滋病病毒"之于好色者，乃是一个"机缘"，这"机缘"是他"人生转向"的关键；"癌症晚期"之于奔竞名利者，乃是一个"机缘"，这"机缘"是他"人生转向"的关键。

他要"转"到哪里去呢？转到生命的"本来"：官员的"本来"不含有"受贿"的一项，因"受贿"而失官乃是得不偿失；性别的"本来"不含有"好色"的一项，因"好色"而失命乃是得不偿失；生活的"本来"不含有"名利"的一项，因"名利"而短命乃是得不偿失。

"机缘"可以来自很多方面，有事实的，也有言语的。"双规""艾滋病病毒""癌症晚期",等等,是来自"事实"的"机缘"。禅寺中的"转语"所强调的,是来自"言语"方面的"机缘":一句话,一首诗,一段文,也许就可以让你的人生"急刹车",让你的生命转到另一个方向——由东转西,由快转慢,由恶转善,由苦转甜……"言语"在这里就成为你"人生转向"的关键。

西方人讲"语言",最重"实语实言",就是所谓"科学语言",它的特点是"拖泥带水",是要反映一个"经验"或"事实"。如英哲罗素(B.Russell)的"逻辑原子论",就要求把所有命题还原到最基础之"事实"——"原子事实",认定"命题世界"或"语言世界"不过是"经验世界"或"事实世界"之投影。此种立于"实"的立场而论"语言",就是"直言",就是"直路答",就是"绝对主义的直路答"。维也纳学派谓形而上学命题"无意义",就是立于这样的立场而说的;奥哲维特根斯坦(L.Wittgenstein)谓"凡不可说者须对之沉默",也是基于这样的立场而说的。

中国人不同,中国人发展了另一种"语言观",一种不置重于"实"的语言观。即使是强调"直路答"的儒家,也是对"实语实言"持"境遇主义"的立场,而非"绝对主义"的立场。道家讲"不答"与"答不",还是超出了维氏的所谓"沉默",因为"答不"并不是"沉默"。至于禅宗着意发展的"绕路答",就更是突破了西哲"语言观"的局限,而把人类语言提升到一个新的境界:"实语实言"其实只是人类"语言全体"的极小部分。

语言不是一定要"陈述事实"才有意义的,语言也不是一定要"表达善之价值与美感"才有意义的,语言能为人生提供"转身"之"机缘",就是其最根本的"意义"之一。

我们看百丈禅师的"一转语",它提供的就是这样的"机缘";我们看巴陵禅师的"三转语",它提供的也是这样的"机缘"。在禅僧迷惑不解、进退维谷之际,师家蓦地翻转机法,下一语句,令禅僧顿然颖解,转迷开悟,豁然开朗,其"语言"虽非"实语实言",你能说它们是"无意义"吗?

《从容庵录》第八则载:"某甲于过去迦叶佛时曾住此山,有学人问:大修行底人还落因果也无?答曰:不落因果。堕野狐身五百生,今请和尚代一转语。百丈云:不昧因果。老人于言下大悟。"前一禅师的答语是"实语实言",故老人未开悟;百丈禅师的答语是"虚语虚言",故老人"言下大悟"。这就是禅林中著名的"一转语"。

所下之语若为三句,则称"三转语"。巴陵颢鉴禅师就以"三转语"而闻名禅林。"如何是道?""明眼人落井。""如何是吹毛剑?""珊瑚枝枝撑着月。""如何是提婆宗?""银碗里盛雪。"第一句回答与"道"无关,故不为"实";第二句回答与"吹毛剑"无关,故不为"实";第三句回答与"提婆宗"无关,故亦不为"实"。

故所谓"转语",实即"虚语";西方哲人认其为"无意义",禅师则认其为有"大意义"。这"大意义"就是它们为问话者提供了"转身"或"豁然开朗"的"机缘",这是"实语"无法完成的,也是"沉默"无法完成的!

提婆"如是七返",实际上就是"七转语"。"楼上声钟者谁?""天。"此为一转。"天是谁?""我。"此为二转。"我是谁?""我是你。"此为三转。"你是谁?""你是狗。"此为四转。

"狗是谁？""狗是你。"此为五转。"汝何不后？""汝何不前？"此为六转。"汝是贱人？""汝是良人。"此为七转。

一转二转能开悟，此为"上根"；三转四转能开悟，此为"中根"；五转六转以上方开悟，乃为"下根"。提婆宗重"语言"，就是力图通过不断的翻转，使"下等根器"的人也能开悟，"由是归伏"。

禅宗以不立文字、明心见性为宗风，以为一经语言文字诠解，则至道妙理常逸脱于言诠间，无以究竟其本义。故禅林屡有主张完全排除语言文字者。此主张自是精妙，然若非"上根"或"上上之根机"，若非一点即通者，必不能为用。于"下根"，其至于"中根"，完全排除语言文字之结果，不仅无以证悟佛道，还必产生弊端与偏邪，让受教者"走火入魔"。

故正统禅林诸大师，常以"中道"行之：一面反复告诫言诠思辨本身之有限、局限与障碍，一面又不得不游走于言语间，而有"言端语端"之训诫。"言端语端"者，告诫"语言"之双面性也：一面指示僧徒，语言文字可排斥，但不是暗昧无知、似是而非基础上的排斥，否则就是"野狐禅"；一面又指示僧徒，语言文字是无法舍离、不可完全排除的，离开语言文字，参集、开示、勘验僧徒等项禅事，根本无法进行。

故禅宗之语言观，只能是"非言非语，即言即语""非默非语，即默即语"的语言观。佛教中"言亡虑绝"之说，"离言中道"之说，"言语道断"或"语言道断"之说，"证得法身"之说，等等，强调的是"非言非语"；佛教中"言教""言陈""言诠"诸说，"言诠中道"之说，"言说法身"之说，等等，强调的是"即言即语"。

巴陵颢鉴禅师"银碗里雪"之"转语",也是这样的"非言非语,即言即语"。它答非所问,故是"非言非语";它并非没有答,故是"即言即语"。目标只有一个,就是让你"转身"。

佛教讲"转凡为圣",是强调"转身";佛教讲"转女成男",是强调"转身";佛教讲"转依""转根"等,是强调"转身";佛教讲"转迷开悟",是强调"转身";佛教讲"转辘辘地",是强调"转身";佛教讲"苦海无边,回头是岸",更是强调"转身"。

综上所言,通过"巴陵银碗里雪"这则公案,圜悟克勤告诉我们:人要进入禅境,须有一颗"转心"或"转身心"。这是《碧岩录》给我们讲的第十三个道理。

第十四则　云门一代时教

"云门一代时教",禅宗公案名,又作"云门对一说"。述云门大师与僧徒有关"何为释迦佛一代教法"之机缘问答。载《碧岩录》卷第二、《五灯会元》卷十五。

"一代时教"指释尊自成道至灭度之一生中所说之教法,即三藏、十二部经、八万四千法门等。又作"一代教""一代诸教""一代教门"。永嘉大师曾于《证道歌》中感叹之,曰:"粉骨碎身未足酬,一句了然超百亿。"

[甲] 圜悟克勤之"垂示"（原缺）

[乙] "云门一代时教"之公案　僧问云门:"如何是一代时教?"云门云:"对一说。"

[丙] 圜悟克勤对公案之"评唱"　禅家者流,要想了解佛性大义,得看是否有这个时节因缘。禅家教义,叫作"教外别传,单传心印,直指人心,见性成佛"。释迦牟尼这老头,住世传法四十九年,布经讲道三百六十回,有顿有渐,有权有实,这就叫"一代时教"。

这僧拈此公案来向云门提问:"如何是一代时教?"云门老头为什么不给他说原道委,详加解读,只回答他一句"对一说"?云门平常开导众僧,本来就一句话中暗藏三句话,叫作"函盖乾坤句""随波逐浪句""截断众流句",收放自如,情景奇特,有如"斩钉截铁",让一般人很难理解他真实的意图、话里的玄机。

佛教无数的典籍,就"大藏经"三字即可概括。那么多的经典,四方八面,几乎没有你下手的地方。人们常常误解云门的答语,说云门是"对一时机宜之事",所以那么回答;又说"森罗及万象,皆是一法之所印",这就叫作"对一说";还有更奇特的理解,认为云门"只是说那个一",不涉及什么"法"。

这些理解并未完全领会云门的意图,这样去参禅,会让人入地狱的,更无法让人知晓古人原本没有这样的意思。所以说,"粉骨碎身未足酬,一句了然超百亿"实在是一句极奇特的话。

要回答"如何是一代时教"这个问题,只须答"对一说"就行了。如果你当即就能明白这一点,便可回家稳坐;如果你还不能明白,那就老老实实来听山僧讲解。

[丁] 雪窦重显对公案之"颂词"

对一说,太孤绝,无孔铁锤重下楔。

阎浮树下笑呵呵,昨夜骊龙拗角折。

别,别,韶阳老人得一橛。

[戊] 圜悟克勤对雪窦重显颂词之"评唱" "对一说,太孤绝",雪窦禅师所有的赞语,都不及这一句。这句话独脱孤危,光前绝后,好似万丈悬崖,又有如百万军阵,让你找不到突破口。

只是也过于孤危了。古人说:"欲得亲切,莫将问来问,问在答处，答在问端，直是孤峻。"你们且说说，什么地方算是"孤峻"之地？这问题怕是天下所有人都回答不上来吧！

提问的僧徒也算得上是位"作家"，所以才那样提问，云门才那样回答，真有点像是"无孔铁锤重下楔"。雪窦禅师言简意赅，用词十分巧妙。"阎浮树下笑呵呵"，《起世经》中说："须弥南畔吠琉璃树，映阎浮洲中皆青色。"此洲乃因大树而得名，名"阎浮提"。其树高七千由旬，宽七千由旬，下有阎浮坛金聚，高二十由旬，以金从树下出生，故号"阎浮树"。所以雪窦盯着你说，他在"阎浮树下笑呵呵"。

你们且说说，他笑个什么？是笑"昨夜骊龙拗角折"，只得瞻之仰之赞叹之吗？云门见解很高，所以云门答："对一说。"这是什么意思呢？还不是跟"拗折骊龙一角"一样难以理解！到了这地步，若没有那样的本领，哪能那样去说话！

雪窦一时间写下这样的"颂词"，结尾时却又说："别，别，韶阳老人得一橛。"为什么不说"全得"呢？为什么只得"一橛"呢？你们且说说，还有一橛在什么地方？是不是还另有"第二人"拿着？

[己] 圆悟克勤之"著语" "公案"中的著语有：僧问云门：如何是一代时教（著：直至如今不了，座主不会，葛藤窠里）？云门云：对一说（著：无孔铁锤，七花八裂，老鼠咬生姜）。

"颂词"中的著语有：对一说（著：活鱍鱍，言犹在耳，不妨孤峻），太孤绝（著：傍观有分，何止壁立千仞，岂有怎么事），无孔铁锤重下楔（著：错会名言也，云门老汉也是泥里洗土块，雪窦也是妆饰）。阎浮树下笑呵呵（著：四州八县，不曾见个汉，同道者方知能有几人知），昨夜骊龙拗角折（著：非止骊龙拗折，有谁见来，还有证明么？哑）。别，别（著：赞叹有分，须是雪窦始得，有什么别处），韶阳老人得一橛（著：在什么处更有一橛，分付阿谁？德山、临济也须退倒三千，那一橛又作么生？便打）。

[庚]"云门一代时教"之现代释读　"一"在佛门中的含义太多了，我们该如何去领会呢？比如《碧岩录》第四十五则中有僧问赵州："万法归一，一归何处？"这个"一"就很值得我们去玩味。又如《五灯会元》卷十七《黄龙慧南》载有"一不去二不住"之语，这个"一"也很值得我们去玩味。还有"一中一切中""一法一切法""一空一切空""一假一切假""一佛一切佛""一成一切成""一时一切时""一修一切修""一斩一切斩""一会一切会""一障一切障""一断一切断""一证一切证"以及"一即一切，一切即一"等句中所谓"一"，也很值得我们去玩味。

"万法归一"的"一"，就是从最大类别去看的那个"一"；从最大类别去看，天地万物均属一类，故曰"归一"。"一不去二不住"的"一"，也是从最大类别去看的那个"一"；假如我们只从最大类别去看，就会看不到"二"，看不到天地万物之间的差别，故曰"二不住"。

"一中一切中""一空一切空""一假一切假"等句式中的"一"，不是从最大类别去看的"一"，而是从最小类别去看的"一"，也就是个体。佛教以为了解了个体（点），也就是了解了全体（面），因为个体（点）是全体（面）的"全息"，此即"一即一切"；同样，佛教以为了解了全体，也就了解了个体，因为全体也是个体的"全息"，此即"一切即一"。

"对一说"中的"一"，究竟是从最大类别去看的"一"（大一），还是从最小类别去看的"一"（小一）呢？要回答这个问题，先得弄清"大一"和"小一"是不是有根本的不同。若有根本的不同，则"对大一说"就不同于"对小一说"；若没有根本的不同，则"对大一说"就同于"对小一说"，没有必要强作区分。

从"全息律"的角度看，"大一"与"小一"是没有根本的区别的；说它们有区别，那是受到西洋哲学"二元论"世界观的影响。中国哲学的全体，不管是儒家、道家，还是释家，均不以为这个区别是存在的。如此则可以说，"大一"即是"小一"，"小一"即是"大一"。如此我们就可回答"万法归一，一归何处"之问题，答语是："万法归一，一归万法。"

当我们说"一归万法"的时候，不要忘记了还有"万法归一"之一橛，这就叫作"对一说"；当我们说"万法归一"的时候，不要忘记了还有"一归万法"之一橛，这就叫作"倒一说"。强调"万法归一"这一橛，就是"云门一代时教"这则公案的重心。

"万法归一"又该如何去理解呢？比如水、波、浪、涛，因风而起波，因波而起浪，因浪而成涛；水只是水，波只是水，浪只是水，涛亦只是水。风平之后，波归于水，浪归于水，涛亦归于水。这就叫作"万法归一"。我们观天地万象，莫不有这样一个"归一"的过程：种瓜得瓜，那粒瓜种就是"一"；种豆得豆，那粒豆种就是"一"；满田的油菜花争奇斗妍，那粒油菜籽就是"一"；参天大树，不管长一百年，还是一千年，终归要回到它出发时的那粒籽，那粒籽就是"一"。所有生命都起于尘土，尘土就是那个"一"；所有非生命都起于"空"，"空"就是那个"一"。

中国哲学讲"赤子"，讲"婴儿"，"赤子"就是人生的"一"，

"婴儿"就是人生的"一"。喜怒哀乐从这里出发,最终又要回到这里;功名利禄从这里出发,最终也要回到这里的。2007年12月18日《北京晚报》登载了星竹的一篇文章,名曰《平庸》,我们从"万法归一"的角度去读这篇文章,知道这篇文章只是想告诉我们,"平庸"原来也是我们生命的那个"一"。这篇文章说:幸福好像更容易光顾到普通人的身上,而不是降临于名利场或权势圈里奋斗的那些人。在这个世上,凡是受过"香精"熏染的人,都有其自身的深刻体验。到头来,他们拼命去做的,就是一心要回归到平庸世界的种种努力。

"一心要回归到平庸世界里",不就是"万法归一"吗?英国心理学家威廉研究人的精神世界,发现成功、事业、名利、权势等,一如香精与大麻,常常让人中毒,把人的精神引向一个与自然生活完全相悖的领域,让人陷入痛苦深渊而不自知。威廉以为成功、事业、名利、权势等精神支柱,可以使人突飞猛进地发展,达到某些领域的巅峰,获得人生的幸福与快感;但同时也可以把人击垮,必然会把人击垮,让这个人彻底崩溃,回到他原初的出发点。"万法归一"其实就是"回归原点"。

威廉花了十几年的时间在老鼠身上做试验:用各种不同的香精,或代表名利,或代表权势,或代表成功,放到鼠笼四周熏染,日复一日,年复一年,老鼠渐渐兴奋起来,吃得忒香,睡得忒甜,精神饱满,气宇轩昂,以天下之美为尽在己。然撒走一种香精,老鼠变得焦虑;撒走两种香精,老鼠开始团团打转;撒走第三种,老鼠开始不吃不喝,夜不能眠。待到所有的香精都撒走,老鼠则陷于精神崩溃,萎靡不振,慌作一团,免疫力急剧下降,惶惶不可终日,患病率猛升，渐至于死。

功名利禄之影响人的"幸福指数"，原理是一样的：当功名利禄到来，人就进入亢奋状态，以天下之美为尽在己；一旦失去，一旦退出名利场与权势圈，则很快患上抑郁症，觉得濒临世界末日，患病率猛升，渐至于死。而那些普通的、从未沾染"香精"的"老鼠"，却始终安逸而幸福。

那些一生远离功名利禄的人，可以一直生活在"适度幸福"的感觉里，不会产生精神上的裂变，越到晚年，越是平静，越能享受生活带来的诸种快乐。较之功名利禄之徒，他们的生活似乎更本真、更自然，"幸福指数"更高！美国心理学家伯恩斯因此而倡导"平庸"之说，并得到广泛的认同。星竹的文章最后也落脚到倡导"平庸"：如果你真正懂得平庸的价值，那么无论你身陷怎样的名利圈，无论你有多大的权势，就是失去，你也不会落入不幸或痛苦的陷阱，因为你的骨子里还是平庸的。

"平庸"理论的老家当然是在中国。儒家有完整系统的"平庸哲学"，道家有完整系统的"平庸哲学"。释家也有完整系统的"平庸哲学"，"万法归一"即是其理论之一：功名利禄始于"赤子"，终得还归"赤子"；功名利禄始于"婴儿"，终得还归"婴儿"。"赤子"与"婴儿"就是我们的本真，就是我们的"自然"，就是我们的"一"。

圜悟克勤解读"云门一代时教"这则公案，说"当观时节因缘"，是讲我们懂得"归一"之理，是有条件的，不是随便什么人、随便什么时间、采用随便什么方式，都能做到的。"时"是要正当时，"节"是要正合节，"因"是要有主因，"缘"是要有次因。熏染老鼠的香精,是试验者威廉撤走的,老鼠不必自己去摸索。人则不同,人一出生,就来到满布"香精"的"声色圈",不仅没有人帮你撤走这些"香精",恰恰相反,你会不断地受到诱惑,最终不知不觉坠入"香精丛"中,过上亢奋但快速衰亡的日子。有谁告诉过你那是"香精"?没有!有谁告诉过你"香精"原本是不存在的?没有!有谁告诉过你没有"香精"的日子更真实?没有!

人要明白这一切,得全靠自己。靠自己经历之多,靠自己智慧之高,亦靠途程当中之"时节因缘",也就是"机缘"。"机缘"对于我们人生的"归一",起着至关重要的作用。释迦牟尼住世四十九年、讲道三百六十回,强调的就是这个"机缘";一大藏经,无数典籍,强调的也是这个"机缘"。

圜悟克勤解读公案时提到的"云门三句",描述的就是这个"万法归一"的过程:"函盖乾坤"是水,"随波逐浪"是波、浪、涛,"截断众流"是向水的回归。圜悟解读雪窦"颂词"时提到的"古人"语,描述的也是这个"万法归一"的过程:"欲得亲切"是水,"莫将问来问"是波、浪、涛,"问在答处,答在问端"是向水的回归。其实雪窦的"颂词"本身,就是对这个"万法归一"过程的描绘:"对一说,太孤绝,无孔铁锤重下楔"是水;"阎浮树下笑呵呵,昨夜骊龙拗角折"是波、浪、涛;"别,别,韶阳老人得一橛"是向水的回归。

"一橛"是什么意思?意思是我们只讲到了问题的一半:"万法归一"还只是"一"的一半,还有另一半叫作"一归万法";"对一说"还只是"一"的一半,还有另一半叫作"倒一说"。让"功名利禄"归于"平庸"还只是生命的一半,还有另一半叫作"功名利禄"。"平庸"固是一种"本真",但若止步于"本真",似又非生命之真相,至少非生命之全部真相。

综上所言,通过"云门一代时教"这则公案,圜悟克勤告诉我们:人要进入禅境,须有一颗"对一心"或"归一心"。就是"万法归一"的那个"归一"。这是《碧岩录》给我们讲的第十四个道理。

第十五则 云门倒一说

"云门倒一说",禅宗公案名,又作"云门目前机"。述云门宗开山祖文偃禅师与僧徒有关"未来机缘"之问答。载《碧岩录》卷第二。

云门文偃之事迹,参见前文。

[甲]圜悟克勤之"垂示" 杀人刀,活人剑,乃上古之风规,是今时之枢要。你们且说说,如今哪个是杀人刀,哪个是活人剑?请看公案。

[乙]"云门倒一说"之公案 僧问云门:"不是目前机,亦非目前事,时如何?"门云:"倒一说。"

[丙]圜悟克勤对公案之"评唱" 提问的这僧也算得上是有"作家"之见解,那样去当面问询云门,叫作"请益"。这样提问,叫"呈解问",也叫"藏锋问"。如果不是云门这样的高手,还真奈他不何。

云门有这样高超的手脚,那僧既然已经把问题呈上来,那就只得应对他。为什么呢?因为"作家"与宗师,完全能够做到如明镜鉴毫,胡人来鉴他是胡,汉人来鉴他是汉。古人说:"欲得亲切,莫将问来问。"为什么呢？因为问就在答处，答就在问处。

历史上那么多的圣贤，什么时候曾以一法予人，哪里有什么禅道教给你？你如果不造地狱业，自然不招地狱果；你如果不造天堂因，自然不受天堂果。一切业缘，皆是自作自受。古人分明已经告诉你：若论此事，不在言句上；若在言句上，三乘十二分教岂是无言句，更何用祖师西来？

上一则回答"对一说"，这里却答以"倒一说"，只差一个字，为什么却有千差万别？你们且说说，他这个答语"聱讹"在什么地方？所以说，法随法行，法幢随处建立。"不是目前机，亦非目前事，时如何"，回答这个问题，只需当头一点。如果你是"具眼汉"，那是一点也欺瞒你不得的。

那僧的提问本身就"聱讹"，回答他也只能是那样。其实云门在这里，乃是骑贼马赶贼。有些人误解他，说他是以"宾家道"去应对"主家话"，所以云门才答以"倒一说"。这样的理解，显然是不对的。

提问的僧徒问得好："不是目前机，亦非目前事，时如何？"云门为什么不用别的话回答他，而只回答他"倒一说"？云门一下子打破他的谜底，到这种地步讲"倒一说"，也是好肉上剜疮。

为什么呢？只因言语之兴起，就如万里白云，是从别处飘移而来的。假如一下子无言以答，就如"露柱灯笼"的答语一般，不曾有言句，那僧还有机会去领会嘛！如果不能领会，到了这地步，也就只须"转动"一下，就能知晓落脚处。

[丁] 雪窦重显对公案之"颂词"

倒一说，分一节，同死同生为君诀。

八万四千非凤毛，三十三人入虎穴。

别，别，扰扰匆匆水里月。

[戊]圜悟克勤对雪窦重显颂词之"评唱" 雪窦禅师真不愧是位"作家"，劈头一句便说"分一节"。这分明是放过一着，与那僧手拉着手并行。这老僧从来就有这般的放行手段，敢于跟你一起入泥入水，同死同生。

所以雪窦那样写"颂词"，其实没有别的意思，只是要给你解粘去缚，抽钉拔楔。如今却因语言文句，转生出许多"情解"。就如岩头禅师所说的："雪峰虽与我同条生，不与我同条死。"如果不是全机透脱，证得大自在的人，哪里能与你"同死同生"？为什么呢？因为他还没有经历许多得与失、是与非，还没有遭遇许多无法挽回的"渗漏处"。

所以洞山禅师说："要想辨认向上之人的真伪，只须观察他的三种渗漏：情渗漏、见渗漏、语渗漏。""见渗漏"表现为机不离位，堕在毒海；"情渗漏"表现为智常向背，见处偏枯；"语渗漏"表现为体妙失宗，机昧终始。这三种"渗漏"，我们最好能充分了解。

还有所谓"三玄"，就是"体中玄""句中玄""玄中玄"。古人修炼到这种境界，方为"全机大用"，方能遇生与你同生，遇死与你同死。向虎口里横身，放得开手脚，远奔千里万里，随虎衔着去。为什么呢？他还得能走这样一步棋才有可能。

这就是雪窦所颂"八万四千非凤毛"，讲的是灵山八万四千僧众，均非凤毛。《南史》记载说：宋时有个谢超宗，陈郡阳夏人，谢凤之子。此人很博学，文才之杰俊，朝中无人能比，被当时之人目为"独步"。文章写得好，在王府任常侍。王之母殷淑仪过世，超宗作诔，上呈给武帝。武帝读其文，大加叹赏，说："超宗殊有凤毛。"古诗说："朝罢香烟携满袖，诗成珠玉在挥毫。欲知世掌丝纶美，池上如今有凤毛。""凤毛"之含义大致如此。

昔日灵山会上，四众云集，世尊拈花，只有迦叶一人破颜微笑，其他人都无法明了世尊之宗旨。所以雪窦"颂词"中才说："八万四千非凤毛，三十三人入虎穴。"阿难问迦叶说："世尊除传给你金襕袈裟外，还传给你什么法没有？"迦叶叫一声阿难，阿难答应一声，迦叶就说："倒却门前刹竿着。"阿难于是大悟。

之后佛法祖祖相传，西天、中土共得三十三人，具有"入虎穴"的手脚。古人说："不入虎穴，焉（争）得虎子。"云门禅师就是这等人才，善于也有能力与人"同死同生"。作为一代宗师，引导僧徒，也该达到这样的程度。据《曲录》记载，木床上座之法，就是舍得教你打破，允许你去捋虎须。必须达到这般田地，才能具备"七事随身"之手脚，才可以与人"同生同死"。

高者抑之，下者举之，不足者与之。在孤峰者，救，令入荒草；落荒草者，救，令处孤峰。你若入镬汤炉炭，我也入镬汤炉炭。这种种的做法，其实不为别的，只是要给你解粘去缚，抽钉拔楔，脱却笼头，卸却角驮。

平田和尚有一首"颂词"说得好："灵光不昧，万古徽猷。入此门来，莫存知解。别，别，扰扰匆匆水里月。""颂词"中也许就有出身之路，也有活人之机。雪窦禅师借他的话拈出来，目的是教人自己去明悟生机。我们不要只着力于他的语句。你若太拘泥于语句，正好就是"扰扰匆匆水里月"。如今为什么要去求那份平稳呢？放过这一着吧！

[己] 圜悟克勤之"著语" "公案"中的著语有：僧问云门：不是目前机，亦非目前事，时如何（著：跨跳作什么，倒退三千里）？门云：倒一说（著：平出款出，囚人口也，不得放过，荒草里横身）。

"颂词"中的著语有：倒一说（著：放不下，七花八裂，须弥南畔，卷尽五千四十八），分一节（著：在你边，在我边，半河南，半河北，把手共行），同死同生为君诀（著：泥里洗土块，着甚来由，放你不得）。八万四千非凤毛（著：羽毛相似，太煞，减人威光，漆桶如麻如粟），三十三人入虎穴（著：唯我能知，一将难求，野狐精一队）。别，别（著：有什么别处，少卖弄，一任跨跳），扰扰匆匆水里月（著：青天白日，迷头认影，着忙作什么）。

[庚]"云门倒一说"之现代释读 "倒一说"是相对于"对一说"而言的。不明了"对一说"，就无法了解"倒一说"；同样地，不明了"倒一说"，就无法了解"对一说"。

当我们说"一归万法"时，不忘"万法归一"之一橛，这就是"对一说"；当我们说"万法归一"时，不忘"一归万法"之一橛，这就是"倒一说"。"对一说"是着力于"万法归一"；"倒一说"是着力于"一归万法"。

在第十四则公案之"颂词"中，雪窦重显讲"韶阳老人得一橛"，指的就是着力于"万法归一"的那一部分。在本则公案之"颂词"中，雪窦重显讲"分一节"，指的就是着力于"一归万法"的这一部分。不管是讲"一橛"，还是讲"一节"，都是强调合两部分而观：只讲一部分，就是"太孤绝"，就是"无孔铁锤重下楔"，就是"昨夜骊龙拗角折"，就是"扰扰匆匆水里月"；两部分合而观之，就是"阎浮树下笑呵呵",就是"三十三人入虎穴",就是"同死同生为君诀"。

在本则公案的解读中,圜悟克勤特别强调"同死同生"的境界。他以为此种境界很不容易达到,除非像云门这样的一代宗师。这样的人要"舍得教你打破",要有"容你捋虎须"的胆量与肚量,要能"高者抑之,下者举之,不足者与之",要能"救在孤峰者入荒草,救落荒草者处孤峰",要有"你若入镬汤炉炭,我也入镬汤炉炭"的勇气。总之,要有给人"解粘去缚,抽钉拔楔,脱却笼头,卸却角驮"的本领。

为什么要达到"同死同生"的境界呢?因为"死"是相对于"生"而言的,讲"死"不能忘却"生";"生"是相对于"死"而言的,讲"生"不能忘却"死"。两部分合而观之,就是"同死同生"或者"同生同死"。

僧问云门"如何是一代时教",云门答以"对一说"。僧问云门"不是目前机,亦非目前事,时如何",云门答以"倒一说"。"一代时教"讲究的就是一个"时"字,圜悟克勤解读为"时节因缘"。人要进入禅境,要讲"时",要讲"节",要讲"因",要讲"缘",总之要讲"机缘",这不是任何人在任何时间、任何地点都能达到的。但假如目前还没有这个"机缘",那又怎么办呢?本则公案要回答的就是这个问题。

僧问云门"不是目前机,亦非目前事,时如何","时"即"时节因缘","不是目前机"就是"机缘"还未到,"亦非目前事"就是还没有遭遇到产生此种"机缘"的重大挫折。这个时候我们该如何去讲"时",去论"机缘"呢?云门大师的回答是:"倒一说。"就是从"一"倒回到"多",从"孤峰顶"倒回到"荒草处",从"简单"倒回到"繁多",从"平庸"倒回到"功名利禄"。

可知"功名利禄"并不是"禅境"的对立面,"荣华富贵"并不是"禅境"的对立面,而是我们到达"禅境"的一座桥。赶贼未必一定要骑自己的马,骑贼马也是可以的,这就是"骑贼马赶贼";洗土块未必一定要用清水,用泥水也是可以的,这就是"泥里洗土块"。只讲"孤峰顶上",那不是禅;只讲"红尘浪里",那也不是禅。只有合两部分而观,"身在红尘浪里,心在孤峰顶上",那才是禅;"身在孤峰顶上,心系红尘浪里",那才是禅。人生所经历的一切,对禅者而言,没有一项是多余的。人所经历的正面与负面,都是到达禅境的路:着力于正面,那是"对一说";着力于负面,那是"倒一说"。

刀可以杀人,如战刀,也可以活人,如手术刀。剑可以杀人,如战剑,也可以活人,如剑术。关键是看你怎么用,关键是你站在什么角度去看它。圜悟克勤在"垂示"中讲"杀人刀,活人剑",实际上就是"杀人刀,活人刀"与"杀人剑,活人剑"的合用,不管是刀还是剑,都是"双面"的,都是"双刃"的。

"你若不造地狱业,自然不招地狱果;你若不造天堂因,自然不受天堂果",何作何为是"造地狱业",何作何为是"造天堂因",其中的转变就在一念之间。"到这里也须是转动始知落处",关键是"转动",转天堂为地狱,转地狱为天堂。

《洞山良价禅师语录》载"洞山三渗漏"说:修行者易入之陷阱,不外三种:一曰"见渗漏",执着于一己之见与人我之对立;二曰"情渗漏",执着于一己之情与患得患失;三曰"语渗漏",执着于一己之言与语言文字本身。总之是不能合正负两面而观，讲己则不讲人，讲情则不讲实，讲语则不讲意，圜悟克勤以为，如此则非"真"的"向上之人"，而是"假"的"向上之人"。

《临济义玄禅师语录》载义玄禅师接引学人"三玄"之法：一为"体中玄"，用心去"体验"真相；二为"句中玄"，用言语去"言说"真相；三为"玄中玄"，合"体验"与"言说"而观真相。这个"玄中玄"，讲的也是合正负而观，"体验"是正，"言说"是负。要有语言文字，但又不可拘泥于语言文字，要有泥和水，但又不要拖泥带水，这就是"玄中玄"。强调不"拖泥带水"，这就是"对一说"；强调要有泥和水，这就是"倒一说"。

圜悟克勤在解读雪窦重显"颂词"时，论及"三渗漏"与"三玄"，目标还是让我们既着力于生命之正面，亦着力于生命之负面，合正负而观人生：正面是"活人剑"，负面是"杀人刀"；或者正面是"杀人刀"，负面是"活人剑"。

慈怡主编的《佛光大辞典》之"云门倒一说"条，释此公案说："上引之中，'机'为能观之心，'事'是所观之境；心与境即指主观与客观。目前能见之机与事容易分辨，然僧所问者，却属客观未生、主观未起之事。故云门以'倒一说'答之。倒即颠倒，以僧舍目前之事机而问未发生之事，然既为未发生之事，则心与境尚未接触，故此问话本身即是颠倒之见解。"（台北：佛光山出版社1989年版，第5341页）此处以"主客二元论"解读"倒一说"，乃是中西洋哲学之毒，自多有扞格不入处。如释"目前机"中的"机"为"能观之心"，释"目前事"中的"事"为"所观之境"，又释"倒一说"中的"倒"为"颠倒"，等等，自是有点离题太远。说僧徒"问话本身"就是"颠倒之见解",更是有点不可思议。

那僧徒问的,其实是句实在话:我目前尚未得到禅悟的"机缘",该如何去得到这个"机缘"呢?云门的回答也很实在:"到红尘浪里去,别在孤峰顶上干等!"

《禅是一枝花》释"对一说"为"于人于己亲切",释"倒一说"为"于事亲切",依然是"二元论"的。又释"对一说"的"对"为"阴对阳、阳对阴的变化而有万物"的"对",释"倒一说"为"革命的言语",但未说革谁之命。按理,只有"对一说"与"倒一说"的相对,才如阴对阳、阳对阴,或者死对生、生对死,不能说"对一说"本身就是阴对阳、阳对阴,因为圜悟克勤与雪窦重显明明说"对一说"还只是"一橛","倒一说"是另"一节"。司南编《禅心一念间》,认为从以上两则公案看,"云门的观点倒颇具辩证思想",似亦可聊为一说。只是对于"辩证"二字要严加界定。

综上所言,通过"云门倒一说"这则公案,圜悟克勤告诉我们:人要进入禅境,须有一颗"倒一心"或"归万心"(就是"一归万法"的那个"归万"),以及"合观小一大一之兼心"或"合观倒一时一之兼心"。这是《碧岩录》给我们讲的第十五个道理。

第十六则　镜清啐啄机

"啐啄机",禅宗公案名。镜清禅师常用此法导引僧徒,故又称"镜清啐啄机"。

镜清道怤(868—937年),五代吴越僧。俗姓陈,温州永嘉人,幼年出家。及长,入闽,参谒雪峰义存大师,并嗣其法席。在越州(今浙江绍兴)时,常与皮光业相辩难。历住浙江镜清寺、天龙寺等地。钱元瓘立杭州龙册寺,请其居之,于是开吴越禅学兴盛之局。钱镠私署"顺德大师"。后晋天福二年(937年)示寂,世寿七十。事迹见《宋高僧传》卷十三、《景德传灯录》卷十八、《六学僧传》卷八。

[甲] 圜悟克勤之"垂示"　道无横径,立者孤危,法非见闻,言思迥绝。若能透过荆棘林,解开佛祖缚,得个稳密田地。诸天捧花无路,外道潜窥无门。终日行而未尝行,终日说而未尝说,便可以自由自在。展啐啄之机,用杀活之剑,直饶恁么。更须知有建化门中,一手抬,一手搦,犹较些子。若是本分事上,且得没交涉。如何说是"本分事"?请看公案。

[乙]"镜清啐啄机"之公案　　僧问镜清："学人啐，请师啄。"清云："还得活也无？"僧云："若不活，遭人怪笑。"清云："也是草里汉。"

　　[丙]圜悟克勤对公案之"评唱"　　镜清禅师传承雪峰大师的衣钵，跟本仁、玄沙、疏山、太原孚诸禅师是同时代人。后初次参谒雪峰大师，就已得其宗旨，以后就经常以"啐啄之机"开示后学。

　　他善于应机说法，常对僧众说："一个在外跑江湖的禅僧，必须有'啐啄同时眼'与'啐啄同时用'这两手，方才对得住'衲僧'之名。就好像母鸡抱蛋，母在外想啄时，子在内正不得不啐；子在内想啐时，母在外正不得不啄。"

　　这时就有僧站出来不客气地问："母啄子啐，跟我们当和尚的有什么相干呢？"镜清回答说："好个消息！"僧又问："子啐母啄，跟我们这班学人有什么相干呢？"镜清回答说："露个面目！"

　　所以我们当知，镜清禅师门下以"啐啄之机"相辩难，是常有的事。提问的这僧，也是他门下的学徒。闭门研讨，一家人不说两家话，所以那僧提问才敢如此放肆。

　　"学人啐，请师啄"，若能洞彻此问，便叫作"借事明机"，哪里需要这样来提问？子啐而母啄，自自然然，恰好同时。镜清自是明白人，可谓拳踢相应，心眼相照，于是答以"还得活也无"。提问的僧徒也算是明白人，也知晓"机变"，一句话下来，有宾有主，有照有用，有杀有活。这僧说："若不活，遭人怪笑。"镜清于是答以"也是草里汉"，有点"入泥入水"的味道。镜清此处还真显得有些手脚不灵便。这僧既然那样子提问，为什么却回答"也是草里汉"？

所以说具有"作家眼目"的禅者，必须是那样如击石火，似闪电光，在"构得"与"构不得"之间稍有犹豫，就会免不了丧身失命。这样来思考问题，就能见出镜清所说"草里汉"的意思了。

因此，南院禅师在讨论到这个问题时，对僧徒说："诸方只具啐啄同时眼，不具啐啄同时用。"这时有僧站出来问："怎样才算是啐啄同时用呢？"南院回答说："作家不啐啄，啐啄同时失。"那僧又问："这正是我们学人搞不懂的地方。"南院说："你为什么搞不懂呢？"僧答："失。"南院便打，那僧不让打，南院便将其赶出课堂。

这僧后来到了云门大师那里去请教，把前面说过的话转述给云门听。此时有一僧说："南院打人的那根棒折断了。"这僧豁然开朗，似有所省。

在座诸位，你们且说说，这是什么意思呢？那僧后来又回头去见南院禅师，正好赶上南院禅师"迁化"。又去见风穴禅师，刚刚施礼，风穴禅师就问："来者莫非就是早先问其师'啐啄同时'之问题的僧徒？"那僧答："正是。"风穴问："你当时是怎么理解的？"僧答："学生当时就好像'灯影里行'一样。"风穴说："你已经理解了！"

在座诸位，你们且说说，这是个什么道理呢？那僧来请教，只说自己当时像"灯影里行"一样，凭什么风穴禅师就跟他说"你已经理解了"？

后来翠岩禅师反复琢磨这件事，说："南院虽然运筹帷幄，只可惜土旷人稀，知音者少。"风穴禅师则评论说："南院禅师当时等那僧一开口，劈头便打，为什么还让他跑出来？"懂得这则公案，便能懂得这僧与镜清的辩难落脚何处，懂得一干人等为何那样问答，也可避免被镜清禅师骂成"草里汉"。

雪窦禅师就喜欢他这句"草里汉"，并写了"颂词"。

[丁] 雪窦重显对公案之"颂词"

古佛有家风，对扬遭贬剥。

子母不相知，是谁同啐啄。

啄觉犹在壳，重遭扑，天下衲僧徒名邈。

[戊] 圜悟克勤对雪窦重显颂词之"评唱" "古佛有家风"，雪窦这一句颂词，高屋建瓴，简直有点近傍不得。一旦靠近，则有如万里崖州，才出头来，便是"落草"。就算你有七纵八横的手腕，不消他一捏，立即就会土崩瓦解。

雪窦讲"古佛有家风"，不是现在这个样子。释迦老子刚生下来的时候，一手指天，一手指地，目顾四方说："天上天下，唯我独尊。"云门说："我当时若见，一棒打杀，与狗子吃。"以天下太平为贵，这样的一种酬答问难，可以说才是恰到好处。

所以说"啐啄之机"，均是与此相类的"古佛家风"。你若能谙熟此道，就能"一拳拳倒黄鹤楼，一踢踢翻鹦鹉洲"；就能如大火聚，近之则燎却面门；就能如太阿剑，拟之则丧身失命。这等道术，只有那些透脱得大解脱的禅师才能做得到。迷恋于本源、执着于言句之徒，注定学不来、使不出这等本领。

"对扬遭贬剥"一句，说的是一宾一主，一问一答，于问答处，便有贬剥，谓之"对扬遭贬剥"。雪窦大师深刻了解其中的涵意，所以写了这两句"颂词"之后，没有再针对"草里汉"撰写"颂词"，只是加上注解，注明"落草"之义。

"子母不相知，是谁同碎啄。"母虽啄，不能致子之啐；子虽啐，不能致母之啄。当啐啄之时，是谁同啐啄？如果你只能就事论事，只把着眼点放到"鸡"身上，是无法理解雪窦的深意的。不见香严大师曾说："子啐母啄，子觉无壳，子母俱忘，应缘不错，同道唱和，妙玄独脚。"雪窦真乃是落草打葛藤，说出"啄"这样一个一字颂。

镜清禅师问："还得活也无？"这就是"颂词"中的"觉"字。这僧答："若不活，遭人怪笑。"为什么雪窦对此却颂出"犹在壳"三字？雪窦此处实在有如"向石火光中别缁素，闪电机里辨端倪"。

镜清最后说："也是草里汉。"雪窦的"颂词"中则有"重遭扑"三字，这两者之间是不能相应的。镜清讲"也是草里汉"，也就他说得出，换一个人，换一个视角去看，还能讲得出来吗？镜清这句话，莫非就是雪窦"颂词"中的"犹在壳"？

如果这样去理解，实在是跟原意不搭界，原意哪里会是这样的呢？如果你真能理解，走遍天下，报恩有分。山僧我这样苦口婆心，也只是个"草里汉"。

"天下衲僧徒名邈"。谁不是名邈者？话讲到这地步，雪窦本人也自陷名邈，出不来了，何况他还连累了天下衲僧！在座诸位，你们且说说，镜清禅师为什么要以这样的方式对待那僧，以至于让天下衲僧都陷进去，出不来？

[己] 圜悟克勤之**"著语"** "公案"中的著语有：僧问镜清：学人啐，请师啄（著：无风起浪作什么，你用许多见解作什么）。清云：还得活也无（劄，买帽相头，将错就错，不可总恁么）？僧云：若不活，遭人怪笑（著：相带累，撑天拄地，担板汉）。清云：也是

草里汉（著：果然自领出去，放过即不可）。

"颂词"中的著语有：古佛有家风（著：言犹在耳，千古榜样，莫谤释迦老子好），对扬遭贬剥（著：鼻孔为什么却在山僧手里，八棒对十三，你作么生放过一着，便打）。子母不相知（著：既不相知，为什么却有啐啄天然），是谁同啐啄（著：百杂碎，老婆心切，且莫错认）。啄觉（著：道什么，落在第二头）犹在壳（著：何不出头来），重遭扑（错，便打，两重公案，三重四重了也），天下衲僧徒名邈（著：放过了也，不须举起，还有名邈得底么。若名邈得也，是草里汉，千古万古黑浸浸，填沟塞壑无人会）。

[庚]"镜清啐啄机"之现代释读　子啐母啄也好，母啄子啐也好，最关键是讲求一个"机"字，就是"机缘"。什么是"机缘"？子啐之时，母啄不请而自至，这就是"机缘"；母啄之时，子啐不请而自至，这就是"机缘"。要请，就说明"机缘"未到。

那僧向镜清禅师请教，说出那句"学人啐，请师啄"的话，就说明他对于"啐啄"根本没有真实的领会："啄"是不可以"请"的；要"请"，就说明师徒之间的"机缘"，还没有成熟。既没有成熟，请也请不来。后来有僧被南院禅师棒打出门，也是错在一个"请"字上。

我们羡慕情场上的"一见钟情"或"一见倾心"，这一"见"是请来的吗？完全请不来的！这"钟情"，这"倾心"，不仅请不来，常常还会愈请愈远。我们羡慕人际关系上的"一见如故""一面如旧"，这一"见"是请来的吗？完全请不来的！这"如故"，这"如旧"，不仅请不来，常常还会愈请愈低俗，愈请愈做作。我们羡慕君臣关系上的"一拍即合"，这一"拍"是请来的吗？完全请不来的！这"合"不仅请不来，常常还会愈请愈"不合"，终究还是散伙。

母鸡抱蛋，最神奇之处就是小鸡出壳：小鸡欲出之时，正乃母鸡欲小鸡出来之时；小鸡在壳内以嘴吭声之时，正乃母鸡在壳外以嘴啮壳之时。小鸡之"啐"与母鸡之"啄"，投合无间，天衣无缝，不能早一步，也不会晚一步，这是一种怎样的"纯然天成"的境界！

小鸡和母鸡，难道是商量好了的不成？它们被壳隔开，又不会说话，如何能商量呢？所以雪窦的颂词才说"子母不相知"。既如此，那一定是有一个"第三者"，能把接头的暗号同时告知壳内之小鸡与壳外之母鸡，让它们同时开始行动，所以雪窦的颂词才说"是谁同啐啄"。能够实现"啐啄同时""啐啄同步"的，一定既非小鸡，亦非母鸡，而是它们之外的"第三者"。这个"第三者"，中国人叫作"天"，西方人叫作"上帝"，经济学上叫作"看不见的手"。

镜清禅师最为看重这个"啐啄之机"的道理，所以经常拿来开示生徒。他强调真正的衲僧，既要具"啐啄同时眼"，又要有"啐啄同时用"，用现在的话说，就是既要有"啐啄同时"的理想追求，又要有实现"啐啄同时"的具体步骤。这是一种很难的境界，所以他的学生难以领会。

他的学生不能了解"啐啄同时"之警喻对于僧人学道有什么意义。所以那僧问"母啄子碎"，镜清只答以"好个消息"；那僧问"子啐母啄"，镜清只答以"露个面目"。这两句答语，就值得我们好好去玩味。"好个消息"是不期而至的惊喜；"露个面目"，是不期而至的自我呈现。"不期"就是"不请"，就是"不做预案"，就是"计划外"。生命最大的喜悦,是在"计划外",是"意外",如意外的重生,意外的相逢,意外的发现,意外的发明。道家所以反对"算计",就在于他们认定"意外"是高于"算计"的;人算不如天算,"算计"太过之人常常与"不算计"者结局相同,甚至结局更糟。

把"意外"上升到哲学的高度去看,"意外"乃是宇宙的常例,而"算计"反而成为"特例"。立足于"意外"而看人生,人生是一道悦目的风景;立足于"算计"而看人生,人生是一桩累人的差事。那僧说出一个"请",就是立足于"算计"而说的。所以镜清的问话是"还得活也无"。"还得活也无"就是要问,这样子的生存还有生命的喜悦吗?这样子的算计还能让人活下去吗?那僧竟答还能,当然要遭镜清"草里汉"的斥骂,南院禅师当然要把自己的学生棒打出门。

圜悟克勤的"垂示"讲"法非见闻,言思迥绝",讲的就是这样的"意外"之境;又讲"终日行而未尝行,终日说而未尝说",讲的也是这样的"意外"之境。"终日行"就是"算计";"未尝行"就是"意外"。"终日说"就是"算计";"未尝说"就是"意外"。你算计着做一万件事,想到北边去,结果却去了南方,这就是"终日行而未尝行";你算计着说一万句话,想说出一件事情的真相,结果句句是谬误,这就是"终日说而未尝说"。我们从"同时态"去看,"终日行而未尝行,终日说而未尝说"确有"不执着于行""不执着于说"之意;但若从"历时态"去看,它讲的无非就是一个"意外"之境。

这样的"意外"之境,在圜悟克勤的"垂示"中被称为"自由自在""本分事"。在圜悟克勤的"著语"中被称为"自领出去""啐啄天然"。在圜悟克勤对公案的解读中，被称为"拳踢相应，心眼相照""如灯影里行相似"。在圜悟克勤对雪窦重显颂词的解读中，被称为"近傍不得""一拳拳倒黄鹤楼，一踢踢翻鹦鹉洲"，被称为"子母俱忘，应缘不错，同道唱和，妙玄独脚"，被称为"石火光中别缁素，闪电机里辨端倪"。

西方哲学史上，可曾有人建立起一门"意外哲学"？没有，西方人只发明了"意外伤害保险"，这无疑还是一种"算计"。但你到中土哲学的殿堂里去看，释家讲"意外哲学"，禅宗中"意路不到"的理论，揭示了一种超越"算计"的境界，就是一种"意外哲学"。如《碧岩录》第六十三则之言："意路不到，正好提撕；言诠不及，宜急着眼。""意路不到"就是"意外"，"意根坐断"也是一种"意外"。

释家而外，道家讲"意外哲学"；离俗世最近的儒家，还是讲"意外哲学"。"举一隅不以三隅反，则不复也"，就是孔子的"意外哲学"。"不愤不启，不悱不发"，也是孔子的"意外哲学"。"愤"就是小鸡之啐，"启"就是母鸡之啄。"愤"就是心憋到最后，命悬一线了；"悱"就是口憋到最后，命悬一线了。心憋到最后，一点而通；口憋到最后，一语而出。什么时候"启"，什么时候"发"，分寸的拿捏就如同母鸡的啄壳，是不期而至，不请自来的。"不请"就是意外。师生之间的"愤悱"与"启发"，贯穿的就是儒家的"意外哲学"。"谋事在人，成事在天""尽人事而听天命"之类，也是这"意外哲学"的一部分。

《禅是一枝花》以"啐啄有先后"释此公案，谓"既是说啐啄之机，机必是奇数的，如何得同时"，并认为雪窦禅师是以"啐啄有先后"之说"把镜清禅师啐啄同时之说来翻了"。"啐啄有先后",还有什么神奇?一切不都可以"请"来嘛!请来"钟情",请来"倾心",请来"合拍",请来"相印"……一切都在"算计"中,还有什么"禅悦",还需要什么"参禅"!

关键是"同时",关键是要问母子"啐啄同时",是谁的神来之笔?"意外哲学"就是要研讨这神来之笔,而把"意外"提升到生命的层面来掂量。雪窦禅师什么时候曾推翻镜清的"啐啄同时"之说呢?他要是真推翻了,可就难称"大师"了!生命的微妙不在"先后",而在"同时":无数的生灵,天地万物,如何能同时并域,各就其位,各司其职而不相扰?!

司南《禅心一念间》以"因果律"释此公案,说:"简言之,没有因,没有果。而这种因,便是'啐',果则是'啄'。"以"啐"为因,就忽略了"啄";以"啄"为因,就忽略了"啐"。"啐啄之机"怎么能用"因果律"去解读呢?"因果律"是西洋人发明的"洋把戏",在西洋都已成为"弃妇"了,如何能拿来释读中国思想。"意外哲学"与"因果律",可以说是人类思维的两极,前者是"非决定论"的最大化,后者是"决定论"的最大化。"因果律"可以作为"意外哲学"的一个特例而存在,但"因果律"却无法包容"意外哲学"。

综上所言,通过"镜清啐啄机"这则公案,圜悟克勤告诉我们:人要进入禅境,须有一颗"意外心"或"不请心"。这是《碧岩录》给我们讲的第十六个道理。

第十七则　香林坐久成劳

"香林坐久成劳",禅宗公案名,简称"坐久成劳",又名"香林西来意",述菩提达摩九年面壁坐禅之机缘问答。载《景德传灯录》卷二十二、《五灯会元》卷五、《碧岩录》卷第二。

香林澄远(908—987年),五代云门宗大师,曾住四川青城山香林院,弘扬云门宗风四十余年。俗姓上官,四川绵竹人。幼年出家于成都真相院,16岁受具足戒。后离蜀入秦,游学四方,终在云门文偃处大豁所疑,侍奉其左右超过十八年,并最终嗣其法。学成还成都,先住导江县水晶宫吴将军院,后移住青城山香林院。宋太宗雍熙四年(987年)示寂,世寿八十。事迹见《景德传灯录》卷二十三、《建中靖国续灯录》卷二、《联灯会要》卷二十六、《五灯会元》卷十五、《释氏稽古略》卷四等。

[甲]圜悟克勤之"垂示"　斩钉截铁,始可为本分宗师;避箭隈刀,焉能为通方作者。针劄不入处,则且置,白浪滔天时,如何?请看公案。

[乙]"香林坐久成劳"之公案　僧问香林:"如何是祖师西来

意？"林云:"坐久成劳。"

　　[丙]**圆悟克勤对公案之"评唱"**　香林说:"坐久成劳。"在座诸位能够理解吗？若是能够理解，百草头上，罢却干戈；若是不能理解，那就老老实实来听我讲解。

　　古人游学四方，特别讲究择友而交，以便以"同行道伴"之身份，相互拨草瞻风。当时云门文偃在广南弘法，声势很大。而香林正于此时踌躇满志，走出四川，与鹅湖、镜清诸禅师之游学。

　　香林先去参拜湖南报慈禅师，后来才到云门门下当一名侍者。他跟随在云门身边十八年左右，亲得亲闻。他虽然悟道的时间稍晚了些，但这并不妨碍他是"大根器"之身。云门平常只叫他"远侍者"。香林刚一答应，云门就问:"这是什么？"

　　香林这个时候也总是答话，向老师呈出自己的见地，弄得精疲力尽，但终归还是不相契合。忽然有一天香林说:"我理解了！"云门就问:"那你为什么不向上道将来？"就这样，香林又在云门处住了三年。云门室中一些大的辩论会，多半是为他而设的，此时的"远侍者"可以随时随处加入到辩论中。云门说的每一句话，点点滴滴，都贮存在"远侍者"那里了。

　　香林后来回到四川，先住导江水晶宫，后住青城香林院。智门祚和尚，本来是浙江人，听说香林院道化很高，名声很大，还特地来到四川参礼。祚和尚乃是雪窦大师的老师。云门虽然门徒众多，在当时能够弘化一方的，还只有香林这一派最为昌盛。香林住青城香林院四十年，八十岁才迁化。

　　香林曾说:"我四十年方打成一片。"所以他每次向僧众讲话，都强调:"大凡行脚之人，游学四方，参寻知识，必须'带眼行'，必须'分缁素、看深浅',才能有所得。先要'立志',人家释迦老子因时因地所发的一言一念,都是'立志'。"

后来就有僧向他提问:"如何是室内一盏灯?"香林答:"三人证龟成鳖。"又问:"如何是衲衣下事?"香林答:"腊月火烧山。"

古往今来有关"祖师意"的答语甚多,唯独香林的这一句答语,能坐断天下人舌头,没有你"计较作道理"的余地。僧问:"如何是祖师西来意?"香林答:"坐久成劳。"可说是言无味,句无味,如此的"无味之谈",却能塞断人口,让你大气都不敢出。

要能真正理解就去理解,要不能理解,千万不要装作理解了。香林曾经参拜过"作家",所以他才有云门的手段,才有所谓"三句体调"。很多人都对此有误会,说:"祖师西来,九年面壁,可不是坐久成劳?"这样去理解,是完全不沾边的。诸位不见古来禅宗大德,在"得大自在处",他们是脚踏实地的,没有那么多佛法知见,道理也是临时应用,随机应变。这就叫作"法随法行",叫作"法幢随处建立"。

雪窦大师也是因风吹火,旁敲侧击,指出一个半个来。

[丁] 雪窦重显对公案之"颂词"

一个两个千万个,脱却笼头卸角驮。

左转右转随后来,紫胡要打刘铁磨。

[戊] 圜悟克勤对雪窦重显颂词之"评唱"　雪窦直接说出,如击石火,似闪电光。把你逼到墙角,再放你一马,好让你一见着这个"公案"就能够理解。他这种招数,也就对他"屋里儿孙"才能使得。若是果真以"直下"方式便能得解,也真算是"奇特"之举了!

"一个两个千万个,脱却笼头卸角驮",这两句洒洒落落,不被生死所染，不被圣凡情解所缚，上无攀仰，下绝己躬，一如他香林、雪窦那样。其实何止"千万个"，大地上的人们都应该如此，前佛后佛也都应该如此。如果我们总是拘泥于语言文字去理解，便真的如"紫胡要打刘铁磨"一样，举起家伙，和声便打。

紫胡参拜南泉时，刚好与赵州岑大虫同参。此时刘铁磨在沩山之下立一个草庵，各方人等，都拿他没办法。有一天紫胡踌躇满志地去拜访他，问："这位莫非就是刘铁磨吗？"刘答："不敢。"紫胡说："左转右转。"刘答："和尚莫颠倒。"话音未落，紫胡便打将过去。

香林回答那个僧徒的提问，他问"如何是祖师西来意"，香林却答："坐久成劳。"若在座诸位有能力领会，也就真算"左转右转随后来"了。你们且说说，雪窦大师写出这样的"颂词"，真实的用意是什么？无事好，试请举看。

[己] 圆悟克勤之"著语" "公案"中的著语有：僧问香林：如何是祖师西来意（著：大有人疑着，犹有这个消息在）？林云：坐久成劳（著：鱼行水浊，鸟飞落毛，合取狗口，好作家眼目，锯解称锤）。

"颂词"中的著语有：一个两个千万个（著：何不依而行之，如麻似粟，成群作家作什么），脱却笼头卸角驮（著：从今日去应，须洒洒落落，还休得也未）。左转右转随后来（著：犹自放不下，影影响响，便打），紫胡要打刘铁磨（著：山僧拗折拄杖子，更不行此令，贼过后张弓，便打脸）。

[庚] "香林坐久成劳"之现代释读 "香林坐久成劳"，不是指香林禅师本人"坐久成劳"，而是指香林常以菩提达摩于嵩山少

林寺面壁九年"坐久成劳"之典故,开导众僧,故有"香林坐久成劳"一语。

这则公案的核心,不在"坐",也不在"劳",而在"坐久成劳"这句答语在师徒问答中之位置。僧徒的问话是:"如何是祖师西来意?"师父的答语是:"坐久成劳。"问题的关键是"答"与"问"是否相配,而不在"坐久成劳"的本义是什么。众多的读者拘泥于"坐久成劳"之本义,说"祖师西来,九年面壁,岂不是坐久成劳"?坐得太久了,没有运动,得了腰肌劳损、坐骨神经病,可不就是"成劳"!

这样拘泥于"字面",实在太肤浅了。"祖师西来意"或"佛法的大意",是禅林经常讨论的话题,可以说是禅师们的"公共话题""公众语言"。几乎每位禅师,都会对这个问题给出自己的答案,角度不同,答案也就不同。香林禅师"坐久成劳"之答语,就是香林从他自己特殊的角度给出的答案。

《碧岩录》中除了记载香林的答语以外,还记载有其他禅师对同一问题的答语。如第十八则记性空禅师的答语为:"如人在千尺井中,不假寸绳出得此人,即答汝西来意。"第二十则记翠微禅师的答语为:"与我过禅板来。"又记临济禅师的答语为:"与我过蒲团来。"又记大梅禅师的答语为:"西来无意。"

《碧岩录》之外,《从容庵录》也记载有诸多类似答语。如《从容庵录》第五则记清源禅师的答语是:"卢陵米作么价。"第六则记马大师的答语是:"我今日劳倦,不能为汝说。"又记智藏禅师的答语是:"我今日头痛,不能为汝说。"又记海大师的答语是:"我到这里,却不会。"第四十七则记赵州禅师的答语是:"庭前柏树子。"第六十则记首山禅师的答语是:"新妇骑驴阿家牵。"

回答同一个问题,怎么会有这样多的答案呢?这正是我们要讨论的地方!按照西方形式逻辑和"定义"规则,一个问题只能有一个答案,如1+1只能等于2。这就是"西式思维",即"定性主义"的思维。但是中国人要问,1+1真的只能等于2吗?等于10就不行吗?在十进位制下,1+1是等于2,但在二进位制下,1+1就等于10。在十六进位制下,在六十进位制下,在各种不同的进位制下,1+1的得数都会不同,谁说1+1就一定等于2呢?基督教的一周是7天,二周是14天,我们可不可以说1+1等于14呢?当然是可以的。

在欧几里得几何学框架下,两点之间直线距离最短,三角形三内角之和等于180°,两条平行线永不相交,这些都是"常识"。但在非欧几何框架下,两点之间并非直线距离最短;三角形三内角之和或小于180°,或大于180°,等于180°变成为特例;两条平行线是可以相交的。这些也是非欧几何学上的"常识"。哪一种"常识"是正确的呢?都是正确的,也都是错误的。关键是看"坐标",关键是看"关系"。在不同的"坐标"下,答案会有不同;在不同的"关系"下,性质会有不同。这就是我们伟大的禅师们发展出来的一种"随性主义"的思维方式;在这种"随性主义"的框架下,西方"定性主义"的思维,只是其中的一个特例。

对于同一个"祖师西来意"之问题,香林可以答以"坐久成劳",赵州可以答以"庭前柏树子",清源可以答以"新妇骑驴阿家牵",谁对谁错呢?有对有错,同时又无对无错。在他们各自的"坐标"下,都是对的;换一个"坐标",都是错的。我们看这世上的任何东西,都可以有无穷的侧面,都可以有无穷的层次,故对于同一个问题，我们就可以有无穷的答案，谁说只能有一个答案呢？

"唯一答案"的假定，是"西式思维"的一个久远的"教条"，中国思想冥冥之中似乎就是专为砸碎这样的"教条"而设的。"中式思维"的视野，不知要比"西式思维"大多少倍！以西洋的"小视野"，我们永远读不懂"中国思想"；以中国的"大视野"，则我们不仅能读懂"西洋思想"，而且还能给"西洋思想"一个恰当的定位。"西洋思想"只是诸种答案中的一种，只是众多坐标中的一个坐标，它没有"普世性"，它永远只是"特殊"的。

我们的禅师们面对提问，回答了没有呢？回答了。直接回答了没有呢？没有！因为他们全部的方式都是"答非所问"：答是答了，但均非"直答"，均非"直接回答"。"间接回答"是什么？就是"绕路答"，就是"言他"。"绕路答"是西方"直路答"之外的另一种"回答体系"，"言他"是西方"直言"之外的另一种"命题逻辑"或"语言哲学"。

这种"绕路答"与"言他"，在雪窦重显的"颂词"中叫作"一个两个千万个"，就是对同一个问题可以有无穷的答案；又叫作"左转右转随后来"，就是不走"直路"，偏走"弯路"，走"直路"的结果是一无所获，走"弯路"的结果是终有所获，"随后来"就是终有所获的意思。圜悟克勤把这叫"洒洒落落，不被生死所染，不被圣凡情解所缚，上无攀仰，下绝己躬"，叫作"尽大地人悉皆如此，前佛后佛也悉皆如此"。

《禅是一枝花》完全只是"字面"上的营生，说："汉朝、唐朝都是几百年天下，于是万民起来造反，改朝换代，也只是因为坐久成劳。"司南《禅心一念间》也完全只是"字面"上的营生，说：

"坐久成劳,因而佛祖西来。呵呵,被世人看得如此严肃庄重的佛法东传,原来竟是如此简单的起因。"他们其实是自陷于圜悟克勤所斥责的"于言句中作解会"的泥潭中。

综上所述,通过"香林坐久成劳"这则公案,圜悟克勤告诉我们:人要进入禅境,须有一颗"绕路心""言他心"或者"随性心",以及"合观之兼心"。这是《碧岩录》给我们讲的第十七个道理。

第十八则　忠国师无缝塔

"忠国师无缝塔",禅宗公案名,又名"国师塔样""无缝塔"等。述唐肃宗(一说唐代宗)与南阳慧忠国师有关"无缝塔"之机缘问答。载于《碧岩录》卷二、《从容庵录》第八十五则、《禅苑蒙求》卷中。

慧忠(？—775年),唐代高僧,禅宗北派之代表人物。俗姓冉,浙江诸暨人。自幼向佛,闻六祖慧能大师名,翻山越岭叩谒之,获其心印。之后游历天下名山,经五岭、罗浮、四明、天目,而入南阳白崖山党子谷(白草谷)。于此静坐长养四十余年,足不出山,然从其学者恒逾百千。唐开元中,玄宗将其延至京师,敕住龙兴寺。安史之乱起,乃遁归山中。肃宗上元二年(761年),再次被召,赴京住千福寺西禅院,公卿士庶参叩求法者,不舍昼夜。代宗继位后,加优之,迁住光宅寺。与行思、怀让、神会、玄觉四人并称六祖门下"五大宗匠",与神会同于北方弘扬六祖禅风,批评当时盛行于南方(江西)之马祖道一禅法(以"平常心是道"为中心)。后归南阳,代宗大历十年(775年)示寂于党子谷,年寿逾八十。谥号"大证禅师",世称"南阳慧忠"或"南阳国师"。事迹见《宋高僧传》卷九、《景德传灯录》卷五、《传法正宗记》卷七、《禅宗正脉》卷二等。与之相关之公案,还有"国师三唤""无情说法"等。

[甲]圜悟克勤之"垂示"　无事好,试请举看。

[乙]"忠国师无缝塔"之公案　肃宗皇帝(应是代宗,此处误)问忠国师:"百年后所须何物?"国师云:"与老僧作个无缝塔。"帝曰:"请师塔样。"国师良久云:"会么?"帝云:"不会。"国师云:"吾有付法弟子耽源,却谙此事,请诏问之。"

国师迁化后,帝诏耽源问:"此意如何?"源云:"湘之南,潭之北(雪窦著语云:独掌不浪鸣),中有黄金充一国(雪窦著语云:山形拄杖子)。无影树下合同船(雪窦著语云:海晏河清),琉璃殿上无知识(雪窦著语云:拈了也)。"

[丙]圜悟克勤对公案之"评唱"　肃宗、代宗,皆玄宗之子孙,当太子时,常爱参禅。

肃宗摄政之时,忠国师正在邓州白崖山住庵,就是现在的香严道场这块地方。他四十余年不下山,道行却在京城都很有名。上元二年,皇帝通过中书省诏他入宫,待之以师礼,非常敬重他。曾经与皇帝表演"无上道"。国师退朝时,皇帝亲自上车送他,弄得其他朝臣都很不高兴,想奏他以"妨碍国事"之罪。国师对此当然心知肚明,于是先行一步去见皇帝,说:"我在天帝释前,见粟散天子如闪电光相似。"皇帝于是愈加敬重他。等到代宗上台,又再次延请国师住光宅寺达十六年之久,他随机说法,直到大历十年迁化。

山南府有一位青锉山和尚,过去曾与国师共同游学。国师被召至京师，曾奏请皇帝也召他前来。但青锉山和尚三次拒诏，还常骂国师耽名爱利，留恋人间。国师是唐廷父子三朝的"国师"，帝室父子常常同时到他那里参禅。

据《传灯录》考证，此则公案中乃是代宗设问。肃宗也曾设问，但肃宗所提问题是："如何是十身调御？"后来国师与皇室因缘终结，即将进入涅槃，于是向代宗告辞。此时代宗问："国师圆寂，需要我准备些什么东西呢？"这本只是很平常的一句话，却被这老汉抓住了话头，来了个无风起浪，答道："您就给老僧造座无缝塔吧！"

你们且说说，青天白日的，说这样的话干什么？造座塔也就行了，为什么却说造座无缝塔？代宗也还真是有"作家"本领，还给了国师一拶，说："那就请国师把塔样给我。"国师沉默良久，抬头问："看懂了吗？"这一类的问题非常奇怪，是最难参出个子丑寅卯来的。国师被代宗这么一拶，好像也就只有瞠目结舌的份了。亏得这老汉本领高强，否则就被代宗"弄倒"了。

很多人解读说："国师不言处，便是塔样。"假如我们这样去理解，达摩创立的禅宗，也就只能扫地而尽了。如果认为他"沉默良久"就是"塔样"，那哑巴也能当禅师。岂不见曾有外道问佛，不问有言，不问无言，世尊也是沉默良久，外道于是礼拜，赞叹说："世尊大慈大悲，开我迷云，令我得入。"等到外道离开，阿难问佛："外道有何所证，而言得入？"世尊回答说："就好像世间的良马见鞭影而行，人们也多是着力于'良久'二字去理解，跟原意有什么关系？"

禅宗五祖先师曾拈一偈说："前面是玛瑙珍珠，后面是珍珠玛璃，东边是观音势至，西边是文殊普贤，中间有个幡子被风吹着。请问这是什么？"众僧答道："这是胡卢，这是胡卢。"国师问："看懂了吗？"皇帝回答说："看不懂。"这还差不多。你们且说说，这个"不会"与梁武帝的"不识"，是相同呢，还是不同？

看上去好像差不多，其实是完全不一样的。国师说："我有付法弟子耽源，对此非常熟悉，请皇帝诏他来问。"雪窦对此注解说："独掌不浪鸣。"代宗"不会"，我们暂且不讲他；耽源又会不会呢？只消说句"请师塔样"，所有人都拿他没办法。五祖先师注解说："你慧忠是一国之师，为什么自己不回答，却要把责任推到弟子身上？"国师迁化之后，皇帝诏耽源问："此意如何？"耽源便来替国师胡言汉语地讲道理，自然懂得国师的意思。

国师说话，只消一颂："湘之南，潭之北，中有黄金充一国。无影树下合同船，琉璃殿上无知识。"耽源名应真，曾在国师身边当侍者，后来住在吉州（今江西吉安）耽源寺。此时仰山禅师来参拜耽源，耽源讲重话，发脾气，凛然不可侵犯的样子。仰山知道机缘未到，就先去参拜性空禅师。有僧问性空："如何是祖师西来意？"性空答："如人在千尺井中，不假寸绳出得此人，即答汝西来意。"僧："近日湖南畅和尚，也为人东语西语。"性空于是叫问话的沙弥"把这死尸拖出去"。

仰山后来把这段对话说给耽源听，问耽源："怎样才能让井中人出来呢？"耽源回答说："咄！痴汉，谁在井中？"仰山知道自己与耽源不投合，又去参问沩山。沩山于是大喊一声："慧寂！"（慧寂为仰山之法名）仰山应声而答，沩山于是说："你已经出来了。"仰山因此大悟，说："我是在耽源处得到'体'，在沩山处得到

'用'呢！"

只是耽源的这首"颂词"，常把人引入邪解，使得不少人产生误会，说："'湘'是相见，'潭'是谭论，中间有个无缝塔，所以才说'中有黄金充一国'。皇帝与国师对答，便是'无影树下合同船'。帝'不会'，于是才说'琉璃殿上无知识'。"还有人解读说："'湘'是湘州之南，'潭'是潭州之北。'中有黄金充一国'，这是颂'官家眨眼顾视'，说'这个是无缝塔'。"

假如我们只是这样来解读，仍是自陷"情见"而不能自拔。如此雪窦所下那"四转语"，又该如何去理解呢？现今读者，完全不能够领会古人的意思。你们且说说，"湘之南，潭之北"，你是怎样理解的呢？"中有黄金充一国"，你又是怎样理解的呢？"无影树下合同船"，你是怎样理解的？"琉璃殿上无知识"，你又是怎样理解的？如果你真能于其中有自己的心得，你这一生也就很幸福了！你得好好庆贺才是。

"湘之南，潭之北"，雪窦的著语是"独掌不浪鸣"。不得已又跟你说"中有黄金充一国"，雪窦的著语是"山形拄杖子"，古人说："若你能渗透'拄杖子'一语，一生的修行也就完成了。""无影树下合同船"，雪窦的著语是"海晏河清"，这就好比一下子把门窗全部打开，大有八面玲珑之感。"琉璃殿上无知识"，雪窦的著语是"拈了也"，把所有的东西一股脑儿给你说出，也是很难得的。让你们见识见识也好，只是有些地方容易产生误会，有可能让你们拘泥于言语而得出一些生硬的解读。于是最后才说"拈了也"，也是很到位的一个说法。

雪窦分明一下子都讲完了，最后只剩一个"无缝塔子"要

"颂"一下。

[丁] 雪窦重显对公案之"颂词"

无缝塔，见还难，澄潭不许苍龙蟠。

层落落，影团团，千古万古与人看。

[戊] 圜悟克勤对雪窦重显颂词之"评唱" 雪窦劈头就说："无缝塔，见还难。"虽然独自表明了自己的"无私"心态，但要让人理解这种心态还很不容易。雪窦也实在是太过慈悲了，接下来又跟你说"澄潭不许苍龙蟠"。五祖先师曾说："雪窦一册《颂古》，我就喜欢他这句'澄潭不许苍龙蟠'。"

这话说得很到位。有多少人是执着于国师"沉默良久"之处寻求解释的啊！如果那样去理解，一下子就错了。不见有人说："卧龙不鉴止水，无处有月波澄，有处无风起浪。"又有人说："卧龙长怖碧潭清。"如果真是这样的汉子，就算它洪波浩渺，白浪滔天，也不会"蟠"在这里头的。雪窦的"颂词"写到这里，后面留了个心眼，琢磨出一个"无缝塔"来，接下来就说："层落落，影团团，千古万古与人看。"在座诸位怎么理解这句话呢？这个"无缝塔"如今在什么地方？就算你看得很清楚了，也莫错认了"定盘星"。

[己] 圜悟克勤之"著语" "公案"中的著语有：肃宗皇帝（应是代宗，此处误）问忠国师：百年后所须何物（著：预搔待痒，果然起模画样，老老大大，作这去就，不可指东作西）？国师云：与老僧作个无缝塔（著：把不住）。帝曰：请师塔样（著：好与一劄）。国师良久云：会么（著：停囚长智，直得指东划西，将南作北，直得口似匾檐）？帝云：不会（著：赖值不会，当时更与一拶，教伊满口含霜，却较些子）。国师云：吾有付法弟子耽源，却谙此

事,请诏问之(著:赖值不掀倒禅床,何不与佗本分草料,莫搽胡人,好放过一着)。

国师迁化后(著:可惜,果然错认定盘星),帝诏耽源问:此意如何(著:子承父业去也,落在第二头、第三头)?源云:湘之南,潭之北(著:也是把不住,两两三三作什么,半开半合)〔雪窦著语云:独掌不浪鸣(著:一盲引众盲,果然随语生解,随邪逐恶作什么)〕,中有黄金充一国(著:上是天,下是地,无这个消息,是谁分上事)〔雪窦著语云:山形拄杖子(著:拗折了也,也是起模画样)〕。无影树下合同船(著:祖师丧了也,阇黎道什么)〔雪窦著语云:海晏河清(著:洪波浩渺,白浪滔天,犹较些子)〕,琉璃殿上无知识(著:咄)〔雪窦著语云:拈了也(著:贼过后张弓,言犹在耳)〕。

"颂词"中的著语有:无缝塔(著:这一缝大小大道什么),见还难(著:非眼可见,瞎),澄潭不许苍龙蟠(著:见么洪波浩渺,苍龙向什处蟠,这里直得摸索不着)。层落落(著:莫眼花,眼花作什么),影团团(著:通身是眼,落七落八,两两三三旧路行,左转右转随后来),千古万古与人看(著:见么,瞎汉,作么生看,阇黎颇得见么)。

〔庚〕"忠国师无缝塔"之现代释读 "无事好,试请举看"七字原出现在第十七则的末尾,与第十七则在意思上不能对接。日人伊藤猷典《碧岩集定本》以为无用而删之。实则并非无用,疑为第十八则公案"垂示"部分之上蹿,因为"试举看"乃是"垂示"末尾之常用语,以引出公案之内容。我们暂且将此七字移入第十八则,作为此则的"垂示"。

"无事好"之作为"垂示",是什么意思呢?这使我们想起禅门中的"无事禅"。"无事禅"是何等禅法?是跟大慧宗杲"看话禅"不同路数的"默照禅",代表人物就是宋代曹洞宗禅师宏智正觉。大慧宗杲主张不离"言""智",认为可借古则公案逗发悟机;宏智正觉则以"默"斥"言",以"慧"斥"智",主张以"坐空尘虑"来默然静照。大慧宗杲斥宏智正觉之禅法为无事禅、默照邪禅、枯木死灰禅,宏智正觉则讥大慧宗杲之禅法为"看话禅"。"无事禅"者,"默照禅"之贬称也。大慧宗杲以"无事"贬之,其"无事"二字是否即源出《碧岩录》呢?须知他与圜悟克勤之间毕竟存在师承关系。

碰巧的就是,宏智正觉禅师的墓塔刚好就是无缝塔。其塔位于今浙江宁波鄞州区天童寺东谷庵,用整块碑石造成,椭圆形,状似鸟卵。故又称卵塔。佛门塔式繁多,仅以一块碑石造成者称无缝塔,仅以一块卵形碑石造成者则称卵塔,可知卵塔乃是无缝塔之一种,甚或有视无缝塔即卵塔、卵塔即无缝塔者。宏智正觉墓配以"无缝塔",又得"无事禅"之名,由此就可以和本则公案扯上千丝万缕的关系。犹似"冥冥之中"相关联也!

然则慧忠国师向唐代宗索造"百年后"之"无缝塔",究竟是什么意思呢?"百年后"是"死后","死后"入土为塔,可选择的塔的式样是很多的,如方塔、圆塔、六角形塔、八角形塔、多宝塔、五轮塔、楼阁式塔、柱塔、雁塔、屋塔、露塔、无壁塔,等等,为什么偏要强调"无缝塔"?可知慧忠国师这次的与代宗问答,也许早就潜藏了某种深意,"暗藏玄机"了。

人的生存状态大致有两种,一种是"有缝态",一种是"无缝态"。"有缝态"者,有未了之心愿,死不瞑目也;"无缝态"者,百愿均了,死而无憾也。两种生存状态之根本异点,在一"了"字,于帐目是否"了结",于心愿是否"了却"。"未了结""未了却",则成"有缝态";"了结""了却",则成"无缝态"。"了"与"未了",构成"无缝人生"与"有缝人生";从"未了"到"了",构成从"有缝人生"走向"无缝人生"之历程。

唐代宗问慧忠国师"百年后所须何物",国师的回答是"与老僧作个无缝塔"。国师临近迁化,回首自己一生,也许还觉有某些"未了"之事,正可托代宗"代了"之。此生是"有缝",死后是"无缝","作个无缝塔",就是让自己从"有缝"走向"无缝"。然天寿有限,自己已经无法走完这个历程,所以只能交代存世之人代其走完,就好像我们俗世之人,临死总要叫儿子到眼前交代后事一样。儿子就是他的"接力",可以为他"代了"未了之心愿;代宗也是国师之"接力",可以为国师"代了"未了之心愿,还国师一个"无缝人生"。

代宗也是颇具"作家"的本领,说出一句"请师塔样"就是让国师把这个"未了"的心愿说出来。或许是因为无法说出来,或许是因为说出来就俗了,总之国师是没有说。只是沉默良久,然后问代宗知晓了没有,代宗说没有,于是国师顺水推舟,把说出的任务推到弟子耽源身上。耽源只是答上一颂,处在说与未说之间,被圜悟克勤指为"两两三三作什么,半开半合"。

雪窦重显的"颂词"是很到位的。"无缝塔,见还难,澄潭不许苍龙蟠",自己"未了"的心愿,有谁看得见呢?就是自己去说,也未必能说得清楚,更不用说让"接力者"去转述了。"澄潭"是一方净土,"桃花源"一般,历经沧桑的"苍龙"如何能在那里生存下去?澄潭是"纯然无缝之域","有缝"之"苍龙"要蟠进去,不知要费多少工夫与岁月!"层落落,影团团,千古万古与人看",比如老子的"小国寡民",比如柏拉图的"理想国",比如陶渊明的"桃花源",比如卢梭的"自然状态",不都是朦朦胧胧,"千古万古与人看"的吗?它什么时间实现过呢?没有的!实现了的东西,那就是"了";正因其永远"未了",永远无法"了",所以才美,所以才永存人心,做人生努力的指引。

人生的"无缝态"也是残缺人生的指引,它让人以毕生精力奋斗不息,让人向着那个"无缝态"做永远的奔忙,临死的时候还要把"接力棒"交到子孙手上,就好像国师托付代宗一样。从"有缝"到"无缝",就是向着"了境"的永远的奔忙!

《禅是一枝花》以"大自然的鸿蒙"释"无缝塔",司南《禅心一念间》以"自然万物"释"无缝塔",均只能聊备一说。

综上所言,通过"忠国师无缝塔"这则公案,圜悟克勤告诉我们:人要进入禅境,须有一颗"了心"或"无缝心",以及"合观之兼心"。这是《碧岩录》给我们讲的第十八个道理。

第十九则　俱胝只竖一指

"俱胝只竖一指",禅宗公案名,又名"俱胝竖指""一指头禅""俱胝一指"等。述唐代婺州(今浙江金华)金华山俱胝和尚竖立一指化导学人之机法,世称"一指禅"。

俱胝,唐代僧,生卒年、俗姓、乡籍等均不详。佛法属南岳怀让系。常诵俱胝(准胝)观音咒,故有是称。尝于浙江婺州金华山,无以答复实际尼之质问,遂参学四方。后得大梅法常之法嗣天龙禅师"竖一指"之指点,当下大悟。后凡遇参学僧问法,均竖一指以答之。临终云:"吾得天龙一指头禅,一生用不尽。"事迹见《景德传灯录》卷十一、《五灯会元》卷四、《祖堂集》卷十九、《无门关》第三则。"俱胝"为梵语Koti之译音,巴利语同,或译为拘胝、俱致、拘梨等,意译为"亿",印度数量单位之名。

[甲] 圜悟克勤之"垂示"　一尘落,大地取;一花开,世界起。只如尘未举、花未开时,如何着眼?所以道:如斩一绽丝,一斩一切斩;如染一绽丝,一染一切染。只如今便将葛藤截断,运出自己家珍,高低普应,前后无差,各各现成。若达不到这样的认识,

请看下面的公案。

[乙]"俱胝只竖一指"之公案　俱胝和尚,凡有所问,只竖一指。

[丙]圜悟克勤对公案之"评唱"　如果只是针对"指头"去领会,则是辜负了俱胝;如果不针对"指头"去领会,又似乎如生铁铸就,无从下口。能领会是如此,不能领会也是如此;往高处领会是如此,往低处领会也是如此;领会得对是如此,领会得不对也是如此。

所以说:"一尘才起,大地全取;一花欲开,世界便起;一毛头狮子,百亿毛头现。"圆明禅师说:"寒,则普天普地寒;热,则普天普地热。山河大地,下彻黄泉;万象森罗,上通霄汉。"你们且说说,这里讲的是什么东西,又为何如此怪异?若是能理解,点拨一下就行;若是不能理解,就是憋死也没有办法。

俱胝和尚是婺州金华人,初次住庵,就碰到一位名叫实际的尼姑,径直闯入庵内,斗笠也不摘,手持锡杖,绕禅床三圈,对俱胝说:"你要能回答我的问题,我就摘下斗笠。"这样连续讲了三遍,俱胝回答不上。

尼姑转身离开,俱胝说:"天色已晚,暂且留住一宿吧!"尼姑就说:"你要能回答我的问题,我就留宿。"俱胝还是答不上,尼姑于是便走了。

俱胝感叹说:"我空有丈夫之形,而无丈夫之气。"于是发愤求学,誓要弄明白这些东西,还打算离开此庵,前往诸方参请。正收拾行囊,准备出发时,夜间山神告知他:"无须离开此庵,不久会有肉身菩萨来为你说法!无须离庵。"

果然,第二天天龙和尚来到庵内,俱胝以礼相迎,一一陈说前述诸事,天龙只竖一指而示之,俱胝忽然大悟。这也许是因为他当时很郑重,很专注,所以桶底易脱。后来凡碰到问法者,俱胝均只竖一指。

长庆禅师说:"美食不中饱人吃。"玄沙禅师说:"我当时若见,拗折他指头。"玄觉禅师说:"玄沙讲这样的话,是什么意思呢?"云居锡禅师说:"不知玄沙讲这样的话,是肯定呢,还是否定?若是肯定,你为何又说要拗折他指头;若是否定,那你说俱胝什么地方有错?"

原先曹山禅师曾说:"俱胝的落脚之点有些莽卤,只能体认一机一境。就好像拍手抚掌的西园禅师,我们只是觉得他行为古怪而已。"玄觉禅师又问:"你们且说这俱胝和尚究竟开悟了没有呢?为何说他落脚之点有些莽卤?若说他还没有开悟,他为何又说:平生只用一指头禅不尽?"

你们且说说,曹山禅师之用意究竟何在呢?当时的俱胝,是真的没有领会,等到他开悟之后,他才凡遇问法,只竖一指。这样简单的机法,为什么千人万人都罗笼不住他,都破解不了他?你若只针对"指头"去领会,一定无法懂得古人真意。这样的禅法易参,只是太难领会了。

现今有些人碰到有人提问,也竖指竖拳,简直就跟装神弄鬼差不多。必须是"彻骨彻髓见透"的人,才可使用此等机法的。俱胝庵中有一童僧,在庵外遭人问话:"俱胝和尚平时是以什么禅法示人呢?"童僧竖起指头。回庵后童僧把情况讲给俱胝听,俱胝抽刀,切断其指。童僧哭喊着跑出去,俱胝大喊一声,召他回来,童僧回头,却见俱胝竖起指头,童僧于是豁然开悟。

你们且说说，在这里他们究竟发现了什么道理？俱胝迁化之前，对众僧说："吾得天龙一指头禅，平生用不尽。要领会吗？竖起指头就行了。"后来明招独眼龙请教师叔国泰深禅师："古人说俱胝只念三行咒，便得名超一切人，为什么他只念三行咒呢？"深禅师也竖起一指头。明招说："没有今天的讨论，我哪里能理解此等禅法呢？"

你们且说说，这里究竟隐藏着怎样的秘密呢？有一位平生只用一杈打地的打地和尚，凡遇问法，只打地一下。后来权杖被人藏起来，然后问他"如何是佛"，他只张一下口。这也是"一生用不尽"的呢！

无业禅师说："达摩祖师见中国有大乘根器，才前来传法的。"他是单传心印，指示迷途，被其教者，不分愚与智，不分凡与圣。且能做到实而不虚，作为大丈夫议，能直下休歇，顿息万缘，超脱生死，迥出常格，纵有眷属壮严，不求自得。无业一生碰到问法者，只道一句"莫妄想"。

所以说："一处透，千处万处一时透；一机明，千机万机一时明。"现今一些人总不那么地道，只管恣意情解，不去认真领会古人之精要深刻处。古人难道是没有"机关转换"之处的吗？为什么他只用一指头？须知俱胝禅师到这里，是有"深密为人"之处的，要能领会到他的省力处，才能应付他。

圆明禅师说："寒，则普天普地寒；热，则普天普地热。山河大地，通上孤危；万象森罗，彻下险峻。"我们到什么地方，才能得见"一指头禅"的真意？

[丁] 雪窦重显对公案之"颂词"

对扬深爱老俱胝，宇宙空来更有谁。

曾向沧溟下浮木，夜涛相共接盲龟。

[戊] 圜悟克勤对雪窦重显颂词之"评唱" 雪窦大师擅写四六体文章，写得七通八达。对于那些諳讹奇特的公案，他更是偏爱有加，常撰"颂词"。

"对扬深爱老俱胝，宇宙空来更有谁。"对这两句，现今学者或褒或贬，或自宾位说，或自主位说，一问一答，当面质询。认为有这样的相互驳难，所以才说"对扬深爱老俱胝"。

你们且说说，雪窦为什么会"深爱"这老头呢？自天地开辟以来，还有别人吗？没有，只有俱胝老一个。换了别人，一定会把事情弄得很复杂；只有这俱胝老，只用一个指头，直到老死。

现今一些人多生"邪解"，说：山河大地也空，人也空，法也空，简直全宇宙都是空的，就只有俱胝老一个人。这种解读是不沾边的。

"曾向沧溟下浮木"，现今称为生死海，众生在业海中沉浮，一会儿浮出水面，一会儿沉下去，不明白靠自己的力量根本是无法到达彼岸。俱胝这老头垂慈接物，在生死海中用一指头接人，就好像放下一根浮木救助盲龟一样，让众生能够到达彼岸。

"夜涛相共接盲龟。"《法华经》说："如一眼之龟，值浮木孔，无没溺之患。"一个境界高超的大师，最好能接渡一个"如龙似虎底汉"，教他于有佛世界互为宾主，于无佛世界坐断要津。接渡一只盲龟，有什么作用呢？

[己] 圜悟克勤之"著语" "公案"中的著语有：俱胝和尚，凡有所问（著：有什么消息，钝根阿师），只竖一指（著：这老汉，也要坐断天下人舌头，热，则普天普地热，寒，则普天普地寒，换却天下人舌头）。

"颂词"中的著语有：对扬深爱老俱胝（著：癞儿牵伴，同道方知，不免是一机一境），宇宙空来更有谁（著：两个三个，更有一个，也须打杀）。曾向沧溟下浮木（著：全是这个，是则是，太孤峻，生破草鞋，有什么用处），夜涛相共接盲龟（著：捞天摸地，有什么了期？接得，堪作何用？据令而行，赶向无佛世界，接得阇黎一个，瞎汉）。

[庚]"俱胝只竖一指"之现代释读　理解"一指禅"，我们究竟是落脚于"指"，还是落脚于"一"呢？落脚于"指"，就跟《公孙龙子·指物论》中"物莫非指，而指非指"之说有一拼。落脚于"一"，则就完全绕开了"公孙龙进路"。

显然圜悟克勤是反对我们落脚于"指"的。解读"公案"时他说"若向指头上会，则辜负俱胝"，又斥责不懂装懂的"竖指竖拳"是装神弄鬼。俱胝禅师本人也反对我们落脚于"指"，他毫不犹豫地斩断自己庵里童僧之手指，就是一个最好的证明。

于是我们落脚于"一"。然"一"是多种多样，各不相同的。如孟子答梁襄王"天下恶乎定"之问，答语是"定于一"，这个"一"就不是一个数目字，而是"统一""大一统"之意。再比如《老子》第三十九章讲"万物得一以生"，这个"一"也不是一个数目字，而是代表了"道"。还有庄子的"万物与我为一"的"一"，张载的"一物两体"的"一"，等等，均有其特别含义。我们落脚于"一"，究竟是落脚于哪种"一"呢？

圜悟克勤的"垂示"说："一尘举，大地取；一花开，世界起。"原来我们落脚的"一"，就是"一尘""一花"。"垂示"又谓："如斩一绽丝，一斩一切斩；如染一绽丝，一染一切染。"原来我们落脚的"一",就是"一即一切"的"一"。

圜悟克勤释读"公案"时说:"一毛头狮子,百亿毛头现。"还是"一即一切"的意思。又说:"一处透,千处万处一时透;一机明,千机万机一时明。"还是落脚于"一即一切"的"一"。又说"寒,则普天普地寒;热,则普天普地热。山河大地,通上孤危;万象森罗,彻下险峻。"意思依然相近。

于是我们知道我们所落脚的那个"一",其实不只是"一",它还是"万"。如"一尘",其实不只是"一尘",它还是"万尘",还是整个"大地";如"一花",其实不只是"一花",它还是"万花",还是整个"世界"。《淮南子·说山训》讲"以小明大,见一叶落而知岁之将暮",宋代唐庚《文录》亦引唐诗说"山僧不解数甲子,一叶落知天下秋",此处的"一叶"也代表的是"万叶",代表的是整个"秋天"。俗语中还有"一羽示风向,一草示水流"之说,其中"一羽"实即"万羽","一草"实即"万草"。

假如我们要等到所有的花开了,才敢断定春天已到,假如我们要等到所有的叶落了,才敢断定秋天已到,那我们是不是太愚笨了!可是这不正是西洋"科学"的思维吗?既然是"科学",怎么可能是愚笨呢?禅师告诉我们,"科学"正是这样的愚笨呢!它经常使用的方法叫作"归纳法"(induction),并且号称最好是"完全归纳"。

最经典的"公案"是"人都是要死的"这个命题,"科学"以为不成立的,因为我们并不能"归纳"所有人,说不定千年之后"人"就不死了。还有"所有的天鹅都是白的"这个命题,"科学"也经常提起,说是只要有一个天鹅是黑的,这个命题就被否定了。

后来果然发现了几只黑天鹅，推翻了这个命题，于是他们更是强调"完全归纳"。如果止步于"特称命题"，则"科学"无意义，故"科学"必以求得"全称命题"为满足；而"全称命题"又必以"完全归纳"为基础。设若"完全归纳"行不通，则"科学"岂不就成了儿戏！

这就是西洋人玩的所谓"科学"游戏，在一个根本不可能的平台上自得其乐。我们能把普天之下的花朵"完全归纳"吗？即便能，我们为证明"春天来了"究竟要付出多大代价？我们能把普天之下的落叶"完全归纳"吗？即便能，我们为证明"秋天到了"又究竟要付出多大代价？这样一事一物地证明下去，岂不要把全世界的人"累死"！

再反观我们的禅师，是那样轻松自如地高谈阔论，完全没有现代人的所谓"累死"或"过劳死"。他们看到身边一花开，就知万里之外万花同开；他们看到身边一叶落，就知万里之外万叶齐落。他们完全不需要跑到万里之外去，从事什么"考察"与"探险"。他们知道"人体"是什么，就已经知道"宇宙"是什么，"人体"就是一个"小宇宙"，"宇宙"就是一个"大人体"。你派宇宙飞船跑到150亿光年之外，那里的星球还是如"鸡卵"，因为我们已知我们居住的这星球如"鸡卵"；你派宇宙飞船跑到1500亿光年之外，情形还是会一样的。

这就是"全息律"，我们古人讲了几千年了，用不着"归纳"的，更用不着"完全归纳"的。"一羽示风向"，我们用不着"万羽"；"一草示水流"，我们用不着"万草"。"暴风不终朝"，我们用不着看完所有的早晨就能得出结论；"骤雨不终日"，我们也用不着过完所有的日子就能得出结论。我们的祖辈死了，我们的父辈死了，我们已经知道"所有的人都是要死的"。我们身边的树木没有了，我们荒野的动物灭绝了，我们就已经知道人类的死期已近，用不着用精密仪器，用"科学"去证明。

理解"一指禅"，我们落脚于"一"，就是要明白这个"一即一切"的道理，就是要明白这个"全息律"的道理。禅师"竖一指"，告诉我们的是"一尘即大地"，告诉我们的是"一花即世界"，是"一叶落而知天下秋"，是"一羽示风向，一草示水流"。

"一"是一种可能性，同时又是无限可能性。"一"是有限与无限的合一，正面是有限，负面是无限，阳面是有限，阴面是无限。"一"是每一天，同时又是一辈子；"一"是每个人，同时又是一国家，一民族；"一"是每一国、每一族，同时又是一世界；"一"是全人类，同时又是全生物；"一"是全生物，同时又是天地万物。没有什么东西不与我们"深度相关"，没有什么东西我们可以"漠不关心"。

《禅是一枝花》以"女孩儿家"释读"一指禅"，乃是妄生"邪解"，"且得没交涉"。司南《禅心一念间》以"不变应万变"释读"一指禅"，亦仅"恣意情解"而已。且云："这样看来，纵然所提问题有千种万种，回答却只有一种。那便是禅。"刚好说反了，禅之真意是：问题只一种，答案可有千种万种；知答案可有"无限开放性"，方得谓之禅。

综上所言，通过"俱胝只竖一指"这则公案，圜悟克勤告诉我们：人要进入禅境，须有一颗"全息心"或"破归纳心"。这是《碧岩录》给我们讲的第十九个道理。

第二十则　翠微禅板

"翠微禅板",禅宗公案名,一名"龙牙西来意""龙牙过板",或有改为"翠微过板""禅板蒲团"者。述唐代龙牙山居遁禅师向翠微无学、临济义玄请益"祖师西来意"之因缘。载《碧岩录》第二十则、《从容庵录》第八十则。

龙牙(835—923年),唐代僧。俗姓郭,抚州南城(今属江西)人。世称龙牙居遁禅师。十四岁出家于江西吉州满田寺,又于嵩岳受戒后,游历诸方。初参翠微无学、临济义玄,继谒德山,再礼洞山良价,并嗣其法。得湖南马氏之礼请,为龙牙山妙济禅苑之住持。示寂于五代后梁龙德三年,世寿八十有九。号"证空大师"。事迹见《祖堂集》卷八、《景德传灯录》卷十七、《五灯会元》卷十三。

翠微无学,丹霞天然之法嗣,因住翠微寺而得名。翠微寺位于陕西西安南约二十九公里之终南山,原为唐高祖武德八年(625年)所设太和宫,后废。唐太宗贞观二十一年(647年)复建,更名为翠微宫。元和年中(806—820年)改为翠微寺。宋太平兴国三年(978年)改称为永庆寺。临济义玄(? —867年),临济宗之祖。唐曹州南华（今属河南）人，俗姓邢。

[甲] 圜悟克勤之"垂示" 堆山积岳，撞墙磕壁，伫思停机，一场苦屈。或有个汉出来，掀翻大海，踢倒须弥，喝散白云，打破虚空，直下向一机一境，坐断天下人舌头，无你近傍处。你们且说说，这里上来的是个什么人，竟有这样的本领？请看公案。

[乙] "翠微禅板"之公案 龙牙问翠微："如何是祖师西来意？"微云："与我过禅板来。"牙过禅板与翠微，微接着便打，牙云："打即任打，要且无祖师西来意。"牙又问临济："如何是祖师西来意？"济云："与我过蒲团来。"牙取蒲团过与临济，济接着便打，牙云："打即任打，要且无祖师西来意。"

[丙] 圜悟克勤对公案之"评唱" 翠岩芝和尚曾说："当时那种场面，现今僧徒们还能经受得起吗？"沩山喆和尚也说："翠微、临济，可以说是本分宗师。而龙牙可算是拨草瞻风，也可成为后人参学之借鉴。"

龙牙成为住持之后，有僧徒问他："您当时认可翠微、临济两位大师的做法吗？"龙牙回答说："认可是认可，只是他们并没有回答'祖师西来意'这个问题。"龙牙的机法是瞻前顾后，应病与药。而大沩禅师就不是这样，你要问他"当时是否认可两位大师"这样的问题，他会不管三七二十一，劈脊便打。并非只是为了维护翠微、临济，主要的还是不想辜负前来问法的人。

石门聪和尚曾说："龙牙没有被人逼拶住，却遭了两个衲子的打，算是失却一只眼。"雪窦禅师则说："临济、翠微只懂得把住，不懂得放开，要当时我是龙牙，等他们索要蒲团、禅板时，我会抓起来就劈面掷过去。"五祖戒和尚也说："两位和尚的脸都很长，可以对他们说'祖师土，宿临头'。"黄龙新和尚则说："龙牙这种做法是驱耕夫之牛，夺饥人之食，道理已经讲得很明白，为什么还说人家没有回答'祖师西来意'这个问题呢？你真正能领会吗？那就应当懂得'棒头有眼明如日，要识真金火里看'这句话。"

凡是能够激扬要妙、提倡宗乘的大师，必能在"第一机"下明白道理，坐断天下人舌头。若是犹豫不决，就会落入"第二机"之陷阱。这两位老汉，虽然看上去打风打雨，惊天动地，但终究没有打着个"明眼汉"。

古人参禅，是非常辛苦的，要立大丈夫志气，要跋山涉水，去参谒各路大师。龙牙是先参翠微、临济，后参德山。参谒德山时，龙牙提问说："学生中有人手持镆铘剑，想取师父人头，该如何处置？"德山伸出脖子说："咄（音 huo）。"龙牙即答："师头已落地也！"德山微微一笑，退出禅堂休息去了。

后来去参谒洞山，洞山问："你是从哪里来呢？"龙牙答："从德山处来。"洞山问："德山曾经讲过什么话呢？"龙牙就把当时对话复述了一遍。洞山问："他说了什么？"龙牙答："他没说什么。"洞山说："不要说他没说什么，还是赶快将德山人头呈给老僧看。"龙牙当下大悟，于是焚香遥望德山，礼拜忏悔。

德山听说这件事后说："洞山这老汉，真是不识好歹，龙牙这僧已经死了很长时间了，又把他救活过来干什么，让他担着老僧的人头走遍天下！"

龙牙本是根性聪敏，担着满肚子的禅，行脚诸方。一直走到长安，参谒翠微。问翠微说："如何是祖师西来意？"翠微答："请把禅板拿给我。"龙牙取禅板给翠微，翠微接着便打。龙牙说："您打就打吧，但是您还没有回答'祖师西来意'这个问题！"

又去请教临济，问："如何是祖师西来意？"临济答："请把蒲团拿给我。"龙牙取蒲团给临济，临济接着便打。龙牙说："您打就打吧，但是您还没有回答'祖师西来意'这个问题。"

龙牙提出这个问题，目的是要套曲录木床上那老汉的话出来，也是要弄明白自己心中一段"生死"大事，可说是"言不虚设，机不乱发"，着着都能见出真功夫。不见五泄和尚参谒石头时，曾先行自定约法，说："若一言相契，即住；不然，即去。"石头刚上禅堂，五泄即拂袖而出。石头知他是个法器，就给他开示垂教，但五泄不能领会其宗旨，告辞而出。刚到门口，石头呼叫他："阇黎！"五泄回头，石头喊道："从生至死，只是这个，回头转脑，更莫别求！"五泄于言下大悟。

还有一例。麻谷手持锡杖去参谒章敬，绕禅床三圈，振锡杖一下，卓然而立。章敬说："是，是。"又去参谒南泉，依然像先前一样绕床振锡，卓然而立。南泉说："不是，不是。这是风力所转，终成败坏。"麻谷问："章敬禅师说'是'，和尚您为什么说'不是'？"南泉答："章敬是对的，是你自己不对。"

领会古人之真意，一定要先完成"提持透脱"这件事。现今有些人提问答问，完全见不出他曾经的功夫所在，今天是这样问答，明天也只是这样问答。只是这样的轻飘飘，不用功，就算有无限时光，也是没有了期的。务必抖擞精神，才能多少得一些真知。

你看龙牙之提问："如何是祖师西来意？"翠微答："请把禅板拿给我。"龙牙拿禅板给翠微，翠微接着便打。龙牙当时取禅板，难道不知道翠微要打他吗？若是知道翠微要打，为什么却又取禅板给他？你们且说说，"当机承当得时合"，为什么他不向"活水"里去，偏要到"死水"里去寻活计？他一向有主见，便说："您打就打吧，但是您还没有回答'祖师西来意'这个问题。"又跑到河北，参谒临济，像先前一样那么提问，临济答："请把蒲团拿给我。"龙牙取蒲团给临济，临济接着便打，龙牙说："您打就打吧，但是您还没有回答'祖师西来意'这个问题。"

你们且说说，这两位大师乃是分属不同的法嗣，为什么答话却是那样相似呢？为什么用意是那样相同呢？须知古人一言一句，是从不乱说的；一举一动，是从不乱施的。龙牙后来住院，成了住持，有僧徒问他："先生当时见到两位大师，是认同他们，还是不认同？"龙牙说："认同是认同，但他们并未回答'祖师西来意'之问。"

这就叫"烂泥里有刺"，放过它，留给别人，已落入"第二机"之陷阱，这老汉把持得住，然只能做得洞山门下的大师。要是到德山、临济门下，他会别有一番生涯。要是碰到山僧我，也不会这样，我只会对僧徒说："要我认同他们是不可能的，因为他们并未回答'祖师西来意'这个问题。"

不见有僧曾问大梅禅师："如何是祖师西来意？"大梅的回答是："西来无意。"盐官和尚听说这件事，说："一口棺材，两个死汉。"玄沙和尚听说后，说："盐官是作家。"雪窦和尚则说："他们三人其实都差不多。"

人家僧徒问"祖师西来意"，大梅却跟他说"西来无意"。你若也是这样来领会，就会堕入"无事界"里。所以说："须参活句，莫参死句。"在"活句"下领会，永动不忘；在"死句"下领会，自救不了。龙牙那样回答问题，也已算是上上之举了。

古人说："相续也大难。"人家古人一言一句，不乱施为，前后相照，有权有实，有照有用，宾主历然，互相纵横。如果要判分高下，龙牙虽也懂得宗乘中事，却无奈落在"第二机"里头。当时两位大师索要禅板、蒲团，龙牙不可能不知道他的用意。两位大师的目的，是要把龙牙"胸襟里事"挖掘出来。这个目标没有错，但方法用得太险峻。龙牙那样问，两位大师那样答，为什么却说"无祖师西来意"？

讨论到此，须知另外有个奇特处，雪窦曾把它拈出给人看。

［丁］雪窦重显对公案之"颂词"

龙牙山里龙无眼，死水何曾振古风。

禅板蒲团不能用，只应分付与卢公。

［戊］圜悟克勤对雪窦重显颂词之"评唱" 雪窦据款结案。他虽然这样颂，你们且说说，他究竟用意何在呢？什么处是"无眼"，什么处是"死水"？讨论至此，必须要有所"变通"才行。

所以说："澄潭不许苍龙蟠，死水何曾有狞龙？"不见俗语说"死水不藏龙"吗？若是"活底龙"，它一定会到洪波浩渺、白浪滔天之处去寻活计的。

这里是说龙牙，走入"死水"中去，被人打，他却说："您打就打吧，但还是没有回答'祖师西来意'这个问题。"招惹得雪窦说："死水何曾振古风。"就算是这样，你们且说说，雪窦是维护他呢，还是要灭他的威风？

人们常常错误地领会，说："为什么只应分付与卢公呢？"殊不知却是龙牙本人分付与人的。大凡参谒请益，一定是在"机"上斗智斗勇，这样才能发掘出古人的深层见地。

"禅板蒲团不能用。"翠微说："请把禅板拿给我。"龙牙拿给他，岂不是"死水"里作活计！分明是放出青龙，却又不知如何驾驭，此种办法用不了。

"只应分付与卢公。"人们常常把"卢公"当成六祖慧能，这是不对的。"卢公"不曾分付与人，若说分付与人，就一定要采用打人的方式，而这却是不成体统的。

从前雪窦曾自呼为"卢公"，他曾题《晦迹自贻》云："图画当年爱洞庭，波心七十二峰青。而今高卧思前事，添得卢公倚石屏。"雪窦要到龙牙头上去走路，又担心别人误会，所以又特别添加了一首"颂词"，以消解别人的疑心。雪窦复拈说："这老汉也未得剿绝，复成一颂：'卢公付了亦何凭，坐倚休将继祖灯。堪对暮云归未合，远山无限碧层层。'"

"卢公付了亦何凭。"有何凭据呢？一定要讨论到这种程度，一定要这样来领会，千万不要守株待兔。既然能做到"髑髅前一时打破，无一点事在胸中放"，能教人洒洒落落的，又何必要找那个凭据呢？

坐也好，躺也好，用不着去大讲佛法道理，所以雪窦说"坐倚休将继祖灯"。这里雪窦一下子抖搂出来，也让自己有个转身处，最后自然把消息透露出来，对各方面都有益。

又说："堪对暮云归未合。"你们且说说，雪窦这样讲用意何在呢？暮云归，欲合未合之时，你们说这是一种怎样的景象？"远山无限碧层层"，这依然是把人打入鬼窟。讨论至此，得失是非，一时坐断，洒洒落落，方才差不多。

"远山无限碧层层。"你们且说说,这是文殊菩萨的境界呢,还是普贤菩萨的境界,抑或是观音菩萨的境界?讨论至此,你们且说说,这应该是什么人分上事?

[己] 圜悟克勤之"著语""公案"中的著语有:龙牙问翠微:如何是祖师西来意(著:诸方旧话,也要堪过)?微云:与我过禅板来(著:用禅板作什么?洎合放过,噞)。牙过禅板与翠微(著:也是把不住,驾上青龙不解骑,可惜,许当面不承当),微接着便打(著:著打得个死汉,济甚事也,落在第二头了也)。牙云:打即任打,要且无祖师西来意(著:这汉话在第二头,贼过后张弓)。牙又问临济:如何是祖师西来意(著:诸方旧公案,再问将来,不直半文钱),济云:与我过蒲团来(著:曹溪波浪如相似,无限平人被陆沉,一状领过,一坑埋却)。牙取蒲团过与临济(著:依前把不住,依前不伶俐,依稀越国,仿佛扬州),济接着便打(著:著,可惜打这般死汉,一模脱出),牙云:打即任打,要且无祖师西来意(著:灼然在鬼窟里作活计,将谓得便宜,贼过后张弓)。

第一则"颂词"中的著语有:龙牙山里龙无眼(著:瞎漫别人即得,泥里洗土块,天下人总知),死水何曾振古风(著:忽然活时无奈何,累及天下人出头不得)。禅板蒲团不能用(著:教阿谁说你,要禅板蒲团作什么,莫是分付阇黎么),只应分付与卢公(著:也则分付不着,漆桶,莫作这般见解)。

第二则"颂词"中的著语有:这老汉也未得剿绝,复成一颂(著:灼然能有几人知,自知较一半,赖有末后句);卢公付了亦何凭(著:尽大地讨恁么人,也难得教谁领话),坐倚休将继祖灯(著:草里汉打入黑山下,坐落在鬼窟里去也)。堪对暮云归未合

（著：一个半个，举着即错，果然出不得），远山无限碧层层（著：塞却你眼，塞却你耳，没溺深坑，更参三十年）。

［庚］"翠微禅板"之现代释读　禅板初非为打人，打人必有特别意；蒲团初非为打人，打人必有特别意。理解"翠微禅板"这则公案，关键就在这个"特别意"上。

儿子出走，父亲找回来一棒打下去，儿子却说："随便你怎么打，反正我还要走！"当儿子说出这样的话，父亲当知这个儿子已经无可救药。父亲出棒，难道只是为着一个"打"吗？如果只是为着一个"打"，他又何必生养此子？如果只是为着一个"打"，他又何必等儿子长大再来打，何不把他打杀在襁褓中？

可知父亲出棒，目的并不在"打"，而在儿子的"觉"，儿子的"醒"，儿子的"浪子回头"。一棒打下去，他不"觉"，不"醒"，不"回头"，二棒三棒还有用吗？我们尘世中人以为还有用，一棒不"醒"，再打一棒，再打不"醒"，又打一棒。一棒一棒打下去，个别人可能会真"醒"，绝大多数人，可能直到被打死也"醒"不来。

所以关键是第一棒。禅师告诉我们，有慧根的人，一棒就够；甚至一棒都不需要，你只要做出一个"打"的样子，他就"醒"了！没有慧根的人，你打多少棒也没有用，你得让他去找别的"机缘"，在那个"机缘"里"醒"来。第二棒不需要，第三棒更不需要。

"浪子回头"，"打"只是一种"机缘"，还有千千万万种"机缘"等着他，比如"死亡"，比如"大病"，比如"瘟疫"，比如"绑架"，比如"失恋"，等等，他总可以在某个"机缘"中"醒"来的。禅宗相信每一个人都有"醒"来的机会，差别只在程度的深浅、时间的早晚。禅宗从不嫌弃任何人，不像西洋的耶教，把很多人打入另类，送入地狱，让他们永世不得翻身。

这个关键的第一棒，圜悟克勤以为就是所谓的"第一机""第一头"。第一棒不"醒"，就会落入"第二机""第二头"，而这是圜悟克勤所反对的。龙牙被打，却说："打即任打，要且无祖师西来意。"克勤加著语说："这汉话在第二头，贼过后张弓。"龙牙的话一出口，克勤就知他落入"第二头"了，说明他根本还没有"醒"来。再往前推，翠微向龙牙索要禅板，龙牙把禅板递过来时，翠微就当已知龙牙尚未"觉醒"，用不着再打下去了。可翠微竟然还要打下去，这种做法也被克勤评为"第二头"，加著语云："著打得个死汉，济甚事，落在第二头了也。"同理，临济接到蒲团，也当知没有再打下去的必要，可临济竟然也打了下去，又被克勤评低，加著语云："一状领过，一坑埋却。"又云："著，可惜打这般死汉，一模脱出。"龙牙、翠微、临济均被克勤评为落入"第二头"。

克勤在释读"公案"时说："棒头有眼明如日，要识真金火里看。大凡激扬要妙、提倡宗乘，向第一机下明得，可以坐断天下人舌头。倘若踌躇，落在第二。这二老汉，虽然打风打雨，惊天动地，要且不曾打着个明眼汉。""第二"就是"第二机"。"第二机"也许并非完全无用，但所有宗派之开山祖师，大都是在"第一机"下"醒"来，在"第一机"下"回头"的。没有这样的本领，是成不了开山祖师的。克勤这里提出的，当然是"高要求"，一般人不容易做到的。翠微、临济也算是有名的开山祖师了，不也是曾经落入"第二机""第二头"吗！

克勤释读"公案"时，又提及五泄禅师参谒石头禅师前自立的规约："若一言相契，即住；不然，即去。""一言"就是"第一句话","第一句话下"能开悟，就留下来；不能开悟，就马上离开。克勤引用此则往事，也只是为了说明"第一机""第一头"的重要性。"一言"就是"第一机""第一头"；若再说出"第二句话"，比如提示、暗示、旁敲侧击之类，就落入"第二机""第二头"了。

龙牙后来成为住持，有僧徒问他："和尚当时见二尊宿，是肯他不肯他？"龙牙答："肯则肯，要且无祖师西来意。"对这个答语，克勤的评价是"烂泥里有刺，放过与人，已落第二，这老汉把得定，只做得洞下尊宿，若是德山、临济门下，须知别有生涯"。"已落第二"，就是已落入"第二机""第二头"，正因为如此，龙牙注定成不了像德山、临济那样的开山祖师，只能在洞山门下做一个受尊敬的长者。

"灿泥里有刺"，一见到就应马上挑出来，怎么能"放过与人"呢？他做不到这点，说明他还不具备在第一时间识别"刺"的能力。关键是"第一时间"，克勤"垂示"中提到的"掀翻大海，踢倒须弥，喝散白云，打破虚空，直下向一机一境，坐断天下人舌头，无你近傍处"，强调的就是"第一时间"。你把问题带回来，花个一年半载慢慢琢磨，或许也能达到这样的境界，但毕竟是"第二"，毕竟是太慢了！现实中不会给你留出个琢磨的时间，你必须当机立断，一步到位。

今天现实中，比如"金融海啸"，还会给你机会带回家慢慢琢磨吗？你只有"第一时间"，没有"第二时间"；只有"第一机"，没有"第二机"；只有"第一头"，没有"第二头"。

"第一机"被克勤称为"活水"，"第二机"被克勤称为"死水"，反复告诫不要"去死水里作活计"。"第一机"被克勤称为"活句"、"第二机"被克勤称为"死句"，反复告诫"须参活句，莫参死句"，反复告诫"活句下荐得，永劫不忘，死句下荐得，自救不了"。都是在强调"第一时间"，都是要强化"第一时间"。克勤释读雪窦第一"颂词"，讲龙牙"走入死水中去"，评他是"死水里作活计"，就是认定他没有抓住"第一时间"，他没有能力抓住"第一时间"。所以他被评为"死汉"、"草里汉"，而不是"明眼汉"。

你为参加奥运会准备了四年或八年，但在奥运会赛场上从十米跳台上一头栽下去，斜着入水，得分极低，怎么办？你说平时训练不是这样，请求再跳一次，这可能吗？假如都这样，那这奥运会将永无休止地开下去。所以"第二时间"是不可以给你的，是不可以给任何人的。四年也好，八年也好，给你的只有"这一跳"。"这一跳"满分，你就是"满分"，"这一跳"零分，你就是"零分"，你不可以拿"第二时间"作为狡辩的理由。

现在有很多人，反对高考的"一考定终身"，试问："一考定终身"不可以，难道"二考定终身"就可以吗？"三考定终身"就可以吗？假如"三考定终身"可以，那是不是就是三个"一考定终身"的相加？三个"一考定终身"相加，难道跟一个"一考定终身"有本质的区别吗？完全没有的，五十步笑百步而已！

我们需要的是"第一时间"，一个在"第一时间"胜出的学子，难道不是更优秀，难道不是更有慧根，难道不是更可造就？

（按：佛学中"第二机""第二头"，又与"第二义门"同义，均指舍离向上大机、第一义门，而回入方便道之法门，亦即由向上之平等处回入向下差别门之教理法门。"第一义门"即向上门，则是指真实绝对悟境的佛道究极之旨，或不执于世缘的上求菩提之修行道法，与方便权巧、假借名言之教义法门相对，亦与随顺世情以教化众生之菩萨行相对。后者为"第二义门""向下门"。本则公案末尾问及诸"菩萨"，应与"向下门"有关。）

《禅是一枝花》以"拿未有名目的大志与有名目的私意来对扬"释读本则公案，司南《禅心一念间》以"甘受棒打呵斥"释读本则公案，均只能聊备一说。

综上所言，通过"翠微禅板"这则公案，圜悟克勤告诉我们：人要进入禅境，须有一颗"第一机心""第一头心"或"第一时间心"。这是《碧岩录》给我们讲的第二十个道理。

第三卷

第二十一则　智门莲花荷叶

"智门莲华荷叶",禅宗公案名,一名"智门莲华"。《佛光大辞典》以为是述智门光祚禅师与僧徒间有关"一切众生悉有佛性"之问答,实则乃是有关"换场"或"境遇转换"之问答。载《碧岩录》第二十一则。

智门光祚,宋代云门宗僧。浙江人,生卒年、俗姓不详。曾参谒益州(今四川成都)青城山香林院之澄远,得其心印,并嗣其法。初住随州(今湖北随州市)双泉,后徙智门寺,大振宗风。世称"智门光祚禅师"。弟子有雪窦重显等三十余人。

有《智门祚禅师语录》一卷行世。事迹见《天圣广灯录》卷二十二、《联灯会要》卷二十七、《五灯会元》卷二十五。

[甲] 圜悟克勤之"垂示"　建法幢,立宗旨,锦上添花;脱笼头,卸角驮,太平时节。若辨得格外句,举一明三。其或未然,依旧伏听处分。

[乙] "智门莲华荷叶"之公案　僧问智门:"莲花未出水时如何?智门云:"莲花。"僧云:"出水后如何?"门云:"荷叶。"

[丙] 圜悟克勤对公案之"评唱" 智门在这里若只是"应机接物",还差不多。若说"截断众流",那就相差太远了。你们且说说,这莲花出水跟未出水,究竟是一样,还是不一样?

假如你能这样提问题,就算你正式入门了。但虽然入了门,问题却并没有解决。如果你回答是"一样",就是"颠顸佛性,儱侗真如";如果你回答是"不一样",就是"心境未忘,落在解路上走",是永远也停歇不下来的。你们且说说,古人的用意究竟何在呢?

其实事情没有想象的那么复杂,所以投子禅师说:"你们千万不要执着于名言数句。"若真能诸事了悟,自然不执着。不执着,则就没有许多高低位次的不同。"你摄一切法,一切法摄你不得",得失是非就如这高低不同的名目,本来就不存在,不可勉强给它们安置一个名字,来欺骗吓唬你们。

事情本来就是这样的,你们来问,所以我才开口;你们若不问,教我跟你们说什么呢?你们的一切所得,都是你们自己争取得来的,都不关我的事。古人说:"欲识佛性义,当观时节因缘。"不见云门大师曾举一例,说有僧问灵云禅师:"佛未出世时如何?"灵云竖起拂子。僧又问:"出世后如何?"灵云同样竖起拂子。云门大师释读这则公案说:"前头打着,后头打不着。"又说:"灵云不说出与不出有何差别,因为他知道那僧问的只是时节因缘。"

古人一问一答,都是在"应时应节",没有那么多枝枝叶叶。你要是寻言逐句,就跟"真理"无关了。你若能够"言中透得言,意中透得意,机中透得机",一切放下,像个无事人一般,才能领悟到智门答话的关键。

类似"佛未出世时如何"之类的问答，还有很多，如"牛头未见四祖时如何""斑石内混沌未分时如何""父母未生时如何"，等等。云门曾说："从古至今，只是一段事，无是无非，无得无失，无生与未生。"古人讨论到这里，放你一线，所以才说有出有入。要是碰到一个无法开悟的问话者，扶篱摸壁，依草附木，你教他一切放下，可能就把他打入莽莽荡荡的荒原上去了。

如果是一位能开悟的问话者，他会二六时中，不依倚一物。即使不依倚一物，若有一机一境呈现，还是可以想办法摸出其底细。这僧问道："莲花未出水时如何？"智门答："莲花。"就这样简单的一问一答，已经是非常奇特了。各方大师均把这称为"颠倒语"。

其实哪里是什么"颠倒"！不见岩头禅师说："常贵未开口，已前犹较些子。"古人呈现机缘之处，就已经是一种"漏逗"了。现今很多学者，不懂古人真意，只管去争论"出水"与"未出水"，跟"真相"有什么关系！

不见僧问智门："如何是般若体？"智门答："蚌含明月。"僧又问："如何是般若用？"智门答："兔子怀胎。"你看他们这样的问答，天下人都摸不到他们的"语脉"。

又比如，有僧问夹山禅师："莲花未出水时如何？"夹山只回答他："露柱灯笼。"你们且说说，这个答语与莲花是一样还是不一样？僧又问："出水后如何？"只回答他："杖头挑日月，脚下太泥深。"你们且说说，果真是这样吗？

你们切莫错认了定盘星。雪窦大师也是太过慈悲了，特地打破世人的情见妄识，撰写"颂词"。

[丁]雪窦重显对公案之"颂词"

莲花荷叶报君知，出水何如未出时。

江北江南问王老，一狐疑了一狐疑。

[戊]圜悟克勤对雪窦重显颂词之"评唱" 智门本是浙江人，踌躇满志，跑到四川，去参谒香林。彻悟之后，却又回到随州智门寺做住持。雪窦是他的法嗣，见得透他，能够彻底领会其理论的玄妙，所以直接就说："莲花荷叶报君知，出水何如未出时。"

这里要求人们直接领会。如僧徒问"未出水时如何"，夹山直接答以"露柱灯笼"，问"出水后如何"，夹山直接答以"杖头桃日月，脚下太泥深"。你们千万不要错认定盘星。譬如现今一些"咬人言句"的人，就是错认定盘星了。

你们且说说，出水时是什么时节，未出水时又是什么时节？如果你们能从这里打开一个了悟的缺口，我就让你们去亲见智门一面。

雪窦说，你若见不透，只好"江北江南问王老"。雪窦的意思是说：你只答到江北江南去参问各位大师好了，出水与未出水，江南添得两句，江北添得两句，一重添一重，就会辗转生疑。

你们且说说，什么时候才能不生疑呢？就好像野狐狸之多疑，走在冰凌之上，先听水声，没有响动，方肯过河。一个参禅的人，要是也这样"一狐疑了一狐疑"，到何时才能心落平阳，了然开悟呢！

[己]圜悟克勤之"著语" "公案"中的著语有：僧问智门：莲花未出水时如何（著：钩在不疑之地，泥里洗土块，那里得这消息来）？智门云：莲花（著：一二三四五六七，疑杀天下人）。僧云：

出水后如何（著：莫向鬼窟里作活计，又怎么去也）？门云：荷叶（著：幽州犹自可，最苦是江南，两头三面，笑杀天下人）。

"颂词"中的著语有：莲花荷叶报君知（著：老婆心切，见成公案，文彩已彰），出水何如未出时（著：泥里洗土块，分开也好，不可儱侗去也）。江北江南问王老（著：主人公在什么处，问王老师作什么，你自踏破草鞋），一狐疑了一狐疑（著：一坑埋却，自是你疑，不免疑，情未息，打，云会么）。

[庚]"智门莲花荷叶"之现代释读　你原来是个"工人"，现在被提拔为"干部"，"工人"与"干部"有什么根本的不同吗？你原来是个"科级"，一夜间跃升到"部级"，"科级"与"部级"有什么根本的不同吗？你原来是个"讲师"，被破格提为"教授"，"讲师"与"教授"有什么根本的不同吗？

你若说"工人"与"干部"没有根本的不同，打死我也不相信；你若说"科级"与"部级"没有根本的不同，打死我也不相信；你若说"讲师"与"教授"没有根本的不同，打死我也不相信。

但是你以为你说"工人"与"干部"真有根本的不同，我就相信了吗？你以为你说"科级"与"部级"真有根本的不同，我就相信了吗？你以为你说"讲师"与"教授"真有根本的不同，我就相信了吗？

关键是真相，不能这样"儱侗"，用克勤释读"颂词"的话说就是"不可儱侗去也"。"干部"中有真的有假的，我们怎可用"干部"一词去指称无量数的个人？"部级"中有干事的与混事的，我们怎可用"部级"一词去指称无量数的个人？"教授"中有有学问的与无学问的，我们怎可用"教授"一词去指称无量数的个人？克勤释读"公案",讲"无许多位次不同",讲的就是这一点。又说"不可强与他安立名字,诳谩尔诸人",指的也是这一点。

懂得了这一点,我们就不会执着于"名言数句"。懂得了这一点,我们就不会"寻言逐句,了无交涉"。懂得了这一点,我们才能"言中透得言,意中透得意,机中透得机"。不"寻言逐句",就是要你不执着于"干部"之身份、"部级"之头衔、"教授"之名号,而是要着意于"内心之真实",着意于洒洒落落、赤赤裸裸、"放令闲闲地"之"真我"与"真如"。有"真我"在,"工人"与"干部"没有什么根本的不同;有"真我"在,"科级"与"部级"没有什么根本的不同;有"真我"在,"讲师"与"教授"没有什么根本的不同。但假如你没有"真我",你未得"真如",你就只能"落在解路上走,有什么歇期",你就只能是一个"未了底人",在那里"扶篱摸壁,依草附木",一辈子找不到生活的快乐。

当我们说没有根本不同的时候,那是"一";当我们说确有根本不同的时候,那是"二"。然则禅宗到底是让我们"执一",还是"执二"呢?要是"执一",它说你是"颟顸佛性,儱侗真如";要是"执二",它说你是"心境未忘,落在解路上走"。莫非禅宗是要我们"一二并执"?

此话自有相当道理,因为"一二"不过就是一事的两面,自一面而观是"一",自另一面而观就是"二";自阳面而观是"一,自阴面而观就是"二"。然仅谓"一二并执"似又不够,因为禅宗自来是"反执"的,执于"假我"诚然不对,执于"真我"也是不对的。所以"一二并执"的同时,我们又得"一二并不执",这才是禅宗告诉给我们的"真理",告诉给我们的"真相"。只讲"一二并执",就是云门大师所谓的"前头打着";不讲"一二并不执",就是云门大师所谓的"后头打不着"。

僧问灵云"佛未出世时如何",灵云竖起拂子。僧又问"出世后如何",灵云亦竖起拂子。前一次竖起拂子,是讲"一";后一次竖起拂子,是讲"二"。前一次竖起拂子,是讲"一二并执";后一次竖起拂子,是讲"一二并不执"。这就是隐含在本则公案中的"问答格式"。僧问智门"如何是般若体",智门答以"蚌含明月",又问"如何是般若用",智门答以"兔子怀胎"。前一答强调"一",后一答强调"二";前一答强调"一二并执",后一答强调"一二并不执"。僧问夹山"莲花未出水时如何",夹山答以"露柱灯笼",又问"出水后如何",夹山答以"杖头挑日月,脚下太泥深"。前一答强调"一",后一答强调"二";前一答强调"一二并执",后一答强调"一二并不执"。

假如有"工人"同伴问你:"你当上干部,觉得跟从前一样吗?"你该如何回答呢?你可以回答"蚌含明月",你也可以回答"兔子怀胎",但你不可以不答。同样地,当有"科级"同事问你升"部级"后的感受,有"讲师"朋友问你升"教授"后的感受,你可以答以"露柱灯笼",你也可以答以"杖头挑日月,脚下太泥深",但你不可以不答。

俗世的功名利禄,是不可以"不讲"的,却又是不可以"只讲"的。"不讲",你就是丢掉了"二";"只讲",你就是丢掉了"一"。"不讲",你就是丢掉了"一二并不执";"只讲"你就是丢掉了"一二并执"。"不讲"与"只讲"的一个均衡,显示的不过就是一个"场地"与"角色"的转换,从甲场换到乙场,从A角色换到B角色。你心中有个"真我",甲场有,乙场也有;你心中有个"真我",演A角有,演B角还是有。

有"真我"在,无所谓甲场与乙场;有"真我"在,无所谓A角与B角。能赢的人,交换场地照样赢;你没有赢的真本领,侥幸得胜,换个场地一定输。

有"真我"在,无所谓"出水"与"不出水";有"真我"在,无所谓"出世"与"未出世";有"真我"在,无所谓"已生"与"未生"。一般平常人,能够懂一点事理,马马虎虎过一生,也就行了,克勤"垂示"中称为"脱笼头,卸角驮,太平时节";境界较高者,见得着那个"真我",明明白白过一生,当然更好,克勤"垂示"中称为"建法幢,立宗旨,锦上添花";境界最高者,不唯见得着那个"真我",还能把那个"真我"讲清楚,说明白,大彻大悟过一生,当然最好,克勤"垂示"中称为"辨得格外句,举一明三"。人分层次,各层有他的归宿。

以此而观过去,克勤释读"公案"时引云门大师的话说:"从古至今,只是一段事,无是无非,无得无失,无生与未生。"这是禅宗的历史观,也是禅宗的人生观。"事"本单纯,是非、得失、生死之类,是后人添加上去的。如克勤释读"颂词"时所说:"江南添得两句,江北添得两句,一重添一重,展转生疑。"添得太多之后,我们就开始怀疑那个"事",甚至我们就忘记了那个"事"。而只有这个"事"才是历史的真相,才是宇宙的真相,才是人生的真相,"事"就是"真我"。

《禅是一枝花》以"那背后还有着大自然的意志"释读本则公

案,司南《禅心一念间》以"事物的本质"释读本则公案,均可聊备一说。

综上所言,通过"智门莲华荷叶"这则公案,圜悟克勤告诉我们:人要进入禅境,须有一颗"真我心"或"一二并执不执心"。这是《碧岩录》给我们讲的第二十一个道理。

第二十二则　雪峰鳖鼻蛇

"雪峰鳖鼻蛇",禅宗公案名,一作"雪峰看蛇",述雪峰义存禅师如何用长庆慧稜、玄沙师备、云门文偃之故事勘验门人。雪峰以鳖鼻蛇为例,问通方眼具否,以勘辨门人迷悟之落处。载《碧岩录》卷三第二十二则。

雪峰义存之事迹,参见前文。

[甲] **圜悟克勤之"垂示"**　大方无外,细若邻虚。擒纵非他,卷舒在我。必欲解粘去缚,直须削迹吞声。人人坐断要津,个个壁立千仞。你们且说说,这是什么人能达之境界?请看下列公案。

[乙] **"雪峰鳖鼻蛇"之公案**　雪峰对众僧说:"南山有一条鳖鼻蛇,你们几个可千万要仔细察看。"长庆回答说:"今天讲堂之中,会有很多人丧身失命。"

有僧徒将情形讲给玄沙听,玄沙回答说:"也必是稜兄这样的人,才能懂得其意。但即使是这样,我也不会像他那样去说话。"

僧徒问:"那您会怎么说呢?"玄沙答曰:"用南山作什么?"云门将挂杖戳到雪峰面前,装成很害怕的样子。

[丙]圆悟克勤对公案之"评唱" 你若平展,一任平展;你若打破,一任打破。雪峰曾与岩头、钦山一同行脚,三次参投子,九次上洞山,最后参谒德山,才得打破漆桶。

有一次雪峰与岩头访钦山,行至鳌山店地方,受阻于大雪。岩头每天只知睡觉,雪峰则每天坐禅。岩头看不惯,对雪峰大声喝道:"还不去睡觉!每天只知在床上坐禅,就好像七村里的土地公公一样。长此以往,把社会上的男男女女都带坏了。"

雪峰自己点着自己的胸口说:"曾某这里还未稳固,不敢自瞒。"岩头答曰:"我猜想你今后定会到孤峰顶上,盘结草庵,播扬大教,现在还说这样的话。"雪峰说:"曾某实未稳固。"岩头说:"你如果真是这样想,那就请把你的看法一一道来,对的地方我帮你证明它,不对的地方我帮你剔除它。"

雪峰于是列举出几项,如"见盐官上堂""色空义"等,希望得到真切理解。岩头答曰:"这已经是三十年前的事了,不要列举这些东西。"雪峰又举出"洞山过水颂"一项,希望得到真切理解。岩头回答说:"如果是这样,那实在是自救不了。"

雪峰说:"后来参拜德山,我问'从上宗乘中事,学人还有分也无',德山打我一棒,说:'什么?'我当时就像水桶脱底一样,一泻而下,幡然醒悟。"岩头于是大声喝道:"你还是并未真正懂得道,从门外拿进来的,并非你家本有之珍藏。"

雪峰又问:"那我今后究竟该怎么办呢?"岩头答曰:"今后若欲播扬大教,所有见解均当一一从自己胸襟流出,这样将来才能上达盖天盖地之境。"雪峰听其言,大彻大悟,连忙给岩头施礼。起来后连声大叫:"今日始是,鳌山成道。"

后来雪峰回到闽中，住象骨山，自娱自乐创作一"颂"，说："人生倏忽暂须臾，浮世那能得久居。出岭才登三十二，入闽早是四旬余。他非不用频频举，已过应须旋旋除。奉报满朝朱紫贵，阎王不怕佩金鱼。"

之后凡遇上堂，都会对僧众说这样的话："——盖天盖地，更不说玄说妙，亦不说心说性。突然独露，如大火聚，近之则燎却面门，似太阿剑，拟之则丧身失命。"这样一来，你若是止步于思虑状态，把不住透关机缘，实在一点办法也没有。

就好像百丈问黄檗："甚处去来？"黄檗答："大雄山下采菌去来。"百丈又问："还见大虫么？"黄檗于是学虎叫，百丈则拿起斧头作砍虎状。黄檗又打了百丈一巴掌，百丈则吟吟而笑。回到讲堂，召集僧徒说："大雄山下有一大虫，汝等诸人切须好看，老僧今日亲遭一口。"

赵州亦如此，凡是遇见僧徒总会问："曾到此间么？"回答"曾到"，或者回答"不曾到"，赵州总会说"吃茶去"。院主于是问："和尚寻常问僧曾到与不曾到，总道吃茶去，究竟是什么意思呢？"赵州突然喊："院主！"院主答应一声，赵州于是又说："吃茶去。"

紫胡门前立有一牌，牌上写着这样的话："紫胡有一狗，上取人头，中取人腰，下取人脚。"你要把这个东西弄明白，一准会丧身失命。有一个新到的僧徒，只是朝牌子上看了一眼，紫胡便大喝一声："看狗！"那僧刚一回头，紫胡早已回到方丈室了。

这些禅林故事，正好可以印证雪峰的话头。雪峰说："南山有一条鳖鼻蛇，汝等诸人切须好看。"各位，在这等时节，你会做怎样的对答，才会不蹈前人的覆辙？比如让你说说这个"看"字，到这里，也一定是只有那些深研"格外句"的人，才能懂得的。一切的公案语言，无一不是刚刚举起，早知其落处。你看那些禅师，那样子对僧徒说话，既不告诉你怎么"行"，也不告诉你如何"解"，你还能凭借情识猜度出来吗？你若是他家的儿孙，自自然然答得恰到好处。

所以古人说："承言须会宗。"意思是不要自立规矩，言须有"格外"，句须要"透关"。若是一言一句，总摆不脱窠窟，则就如掉到毒海中一般。

雪峰那样子对僧徒讲话，可以说是无味之谈，塞断人口。长庆与玄沙，都是他自家人，才懂得跟他那样对答。比如雪峰说："南山有一条鳖鼻蛇，诸人还知落处么？"到这里，一定得是"具通方眼"的人，才会懂得的。

不见真净有"颂"云："打鼓弄琵琶，相逢两会家。云门能唱和，长庆解随邪。古曲无音韵，南山鳖鼻蛇。何人知此意，端的是玄沙。"比如长庆那么对答，你们且说说，他究竟想干什么？到这里，恐怕只有"如击石火，似闪电光"的大师，才能说得清，道得明。你心里若是有纤尘毫垢去除不尽，也是拿它没有办法的。

可惜还是有许多人，常常只就长庆的言辞，妄生情解，说："堂中才有闻处，便是丧身失命。"也有人说："元无一星事，平白地上说这般话，疑人人闻他。"或者说："南山有一条鳖鼻蛇，你便疑着。"若是这样来领会，那是毫不沾边的，是只就他言语上作活计。

既然不能那样去领会，那又该怎样去领会呢？后来有僧徒把当时情形讲给玄沙听，玄沙说："也必是稜兄这样的人，才能懂得其意。但即使是这样,我也不会像他那样去说话。"僧徒问:"那您会怎么说呢?"玄沙答曰:"用南山作什么?"

我们看玄沙的答语中,早就预留了抽身而出的地方,所以才说"用南山作什么"。如果不是玄沙这样的大师,是很难回答这些问题的。比如他那么问:"南山有一条鳖鼻蛇,且道在什么处?"到这里,一定得是"向上人",才会那样子说话的。

古人说:"钓鱼船上谢三郎,不爱南山鳖鼻蛇。"到了云门这里,却以拄杖戳到雪峰面前,装成害怕的样子。云门有弄蛇的手脚,不犯锋芒,明头也打着,暗头也打着。他平常接引学人,就如舞太阿剑一般,时而飞向人眉毛眼睫上,时而飞向三千里外取人头颅。云门戳拄杖,做怕势,可不是装神弄鬼,他莫非也会丧身失命吗?

真正的"作家宗师",始终不会到一言一句上作活计。雪窦只是因为喜欢云门契证出雪峰真意,所以才撰出"颂词"。

[丁]雪窦重显对公案之"颂词"

象骨岩高人不到,到者须是弄蛇手。

稜师备师不奈何,丧身失命有多少。

韶阳知,重拨草,南北东西无处讨。

忽然突出拄杖头,抛对雪峰大张口。

大张口兮同闪电,剔起眉毛还不见。

如今藏在乳峰前,来者一一看方便。

师高声喝云:"看脚下!"

[戊]圆悟克勤对雪窦重显颂词之"评唱" "象骨岩高人不到,到者须是弄蛇手。"雪峰山下有象骨岩。雪峰机锋高峻,很少有人达到他那样的境地。雪窦是他自家人,毛羽相似,同声相应,同

气相求。就算如此，也须是"通方作者"，共相证明才行。只是这"鳖鼻蛇"，也实在太难弄了，一定得是"解弄"之人方能懂得。如果不是"解弄"者，反会被蛇咬伤。五祖先师曾说："弄此鳖鼻蛇，一定得有不伤犯手脚的手段，于蛇七寸上一捏，捏住便与老僧把手共行。"长庆与玄沙就有这般手脚。

雪窦又说："棱师备师不奈何。"一般人常以为这句颂词是指长庆、玄沙没有这等手脚，所以雪窦只称赞云门。这样来理解，是不沾边。殊不知他们三人之中，机缘的把握不分上下，只是有亲疏之别而已。我且问问诸位：什么地方才是"棱师备师不奈何"之处？

"丧身失命有多少。"这句颂词是针对长庆的那句话而发的，长庆说："今日堂中，大有人丧身失命。"到这境地，也一定得是"弄蛇手"仔仔细细去体会，才会懂得。雪窦本身就是出身云门门下，所以很快就能应付过来。唯独云门一个人在那里说："韶阳知，重拨草。"这大概表示云门是了解雪峰所说"南山有一条鳖鼻蛇"之落脚处，所以才颂"重拨草"。

雪窦颂到这里，还有更妙的地方，说："南北东西无处讨。"你们且说说，这句颂词落脚在什么地方？"忽然突出拄杖头。"原来是落脚在这里。你们却又不可仅就"拄杖头"上去讨活计。云门以拄杖戳向雪峰面前，装出害怕的样子。云门这是以拄杖当鳖鼻蛇用，有时却又说："拄杖子腾化成龙，已把乾坤一口吞下。"

山河大地是从哪里来的？只是一条"拄杖子"而已，它有时候是龙的样子，有时候是蛇的样子。为什么会这样？到这境地，我们才能真正了解古人所说"心随万境转，转处实能幽"这句话的含义，也才能真正了解雪窦所颂"抛对雪峰大张口，大张口兮同闪电"的含义。雪窦有出众的才华，专把云门的"毒蛇"挑出来，说："只这一大张口，速度快如闪电，你要是稍有迟疑，就会丧身失命。"

"剔起眉毛还不见。"这句颂词又是落脚何处呢？雪窦这样颂，自然是要落脚到"活处"，帮人们抓住"雪峰蛇"，让他们自拈自弄，根据不同情境机缘，或杀或活，灵活处置。

你们还想见见那条蛇吗？雪窦说："如今藏在乳峰前。""乳峰"就是雪窦山的另一个名称，雪窦曾撰颂云："石窗四顾沧溟窄，寥寥不许白云白。"颂的就是这乳峰山。

长庆、玄沙、云门诸禅师，已经把蛇拈弄得看不见了，雪窦却说："如今藏在乳峰前，来者一一看方便。"雪窦在这里就好像披衣戴帽一般，拿来就用。却又高声喝道："看脚下！"自此以后又有多少人拈弄这一喝。你们且说说，这蛇究竟是伤着人了呢，还是没有伤着人？雪窦可要打人了。

[己] 圜悟克勤之"著语" "公案"中之"著语"有：雪峰示众云：南山有一条鳖鼻蛇（著：见怪不怪，其怪自坏。大小大怪事，不妨令人疑着），汝等诸人切须好看（著：叻，一场漏逗）。长庆云：今日堂中大有人丧身失命（著：普州人送贼，以己方人）。僧举似玄沙（著：同坑无异土，奴见婢殷勤，同病相怜），玄沙云：须是稜兄始得，虽然如此，我即不恁么（著：不免作野狐精见解，是什么消息，毒气伤人）。僧云：和尚作么生（著：也好拶着这老汉）？玄沙云：用南山作什么（著：钓鱼船上谢三郎，只这野狐精，犹较些子，丧身失命也不知）？云门以拄杖撺向雪峰面前作怕势（著：怕他作什么，一子亲得，一等是弄精魂，诸人试辨看）。

"颂词"中之"著语"有：象骨岩高人不到（著：千个万个，摸索不着，非公境界），到者须是弄蛇手（著：是精识精，是贼识贼，成群作队作什么，也须是同火始得）。稜师备师不奈何（著：一状领过，放过一着），丧身失命有多少（著：罪不重科，带累平人）。韶阳知（著：犹较些子，这老汉，只具一只眼，老汉不免作伎俩），重拨草（著：落草汉，有什么用处，果然在什么处？便打），南北东西无处讨（著：有么，有么？阇黎眼瞎）。忽然突出拄杖头（著：看高，着眼便打），抛对雪峰大张口（著：自作自受，吞却千个万个，济什么事？天下人摸索不着）。大张口兮同闪电（著：两重公案，果然赖有末后句），剔起眉毛还不见（著：蹉过了也，五湖四海觅恁么人也，难得。如今在什么处）。如今藏在乳峰前（著：向什么处去也？大小雪窦，也作这去就，山僧今日也遭一口），来者一一看方便（著：瞎！莫向脚跟下看，看取上座脚跟下，着一箭了也）。师高声喝云：看脚下（著：贼过后张弓，第二头，第三头，重言，不当吃）！

[庚]"雪峰鳖鼻蛇"之现代释读 幼童刚学写字，给他一个方格本，字会出现三种情形：一是小于方格，二是大于方格，三是合于方格。小于方格与大于方格，均可视为"不合格"；合于方格，则被视为"合格"。中西从来正统之教育理念，均重"合格"而轻"不合格"。

禅师之教育理念却有不同，他们常常是重"不合格"而轻"合格"。"不合格"在他们看来，就是"格外"。如果大于方格是"格外"，小于方格是"格内"，则其"格外"实含"格外"与"格内"两方面，此两方面共同构成所谓"不合格"。"格外"即是指"不合格"。

"雪峰鳖鼻蛇"之公案，正是以"格外"为主旨。圜悟克勤的

"垂示"讲"大方无外,细若邻虚",是一种"格外";讲"解粘去缚""削迹吞声",是一种"格外";讲"人人坐断要津,个个壁立千仞",同样是一种"格外"。

公案讨论"鳖鼻蛇",这"鳖鼻蛇"本身,就是一个典型的"格外"。这样的蛇很大程度上是虚构,而非实有。虚构就是"不合格"。圜悟克勤在"鳖鼻蛇"之下加"著语"云:"见怪不怪,其怪自坏。大小大怪事,不妨令人疑着。""怪"与"疑"所指向的,均是"格外"。公案中其他"著语",如"同坑无异土""不免作野狐精见解""丧身失命也不知""一等是弄精魂"等,亦是指向"格外"。

圜悟克勤"评唱"公案,更是围绕"格外"而展开。"你若平展,一任平展;你若打破,一任打破",这就是"格外"。"从门入者,不是家珍",强调的是"格外"。"一一盖天盖地,更不说玄说妙,亦不说心说性,突然独露",强调的是"格外"。"若也伫思停机,则没干涉"强调的更是"格外"。"紫胡有一狗,上取人头,中取人腰,下取人脚",这是不是"格外"呢? 当然是,这是一只典型的"格外狗"。

所以在列举了众多与"鳖鼻蛇"相近的公案后,圜悟克勤亮出了释读这则公案的底牌:"到这里,也须是会格外句始得。"又云:"言须有格外,句须要透关。"又云:"如舞太阿剑相似,有时飞向人眉毛眼睫上,有时飞向三千里外取人头。"此句中虽未见"格外"两字,然实为"格外"之语。

雪窦的"颂词"以"象骨岩高人不到,到者须是弄蛇手"开端,显然亦是落脚于"格外"。在第一句下圜悟克勤加"著语"云:"千个万个,摸索不着,非公境界。"这"非公境界",宜做"格外境界"来理解。第二句下圜悟克勤加"著语"云:"是精识精,是贼识贼,成群作队作什么,也须是同火始得。"精与精列为一队,贼与贼列为一队,这是"合格";精与贼混为一队,让人辨识不得,这是"不合格"。换言之,贼之为贼,混在人群中,只有"同火"认得出,这就是"不合格";将贼从人群中分出,单列一队,无须细辨,即知其为贼,这就是"合格"。合谁的格?合常人的格,合警察的格。合了他们的格,贼就无处可逃了。

圜悟克勤要的是"不合格",是"格外"。因为在禅师看来,只有具备在"不合格"情形下依然能识贼之本能,才是真正的"弄蛇手",才是真正的"高手";依赖于"合格"而弄蛇,把蛇装在笼子里而弄蛇,谈何"高手"?

所以在"评唱"雪窦之"颂词"时,圜悟克勤亦落脚于这个"格外"。说:"也须是通方作者,共相证明。""通方"即有"格外"之意。又云:"须是有不伤犯手脚底机,于他七寸上一捏。""机"者云云,"七寸"云云,亦有"格外"之意。又云:"你不可便向挂杖头上作活计去也。"要求到"格外"去寻活计。又云:"山河大地甚处得来,只是一条挂杖子。有时作龙,有时作蛇。"不管是龙,还是蛇,将其置于方格中,它一定是要"出格"的,一定是"不合格"的,一定是"格外"。"心随万境转,转处实能幽",讲的是"格外";"雪窦有余才",讲的是"格外";"同于闪电相似",讲的是"格外";"须去活处",讲的是"格外";"不妨杀活临时",讲的是"格外";"石窗四顾沧溟窄,寥寥不许白云白",讲的是"格外";"不言便用",讲的也是"格外";"师便打",也很"格外"。

"格外"乃禅师常用语。"格"者,规格也,规定也,法则也,尺度也；"格外"者，不合规格也，不守规定也，不遵法则也，不讲尺度也。禅林中人常以"格外"一词，表"超出常规"之意，表"非比寻常"之意。"格外句"表超出常规之语句，"格外玄机"表大彻大悟者非比寻常之玄妙机用，"格外玄旨"表超出常规之自在妙旨，"格外力量"表非比寻常之伟大生机。

《祖堂集》卷二载："问：如何是高峰独宿底人？师云：夜半日头明，午时打三更。问：格外事如何？师云：化道缘终后，虚空更那边。"《五灯会元》卷十一载："垂钓四海，只钓狞龙。格外玄谈，为求知识。"《五灯会元》卷十八载："雨下阶头湿，晴干水不流。鸟巢沧海底，鱼跃石山头。众中大有商量，前头两句是平实语，后头两句是格外谈。"《碧岩录》卷一第九则载："祖师西来，单精心印，直指人心，见性成佛，那里如此葛藤？须是斩断语言，格外见谛。"《碧岩录》卷四第三十八则载："垂钓四海，只钓狞龙。格外玄机，为寻知己。"我们读禅宗典籍，"格外"是值得特别关注的一个词。

然则禅师讲"格外"，是叫我们"执"于"格外"吗？若做此等理解，又成"担板汉"，不知拐弯了。禅师讲"格外"，并没有忘记"格内"；禅师讲"出格"，并没有忘记"合格"。讲"格外"，是针对那些死守"格内"者；讲"出格"，是针对那些死守"合格"者。讲"格内"，是针对那些死守"格外"者；讲"合格"，是针对那些死守"出格"者。"格内"诚然不该死守，"格外"亦是不该死守的；"合格"诚然不该死守，"出格"亦是不该死守的。执于"格内"是死汉，执于"格外"同样是死汉；执于"合格"是死汉，执于"出格"同样是死汉。这就叫作"不住"。就"格外"而言，这就叫作"落格外不住格外"。

《禅是一枝花》以"古怪名词"释读"鳖鼻蛇",以"动的美术的造形"释读"云门的撺拄杖"。司南《禅心一念间》以"禅机需要从本心上去体悟,而非外部表象"以及"凡事不要在细枝末节上钻牛角尖,而要从事物的根本上着手"释读此则公案。胡兰成之释读,根本不沾边。司南之释读,理太偏。

综上所言,通过"雪峰鳖鼻蛇"这则公案,圜悟克勤告诉我们:人要进入禅境,须有一颗"落格外不住格外心"。这是《碧岩录》给我们讲的第二十二个道理。

第二十三则　保福长庆游山次

"保福长庆游山次",禅宗公案名,原名"保福妙峰顶",述唐代保福从展、长庆慧稜、镜清道怤三禅师一挨一拶,弘扬宗风之故事。"妙峰顶"源出《华严经》,喻指宇宙本体之圆满平等。保福自上而下观峰顶,峰峰皆妙;长庆自下而上观峰顶,峰峰皆活;镜清则合上下而言之。载《碧岩录》卷三第二十三则。

保福从展(？—928年),雪峰义存之法嗣,保福院之开山祖。该院位于今福建龙溪之保福山中,漳州刺史王公钦创建于五代后梁贞明三年(917年)。从展住院约十二年,四方依止者常逾七百。天成三年(928年),从展示寂后,又有超悟、可俦、清豁等雪峰派禅师相继住院,弘扬该派宗风。事迹载《大清一统志》卷三二九、《福建通志》卷九等。

长庆慧稜(854—932年),唐末五代僧。杭州盐官人,俗姓孙,人称"孙公"。十三岁出家于苏州通玄寺,受具足戒。历参灵云志勤、雪峰义存、玄沙师备诸大师。其中依止雪峰义存凡三十年,并嗣其法。唐天祐三年(906年)住泉州(福建)昭庆院,后住福州(福建)长庆院。后唐长兴三年(932年)示寂,世寿七十有九，僧腊六十。号"超觉大师"。事迹载《宋高僧传》卷十三、《景德传灯录》卷十八、《佛祖历代通载》卷十七等。

[甲] 圜悟克勤之"垂示"　玉将火试，金将石试，剑将毛试，水将杖试。至于衲僧门人，一言一句，一机一境，一出一入，一挨一拶，要见深浅，要见向背，你们且说说，将什么来试？请看下列公案。

[乙] "保福长庆游山次"之公案　保福、长庆正在游山，保福用手指前方说："这座山就是妙峰顶。"长庆答曰："也许是吧，但有些可惜。"雪窦于此处加"著语"云："今日共这汉游山，图个什么？"又说："百千年后，不道无，只是少。"

后有僧将这些讲给镜清听，镜清回答说："要不是孙公长庆这样一拶，早已是髑髅遍野了。"

[丙] 圜悟克勤对公案之"评唱"　保福、长庆、镜清，都是承嗣雪峰的禅师，他们三人同得同证，同见同闻，同拈同用，一出一入，递相挨拶。大概是因为他们同出一个师门，所以话头一提起，便早知落脚在哪里。

在雪峰开办的研讨班里，平常往来问答的，也主要是他们三人。古人行住坐卧，处处皆以"道"为念，所以话头一提起，便早知落脚在哪里。

有一天正在游山，保福以手指前方说："这座山峰就是妙峰顶。"现在一些参禅的僧徒，被这样一问，便只能张口似匾檐，抬舌不能下，以为长庆也是被这样问住了。你们且说说，保福那样说话，意图是什么？

古人这样说话，是要勘验对手是"有眼"之人，还是"无眼"之人。你如果是他门派中人，自然知晓他的落脚处，所以长庆回答保福说："也许是吧，但有些可惜。"你们且说说，长庆这样回答，意旨究竟是什么？

你们千万不要被他的话语忽悠了，也讲"似则似"之类的话。这里面很少会平平常常，没有任何纠结的。也算是长庆"有眼"，识破了保福的招数。所以雪窦才加"著语"云："今日共这汉游山，图个什么？"你们且说说，这个"著语"落脚在哪里？

雪窦又说："百千年后，不道无，只是少。"雪窦也算是了解长庆的心胸，这句话类似于黄檗所说："不道无禅，只是无师。"雪窦那么说话，也真是险峻。要不是他能与长庆同声相应，哪能说得出这样"孤危奇怪"的话？他的话和"著语"，可以说是"落在两边"。但又是"虽落在两边，却不住两边"。

后来有僧将这些讲给镜清听，镜清回答说："要不是孙公长庆，早就见髑髅遍野了。"孙公，是长庆的俗姓。不见有僧问赵州："如何是妙峰孤顶？"赵州答："老僧不答你这话。"僧问："为什么不答？"赵州回答说："我若答你，恐怕落在平地上。"

佛教中有关"妙峰孤顶"是这样讲的：德云比丘从来不下山，善财去参访他，七天都碰不到人。有一天却在别的山峰相见了。见面之后，他跟善财讲"一念三世""一切诸佛""智慧光明""普见法门"之类的话。

德云既然从来不下山，为什么却又在别的山峰相见了呢？若说德云曾经下山，佛教中明明说："德云比丘从来不曾下山，常在妙峰孤顶。"若说德云不曾下山，德云与善财却又实实在在那里相见了。

后来有一位李长者就此打葛藤，打得很好，说："妙峰孤顶，是一味平等法门，一一皆真，一一皆全，向无得无失，无是无非处独露。所以善财不见到称性处，如眼不自见，耳不自闻，指不自触，又如刀不自割，火不自烧，水不自洗。"到这地步，佛教中会有很多人无法理解，弄出很多老婆唠叨处。

所以需要放一线，说："于第二义门，立宾立主，立机境，立问答。"所以说："诸佛不出世，亦无有涅槃，方便度众生，故现如斯事。"你们且说说，究竟怎么样才能避免镜清、雪窦那样说话？

由于当时他们无法做到拍拍相应，所以才出现"尽大地人髑髅遍野"之局面。镜清那样证验过来，保福、长庆两个那样使用过来，雪窦随后那样颂出，更显出问题的复杂多样。雪窦的"颂词"如是说。

[丁] 雪窦重显对公案之"颂词"

妙峰孤顶草离离，拈得分明付与谁。

不是孙公辨端的，髑髅着地几人知。

[戊] 圜悟克勤对雪窦重显颂词之"评唱" "妙峰孤顶草离离"，这是草里打滚，了无穷期的。"拈得分明付与谁"，什么处是"分明"处？这是在颂保福说的那句话："这座山峰就是妙峰顶。"

"不是孙公辨端的"，孙公懂得什么道理，竟然说："也许是吧，但有些可惜。"至于"髑髅着地几人知"这一句，你们在座诸位能"知"吗？真是瞎了眼。

[己] 圜悟克勤之"著语" "公案"中之"著语"有：保福长庆游山次（著：这两个落草汉）。福以手指云：只这里便是妙峰顶（著：平地上起骨堆，切忌道着，掘地深埋）。庆云：是则是，可惜

许（著：若不是铁眼铜睛，几被惑了。同病相怜，两个一坑埋却）。雪窦著语云：今日共这汉游山图个什么（著：不妨减人斤两，犹较些子，傍人按剑）。复云：百年后不道无，只是少（著：少卖弄也，是云居罗汉）。后举似镜清（著：有好有恶），清云：若不是孙公便见髑髅遍野（著：同道者方知，大地茫茫愁杀人，奴见婢殷勤。设使临济、德山出来，也须吃棒）。

"颂词"中之"著语"有：妙峰孤顶草离离（著：和身没却，脚下已深数丈也），拈得分明付与谁（著：用作什么，大地没人知。干屎橛，堪作何用。拈得鼻孔失却口）。不是孙公辨端的（著：错看箭，着贼了也不知），髑髅着地几人知（著：更不再活，如麻似粟，阇黎拈得鼻孔失却口）。

［庚］"保福长庆游山次"之现代释读　有与无在那里真实存在着，得与失在那里真实存在着，是与非在那里真实存在着，善与恶在那里真实存在着。有与无构成一个"两"，得与失构成一个"两"，是与非构成一个"两"，善与恶构成一个"两"。这个"两"是我们不能不接受的现实，所以禅师们常有"两头""两般""两边""两个"等语。我们不能不接受这个"两头""两般""两个"之现实，禅林就叫作"落两边"。

但禅之为禅，仅止于"落两边"是远远不够的。禅的目标是引人超越所执所见之束缚，进入绝对之境地；是让人认识到有与无、得与失、是与非、善与恶，等等，其实只是一法之两面，原是一体不二、互为体用的。有与无对立着，同时却又互依着；得与失对立着，同时却又互依着；是与非对立着，同时却又互依着；善与恶对立着，同时却又互依着。认识到这一层，禅林就叫作"不住两边"。

玉不能试以玉,而当试以火,说明玉与火是对立的,又是互依的;金不能试以金,而当试以石,说明金与石是对立的,又是互依的。剑与毛之关系是这样的,水与杖之关系是这样的,出与人之关系、挨与拶之关系、深与浅之关系、向与背之关系,又何尝不是这样呢?我们读圜悟克勤之"垂示",看到的就只是此种"对立互依"之关系。

在"公案"之"著语"中,圜悟克勤讲"这两个落草汉",讲"平地上起骨堆",讲"少卖弄也",等等,均是描述"落两边"之言。又讲"掘地深埋",讲"两个一坑埋却",讲"有好有恶",讲"同道者方知,大地茫茫愁杀人",等等,均是指斥"落两边"而指向"不住两边"之言。

在对"公案"之"评唱"中,圜悟克勤着重讨论"妙峰"与"别峰"之关系:妙峰不是别峰,别峰不是妙峰;然抬高视野而观,妙峰同时又是别峰,别峰同时又是妙峰。就妙峰不是别峰而言,德云比丘不下山,善财在别峰是见不到他的;就别峰同时又是妙峰而言,德云比丘即使"从来不下山",善财也可以在别峰见到他。

在"评唱"中,圜悟克勤引用"李长者"的话,"妙峰孤顶,是一味平等法门,一一皆真,一一皆全,向无得无失,无是无非处独露",并认为这个葛藤"打得好"。又道出"眼不自见,耳不自闻,指不自触,如刀不自割,火不自烧,水不自洗"之自言,显又与"垂示"中"玉将火试"等言,对应起来了。克勤更在"评唱"中,直接点出本则"公案"之主旨:"虽落在两边,却不住两边。"可简称为"落两边不住两边"。

雪窦重显的"颂词"中,"妙峰孤顶草离离",讲的是"不住两边";"拈着分明付与谁",指斥的是"落两边"。"辨端的",讲的是"不住两边";"髑髅著地"指斥的是"落两边"。圜悟克勤在"颂词"中所加之"著语","和身没却"等言,讲的是"不住两边";"干屎橛""错看箭""拈得鼻孔失却口"等言,指斥的是"落两边"。

禅林中描绘"落两边"者,常有"两重关""两刃相伤""两舌""两重公案""两脚捎空"等语;而描绘"不住两边"者,则常有"两头坐断""两头撒开"等语。其实不唯禅林,"一两"问题,也是儒道两家经常讨论之话题。《论语·子罕》云:"我叩其两端而竭焉。"《中庸·大知》云:"执其两端,用其中于民。"若可释"执其两端"为"落两边",则"叩其两端"就可释为"不住两边"。如此则在释门教理传入中国之前,孔子学派有关"一两"之讨论,就已经颇具禅意了。

张载之讨论亦然。《正蒙·太和》云:"两不立则一不可见,一不可见则两之用息。两体者,虚实也,动静也,聚散也,清浊也,其究一而已。""两不立"即"不落两边",完全"不落两边",就会损害到"一",损害到"不住两边";"一不可见"即"住两边",完全"住两边",就会损害到"两",损害到"落两边"。合而言之,张载强调的亦是"落两边不住两边"。其言论出现于禅宗兴起于中土之后,其思维格局也许已受禅宗之影响。

《禅是一枝花》以"肯定了文明的价值""文明的传道付法亦真是像这样的"等语,释读此则公案,似不着边际。司南《禅心一念间》以"前人的功绩不能被轻易遗忘,后人当再接再厉"以及"人只有善于总结过去,才能更善于创造未来"等语,释读此则公案,亦似太过"老婆心切"。

综上所言，通过"保福长庆游山次"这则公案，圜悟克勤告诉我们：人要进入禅境，须有一颗"落两边不住两边心"。这是《碧岩录》给我们讲的第二十三个道理。

第二十四则　刘铁磨老牸牛

"刘铁磨老牸牛",禅宗公案名,原名"铁磨老牸牛",一作"铁磨到沩山"或"沩山刘铁磨",述沩山灵祐与会下老尼刘铁磨之机缘问答。

沩山称刘铁磨为"老牸牛",即"老母牛";又自比"水牯牛",即"老公牛"。刚好对应起来,一问一答之间,沩山勘得刘铁磨有非同寻常之机锋。双方皆自守本分,对答无碍,显示问答双方确为同得同证之知音。载《禅宗颂古联珠通集》卷十五、《联灯会要》卷七、《五灯会元》卷九、《碧岩录》卷三第二十四则。

刘铁磨,唐代禅宗尼师。俗姓刘。生卒年、籍贯、法名等不详。距潭州沩山十里处结小庵,参谒沩山灵祐,后嗣其法。曾参子湖利踪禅师。时与当世禅客相往来,盛谈禅旨,以"机锋峻峭"闻名禅林,世称"刘铁磨"。并以"刘铁磨老牸牛"之公案而垂名后世。事迹载《景德传灯录》卷十之"子湖岩利踪"章、《联灯会要》卷七之"沩山灵祐"章、《碧岩录》卷三第二十四则等。

[甲] 圜悟克勤之"垂示"　高高峰顶立,魔外莫能知。深深海

底行，佛眼觑不见。直饶眼似流星，机如掣电，未免灵龟曳尾。到这地步，究竟会如何发展？请看公案。

[乙]"刘铁磨老牸牛"之公案　刘铁磨到沩山参拜，沩山灵祐禅师对她说："老牸牛，你来了！"刘铁磨则问："过几日五台山举办大会斋，和尚您还去吗？"

沩山放倒身体，卧在地上。刘铁磨便退出门去。

[丙]圜悟克勤对公案之"评唱"　刘铁磨（尼姑）之机锋，如击石火，似闪电光，你要想去分析讨论，就会丧身失命。

禅宗思维要是到达关键之处，哪里还有分析讨论的余地。他们之间的对话，是"作家"见"作家"，就好像"隔墙见角，便知是牛；隔山见烟，便知是火"一样透彻，一挤就会动，一按就会转。

沩山灵祐曾经说："老僧我百年之后，就会到山下的檀越施主家里，作一头水牯牛，并在左肋下写上五个字：沩山僧某甲。"如果真是这样，则将灵祐唤作"沩山僧"可以，唤作"水牯牛"也可以。要是现今之人讨论到这一层，肯定有很多人分疏不下。

刘铁磨乃是长久参禅之人，机锋峭峻，被世人号为"刘铁磨"。她在离沩山十里之地结庵。有一天去参访沩山，沩山见她来，就说："老牸牛，你来了。"刘铁磨则问："过几日五台山举办大会斋，和尚您还去吗？"沩山放倒身体，卧在地上，刘铁磨便退出门去。

你们看沩山禅师的表现，就跟他说话一样，暗藏玄机。而且看上去既不像是"禅"，也不像是"道"，把它当作"无事"去理解，可以吗？

沩山距离五台山，相隔有数千里，刘铁磨为什么却要让沩山去那里参加大会斋。你们且说说，她的意旨是什么？这老婆子来拜会沩山，他们之间说话丝来线去，一放一收，互相酬唱，就好像两镜相照，无影像可观。可谓是机机相副，句句相投。

要是现今之人，互相间问答往返三遍，也就差不多了。可这个老婆子，却是一点也瞒她不得。这可不是如世俗之人之所想象，这就如明镜当台，明珠在掌，胡来胡现，汉来汉现，一点隐瞒不了。是沩山、铁磨他们懂得"向上事"，所以互相之间才那样问答。

而现今之人，却总是把这些当作"无事"去理解。五祖法演和尚曾说："莫将有事为无事，往往事从无事生。"你要是参得透，可去拜访一下法演。沩山、铁磨像平常人说话一般，而平常人却多被言语隔碍，所以不懂得他们的意思。只有他们的"知音"，才能真正懂得他们。

这就好像乾峰禅师曾开示僧众说："举一不得举二，放过一着，落在第二。"这时云门站出来说："昨日有一僧，从天台来，却往南岳去。"乾峰答："典座，今天我没有请你说话。"

你们看他们两人，放则双放，收则双收。沩仰宗的禅师们把这叫作"境致"，风尘草动，悉究端倪。也叫作"隔身句"，意通而语隔。到这地步，一定只有那些"左拨右转"的人，才称得上是"作家"。

[丁] 雪窦重显对公案之"颂词"

曾骑铁马入重城，敕下传闻六国清。
犹握金鞭问归客，夜深谁共御街行。

[戊] 圜悟克勤对雪窦重显颂词之"评唱" 雪窦之"颂词"，禅林各方均奉为经典。不过在他的一百首"颂词"中，这一首"颂词"是最具"理路"的。

其中最为奥妙、最为体贴分明的,是颂出"曾骑铁马入重城",这是颂刘铁磨那样上沩山参访一事。"敕下传闻六国清",这是颂沩山那样向刘铁磨发问一事。

"犹握金鞭问归客",这是颂刘铁磨的反问:"过几天五台山举办大会斋,和尚您还去吗?""夜深谁共御街行",这是颂沩山放倒身体,卧在地上,刘铁磨于是退出门去一事。雪窦有如此高超的才华,在急切处就向急切处颂,在平缓处就向平缓处颂。

风穴禅师也曾经拈古写"颂词",意旨与雪窦相同。他的"颂词",禅林各方均评价极高。"颂词"说:"高高峰顶立,魔外莫能知。深深海底行,佛眼觑不见。"你看他一个放身卧,一个就退出去。要是对方卧倒了,你还在那里婆婆妈妈,恐怕一下子就找不到出路了。

比较而言,雪窦"颂词"中意境最好的,是"曾骑铁马入重城"一句,双方若不是同得同证的对手,能说出那样的话吗?你们且说说,他究竟悟到了什么意境?

还记得有僧徒问风穴禅师:"沩山说'老牸牛,你来了'这句话,意旨是什么?"风穴回答说:"白云深处金龙跃。"僧徒又问:"那刘铁磨说'过几天五台山举办大会斋,和尚您还去吗'这句话,意旨又是什么?"风穴回答说:"碧波心里玉兔惊。"僧徒再问:"沩山放身卧倒在地,意旨又是什么?"风穴回答说:"碧波心里玉兔惊。"僧徒再问:"沩山放身卧倒在地,意旨又是什么?"风穴回答说:"老倒疏慵无事日,闲眠高卧对青山。"这种意境也跟雪窦相同。

[己]圆悟克勤之"著语""公案"中之"著语"有:刘铁磨到沩山(著:不妨难凑泊,这老婆不守本分),山云:老牸牛,汝来

也（著：点探竿影草，向什么处见謩讹）！磨云：来日台山大会斋，和尚还去么（著：箭不虚发，大唐打鼓新罗舞。放去太速，收来太迟）？沩山放身卧（著：中也，你向什么处见沩山。谁知烟浪，别有好思量）。磨便出去（著：过也，见机而作）。

"颂词"中之"著语"有：曾骑铁马入重城（著：惯战作家，塞外将军，七事随身），敕下传闻六国清（著：狗衔敕书，寰中天子，争奈海晏河清）。犹握金鞭问归客（著：是什么消息，一条拄杖两人扶，相招同往又同来），夜深谁共御街行（著：君向潇湘我向秦，且道行作什么）。

[庚] "刘铁磨老牸牛"之现代释读　"连体人"之最大特点是"成双成对"。行善时要"成双成对"，作恶时亦要"成双成对"；富贵时要"成双成对"，患难时亦要"成双成对"。若问：不"成双成对"可以吗？"连体人"必答曰："不可以！"

我们看这个世界，有哪些事是可以不"成双成对"的呢？日与月，可以不"成双成对"运行于太空中吗？不可以的。昼与夜，可以不"成双成对"运行于时间中吗？不可以的。暑与寒，可以不"成双成对"运行于年岁中吗？不可以的。公与母、父与子、君与臣、男与女，等等，可以不"成双成对"运行于社会中吗？不可以的。大与小、是与非、贫与富、贵与贱、强与弱，等等，可以不"成双成对"运行于人间世吗？不可以的。

《老子》第七十三章云："天网恢恢，疏而不失。""恢恢"者为何，"不失"者为何？"恢恢"者，时时"成双成对"，处处"成双成对"之谓也；"不失"者，时时不可能不"成双成对"，处处不可能不"成双成对"之谓也。

我们看圜悟克勤之"垂示","高高"与"深深"是成双成对的,"峰顶"与"海底"是成双成对的,"立"与"行"是成双成对的,"魔外"与"佛眼"是成双成对的,"莫能知"与"觑不见"是成双成对的。

再看"公案"中,"老牸牛"与"水牯牛"是成双成对的,"刘铁磨"与"沩山"是成双成对的,"尼姑"与"和尚"是成双成对的。圜悟克勤加于"公案"的"著语"中,"老婆"与"老汉"是成双成对的,"探竿"与"影草"是成双成对的,"大唐"与"新罗"是成双成对的,"鼓"与"舞"是成双成对的。

圜悟克勤"评唱"公案,亦是本着"成双成对"而展开,他说刘铁磨与沩山说话是"丝来线去,一放一收,互相酬唱,如两镜相照,无影像可观",就是立于"成双成对"之立场。又说他们之间"机机相副,句句相投",亦是立于"成双成对"之立场。至于"如明镜当台,明珠在掌,胡来胡现,汉来汉现"之评语,就更是基于"连体人模式"而发出。又说乾峰与云门之间的对话是"放则双放,收则双收",这个"双放双收",正是圜悟克勤"评唱"整则公案之主旨。这个"双放双收",以俗语言之,就是"成双成对","放"要成双成对,"收"亦要成双成对。

雪窦重显的"颂词"中,"铁骑"与"金鞭"成双成对,"重城"与"归客"成双成对,"六国清"与"御街行"成双成对。圜悟克勤的"著语"中,"惯战作家,塞外将军"为"成双成对"之语,"海晏河清"为"成双成对"之语,"一条拄杖两人扶,相招同往又同来"是"成双成对"之语,"君向潇湘我向秦"亦是"成双成对"之语。

至于圜悟克勤对"颂词"之"评唱","急切处向急切处颂,缓缓处向缓缓处颂",是成双成对的;"同得同证",是成双成对的。所引风穴处禅师之答语,"白云"与"碧波"成双成对,"深处"与"心里"成双成对,"金龙"与"玉兔"成双成对,"跃"与"惊"成双成对,"老倒"与"闲眠"成双成对,"疏慵"与"高卧"成双成对,"无事日"与"对青山"成双成对。

"成双成对"之关键,是"双"与"对"。佛门中有"双入"(亦作"双运")一词,用以表达"对立理念不二合一"之义。据传龙树所作"五次第"中,第五次第即是"双入次第",列举二十一种"双入",如轮回与涅槃之"双入"、烦恼与净之"双入"、有相与无相之"双入"、所执与能执之"双入"等。《大乘庄严经论》所列十一种"作意"之第六种,亦是"双入",汉译常作"二相应作意",用以表达止、观等二元之一元化:"止"之道,可知为其法名之统一;"观"之道,可知为其义之伺察;"双入"之道,更可知系两者之统合。"双入"之理表现于造形,遂有西藏之"双身佛"。

禅门中亦有"双亦""双非"等语,为"四句分别"中之两句。第一句为"是A",第二句为"非A",第三句为"亦A亦非A",第四句为"亦非A亦非非A"。如有与无之关系,第一句为"有",第二句为"无",第三句为"亦有亦无",第四句为"非有非无",合而为"有无四句"。再如"不自生""不他生""不共生""不无因生",可合而为"无生四句";"厌而非离""离而非厌""亦厌亦离""非厌非离",可合而为"厌离四句";"一""异""亦一亦异""非一非异",可合而为"一异四句";"权""实""亦权亦实""非权非实",可合而为"权实四句"。

此外，有与空之关系、常与无常之关系、自与他之关系、净与秽之关系，等等，无一不可以用"四句法"读之。其中第三句为"双亦句"或"双俱句"，第四句为"双非句"或"俱非句"。

然则以"四句法"看世界，并非禅门之最高真理。如此则必问：禅门之最高真理是什么？答曰：将"四句法"亦非之，方为最高真理。将"四句法"亦非之，在禅门就叫"离四句绝百非"。此六字源出《大乘玄论》卷一。

"离四句"者，超越"四句法"也；"绝百非"者，超越"一切非"也。"非"掉"四句法"，就是"离四句"；"非"掉"一切非"，就是"绝百非"。"离四句绝百非"乃是禅林盛传之名言，与此相关之公案极多，几成禅僧参禅辨道之"指南"。

"有"与"无"是一个"双"与"对"，"亦有"与"亦无"是一个"双"与"对"，"非有"与"非无"是一个"双"与"对"，"非非有"与"非非无"是又一个"双"与"对"。合而言之，"四句百非"与"离四句绝百非"是最高层面的一个"双"与"对"。可知禅门讲"双"与"对"，至少有五层：纯阴阳为第一层，阴阳"双亦"为第二层，阴阳"双非"为第三层，"四句百非"为第四层，"离四句绝百非"为第五层。

以圜悟克勤"双放双收"之言视之，则第一层为"放收"之"双"与"对"，第二层为"亦放亦收"之"双"与"对"，第三层为"非放非收"之"双"与"对"，第四层为"非非放非非收"之"双"与"对"，第五层为"放收之四句百非"与"离放收之四句，绝放收之百非"之"双"与"对"。总之，"双"与"对"乃是"刘铁磨老牸牛"公案之主旨。

《禅是一枝花》以"太平时世""时间空间的自由自在"等语，释读本则公案，似不沾边。司南《禅心一念间》以"好比在悬崖峭壁上行走一般""无事之事"等语，释读本则公案，亦只及皮毛。

综上所言，通过"刘铁磨老牸牛"这则公案，圜悟克勤告诉我们：人要进入禅境，须有一颗"双放双收心"或"双对心"。这是《碧岩录》给我们讲的第二十四个道理。

第二十五则　莲花峰拈拄杖

"莲花峰拈拄杖",禅宗公案名。《佛光大辞典》不载。司南《禅心一念间》谓莲花峰庵主即天台山莲花峰韶国师。天台山者,位于台州府(今浙江台州市天台县)佛霞岭山脉之东北端。山形如八叶覆莲,似三星之台宿,故称"天台"。又名天梯山、台岳。最高峰华顶峰高1136米,自古颇负盛名,道士、隐士等均栖隐之。佛教开拓此山,相传约于吴赤乌年中(238—251年),先后建清华寺、翠屏庵、栖光寺、隐岳寺、中岩寺、瀑布寺、卧佛寺、栖禅寺、开严寺、白岩寺、禅林寺、天台山寺(国清寺)、平田寺、止观堂、真觉寺、高明寺、宝相寺等。天台宗历代祖师皆住此山,寒山、拾得亦交游于此。

[甲]**圜悟克勤之"垂示"**　机不离位,堕在毒海;语不惊群,陷于流俗。忽若击石火里别缁素,闪电光中辨杀活,可以坐断十方,壁立千仞。还知有那样的时节吗?请看公案。

[乙]**"莲花峰拈拄杖"之公案**　莲花峰庵主拈拄杖,对众人说:"古人曾到过这里,为什么却不肯在此停留?"众人无语,乃自

己回答说:"只因他们一路上还没有找到停留的理由。"

又问:"究竟是因为什么?"又自己回答说:"榔檃横担不顾人,直入千峰万峰去。"

[丙]圆悟克勤对公案之"评唱" 诸位还记得莲花峰庵主吗?此人是一个"脚跟不点地"的人。宋初在天台山莲花峰卓庵,得道之后,在茅茨石室中待过,也在荒山野岭煮野菜根吃过。不求名利,放旷随缘。曾垂示一"转语",说是要报答佛祖恩德,传扬佛教心印。

每见有僧徒来,他总是拄起禅杖问:"古人曾到过这里,为什么却不肯在此停留?"这样前后有二十余年,最终没有一人能回答出来。

他这样提问,可说是有权有实,有照有用。如果你清楚其中的经纬,回答其实是很容易的。你们且说说,为什么他二十多年都提这同一个问题?既然他是一代宗师,却又为什么只守这"一橛"?

若是能够向内而观,深入问题的里层,自然就会不落情尘。想想这二十年中,有多少人曾在他面前施展才华,下断语,呈示见解,做尽伎俩。就算其中有能回答出来的,也还是达不到他问题的"极则处"。

何况这问题的答案,即使不在言句中,也是离开言句便无法讲清的。不见禅门常说"道本无言,因言显道"吗?所以勘验学人,到了"端的处",他一开口,便知他是否已领会。古人垂示一言半句,亦无别的意思,只是想勘验你究竟是领会了,还是没有领会。

莲花峰庵主见僧徒答不出来,所以就自己回答说:"只因他们一路上还没有找到停留的理由。"你看他回答得流畅自然,契理契机,哪里会失去宗旨!古人常说"承言须会宗,勿自立规矩",现今之人却是只管瞎闯乱撞便了,回答是回答了,无奈却是"颟顸儱侗"。若是把这个问题摆到"作家"面前,你用印空、印泥、印水"三要语"去勘验他就行了。

这问题有如"方木逗圆孔",无有用力处。到了这地步,也就是求一个"同行同证",匆匆忙忙间能到哪里去找真正的答案呢?若是问到一个有慧根的人,他放开胸怀,通报消息,当然没有什么不可以。若是遇不到这样的人,就只能将这个问题"卷而怀之"得了。

我且问问在座的诸位,"拄杖子"这个公案,是衲僧们经常讨论的,为什么莲花峰庵主回答说"一路上没有找到停留的理由,所以古人不愿在此停留"?其实这个道理,就跟"金屑虽贵,落眼成翳"是一样的。

石室善道和尚当时正面临困境,常拿一根拄杖对众人说:"过去诸佛也恁么,未来诸佛也恁么,现前诸佛也恁么。"雪峰禅师有一天到僧堂前,也拈起拄杖对众人说:"这个只为中下根人。"此时有僧徒出来提问:"假如突然遇上一个上上人过来,该怎么办呢?"雪峰抓起拄杖,就离开了。

云门禅师说:"我就不会像雪峰那样打破砂锅,一片狼藉。"有僧徒于是问:"不知道和尚您会怎样做?"云门便用拄杖打那僧徒。

太凡禅门所谓的"参问",其实并没有那么复杂,只为你外见有山河大地,内见有见闻觉知,上见有诸佛可求,下见有众生可度,你务必把它们一下子倾吐出来,然后一天十二个时辰,行住坐卧,打成一片就行了。此时你虽在一毛头上,却宽若大千沙界;你虽居镬汤炉炭中，却如在安乐国土；你虽居七珍八宝中，却如在茅茨蓬蒿下。

这样的事情，若是遇到"通方作者"，能领会到古人实在处，自然就不会费力。莲花峰庵主则因没有人领会自己深意，便又自问："毕竟如何又奈何不得？"自答云："榔楋横担不顾人，直入千峰万峰去。"

这个答语又是什么意思呢？你们且说说，这个答语所指向的究为何地？真是句中有眼，言外有意，自起自倒，自放自收。岂不见严阳尊者，路遇一僧，拈起拄杖问："这是什么？"僧答："不认识。"严阳说："连一条拄杖也不认识？"严阳又用拄杖在地上划一下，问："现在认识了吗？"僧答："不认识。"严阳说："连一个土窟子也不认识？"严阳又用拄杖当扁担用，问："会吗？"僧答："不会。"严阳于是说："榔楋横担不顾人，直入千峰万峰去。"

古人到这里，为什么却不肯"住"？雪窦禅师曾撰"颂"云："谁当机举，不赚亦还希。摧残峭峻，销铄玄微。重关曾巨辟，作者未同归。玉兔乍圆乍缺，金鸟似飞不飞。卢老不知何处去，白云流水共依依。"因什么山僧我说："脑后见腮，莫与往来。"才作计较，便是黑山鬼窟里作活计。若见得彻，信得及，千人万人自然罗笼不住，奈何不得，动着捺着，自然有杀有活。

雪窦懂得那句话的真意，说："直入千峰万峰去。"方始成颂，要知落处，请看雪窦的"颂词"。

［丁］雪窦重显对公案之"颂词"

眼里尘沙耳里土，千峰万峰不肯住。

落花流水太茫茫，剔起眉毛何处去。

[戊]圆悟克勤对雪窦重显颂词之"评唱" 雪窦颂得很好,有转身处,不守一隅。起笔就说:"眼里尘沙耳里土。"这一句是颂莲花峰庵主。一般僧徒读到这一句,上无攀仰,下绝己躬,于一切时中,如痴似兀。

不见南泉禅师曾说:"学道之人,如痴钝者也。"难得禅月诗云:"常忆南泉好言语,如斯痴钝者还希。"法灯禅师说:"谁人知此意,令我忆南泉。"南泉禅师又说:七百高僧,尽是会佛法底人,唯有卢行者不会佛法,只会'道',所以得到了五祖的衣钵。"你们且说说,"佛法"与"道"相差究竟有多少?

雪窦禅师拈云:"眼里着沙不得,耳里着水不得,或若有个汉,信得及,把得住,不受人瞒,祖佛言教是什么,热碗鸣声便请。高挂钵囊,拗折拄杖,管取一员无事道人。"又说:"眼里着得须弥山,耳里着得大海水,有一般汉,受人商量祖佛言教,如龙得水,似虎靠山,却须挑起钵囊,横担拄杖,亦是一员无事道人。"又说:"恁么也不得,不恁么也不得,然后没交涉。"

三员无事道人中,要选一人为师,正是这般生铁铸就底汉,何故或遇恶境界,或遇奇特境界?到他面前,悉皆如梦相似,不知有六根,亦不知有旦暮。直饶到这般田地,切忌守寒灰死火,打入黑漫漫处去也。

务必要有"转身一路"才可以。不见古人说:"莫守寒岩异草青,坐却白云宗不妙。"所以莲花峰庵主才说"只因他们一路上还没有找到停留的理由",让他们务必去千峰万峰参拜才会有收获。你们且说说,这里的"千峰万峰"指的是什么?

雪峰喜爱那样的禅师,说"榔栗横担不顾人,直入千峰万峰去"，并因此撰出那样的"颂词"。你们且说说，他这里指的是向何处去？这世上还真有"知得去处"的人吗？

"落花流水太茫茫"。落花纷纷，流水茫茫，闪电之机缘，眼前是什么？

"剔起眉毛何处去"。雪窦大师为什么也不真知他们的去处？就如山僧我所说的"适来举拂子"之例，你们且说说，这拂子现在何处？你们诸人的见解若是到了这个高度，就可以和莲花峰庵主一同参修了。若是还没有到这个高度，就请你到"三条椽下""七尺单前"，继续苦心修炼去罢。

[己] 圜悟克勤之"著语""公案"中之"著语"有：莲花峰庵主拈拄杖，示众云（著：看顶门上具一只眼，也是时人窠窟）：古人到这里为什么不肯住（著：不可向虚空里钉橛，权立化城）？众无语（著：千个万个，如麻似粟，却较些子可惜许，一棚傀儡），自代云：为他途路不得力（著：若向途中辨，犹争半月程，设使得力，堪作什么？岂可全无一个）。复云：毕竟如何（著：千人万人，只向个里坐却，千人万人中，一个两个会）？又自代云：椰栗横担不顾人，直入千峰万峰去（著：也好与三十棒，只为他担板，脑后见腮，莫与往来）。

"颂词"中之"著语"有：眼里尘沙耳里土（著：懵懂三百橛，鹘鹘突突有什么限，便有恁么汉），千峰万峰不肯住（著：你向什么处去，且道是什么消息）。落花流水太茫茫（著：好个消息，闪电之机，徒劳伫思，左顾千生，右顾万劫），剔起眉毛何处去（著：脚跟下更赠一对眼，元来只在这里，还截得庵主脚跟么？虽然如是，也须是到这田地始得，打云：为什么只在这里）。

[庚]"莲花峰拈拄杖"之现代释读　行者所赖，一杖而已；行者所求，不住而已。云不行则雨，水不流则臭。"行云流水"，就是行者之哲学。"莲花峰拈拄杖"之公案所揭示者，无非"行者哲学"而已。

莲花峰庵主"拈拄杖"示众，与所提问题"为什么不肯住"，有极密切之关联。"杖者"就是"不肯住"的，肯住的就不是"杖者"。门徒中无人能领会其中深意，所以才会"众无语"。庵主不得不自问自答。答后再次提问，还是"众无语"，只得再次自答云："榔楛横担不顾人，直入千峰万峰去。"

这两句实是"行者"之形象写真。"行者"就是那么一竿子插到底的人，这叫作"榔楛横担"；"行者"就是那么割舍尘世情缘的人，这叫作"不顾人"；"行者"就是那么一往无前而又前路茫茫的人，这叫作"直入千峰万峰去"。

圜悟克勤释读公案，有"脚跟也未点地"之语，有"十二时中，行住坐卧，打成一片"之语，有"白云流水共依依"之语；颂词"著语"中有"左顾千生，右顾万劫"之语；释读"颂词"则有"上无攀仰，下绝己躬，于一切时中，如痴似兀"之语，有"眼里着得须弥山，耳里着得大海水"之语，有"正是这般生铁铸就底汉"之语，有"不知有六根，亦不知有旦暮"等语。均是对于"行者"形象与心理之描绘。

雪窦重显的"颂词"只有四句，却是古今中外描写"行者"之第一流的文字，西洋作家米兰·昆德拉所谓"生活在别处"之说，只是对于中土"行者哲学"之诠释也。"眼里尘沙耳里土"，"行者"之现实也；"千峰万峰不肯住"，"行者"之理想也；"落花流水太茫茫"，"行者"之当下也；"剔起眉毛何处云"，"行者"之将来也。这一篇"颂词"，就是一部长篇小说，西洋相关文学，不过是其注脚而已；这一篇"颂词"，就是一部哲学书，西洋相关哲学，不过是其注脚而已。

"拄杖"与"不住"，是本则公案之两大关键词。检《异出菩萨本起经》《四分律》卷五十二及卷五十六、《禅苑清规》卷一"装包"条、《祖庭事苑》卷八"杂志拄杖"条，"拄杖"为僧侣出游时所用，略称"杖"，又称"拄杖子"。缘于佛祖释迦牟尼于王舍城鹫峰山，见一老比丘登山跌倒，遂许教中老弱无力者或病苦缠身者使用拄杖。

中土禅宗则溢出其原始义，不仅仅视其为行路工具，而是视其为"提唱说示"之具，如《从容录》第三十四则载："雪窦拈拄杖云：还有同死同生底衲僧么？"或者视其为惩戒犯规者之具，如《敕修百丈清规》卷二载："彼有所犯，即以拄杖杖之。"

杖分两种：有枝者曰触头，无枝者曰净头。亦有谓拄杖之上端为净头，之下端为触头者。中土禅者所用之杖，多于杖下方约一尺八寸处绑一小枝，用于渡川时测试水深，因之拄杖又有"探水"之名。

至于"不住"，又称"无住"，指心不执着于一定对象，不失其自由无碍之作用者。事物不曾凝住于自身不变之性质，人亦不当以所谓"固定概念"或"固有本质"认识之，此之谓"一切诸法无自性，故为无所住"。"不住"或"无住"于是成为否定"固定状态"之用语。

般若理论中，"不住"成为诸法性空之重要内容：《摩诃般若波罗蜜经·序品》中，"不住"乃指"不应住"，菩萨行般若波罗蜜时，不应色中住，不应受想行识中住，因诸法均处于因缘和合与生灭无常中，故不应住。《大智度论》卷四十七则讲"无住三昧"，认为诸法念念无常，无有住时。僧肇注《维摩诘经》卷六则云："法无自性，缘感而起，当其未起，莫知所寄；莫知所寄，故无所住；无所住故，则非有无。非有无而为有无之本。"中观学派中，无住之空性被视为因果报应一切法得以成立之证明。《六祖坛经》中则自诸法念念不住，推导出思想不受束缚而得解脱之结论。

由"拄杖"与"不住"两大关键词，构筑中土之"行者哲学"，即是本则公案之底蕴。"拄杖"者，"不住"之具也；"不住"者，"拄杖"之质也。"行者哲学"实有"拄杖"与"不住"两根支柱：由"拄杖"，"行者"恒在"行进"中；由"不住"，"行者"亦恒在"行进"中。

"行者哲学"，"行进哲学"也。以中英文合而言之，"-ing哲学"也。

《禅是一枝花》以孙中山"革命尚未成功，同志仍须努力"及庄子之"化"字释读本则公案，有一定新意。司南《禅心一念间》以"途不得力"为中心释读本则公案，亦无不可；然又以"不要将思维偏离到千峰万峰之外去了"及"当下""眼下"释读本则公案，则是离题太远。

综上所言，通过"莲花峰拈拄杖"这则公案，圜悟克勤告诉我们：人要进入禅境，须有一颗"不住心"或"不住于住、住于不住心"，以及"合观行住之兼心"。这是《碧岩录》给我们讲的第二十五个道理。

第二十六则　百丈独坐大雄峰

"百丈独坐大雄峰",禅宗公案名,又名"百丈独坐""百丈大雄峰""百丈奇特事"等,述唐代禅师百丈怀海与僧徒有关宗门要旨之机缘问答。载《五灯会元》卷三、《联灯会要》卷四、《永平广录》卷二、《碧岩录》卷第三等。

百丈怀海(720—814年),唐代名僧。福州长乐人,俗姓王(一说黄)。幼喜访寺院,二十岁从西山慧照出家,从南岳之法朝律师受具足戒。得马祖道一印可后,出主新吴(今江西奉新)百丈山[时在唐德宗兴元元年(784年)],自立禅院,所定清规,世称"百丈清规",得天下丛林奉行,被视为禅宗史上划时代之功绩。并影响到儒门书院之创立。唐宪宗元和九年(814年)入寂,世寿九十有五。[《全唐文》卷四四六所收《唐洪州百丈山故怀海禅师塔铭并序》载其生年为天宝八年(749年),如此则其世寿当为六十有六。]敕谥"大智禅师",塔号"大宝胜轮"。后来宋、元诸帝又赐"觉照禅师""弘宗妙行禅师"等谥号。著名弟子有黄檗希运、沩山灵祐等。事迹载《敕修百丈清规》卷上之"住持"章、《宋高僧传》卷十、《景德传灯录》卷六等。

百丈山距洞山不远，位于江西奉新县西北。以冯水自山峰泻下，高达千尺，而有"百丈"之名；又以山势超群，气脉雄伟，而有"大雄"之称。该山因百丈在此制定禅林清规而著称于世。现存古迹则有涅槃禅师碑、木人塚、黄犬塚、野狐岩、大义石、柳公权书"天下师表"大石碑等。

[甲] 圜悟克勤之"垂示"（原缺）

[乙] **"百丈独坐大雄峰"之公案** 有僧问百丈禅师："如何是奇特事？"百丈回答说："独坐大雄峰。"那僧于是施礼告辞，百丈挥杖便打。

[丙] 圜悟克勤对公案之"评唱" 这真是临机具眼，不顾危亡。所以说："不入虎穴，争得虎子。"百丈平时就如虎添翼一般，这僧徒也不避死生，敢捋虎须，劈头就问"如何是奇特事"。

这僧徒也是有独特见解的人，百丈禅师也就顺水推舟，与他担荷，回答说"独坐大雄峰"。那僧便施礼告辞。出家人须是能明辨"未问已前"究竟是何意才可以。这僧徒施礼告辞，与平常人不同，也须是独具见解的人才可以。

莫教"平生心胆向人倾，相识还如不相识"。只因这僧问"如何是奇特事"，百丈答"独坐大雄峰"，那僧便施礼告辞，百丈便挥杖打他。你看百丈，放去则一时俱是，收来则扫踪灭迹。

你们且说说，那僧听完话便施礼告辞，是什么意思？若说这很好，那百丈又打他干什么？若说这不好，他施礼告辞又有什么不得当的地方？到了这地步，须是能"识休咎别缁素，立向千峰顶上"的大师才可以理解的。

这僧徒说完话便施礼告辞，犹如捋虎须一般，争抢的只是一个"转身处"，怎奈碰上百丈禅师，顶门有眼，肘后有符，能照破四天，深辨来风，马上就挥杖打他。若是换一个人，拿这僧是没有办法的。

这僧以机投机，以意遣意。他之施礼告辞，有如南泉所说："文殊、普贤昨夜三更起，佛见法见各与二十棒，贬向二铁围山去也。"当时赵州挺身而出，问："和尚棒，教谁吃？"南泉答曰："王老师有什么过？"赵州于是施礼告辞。

大德宗师们，一般人无法看出他们的受用处，问题一出，他们就能当机立断，分析辩论时，自然活泼泼的。五祖先师常说："这就如马前相扑一样。"

你只要常教见闻声色，一时坐断，把得定，作得主，你就能理解他百丈禅师。你们且说说，为什么要把这些问题一并放过呢？请看雪窦的"颂词"。

[丁] 雪窦重显对公案之"颂词"

祖域交驰天马驹，化门舒卷不同途。

电光石火存机变，堪笑人来捋虎须。

[戊] 圜悟克勤对雪窦重显颂词之"评唱" 雪窦见解透彻，方能撰得出这样的"颂词"。天马驹日行千里，横行竖走，奔骤如飞，因之得名"天马驹"。雪窦颂百丈禅师在祖域之中，从东跑向西，又从西跑向东，一来一往，七纵八横，绝少滞碍，就如天马驹一般。

"善能交驰，方见自由处"，这一点自然是得自他马祖大师之大机大用。不见有僧问马祖："如何是佛法大意？"马祖便打，并说："我若不打你，天下人笑我去在。"又问："如何是祖师西来意？"马祖答曰："近前来，向你道。"这僧近前，马祖劈耳便是一掌，说："六耳不同谋。"

我们看马祖的所作所为，那是"得大自在"的一种方式。他于建化门中，或卷或舒，有时舒不在卷处，有时卷不在舒处，有时卷舒俱不在。所以才说"同途不同辙"。这是颂百丈禅师有这般的手脚。

雪窦的"颂词"又说："电光石火存机变。"这是颂提问的僧徒如击石火，似闪电光，灵光闪现只在这样的一些"机变"中。岩头禅师曾说："却物为上，逐物为下，若论战也，个个立在转处。"雪窦禅师亦曾说："机轮曾未转，转必两头走。"

如果转不得，有什么用处呢？大丈夫汉，也须是能识别这样的一些"机变"才可以。现今一些人，只知供奉，却被对方牵着鼻子走，有什么了期呢？

这僧徒于电光石火之中，能识别"机变"，听完话便施礼告辞，所以雪窦"颂词"才说："堪笑人来捋虎须。"百丈禅师在这里就好像一只大虫一样，堪笑这僧去捋虎须。

[己] 圜悟克勤之"著语" "公案"中之"著语"有：僧问百丈：如何是奇特事（著：言中有响，句里呈机，惊杀人，有眼不曾见）？丈云：独坐大雄峰（著：凛凛威风四百州，坐者立者，二俱败缺）。僧礼拜（著：伶俐衲僧也，有恁么人，要见恁么事），丈便打（著：作家宗师，何故来言，不丰令，不虚行）。

"颂词"中之"著语"有：祖域交驰天马驹（著：五百年来一间生，千人万人中，有一个半个子承父业），化门舒卷不同途（著：已在言前，渠侬得自由，还他作家手段）。电光石火存机变（著：劈面来也,左转右转,还见百丈为人处也无),堪笑人来捋虎须(著:好与三十棒,重赏之下,必有勇夫,不免丧身失命,放过阇黎一著)。

[庚]"百丈独坐大雄峰"之现代释读 "独"有多种,有"独知",有"独参",有"独觉",有"独存",有"独立",有"独行",等等,不一而足。本则公案强调的是"独坐"。

"峰"有多层,喜马拉雅山脉海拔超过八千米的高峰,就有十座,这是当然的第一层级。依此而降,海拔超过四千米的山峰,可算是第二层级;海拔超过两千米的山峰,可算是第三层级;两千米以下,就该是"草根层级"了。本则公案所讲的"大雄峰",大概是在两千米以下,属"草根阶层"。

"草根"也是有"峰"的:担水有担水的"峰",劈柴有劈柴的"峰";贩夫有贩夫的"峰",走卒有走卒的"峰";猫道狗道,鸡道豕道,无一不有自己的"峰"。

最高的"峰"上,有最高的"寒";较高的"峰"上,也可以有最高的"寒";最低的"峰"上,同样亦可能有最高的"寒"。"峰"可以有高低之不同,然"寒"却不必有高低之不同。此即"峰"只能必然与"独"相关联之原因。

得道的速度有快有慢,得道的时间有早有晚,黄泉路上,没有人能始终牵手而行。到达"峰巅",你会发现,那里是没有"伙伴"的,那里是没有"兄弟"的,那里是没有"朋友"的。那里要么是"是",要么是"非",是与非不会在那里"并在";要么是"善",要么是"恶",善与恶不会在那里"并在";要么是"成",要么是"败",成与败不会在那里"并在"。这就是"独",在"峰巅"之上,我们只能在那里"独坐"。

为什么不可以"独行"呢？只因那是"峰"，所以无法"行"。"峰"只能容一人的，能容多人之地，还不是"峰"。还得继续往上爬，一直爬到只能容一人的地方，那里才是"峰"。所以"峰"上能"独"，却无法"独行"。

不能"独行"，"独立"总是可以的吧？理论上应该是可以的。然则圜悟克勤却为何在"公案"之"著语"中，讲"坐者立者，二俱败缺"之类的话，让人觉得"坐"也不是，"立"也不是。这感觉就对了。圜悟克勤要的就是这个"坐"也不是，"立"也不是。"坐"不能坐到"执于坐"，"立"不能立到"执于立"。若以"执于坐"为结局，不如当初就不"坐"；若以"执于立"为结局，不如当初就不"立"。圜悟克勤要的就是"破坐执""破立执"。

永远地"独坐"峰顶，总是不行的。你还要下山，回到尘世中来，这就是"破坐执"。永远地"独立寒秋"，总是不行的。你还要回来，回到暖春与炎夏中来，这就是"破立执"。

在山脚，在俗世，是与非是可以"并在"的，这就是"破是执"与"破非执"；善与恶是可以"并在"的，这就是"破善执"与"破恶执"；成与败是可以"并在"的，这就是"破成执"与"破败执"。总之一句话，"独坐大雄峰"的你，千万别忘了"破独执""破坐执"与"破峰执"。

《佛光大辞典》以"天上天下，唯我独尊"释读"独坐"，并以"收放自如，扫踪灭迹之灵活机法"释读本则公案（第2490页），意见不差，然未突出重点。《禅是一枝花》以"只讲阴阳""使人难近"之类，释读本则公案，似离题太远。司南《禅心一念间》以"万般磨砺，苦心钻研""学会忍受寂寞"之类，释读本则公案，当不失为一家之见，然层级未上顶。

　　综上所言，通过"百丈独坐大雄峰"这则公案，圜悟克勤告诉我们：人要进入禅境，须有一颗"独与破独心""坐与破坐心""峰与破峰心"，以及"合观之兼心"。这是《碧岩录》给我们讲的第二十六个道理。

第二十七则　云门体露金风

"体露金风",禅林用语。"体露"者,全体露现,显出真貌也;"金风"者,秋风也。以秋风吹落树叶,现出裸露树干为喻,说明禅者灭却分别妄想,现出本真全体之意。"云门体露金风"作为禅宗公案名,《佛光大辞典》未载。

云门文偃事迹见前文。

[甲]**圜悟克勤之"垂示"**　问一答十,举一明三,见兔放鹰,因风吹火,不惜眉毛,则且置,只如入虎穴时如何?试请看公案。

[乙]**"云门体露金风"之公案**　有僧问云门:"树凋叶落时如何?"云门回答说:"体露金风。"

[丙]**圜悟克勤对公案之"评唱"**　若你能真正明了这则公案,就会看出云门之为人处,或者并非如此。云门依旧是使用"指鹿为马,眼瞎耳聋"之手法,有谁能达此等境界?

你们且说说,云门这句话究竟是想回答那僧的问话,还是想与那僧酬唱?若说是想回答那僧的问话,那是错认定盘星了;若说是想与那僧唱和,却又好像扯不上关系。既然两者都不是,那他究竟想干什么呢？

你要是见得透衲僧鼻孔，不消一捏就明白了。若还做不到如此，只能依旧打入鬼窟里去。大凡持竖宗乘者，也须是全身担荷，不惜眉毛，向虎口横身，任他横拖倒拽的人。若不是如此，又如何能称为"得人"呢？

这僧徒提出这样的问题，也真是很险峻。若是以平常眼光去看他，他也就只似一个管闲事的僧。若是进到衲僧门下，深入命脉去观察他，还真是可以见出很多"妙处"。

你们且说说，"树凋叶落"是什么人之境界？禅门"十八问"中，这叫作"辨主问"，亦叫作"借事问"。云门丝毫也不犹豫，只是对他说"体露金风"，回答得很巧妙，也没有辜负那僧的问题。

大概那僧的问话中，是有"机眼"的，云门的答话中间，亦藏着"机眼"。古人常说：欲得亲切，莫将问来问。你要是他的知音，他刚举起，你便已知他的落处了。你要是只向云门的言语中去讨结果，你便错了。

只是云门的言句中，也确有很多地方容易招惹人去作"情解"。若只是从"情解"之角度去领会，难免会造成"断子绝孙"之结局。云门就喜欢那样使用"骑贼马趁贼"之招数，不见有僧问："如何是非思量处？"云门答曰："识情难测。"

上面那僧徒问"树凋叶落时如何"，云门答以"体露金风"，答话也可说是"把断要津，不通凡圣"，须认真体会他举一明三、举三明一之要旨。你若只是钻到他的所谓"三句"中去求结论，就会如同脑后拔箭，无着力处。

云门的"一句"中，一定是并具"三句"的：函盖乾坤句、随波逐浪句、截断众流句。既自然，又自圆。"云门三句"中，你们且说说，他用的是哪一句去接引学人的呢？你们能试着去辨别吗？请看"颂词"。

［丁］雪窦重显对公案之"颂词"

问既有宗，答亦攸仝。

三句可辨，一镞辽空。

大野兮凉飚飒飒，长天兮疏雨濛濛。

君不见少林久坐未归客，静依熊耳一丛丛。

［戊］圜悟克勤对雪窦重显颂词之"评唱" 古人常说："承言须会宗，勿自立规矩。"古人是言不虚设的，所以说大凡问个事，也务必先明了一些对方的好恶。若是不明尊卑就去问，就是"不识净触"。信口乱讲，能有什么好处呢？

禅师凡出言吐气，一定是如钳如铗，有钩有镰，一定是相续不断才可以的。这僧所问之处有宗旨，云门所答之处亦有宗旨。云门平常以"三句"接引学人，这是一切问答体系之"极则"。雪窦颂这则公案，与颂"大龙公案"属于同一类。

"三句可辨"。讲的是"一句中具三句"，若你辨别得出来，则就透出三句之外了。

"一镞辽空"。"镞"乃箭镞也，射得太远，务必"急着眼看"才可以。若你能见得分明，就可以在一句之下，开展大千沙界。

颂到此处，也就行了。然雪窦有余才，所以干脆展开"颂词"，说："大野兮凉飚飒飒，长天兮疏雨濛濛。"你们且说说，这描述的是"心"还是"境"，是"玄"还是"妙"？

古人常说："法法不隐藏，古今常显露。"那僧问"树凋叶落时如何"，云门答以"体露金风"，雪窦的意思，是只把它当作"境"来处理。

如今眼前风拂拂地，不是东南风，便是西北风，你只有按上面的思路去领会，才会有所得。你若另行将它当"禅道"去领会，那就离题太远了。

"君不见少林久坐未归客"。达摩未归西天时，九年面壁，静悄悄地。你们且说说，这是"树凋叶落"，还是"体露金风"？若是朝这个方向去领会，尽古今凡圣、乾坤大地打成一片，方能看出云门、雪窦之为人处。

"静依熊耳一丛丛"。熊耳即指西京嵩山少林，其前山是千丛万丛，其后山也是千丛万丛。在座诸位是准备朝哪个方向去领会呢？还能看出雪窦之为人处吗？也只是"灵龟曳尾"吧？

［己］圜悟克勤之"著语" "公案"中之"著语"有：僧问云门：树凋叶落时如何（著：是什么时节，家破人亡，人亡家破）？云门云：体露金风（著：撑天拄地，斩钉截铁，净裸裸，赤洒洒，平步青霄）。

"颂词"中之"著语"有：问既有宗（著：深辨来风，箭不虚发），答亦攸仝（著：岂有两般，如钟待扣，功不浪施）。三句可辨（著：上中下，如今是第几句，须是向三句外荐取始得），一镞辽空（著：中过也，垦着磕着，箭过新罗）。大野兮凉飚飒飒（著：普天匝地，还觉骨毛卓竖么，放行去也），长天兮疏雨濛濛（著：风浩浩，水漫漫，头上漫漫，脚下漫漫）。君不见少林久坐未归客（著：更有不唧嵧汉，带累杀人，黄河头上泻将过来），静依熊耳一丛丛

（著：开眼也着，合眼也着，鬼窟里作活计，眼瞎耳聋，谁到这境界？不免打折你版齿）。

[庚]"云门体露金风"之现代释读 "云门三句"是云门文偃大师经常用以接引学人、化导学人之三种语句。其第一句名"函盖乾坤句"，第二句名"目机铢两句"，第三句名"不涉万缘句"。语出《五家宗旨纂要》卷下。后德山圆明密禅师（一说云门之法嗣德山缘密禅师）厘为另外三句——"函盖乾坤句""截断众流句""随波逐浪句"，世称"德山三句"。被云门宗称为"云门剑""砍毛剑"，广泛应用于各种场合。圜悟克勤"评唱"本则公案时，则调整为"函盖乾坤句""随波逐浪句""截断众流句"之三句。

"函盖乾坤"，《佛光大辞典》释读为"指绝对之真理充满天地之间，且函盖整个宇宙"；"目机铢两"，《佛光大辞典》释读为"断除学人之烦恼妄想，谓应超越语言文字，于内心顿悟"；"不涉万缘"，《佛光大辞典》释读为"对参学者应机说法，为活泼无碍之化导"。并认为第一句讲的是"普遍性"，第二句讲的是"超越性"，第三句讲的是"作用"。（第5334页）

若以《老子》第四十二章之思维释读"云门三句"，则第一句讲的就是"道生一"，第二句讲的就是"一生二，二生三，三生万物"，第三句讲的就是"万物负阴而抱阳，冲气以为和"。

《大乘起信论》则将第一句释读为"一心门"，将第二句释读为"真如门"，将第三句释读为"生灭门"。

若以佛门本有之"四句百非"之思维释读"云门三句"，则第一句讲的就是"有"，第二句讲的就是"无"，第三句讲的就是"亦有亦无,非有非无"。

不管如何释读,圜悟克勤的话要始终牢记,这话就是"问一答十,举一明三",这话就是"举一明三,举三明一",这话就是"一句中须具三句",这话就是"须是向三句外荐取始得",这话就是"一句中具三句"同时"透出三句外"。

"举一明三"、"一句中具三句"之要求,一般人容易做到;"举三明一"之要求,一般人不容易做到;"向三句外荐取""透出三句外"之要求,就更是不容易做到了。

因为"举一明三"是远行,是出发,是去找寻多样性,常人乐为之;而"举三明一"是回来,是归家,是来回归单一性,常人不乐为之;而"透出三句外"则是并远行与回来一并舍弃,并出发与归家一并舍弃,并多样性与单一性一并舍弃,要求很高,常人非不欲也,实不知也。

"举一明三"是"放心","举三明一"是"收心","透出三句外"则是"放收并置心"。此"心"要求很高,常人非不欲也,实不知也。

雪窦重显及圜悟克勤之终极要求,是"透出三句外",是"放收并置心"。这境界是"撑天拄地,斩钉截铁"的,是"净裸裸,赤洒洒,平步青霄"的,是"把断要津,不通凡圣"的,是"开眼也着,合眼也着"的,是"如钳如铗,有钩有镰"的,是"法法不隐藏,古今常显露"的,是"尽古今凡圣、乾坤大地打成一片"的。一个出家人,不上达如此之境界,不得谓为"大师"。

《禅是一枝花》以"把身体显露于大自然"及《旧约》中"方舟里出来的诺亚"等释读本则以案,可视为一隅之得。司南《禅心一念间》以"纯粹的本质""永恒不变的存在"及"自然规律"等释读本则公案，实在离题太远。

综上所言，通过"云门体露金风"这则公案，圜悟克勤告诉我们：人要进入禅境，须有一颗"三一并置并去心"或"一三并置并去心"。这是《碧岩录》给我们讲的第二十七个道理。

第二十八则　南泉不说底法

"南泉不说底法",禅宗公案名,又名"涅槃和尚诸圣""南泉不说"。《佛光大辞典》未列专条。

南泉普愿(748—834年),唐代名僧。俗姓王,郑州新郑(今河南开封新郑)人。十岁受业于大隗山怀让,二十四岁就嵩山会善寺暠律师受具足戒。四十七岁参江西马祖道一,得悟,乃建禅宇于池阳南泉山,不出山凡三十年。曾研习法砺律师唱创之相部律宗;又游诸讲肆,听《楞伽》《华严》诸经;又通达《中论》《百论》《十二门论》等之玄义。示寂于太和八年(834年)十二月二十五日,世寿八十有七。世称南泉普愿。法嗣有从谂、昙照、师祖等十七人。有《语录》一卷存世。事迹载《宋高僧传》卷十一、《景德传灯录》卷八、《联灯会要》卷四、《五灯会元》卷四、《佛祖历代通载》卷二十二、《禅宗正脉》卷三等。

南泉山位于今安徽池州贵池。普愿得法后居此山,三十余年不下人寰。后应前池阳太守陆公亘、护军彭城刘公二人之请,方下山举扬宗风。由是法道大扬,学徒云集,常随左右者数百人。

禅门中与普愿相关之公案甚多,其中著名者有"南泉白牯""南泉石佛""南泉斩猫""南泉玩月""南泉镰子"等。

[甲] 圜悟克勤之"垂示"（原缺）

[乙] **"南泉不说底法"之公案** 南泉参百丈涅槃和尚，丈问："从上诸圣，还有不为人说底法么？"泉云："有。"丈云："作么生是不为人说底法？"泉云："不是心，不是佛，不是物。"丈云："说了也。"泉云："某甲只恁么，和尚作么生？"丈云："我又不是大善知识，争知有说不说。"泉云："某甲不会。"丈云："我太煞为你说了也。"

[丙] **圜悟克勤对公案之"评唱"** 话讲到这地步，已谈不上即心还是不即心，谈不上非心还是不非心，直接从顶至足一竿子插到底，连眉毛也不剩下一根，就行了。

"即心""非心"之论，寿禅师称之为"表诠""遮诠"。这里的涅槃和尚，就是法正禅师。当时他在百丈门下，是个"西堂开田说大义者"。这时节南泉禅师已参谒过马祖道一，已经开悟，只是想往来诸方，印证自己之所想，以便做最后的抉择。

百丈这样提出问题，也是一件很难应付的差事。他问："历史上那些圣人，还有不为人说的法吗？"要是山僧我，会马上掩耳而出，让这老汉下不了台。要是碰上"作家"，见他那么提问，便早已识破他了。

南泉只是根据他自己之所见，回答说："有。"也是当了一回"孟八郎"。百丈于是将错就错，随后又问："什么是不为人说的法？"南泉回答说："不是心，不是佛，不是物。"

这家伙真是贪观天上月，失却掌中珠，在百丈面前露出破绽，百丈于是说:"不是已经说了吗?"只是有些可惜,给他点破了。其实当时最好照准他脊梁就是一棒,也让他知道痛痒。

就算是这样,你们且说说,什么地方是"已经说了"呢?根据南泉之所见:"不是心,不是佛,不是物。"这是"没有说"。我且问问你们诸人,为什么百丈却说"已经说了"。他言语之中又没有很清晰的线索,若说南泉"没有说",那百丈又为什么说他"已经说了"。

南泉是一个知道"变通"的人,于是他随后杀个回马枪,说:"鄙人只是那么一说,和尚又何必认真呢?"要是一般人,对此恐怕分疏不下。怎奈百丈是"作家",他的回答不妨奇特,便说:"我又不是大善知识,怎么知道是说了,还是没有说呢?"南泉便说个"不会"。

这家伙究竟是"会"却来说"不会",还是真个"不会"呢?百丈说:"我跟你说得太多了。"你们且说说,什么地方是他"已经说了"的?

要是"弄泥团"的汉子,当时他们两个都会糊里糊涂;要是他们两个都是"作家",当时就会如明镜当台。其实一开始他们两个都是"作家",所以后来他们两个才能一起"放过"。你要是独具只眼的汉子,这一切已经看得很明白。你们且说说,可以拿什么东西来勘验他?且看雪窦的"颂词"。

[丁] 雪窦重显对公案之"颂词"

祖佛从来不为人,衲僧今古竞头走。
明镜当台列像殊,一一面南看北斗。
斗柄垂,无处讨,拈得鼻孔失却口。

[戊] 圜悟克勤对雪窦重显颂词之"评唱" 释迦老子出世

四十九年，未曾说一字。始从光耀土，终至跋提河，从头到尾，未尝说一字。人们都那么说，你们且说说，他到底是"说"了呢，还是"没有说"？

看如今释家的经典满宫满殿，堆积如山，又如何能说"没有说"？岂不见修山主曾说："诸佛不出世四十九年。"又说："达摩不西来，少林有妙诀。"又说："诸佛不曾出世，亦无一法与人。但能观众生心，随机应病与药施方，遂有三乘十二分教。"

其实祖佛自古至今，的确不曾为人"说"。只这"不为人"三字，正好是详为参究的话头。山僧我常说："若是添一句，甜蜜蜜地，好好观来，却正是毒药。若是劈脊便棒，蓦口便掴，推将出去，才真正是'亲切'为人。"

"衲僧今古竞头走。"到任何地方，是也问，不是也问，问佛问祖，问向上，问向下。就算是这样，要是还没有到这般田地，也少不得如"明镜当台列像殊"。只消一句，可辨明白。

古人说："万象及森罗，一法之所印。"又说："森罗及万象，总在个中圆。"神秀大师说："身是菩提树，心如明镜台。时时勤拂拭，勿使惹尘埃。"大满说："他只在门外。"雪窦"颂词"那么说，你们且说说，你是在门内，还是在门外？

你们大家，每人各有一面古镜，森罗万象，长短方圆，一一呈现于其中。你若将心思放去计较长短，最终定会摸索不着。所以雪窦说"明镜当台列像殊"时，还不忘加上一句"一一面南看北斗"。

既然是"面南"，为什么却又"看北斗"？你若读得懂这句话，就能体会百丈与南泉对答的深意所在。

以上两句，是颂百丈吃回马枪的地方。百丈说："我又不是大善知识，怎能知道说了还是没说？"雪窦颂到此处，似乎落在了死水里，唯恐别人错误领会，于是自己再提起话头说："即今目前'斗柄垂'，你还要到什么地方去探索？"

你才"拈得鼻孔失却口"，却又马上"拈得口失却鼻孔"了。

[己] 圜悟克勤之"著语" "公案"中之"著语"有：南泉参百丈涅槃和尚，丈问：从上诸圣，还有不为人说底法么（著：和尚合知壁立万仞，还觉齿落么）？泉云：有（著：落草了也，孟八郎作什么，便有恁么事）。丈云：作么生是不为人说底法（著：看他作么生，看他手忙脚乱，将错就错，但试问看）？泉云：不是心，不是佛，不是物（著：果然纳败阙，果然漏逗不少）。丈云：说了也（著：莫与他说破，从他错一平生，不合与他恁么道）。泉云：某甲只恁么，和尚作么生（著：赖有转身处，与长即长，与短即短，理长则就）？丈云：我又不是大善知识，争知有说不说（著：看他手忙脚乱，藏身露影，去死十分，烂泥里有刺，恁么那赚我）。泉云：某甲不会（著：乍可恁么，赖值不会，会即打你头破，赖值这汉，只恁么）。丈云：我太煞为你说了也（著：雪上加霜，龙头蛇尾，作什么）。

"颂词"中之"著语"有：祖佛从来不为人（著：各自守疆界，有条攀条，记得个元字脚在，心入地狱如箭），衲僧今古竞头走（著：踏破草鞋，拗折拄杖，高挂钵囊）。明镜当台列像殊（著：堕也，破也，打破镜来与你相见），一一面南看北斗（著：还见老僧骑佛殿出山门么，新罗国里曾上堂，大唐国里未打鼓）。斗柄垂（著：落处也不知在什么处），无处讨（著：瞎，可惜许，碗子落地，碟子成七八片），拈得鼻孔失却口（著：那里得这消息来，果然恁么,便打)。

[庚]"南泉不说底法"之现代释读 "说"与"默"乃菩萨之"圣行":依因缘,则应说,依理体,则应默;说者,说法也,默者,不说也。《思益梵天所问经》卷三云:"汝等集会,当行二事,若说法,若圣默然。"《摩诃止观》卷一上云:"若竞说默,不解教意,去理逾远。离说无理,离理无说。即说无说,无说即说。无二无别,即事而真。"

禅门四句中,你若只说"有",是说多了,谓之"说法"之"增益谤";你若只说"无",是说少了,谓之"说法"之"损减谤";你若只说"亦有亦无",两边共执,是说反了,谓之"说法"之"相违谤";你若只说"非有非无",两边不定,是说顺了,谓之"说法"之"戏论谤"。合观"说法"之四大欠缺,即是"说法四谤"(据《华严经随疏演义钞》卷五十)。说明"说"与"不说",其实都很难。

你"说有"时,便忽略了"说无";你"说无"时,便忽略了"说有"。你"说亦有亦无"时,便忽略了"说非有非无";你"说非有非无"时,便忽略了"说亦有亦无"。你说"我不忽略"行不行?不行的,你不可能"不忽略",你没有办法"不忽略",你说一边就一定会忽略另一边。你不可能同时"说两边"。

既然一"说"便有漏,那我们"不说"行不行,那我们保持"默"行不行?同样不行的,因为你"执于默",就是忽略了"说",就跟你"执于说",就是忽略了"默",是一样的。你"执于默"之过失,同于你"执于说"之过失。你"执于说"固然不可取,你"执于默"同样不可取。你"执于说",是"增益谤";你"执于默",是"损减谤"。

那我们处"亦说亦默"之境如何？也不行的，这是"相违谤"。那我们处"非说非默"之境如何？也不行的，这是"戏论谤"。我们实际上是无路可走的：我们朝东走，忘了西；我们朝南走，忘了北；我们不走，忘了东南西北。所以禅师要我们"离四句绝百非"，要我们"离东南西北，再绝这个离"。

公案中"不为人说底法"一句，如若我们忽略"为人"二字，则就是"不说底法"。百丈问"不说底法"有哪些，南泉答以"不是心，不是佛，不是物"。这种回答有其奇特之处，即不答以"是什么"，而答以"不是什么"。"不答以是"与"答以不是"，是一个问题之两面，都是告诉我们的确有"不说底法"存在。但"答以不是"又的确是"说"了，并非"没有说"，所以百丈才应以"说了也"。但南泉却坚持认为自己"没有说"，"某甲只恁么"就是强调自己"没有说"。一方认为是"说了也"，一方认为是"没有说"，"答以不是"到底是"说了也"，还是"没有说"呢？百丈认为自己搞不清楚，说"争知有说不说"；南泉也认为搞不清楚，说"某甲不会"。

其实自旁而观，还是很清楚的。"答以不是"既是一种"说"，又是一种"没有说"（即"默"），是"亦说亦默""非说非默"的一种问答方式。圜悟克勤释读为"不消即心不即心，不消非心不非心"，认为仅以"即心不即心"无法破题，仅以"非心不非心"亦无法破题。那么什么东西可以破题呢？以"即心非心"或"不即心不非心"才能破题。应用于"说默"，就是所谓"亦说亦默""非说非默"。雪窦重置"颂词"中"面南看北斗"之说，贯彻的是同样的格式，"面南"与"说"同格，"看北斗"与"默"同格，反之亦然。

"拈得鼻孔失却口"之说,贯彻的亦是同样的格式,"鼻孔"与"说"同格,"口"与"默"同格,反之亦然。这就是《摩诃止观》卷一上所说的"即说无说,无说即说"。

《禅是一枝花》以中国画("以不画处为画""无画处也是画")、中国舞("没有动作处亦有舞意")、中国文学("写处是写,不写处亦是不著一句,而光景无穷")以及白居易《琵琶行》中"此时无声胜有声"之诗句,释读本则公案,颇有新意。司南《禅心一念间》亦以"中国山水画"与"我们写文章"释读之,与《禅是一枝花》格式相同,未构成一家之言。

综上所言,通过"南泉不说底法"这则公案,圜悟克勤告诉我们:人要进入禅境,须有一颗"说默并置并去心"或"言默并置并去心"。这是《碧岩录》给我们讲的第二十八个道理。

第二十九则　大隋随他去也

"大隋随他去也",禅宗公案名,又名"大隋劫火洞然""大隋劫火",述大隋法真禅师以劫火起而破坏大地为因,论究脱迷悟凡圣相对之妄执、主张人人本具灵性之机缘语句。载《景德传灯录》卷十一、《从容录》第三十则、《宗门统要续集》卷十、《碧岩录》卷第三等。

大隋法真(834—919年),唐末五代僧。俗姓王,梓州盐亭(今四川盐亭)人。出家于慧义寺(护圣寺竹林院),曾南游参谒道吾圆智、云岩昙晟、洞山良价、沩山灵祐等名师。终于沩山门下悟道,而嗣长庆大安之法。后归天彭(今四川彭州市)堋口山龙怀寺。再迁天彭大随山,任住持十余年,世称"大随法真"。前蜀光天元年(918年),帝欲赐寺额、紫衣及"神照大师"之号,师婉辞再三而受。乾德元年(919年)端坐示寂,世寿八十有六,法腊六十有六。遗有《大随开山神照禅师语录》一卷,载于《古尊宿语录》卷三十五。事迹见《祖堂集》卷十九、《景德传灯录》卷十一等。

与大隋法真相关之公案,除本则外,还有"大隋乌龟"(一名"大随乌龟""大隋龟话")等。

[甲]圜悟克勤之"垂示" 鱼行水浊，鸟飞毛落。明辩主宾，洞分缁素。直似当台明镜，掌内明珠，汉现胡来，声彰色显。且道：为什么如此？试请看公案。

[乙]"大隋随他去也"之公案 僧问大隋："劫火洞然，大千俱坏，未审这个坏不坏？"隋云："坏。"僧云："恁么，则随他去也？"隋云："随他去。"

[丙]圜悟克勤对公案之"评唱" 大隋真如和尚（原注：真如，一作法真），承嗣大安禅师。系东川盐亭县人。曾参谒过六十余员善知识。

那时候他在沩山会里作火头，有一天沩山问他说："你在此已经数年，也不见你有什么问题提出来让我看看。"大隋说："您让鄙人提个什么问题才妥当呢？"沩山答："你就不会问'如何是佛'一类的问题吗？"大隋以手掩住沩山之口，沩山说："你以后想找个为你扫地的人，恐怕都没有。"

后来回到四川，先在堋口山路边煎茶，接待往来香客，一共三年。此后才出世开山，任大隋山住持。当时有僧徒问他："劫火洞然，大千俱坏，不知道'这个'坏不坏？"这僧只会根据教意来提问，教中说："成住坏空，三灾劫起，坏至三禅天。"这僧原来并不知道话头之落脚处。你们且说说，他说的"这个"指的是什么？

人们常常对此作情识之解，说："'这个'是指众生本性。"大隋说："坏。"僧徒说："既如此，就随他去吧？"大隋答："随他去吧。"仅这几句对答，就不知有多少人作情识之解，摸索不着。

若说"随他去"，那是去到什么地方？若说"不随他去"，又为什么不见他说"欲得亲切，莫将问来问"？

后来又有僧问修山主："劫火洞然,大千俱坏,不知'这个'坏不坏?"山主答:"不坏。"僧问:"为什么不坏?"山主答:"只因它与大千世界同为一体。坏也,碍塞杀人;不坏也,碍塞杀人。"那僧既然不懂大隋所说的话,于是他就把这件事时刻放在心上,带着这个问题,径直前往舒州投子山。

投子和尚问他:"你从何处来?"僧答:"从西蜀大隋处来。"投子又问:"大隋有何言句?"这僧于是逐一举出先前的对话。投子焚香礼拜,说:"西蜀有古佛出世,你且赶快回去!"这僧又返回,到大隋山时,大隋已经迁化。这僧悲伤后悔得一塌糊涂。

后来有唐代僧人景遵题写《大隋》云:"了然无别法,谁道印南能。一句随他语,千山走衲僧。蛩寒鸣砌叶,鬼夜礼龛灯。吟罢孤窗外,徘徊恨不胜。"所以雪窦后面引用其中两句撰写颂词。

到此为止,我们既不得当成"坏"去理解,也不得当成"不坏"去理解。那究竟该如何去理解呢?请赶快看下面的颂词。

[丁] 雪窦重显对公案之"颂词"

劫火光中立问端,衲僧犹滞两重关。

可怜一句随他语,万里区区独往还。

[戊] 圜悟克勤对雪窦重显颂词之"评唱" 雪窦当机颂出,文句里隐含来龙去脉。"劫火光中立问端,衲僧犹滞两重关",问话的僧徒在提问之时,先已怀抱"坏"与"不坏"之想,这就是所谓"两重关"。若是得道之人,说"坏"有其来龙去脉,说"不坏"也有其来龙去脉。

"可怜一句随他语,万里区区独往还",这是颂那僧徒持"随他去"一语问投子,又返回大隋山一事,可谓是"万里区区"了。

[己]圜悟克勤之"著语" "公案"中之"著语"有：僧问大隋：劫火洞然，大千俱坏，未审这个坏不坏（著：这个是什么物？这一句，天下衲僧摸索不着，预搔待痒）？隋云：坏（著：无孔铁锤当面掷，没却鼻孔，未开口之前，勘破了也）。僧云：恁么，则随他去也（著：没量大人，语脉里转却，果然错认）。隋云：随他去（著：前箭犹轻后箭深，只这个，多少人摸索不着。水长船高，泥多佛大。若道随他去，在什么处；若道不随他去，又作么生便打）。

"颂词"中之"著语"有：劫火光中立问端（著：道什么，已是错了也），衲僧犹滞两重关（著：坐断此人，如何救得，百匝千重也，有脚头脚底）。可怜一句随他语（著：天下衲僧，作这般计较，千句万句，也不消得，有什么难，截断他脚跟处），万里区区独往还（著：业识茫茫，蹉过也，不知自是他，踏破草鞋）。

[庚]"大隋随他去也"之现代释读 "劫"为梵语Kalpa之音译。音译为劫波、劫跛、劫簸或羯腊波，简称为"劫"。意译为分别时分、分别时节、长时、大时等。系古印度婆罗门教表达极大时限之时间单位，佛教沿习之。

婆罗门教中之"一劫"，有"四十三亿二千万年"之说，亦有"四百三十二万年"之说。劫末有劫火出现，烧毁一切，复重创世界。佛教亦以"劫"为基础，说明世界生成毁灭之过程，谓世界之成立，分为成、住、坏、空四劫，其中"坏劫"之末必起火灾、水灾、风灾之三灾，称为"三大灾"。当火灾之时，天上出现七日轮，初禅天以下全为劫火所烧。"劫火"，又作"劫尽火""劫烧"，指的就是"坏劫"时所起之火灾。火灾中烧尽一切物之状况，被称为"劫火洞然"。

禅林常以"劫火"之后是否尚有未被烧尽之"残余"为话头，展开辩论与探讨。本则公案，即是其例。释读本则公案，可以有两个立足点，或立足于"这个"，讨论"这"在禅门中之意义；或立足于"坏"与"不坏"之"两重关"，讨论大隋"答坏"与修山主"答不坏"以及投子"无答"之区别及其在禅门中之意义。著者拟以"这个"为立足点，释读本则公案。

问："如何是禅？"师曰："碌砖。"（石头希迁语，载《景德传灯录》卷十四）

问："如何是禅？"师曰："胡孙上树尾连颠。"（清平令遵语，载《景德传灯录》卷十五）

问："如何是禅？"师曰："古塚不为家。"（百严语，载《景德传灯录》卷十七）

问："如何是禅？"师曰："今年旱去年。"（林阳志端语，载《景德传灯录》卷二十二）

僧问："如何是禅？"师曰："三界绵绵。"（黄山良匡语，载《景德传灯录》卷二十五）

僧问："如何是禅？"师曰："不与白云连。"（谭柘从实语，载《景德传灯录》卷二十三）

问："如何是禅？"师曰："猛火着油煎。"（陈尊宿语，载《五灯会元》卷四）

僧问："如何是禅？"师曰："澄潭钓玉兔。"（益州崇真语，载《景德传灯录》卷二十三）

僧问："如何是禅？"师曰："莫向外边传。"（黄龙法忠语，载《五灯会元》卷二十）

问:"如何是禅?"师曰:"鸾凤入鸡笼。"(鹿门处真语,载《景德传灯录》卷二十)

假如我们这样列举下去,到何时才是个头呢?永远没有个头!解决这个难题,可以有两套办法:一套是西洋哲人的办法,选择其中之一以为"定义",其余则全部舍弃;一套是中土哲人的办法,平等对待所有答案,而以"这个"包含所有答案。故对中土哲人而言,回答"如何是禅"这一问题的最佳答案就是:"禅是这个。"

僧问:"如何是佛?"师曰:"速礼三拜。"(三角志谦语,载《景德传灯录》卷十三)

僧问:"如何是佛?"师曰:"圣躬万岁。"(云门山爽语,载《景德传灯录》卷二十二)

问:"如何是佛?"师曰:"朝装香,暮换水。"(净因道真语,载《五灯会元》卷十二)

问:"如何是佛?"师曰:"痴儿舍父逃。"(盘龙可文语,载《景德传灯录》卷十六)

僧问:"如何是佛?"师曰:"闻名不如见面。"(仁王钦语,载《五灯会元》卷六)

问:"如何是佛?"师曰:"两个不是多。"(广慧元琏语,载《五灯会元》卷十一)

问:"如何是佛?"师曰:"勿使异人闻。"(风穴延诏语,载《景德传灯录》卷十三)

问:"如何是佛?"师曰:"张三李四。"(栖贤澄湜语,载《五灯会元》卷十)

僧问:"如何是佛?"师曰:"踏破草鞋赤脚走。"(智门光祚

语，载《五灯会元》卷十五）

问："如何是佛？"师曰："新妇骑驴阿家牵。"（首山省念语，载《五灯会元》卷十一）

这样"无穷列举"，就是黑格尔所谓的"坏的无限"。西洋哲人对付"坏的无限"之方法是构建"定义"，中土哲人对付"坏的无限"之方法则是解构"定义"，构建所谓"反定义""泛定义"与"非定义"。认为回答"如何是佛"这一问题的最佳答案就是："佛是这个。"

回答所有问题的最佳答案，都是"S是这个"，简称"这个"。但这个答案却又是一彰一蔽，它彰显了"是这个"之一面，却又遮蔽了"不是那个"之一面；它彰显了"阳"之一面，却遮蔽了"阴"之一面。恰当的做法，是合阴、阳两面而观，讲"S是这个"，同时不忘记"S不是那个"。讲"这个"，同时不忘记"那个"。

回到本则公案。圜悟克勤之"垂示"中，"鱼行"是"这个"，"水浊"就是"那个"；"鸟飞"是"这个"，"毛落"就是"那个"；"主"是"这个"，"宾"就是"那个"；"缁"是"这个"，"素"就是"那个"。对于"未审'这个'坏不坏"之问题的两个答案，大隋答"坏"，强调的是"这个"；修山主答"不坏"，强调的是"那个"。

雪窦重显之"颂词"中所谓的"两重关"，讲的就是"这个"与"那个"的两难；我们按下"这个"，"那个"起来了；按下"那个"，"这个"起来了；同时按下，伤了阳面；同时不按下，伤了阴面。这就是所谓"两重关"。

洛浦元安禅师曾说："若道'这个'是，即头上安头；若道不是，即斩头求活。"（《指月录》卷十七）"道'这个'是"，就是回答

"是这个";"道'这个'不是",就是回答"不是那个"。只讲"是这个",那是"头上安头";只讲"不是那个",那是"斩头求活"。洛浦元安是要求我们合两方面而观,"安头"时别忘"斩头","斩头"时亦别忘"安头"。

《禅是一枝花》立足于"坏"字释读本则公案,讲到"卫道之士""革命者",强调"从'坏'字想起""要从坏灭的觉悟再来起头",显然只是一偏之见。司南《禅心一念间》则立足于"心性"释读本则公案,说"无论外界有多么大的变迁,哪怕是天雷地火,心性却是岿然不动的",是想强调"大千世界"的"坏"与"心性"的"不坏",可为一孔之见。

综上所言,通过"大隋随他去也"这则公案,圜悟克勤告诉我们:人要进入禅境,须有一颗"坏与不坏并置并去心"或"这个与那个并置并去心"。这是《碧岩录》给我们讲的第二十九个道理。

第三十则　赵州大萝卜头

"赵州大萝卜头",禅宗公案名,又作"赵州大萝卜""赵州萝卜",述赵州从谂与僧徒间有关赵州与南泉普愿相见一事之机缘问答。载《景德传灯录》卷十、《汾阳录》第五十二则、《碧岩录》卷第三。

赵州从谂事迹见前文。

[甲] **圜悟克勤之"垂示"**（原缺）

[乙] **"赵州大萝卜头"之公案**　僧问赵州："承闻和尚亲见南泉,是否?"州云："镇州出产大萝卜头。"

[丙] **圜悟克勤对公案之"评唱"**　这僧也是个久参的主,问话中暗藏玄机。怎奈赵州是有名的"作家",一眼便识破,于是回答他说："镇州出产大萝卜头。"可谓是无味之谈,让人哑口无言。

这老汉很有些与"神偷"相似,你一开口,他便蒙你眼睛,把你引向其他的方向。你若是特别通达英灵的汉子,直接闯进击石火里、闪电光中,刚一听到问题,就能旋起应对。如若不然,你稍微伫思停机,就会落得丧身失命的下场。

江西澄散圣判把这称为"东问西答",叫作"不答话不上他圈缋"。你若也是那样去理解,就如同远录公所说:"此是傍瞥语,收在九带中。"你若那样去理解,不仅对真相未曾梦见,还会连累赵州的。

有人说:"镇州从来出产大萝卜头,这是天下人都知道的;赵州从来就参谒过南泉普愿,这也是天下人都知道的。这僧却还要问他说'承闻和尚亲见南泉是否',所以赵州才答他说'镇州出产大萝卜头'。"这样来理解,是与真相不沾边的。

既然不能那样去理解,那究竟应该怎样去理解呢?"他家自有通霄路",不见有僧问九峰:"承闻和尚亲见延寿来是否?"九峰的回答是:"山前麦子熟了没有?"

这句答语,正好可以与赵州的答语相对应,就好像两个无孔铁锤一般,一模一样。赵州这老汉,是个"无事底人",你轻轻一问,他就会蒙住你眼睛,把你引向另外的方向。你若是个"知有底人",会将它的话细嚼慢咽;你若是个"不知有底人",就只能对他的话囫囵吞枣了。

[丁]雪窦重置对公案之"颂词"

镇州出大萝卜,天下衲僧取则。

只知自古自今,争辨鹄白乌黑。

贼,贼,衲僧鼻孔曾拈得。

[戊]圜悟克勤对雪窦重显颂词之"评唱" "镇州出大萝卜"这一句,你若取他为"极则",早就出错了。古人把手上高山,总不免会有旁观者在那里讥笑。都知道这句话是一句"极则语",却终究不知道"极则"在哪里。所以雪窦才说"天下衲僧取则"。

"只知自古自今,争辨鹄白乌黑",即使知道今人也那么回答,古人也那么回答,我们又何曾分得出缁素来! 所以雪窦说:"必须到他石火电光中,去辨其鹄白乌黑才行。"

公案到此,也就算"颂"完了。可雪窦又自出高意,更进一步"向活泼泼处"跟你说:"贼,贼,衲僧鼻孔曾拈得。"三世诸佛也是贼,历代祖师也是贼。善于"作贼",蒙人眼睛,不犯手脚,也就只有赵州和尚能行。

你们且说说,什么地方是赵州善于"作贼"之处?是"镇州出大萝卜头"这句话吗?

[己] 圜悟克勤之"著语" "公案"中之"著语"有:僧问赵州:承闻和尚亲见南泉是否(著:千闻不如一见,捋眉分八字)?州云:镇州出大萝卜头(著:撑天拄地,斩钉截铁,箭过新罗,脑后见腮,莫与往来)。

"颂词"中之"著语"有:镇州出大萝卜(著:天下人知,切忌道着,一回举着一回新),天下衲僧取则(著:争奈不恁么,谁用这闲语长言)。只知自古自今(著:半开半合,如麻似粟,自古也不恁么,如今也不恁么),争辨鹄白乌黑(著:全机颖脱,长者自长,短者自短,识得者贵,也不消得辨)。贼,贼(著:咄,更不是,别自是担枷过状),衲僧鼻孔曾拈得(著:穿过了也,裂转)。

[庚] "赵州大萝卜头"之现代释读 僧问九峰:"承闻和尚亲见延寿来是否?"峰云:"山前麦熟也未。"僧问赵州:"承闻和尚亲见南泉是否?"州云:"镇州出大萝卜头。"僧与九峰之问答和僧与赵州之问答,格式完全相同。这完全相同的格式,究竟是一种什么格式呢?江西澄散圣判称之为"东问西答",远录公称之为"傍瞥

语",圜悟克勤认为都不对,不仅远离真相,还会连累赵州。

那究竟应该怎样称呼这种格式呢?我们可以找出雪窦重显"颂词"中的一个字来称呼,这个字就是"贼"。"颂词"云:"贼,贼,衲僧鼻孔曾拈得。"一连两个"贼"字,恐怕有深意在。

圜悟克勤"评唱"公案时,已经提到这个"贼"字,评赵州和尚"这老汉大似个白拈贼相似"。什么样的贼是"白拈贼",现已不明。然圜悟克勤还是有简略之说明:"你才开口,便换却你眼睛。"这里的"贼"可以释读为"贼快"。

在释读雪窦重显"颂词"时,圜悟克勤在"贼,贼"两字下所加之"著语"为:"咄,更不是,别自是担枷过状。""更不是"的意思是"不是贼",不是哪种"贼"呢?不是"担枷过状"的那种"贼",不是"偷偷摸摸"的那种"贼",不是我们日常语言所描绘的那种"贼"。这里的"贼",可以释读为"窃贼"。也就是说,圜悟克勤认定雪窦"颂词"中所用"贼"字,不是指"窃贼",而是另一种正面意义上的"贼"。

这另一种正面意义上的"贼",就是所谓的"贼灵"。圜悟"评唱"公案时所用"特达英灵底汉"一词,庶几近之;所用"知有底人"一词,亦庶几近之。到"评唱"雪窦之"颂词"时,意思就更明白了:"三世诸佛也是贼,历代祖师也是贼,善能作贼,换人眼睛,不犯手脚,独许赵州。"这是对"贼,贼,衲僧鼻孔曾拈得"一句"颂词"的"评唱","评唱"中以"贼"指称"三世诸佛",又以"贼"指称"历代祖师",更以"贼"指称赵州从谂。这些"贼"当然不是"窃贼",而是正面意义上的"贼快""贼灵"之"贼",是"智"上之"贼",是"慧"上之"贼",合言之,是"智慧贼"。圜悟评赵州"善能作贼",就是指"善能作智慧贼";所问"什么处是赵州善作贼处,答案就是"智慧"。

释家本有"贼住"一词,表"以贼心而住"之意。又名"贼盗住"或"贼心入道"。具体含义是:(一)教团(僧伽)中为得利养与生活而出家者;(二)为偷盗教法而出家者;(三)年龄未满二十,不能受正式具足戒而混于受戒队伍中者。此处所谓"贼",既指"偷窃"意义上之"贼",又指"居心不良"以及"不合格"意义上之"贼"。并由此引申出"贼住大天""贼住外道"等语。这几种"贼"显然是负面意义上之"贼"。

释家所谓"贼",原本只是负面意义上之"贼",然圜悟克勤却是从正面去释读与"评唱"的。他说"三世诸佛也是贼,历代祖师也是贼,善能作贼,换人眼睛,不犯手脚,独许赵州",等等,就是从正面去释读"贼"的。负面之"贼",可以从正面去释读,说明"贼"有阴、阳两面。正面之"贼"是"阳贼",负面之"贼"就是"阴贼";或者,负面之"贼"为"阳贼",正面之"贼"就是"阴贼"。"贼"有阴、阳,这是只有中土哲人才能构建的境界,西洋哲人是想不通的。

《佛光大辞典》释读"赵州大萝卜头"之公案云:"此公案中,赵州顾左右而言他,对原本简单易答之话题佯作不解,其真义即直指应当看取眼前真切之生活,否则即便是南泉教诫之金言,亦不如镇州出产的大萝卜头来的真切有用。"(第5935页)此一释读着眼于两点:一是"顾左右而言他",二是"真切有用"。前者是方式,后者是内容,即是立足于"真切"或"真切有用"释读本则公案。有一定道理,但视角很一般。

《禅是一枝花》以《诗经》中"兴""赋""比"三种答问法中之"兴",释读本则公案,认为"兴"的答法就是"机",古人盗天地造化之"机"者即是"贼",立意甚好;但又以"前卫"释读本则公案,并以"无心"与"刻意"区分禅宗与"前卫",似有偏颇。司南《禅心一念间》则以"平常心"释读本则公案,并以"无心"与"刻意"区分禅宗与"前卫",似有偏颇。说"佛法的存在,其实就如萝卜的存在",又说重要的不是"非要改变外面的环境",而是"改变内部的自己"。视角虽一般,然亦可聊备一说。

　　综上所述,通过"赵州大萝卜头"这则公案,圜悟克勤告诉我们:人要进入禅境,须有一颗"阳贼与阴贼并置并去心"或"贼与不贼并置并去之兼心"。这是《碧岩录》给我们讲的第三十个道理。

第四卷

第三十一则　麻谷持锡绕床

"麻谷持锡绕床",禅宗公案名,又作"麻谷振锡""麻谷持锡""麻谷两处振锡""麻谷振锡绕床",述唐代禅僧麻谷宝彻与章敬怀恽、南泉普愿三大师之间之机缘问答。载《佛果圜悟禅师碧岩录》卷第四、《从容录》第十六则等。

麻谷宝彻,唐代僧,俗姓、籍贯及生卒年均不详。法号宝彻。曾参马祖道一,并嗣其法。后居麻谷山弘扬禅风。事迹见《祖堂集》卷十五、《景德传灯录》卷七等。

麻谷山,又名麻峪山,位于蒲州(今山西永济一带)境内。

与麻谷宝彻相关之著名公案,除本则外,还有"麻谷手巾""风性常住"等。

[甲]圜悟克勤之"垂示"　动则影现,觉则冰生,其或不动不觉,不免入野狐窟里。透得彻,信得及,无丝毫障翳,如龙得水,似虎靠山。放行也,瓦砾生光;把定也,真金失色。古人公案,未免周遮。

你们且说说,我们应站在事情的哪一边,来评头品足?请看如下公案。

[乙]"麻谷持锡绕床"之公案　麻谷持锡到章敬那里,绕禅床三圈,振锡杖一下,然后笔直挺立。章敬说:"是,是。"雪窦著语云:"错。"

麻谷又到南泉那里,绕禅床三圈,振锡杖一下,然后笔直挺立。南泉说:"不是,不是。"雪窦著语云:"错。"

麻谷当时就问:"章敬说'是',和尚为什么说'不是'呢?"南泉回答说:"章敬可以说'是,是',但你却'不是'。你只是受风力所转,终将归于败坏。"

[丙]圜悟克勤对公案之"评唱"　古人行脚,遍历丛林,心中念叨的无非就是此事,目的是要分辨坐在曲录木禅床上的老和尚,到底是"具眼"还是"不具眼"。古人常常是一言相契就留下,一言不契就离开。

你看他麻谷禅师到章敬那里,绕禅床三圈,振锡杖一下,然后笔直挺立。章敬说:"是,是。"杀人刀,活人剑,也须是"本分作家",才能说得出这样的话。

雪窦说:"错。"这是落在两边之言。你要是离开"两边"去领会,就无法见出雪窦之真意。

麻谷他"卓然而立",你们且说说,他为什么事"卓然而立"?雪窦又为什么说他"错",什么地方是他的错处?章敬说他"是",什么地方又是他的是处?雪窦就像审判官一般,坐在那里宣读判词。

麻谷担着章敬的"是"字,又去见南泉,依然跟前面一样,绕禅床三圈,振锡杖一下,然后笔直挺立。南泉说:"不是,不是。"杀人刀,活人剑,也须是"本分宗师",才能说得出这样的话。

雪窦说："错。"章敬说"是，是"，南泉说"不是，不是"，这两种说法，到底是相同还是不同？前头说"是"的时候，雪窦为什么判他"错"；后头说"不是"的时候，雪窦为什么还是判他"错"？

若你只是到章敬的语句下去讨说法，恐怕自救不了；若你能到南泉的语句下去讨说法，也许可与祖、佛为师。

就算是如此，出家人还是得自圆其说才行，不要总是让人家抓住辫子。他所问的既然是同一个问题，为什么一个说"是"，一个说"不是"？你要是"通方作者""得大解脱"的人，一定会在其中领略到别样的景观；你要是"机境不忘"的人，一定会陷入这"两头"中，无法自拔。

若想要明辨古今，坐断天下人舌头，一定得先弄清楚这个"两错"才行。后来雪窦撰写"颂词"，所颂的也只是这个"两错"。雪窦要把整个事件中最为"活鱍鱍"的地方，提示出来，所以才这样做。

你若是"皮下有血"的汉子，自然就不会到一言一句中去理解、领会，不会到"系驴橛"上去讨要道理。有人说，这是雪窦代替麻谷下这"两错"之判，这种说法是不沾边的。

要知道古人下一"著语"，务必锁断要关，这边也是，那边也是，总归不能陷入这"两头"而不能自拔。庆藏主曾说："持锡绕禅床，是与不是俱错。"问题的关键其实也不在这里。

你不见永嘉禅师到曹溪去拜见六祖，也是绕禅床三圈，振锡杖一下，然后笔直挺立。六祖说："沙门中间，有三千威仪、八万细行，你是从何方而来，生大我慢？"为什么六祖要批评永嘉"生大我慢"?他在这里不说"是",也不说"不是",是与不是,都是"系驴橛"。

只有雪窦下的这个"两错"之判,似乎才接近于真相。麻谷问"章敬说'是',和尚为什么说'不是'",表明这老汉眉目不清,思维有漏洞。南泉答以"章敬可以说'是,是',你却'不是'",表明南泉乃是"见兔放鹰"的主。庆藏主说:"南泉太过啰唆,讲到'不是'就可以了,还要进一步给他说出缘由,说他只是受风力所转,终将归于败坏。"

《圆觉经》说:"我今此身,四大和合,所谓发毛爪齿、皮肉筋骨、髓脑垢色,皆归于地;唾涕脓血,皆归于水;暖气归火;动转归风。"若四大分离,现在我们所妄言的那个"身",又当在哪里呢?

他麻谷持锡绕禅床,既然是"风力所转,终成败坏",你们且说说,整则公案毕竟是要去"发明心宗",这件事情又在什么地方呢?到了这地步,也务必是"生铁铸就"的汉子,才能体会得出。

岂不见张拙秀才参拜西堂藏禅师时问他:"山河大地,是有是无,三世诸佛,是有是无?"藏禅师回答说:"有。"张拙秀才说:"错。"

藏禅师于是问:"先辈曾经参见过什么人?"张拙秀才答:"曾参见过径山和尚,鄙人凡有所问话,径山皆答'无'。"藏禅师又问:"先辈有什么眷属?"张拙秀才答:"有一山妻,还有两个痴玩。"藏禅师却又问:"径山有什么眷属?"张拙秀才答:"径山乃是古佛和尚,请不要诽谤他才好。"藏禅师于是说:"等到先辈也像径山一样没有眷属时,你再跟他学一切答'无'。"张拙秀才只得低头不语。

大凡"作家"宗师，若要给人解粘去缚、抽钉拔楔，切不可只守一边，左拨右转，右拨左转。你看仰山到中邑处谢戒，中邑见他来，在禅床上拍手叫道："和尚！"仰山马上就到东边站立，又到西边站立，再到中心站立。之后就是谢戒，谢戒毕，却又退后站立。

中邑就问他："你是从什么地方学到这三昧的呢？"仰山回答说："是从曹溪的印子上脱将下来的。"中邑又问："你说说，曹溪用此三昧是接引些什么人呢？"仰山答："接引能'一宿觉'的大德。"仰山又反过来问中邑："和尚又是从什么地方得此三昧的呢？"中邑答："我是从马祖那里学得此三昧的。"

像这样的一问一答，岂不就是举一明三、见本逐末的汉子。龙牙禅师曾开示众人说："一个参学之人，务必超祖越佛，才会有收获。"新丰和尚也曾说："看见祖、佛的言教，就像见到冤家，才有参学提升的可能性。若是超越不了，就可能被祖、佛欺瞒住了。"

当时就有一僧徒问："祖、佛还有欺瞒人之心吗？"龙牙反问说："你说江湖还有碍人之心吗？"又说："江湖虽然无碍人之心，但这时候人却过不去，（你过不去）所以江湖也就成了人之障碍，不得说江湖不是人之障碍；祖、佛虽无瞒人之心，但这时候人却超越不了，（你超越不了）所以祖、佛也就变为人之欺瞒，不得说祖、佛不是人之欺瞒。若是能超过祖、佛，此人也就能越过祖、佛了。一定得体会到祖、佛真意，才有可能上达与古人相同的境界。若是你体会不到，超越不了，无论学佛，还是学祖，虽历万劫你都不会有收获之时。"

僧徒又问:"那如何才能不被祖、佛欺瞒呢?"龙牙回答说:"一定得自己去感悟!"到了这地步,也只能如此,才会有收获。为什么呢?"为人须为彻,杀人须见血",南泉、雪窦就是有这般手段的人,所以才敢把这则公案拿出来拈弄。雪窦的"颂词"如下。

[丁]雪窦重显对公案之"颂词"

此错彼错,切忌拈却。

四海浪平,百川潮落。

古策风高十二门,门门有路空萧索。

非萧索,作者好求无病药。

[戊]圜悟克勤对雪窦重显颂词之"评唱" 这一篇"颂词"与颂"德山见沩山"之公案很相像,先给公案著下两转语,将其穿作一串,然后颂出来。

"此错彼错,切忌拈却。"雪窦的意思是:此处一错,彼处一错,切忌拈却,拈却即乖。一定得是如此,落脚于这个"两错"之上,才能得达"四海浪平,百川潮落""可煞清风明月"之境。

你要是到这个"两错"之下去体验、去领会,就不会出任何问题,一如山是山,水是水,长者自长,短者自短,五日一风,十日一雨。所以才说"四海浪平,百川潮落"。

接下来是颂麻谷持锡一事,说:"古策风高十二门。"古人以鞭为策,衲僧家则以拄杖为策(《祖庭事苑》中古策举《锡杖经》)。西王母瑶池之上,有十二朱门。古策,即是拄杖,头上清风,高于十二朱门。天子及帝释所居之处,亦各有十二朱门。

要是能领会这个"两错",就会拄杖头上生光,古策也就用不着了。古人说:将拄杖子研究透了,一生参学之事也就完成了。又说：不是标形虚事褫，如来宝杖亲踪迹。所讲都是同一个意思。到了这地步，无论七颠，还是八倒，总能于一切时中，得大自在。

"门门有路空萧索。"虽然有路，却只是"空萧索"。雪窦颂到这里，自己也感觉不是很恰当，想进一步为你打破，故说虽然是"空萧索"，也还是有"非萧索"之处。

就算你是"作者"，无病时节，也还是先讨些药来吃才好。

[己] 圜悟克勤之"著语" "公案"中之"著语"有：麻谷持锡到章敬，绕床三匝，振锡一下，卓然而立（著：曹溪样子，一模脱出，直得惊天动地）。敬云：是，是（著：泥里洗土块，赚杀一船人。是什么语话，系驴橛子）。雪窦著语云：错（著：放过则不可，犹较一着在）。

麻谷又到南泉，绕床三匝，振锡一下，卓然而立（著：依前泥里洗土块，再运前来，鰕跳不出斗）。泉云：不是，不是（著：何不承当，杀人不眨眼，是什么语话）。雪窦著语云：错（著：放过不可）。

麻谷当时云：章敬道是，和尚为什么道不是（著：主人公在什么处？这汉元来取人舌头，漏逗了也）。泉云：章敬即是，是汝不是（著：也好，杀人须见血，为人须为彻，瞒却多少人来）。此是风力所转，终成败坏（著：果然被他笼罩，争奈自己何）。

"颂词"中之"著语"有：此错彼错（著：惜取眉毛，据令而行，天上天下，唯我独尊），切忌拈却（著：两个无孔铁锤，直饶千手大悲也提不起。或若拈去，阇黎吃三十棒）。四海浪平（著：天下人不敢动着，东西南北一等家风，近日多雨水），百川潮落（著：净裸裸，赤洒洒，且得自家安稳，直得海晏河清）。古策风高十二门

（著：何似这个，杖头无眼，切忌向拄杖头上作活计），门门有路空萧索（著：一物也无，赚你平生，觑着即瞎）。非萧索（著：果然赖有转身处，已瞎了也，便打），作者好求无病药（著：一死更不再活，十二时中，为什么瞌睡，捞天摸地做什么）。

[庚]"麻谷持锡绕床"之现代释读　执于阳，是错；执于阴，亦是错。执于大，是错；执于小，亦是错。然则执于"不阳不阴""不大不小"如何？禅师告诉你，还是错！

圜悟克勤之"垂示"，讲的就是这个道理：执于"动"是错；执于"觉"是错；执于"不动不觉"，还是错。"其或不动不觉，不免入野狐窟里"，讲的就是执于"不动不觉"之"错"。

"两错"就是"麻谷持锡绕床"之公案的"关键词"。圜悟克勤"评唱"公案，讲到"须是明取这两错始得"，讲到"唯有雪窦下两错，犹较些子"；"评唱"颂词，讲到"须是如此，着这两错"，讲到"你若向这两错下会得，更没一星事"；等等。都是在提醒我们，"两错"一词，乃是领会这则公案之关键。

"评唱"中也论及"两边""两头"等语，又是什么意思呢？圜悟克勤"评唱"公案时，说"你若去两边会，不见雪窦意"，又说"这边也是，那边也是，毕竟不在这两头"，又说"不可只守一边，左拨右转，右拨左转"，等等，是要告诉我们什么道理呢？只是告诉我们，"两边"是要不得的，"两头"是要不得的。

就像足球场上的守门员，单守右边，左边可能进球；单守左边，右边可能进球；单守中间，左边和右边都可能进球。单守右边，是"执于右"；单守左边，是"执于左"；单守中间，是"执于不左不右"。这就是"两边"，或曰"两头"。

"执于右"是错,"执于左"亦是错,"执于不左不右"还是错,这就是"两错"。其实亦可谓之"三边"与"三错",因为太复杂,所以就以"两边""两错"代之。圜悟克勤要我们努力强化"两错"之意识,同时尽力摒除"两边""两头"之意识。

圜悟克勤曾论及张拙秀才参径山和尚,后被西堂藏禅师勘破一事,张模仿径山和尚,对待所有问话均答"无",于是藏问张有何眷属,又问径山和尚有何眷属,张答自己有眷属而径山和尚无眷属,这就被藏勘破了。因为张与径山和尚是不一样的,径山和尚凡问答"无",并不意味着张也可以凡问答"无"。不顾环境有变,问者答者情形有变,不顾上下文之"语境",别人凡问答"无",自己也东施效颦,凡问答"无",这就是"执于无",这就是"错"。它跟"执于有"之"错",情形相同,性质或许还要恶劣。合起来,这就是有、无关系上的"两错"。

圜悟克勤又论及仰山到中邑处谢戒、东西中及退后站立,最后被中邑勘破一事。仰山从曹溪慧能处学得东西中站立之"三昧",以之炫示于中邑,中于是问仰山,曹以此"三昧"接引何人,仰山答接引"一宿觉",这就被中邑勘破了。因为曹溪慧能所接引者,不同于仰山所接引者,曹可以行此"三昧",不意味着仰山可以行此"三昧",否则就是"执于三昧","执于三昧"就是"错"。

在迷与悟、有与无、因与果、凡与圣等之关系中,执着于双方之对立与分别,被禅师称为"两头""两般""两边"或"两个";超越此种对立与分别,认识到有之与无、是之与非、因之与果等,不过是一体不二而互为体用者,不过是一法之两面,则被禅师称为"两头坐断"或"两头撒开"。本则公案以"两错"为关键词，正是落脚于此"两头坐断"，正是落脚于此"两头撒开"。

《佛光大辞典》释读本则公案（第4851—4852页），认为章敬判麻谷之绕床振锡为"是"，乃是"以放任自由、因应随顺之态度及手法来引导麻谷开悟"；而南泉判麻谷之相同行为为"不是"，乃是"以严峻的手法及态度来祛除麻谷心中之妄见、执着"。此种释读，有一定深意。且该辞典最后之落脚点，是认为南泉判以"不是"，乃是"欲以严厉手法提撕麻谷，期以超越是与不是而体会真正之禅旨与机用"，其中"超越是与不是"一语，已接近本则公案之真相。

《禅是一枝花》以"风头"两字释读本则公案，说"此错错得没有风头"，"无论男女，行动处要有风头，做学问也是"，"胡适当年就有一股风头"；又说"像搓麻将，风头顺时你打错牌也会和"，"像美国在风头上时，其对外政策好多无知与错误，也通了过去"，等等。这些立于"风头"之种种说法，似与本则公案之"两错"主旨，还是有很大距离。

司南《禅心一念间》立足于"风力所转"释读本则公案，认为不要"老揪住""是"与"不是"做文章，显然是方向错了。认为"两错"之判皆是"站在事机发生变化时"所说，"因此任何一种是与非的答案，对于一直处于变化着的事机而言，都是错误的"；又认为"事机本身""禅机所在"是"不会过期"的，"禅机是不变的"，等等。这些释读，似乎未能上达禅境。

尚之煜《碧岩录校注》对于本则公案之"点评"，主体格式源于《佛光大辞典》，但也提出了一些新见。如视"绕禅床三匝""振锡一下""卓然而立"分别为"对佛性的体认"之三阶段，很有新意。又将"拈却"两字之意思判为"执守于两头或某一头（对、错、有、无等），即滞于当下"，亦是合符本则公案之大意。

综上所述，通过"麻谷持锡绕床"这则公案，圜悟克勤告诉我们：人要进入禅境，须有一颗"两错心"或"去两边心""去两头心"。这是《碧岩录》给我们讲的第三十一个道理。

第三十二则　定上座伫立

"定上座伫立",禅宗公案名,又作"临济佛法大意""定上座问临济""临济托开""擒定上座"等,述唐代禅师临济义玄与定上座之间有关"佛法大意"之机缘问答。载《镇州临济慧照禅师语录·勘辨》、《宏智禅师广录》卷一、《五灯会元》卷十一、《佛果圜悟禅师碧岩录》卷第四等。

定上座,生卒年、俗姓、籍贯等均不详。

[甲] 圜悟克勤之"垂示"　十方坐断,千眼顿开,一句截流,万机寝削。还有同死同生底么?见成公案,打叠不下,古人葛藤,试请举看。

[乙]"定上座伫立"之公案　定上座问临济:"如何是佛法大意?"临济跳下禅床,擒住定上座,给他一掌,一下将他托开。定上座笔直站稳。旁边僧徒道:"定上座为什么还不施礼?"定上座刚刚施礼毕,忽然大悟。

[丙] 圜悟克勤对公案之"评唱"　你看他那么直出直入、直往直来,就知只有临济正宗能起到那样的作用。若透得去,便可翻

天作地，自得受用。

定上座就是这样的汉子，他被临济一掌托开，施礼完毕，便知落脚处。他是向北人，最为朴直；开悟之后，便不再参拜其他禅师。他后来接引僧徒，用的全是"临济机"，这让他能够脱颖而出。

有一天他在路上碰到岩头、雪峰、钦山三人，岩头就问他："从哪里来？"定上座答："从临济来。"岩头又问："临济和尚身体可好？"定上座答："已经过世了。"岩头说："我们三个人，特地去礼拜他的，可惜我们福缘浅薄，竟赶上他圆寂。不知和尚你在那里时，他说了些什么，请上座举一两句来给我们听听。"

定上座于是举出一例。临济有一天对众僧说："赤肉团上，有一位'无位真人'，常从你们诸人面门出入，不知你们看见没有。"此时有一僧徒出列问道："如何是'无位真人'？"临济便擒住他，说："你说，你说！"僧徒刚准备答话，临济便一把将他托开，答道："'无位真人'是什么？是干屎橛！"说完便回到方丈室。

岩头听后，不觉吐舌。钦山则说："那僧为何不说'非无位真人'？"刚说完，就被定上座擒住，问："无位真人与非无位真人，差别究竟有多少，快说，快说！"钦山答不出来，直弄得脸色黄一阵青一阵。

岩头、雪峰两人则走到定上座跟前，向他施礼说："这位新受戒的人，不识好歹，冒犯了上座，还请慈悲为怀，暂且放过他吧！"定上座答："要不是你们这两个老汉讲情，我定把这'尿床鬼子'给堃杀了！"

后来又有一次，定上座在镇州做完斋事，回到桥上歇息时，碰到三位座主，其中一人问："如何是禅河深处须穷底？"被定上座一把擒住，准备将他抛到桥下。此时另两位座主连忙施救，说："别，别，是他冒犯了上座，还望上座慈悲为怀。"定上座则说："要不是两位座主讲情，我就让他到河中'穷到底'去了！"

我们看定上座那般的手段，全是源于临济宗的机用。我们再看看雪窦是如何颂出的。颂词如下。

[丁] **雪窦重显对公案之"颂词"**

断际全机继后踪，持来何必在从容。

巨灵抬手无多子，分破华山千万重。

[戊] **圜悟克勤对雪窦重显颂词之"评唱"** 雪窦所颂"断际全机继后踪，持来何必在从容"两句，讲的是黄檗之大机大用，唯有临济一人独继其踪。他的作略是"拈得将来，不容拟议，或若踌躇，便落阴界"。恰如《楞严经》所说："如我按指，海印发光，汝暂举心，尘劳先起。"

"巨灵抬手无多子，分破华山千万重。"巨灵神有大神力，曾用手劈开太华山，放水流入黄河。定上座的疑情，有如山堆岳积，被临济一掌劈开，立马瓦解冰消。

[己] **圜悟克勤之"著语"** "公案"中之"著语"有：定上座问临济：如何是佛法大意（著：多少人到此茫然，犹有这个在，讶，郎当作什么）？济下禅床擒住，与一掌便托开（著：今日捉败，老婆心切，天下衲僧跳不出）。定伫立（著：已落鬼窟里，蹉过了也，未免失却鼻孔）。傍僧云：定上座何不礼拜（著：冷地里有人觑破，全得他力。东家人死，西家人助哀）？定方礼拜（著：将勤补拙）。忽然大悟（著：如暗得灯，如贫得宝，将错就错。且道：定上座见个什么，便礼拜）。

"颂词"中之"著语"有：断际全机继后踪（著：黄河从源头浊了也，子承父业），持来何必在从容（著：在什么处，争奈有如此人。无脚手人，还得他也无）。巨灵抬手无多子（著：吓杀人，少卖弄，打一拂子，更不再勘），分破华山千万重（著：乾坤大地，一时露出。堕也）。

[庚]"定上座伫立"之现代释读　懂你的人，无须言说，一见即懂；不懂你的人，纵有千言万语，还是不懂。爱你的人，无须表白，一见即爱；不爱你的人，纵是日日讲、月月讲、年年讲，还是不爱。

这就是"知音"之境界，这就是"一见钟情"之境界。本则公案，正落脚于此处。本则公案之"关键词"，就是"坐断"，就是"顿开"，就是"忽然"，就是"无多子"，就是"不容拟议"，总之就是"灵光一闪"。

圜悟克勤之"垂示"，讲"十方坐断"，讲"千眼顿开"，讲"截流"，讲"寝削"，讲"同死同生"，等等，就是围绕这个"无多子"而展开。圜悟克勤在公案中所加之"著语"，讲"茫然"，讲"冷地里"，讲"如暗得灯，如贫得宝，将错就错"，等等，也是围绕这个"无多子"而展开。

圜悟克勤"评唱"公案时，三次论及"擒住"。一次是定上座问"如何是佛法大意"时被临济"擒住"，一掌托开；一次是钦山答"何不道非无位真人"时被定上座"擒住"，险被堙杀；一次是镇州桥上某座主问"如何是禅河深处须穷底"时被定上座"擒住"，险被抛到桥下河中。为什么要"擒住"他们？目的只有一个：别让他们开口，别让他们说话，别让他们表白。

这就叫"直出直入"，这就叫"直往直来"，这就叫"翻天作地，"这就叫"临济机"，这就叫"临济作用"。

雪窦重显之"颂词"，讲到"全机"，讲到"何必在从容"，讲到"无多子"；圜悟克勤给颂词加"著语"，讲到"无脚手人"，讲到"乾坤大地，一时露出"；他在"评唱"公案时，又讲到"大机大用"，讲到"不容拟议"，讲到"以手擘开"，讲到"瓦解冰消"，等等，全都是围绕这个"无多子"之关键而展开。

"无位真人"在禅林中，其实就是这样的"无多子"。他不堕于菩萨四十二位、五十二位等品位，他能超越凡与圣、迷与悟、上与下、贵与贱等之分别，无所滞碍。他在所有品位之上，他在所有分别之上，所以他无须言说，无须表白，无须"老婆""鹦鹉"。

《佛光大辞典》以临济一掌打出"卵壳中成形之雏"释读本则公案（第6507页），认为定上座对所提问题苦心惨淡，真参实究，其心中之"雏"其实已经成形，只需破壳即可；而临济峻严辛辣，突下禅床，抓其胸次，飞掌而击，就成了这个"破壳"的人。此种释读接近真相，缺点是未用概括之语提撕之。

《禅是一枝花》释读本则公案，落脚于几个动词，如"擒""打""托开"等，虽未能抓住本则公案之"关键"，但其对这几个动词之释读，却还是颇有新意。如他说西洋人不懂得"擒拿"之理，只知道"打杀"；西洋人不懂得"抓机会"之理，只能"靠机会"；西洋人不懂得"打天下"之理，只知道"抗斗与征服"；西洋人不懂得"搿住"然后"托开"之理，只知道"两个尸首背对背拴着，沉到底"，也就是同归于尽；等等。此等见地，很有"中式哲学"之高度。

司南《禅心一念间》亦以"擒""掌""托"等字为中心，释读本则公案。其主体格式似源于胡兰成，但也提出了少许新见，如讲"先从心里放下对它的执着，自然便会悟道"，讲"万般难解之时，放下"，等等，有点新意，只是离本则公案之"大义"，尚有距离。

尚之煜《碧岩录校注》对本则公案之"点评"，则落脚于两点，一在临济之手段，一在"傍僧"之提醒。认为本则公案乃是"对临济高妙迅捷的接人手段的颂扬"，又认为旁僧那句"定上座何不礼拜"之提醒，在本则公案中起到了"关键的作用"。此一"点评"，可聊备一说。

综上所述，通过"定上座伫立"这则公案，圜悟克勤告诉我们：人要进入禅境，须有一颗"无多子心"或"坐断心""顿开心"，以及"合观之兼心"。这是《碧岩录》给我们讲的第三十二个道理。

第三十三则　陈操具只眼

"陈操具只眼",禅宗公案名,又作"陈尚书看资福"等。载《佛果圜悟禅师碧岩录》卷第四。《佛光大辞典》未载。

陈操,唐代官员,生卒年、字号、籍贯等均不详。活动时间范围基本与裴休(797—870年)、李翱(772—841年)、白居易(772—846年)等同时代。

[甲] **圜悟克勤之"垂示"**　东西不辨,南北不分,从朝至暮,从暮至朝,还说你瞌睡么?有时眼似流星,还说你惺惺么?有时呼南作北,你们且说说,这是有心还是无心,是道人还是常人?若把这一层参透了,才会知道落脚处,才会明白古人有时怎么、有时不怎么之理。

你们且说说,此等境界什么时节才会有?请看公案。

[乙] **"陈操具只眼"之公案**　陈操尚书去参见资福,资福见他来,便画一个圆相。陈操说:"弟子那么远前来,本来就不方便,更何况您又画了一个圆相。"资福便将方丈门关上,不见他了。雪窦评论说:"陈操只具一只眼。"

[丙] 圜悟克勤对公案之"评唱"　陈操尚书与裴休、李翱同时代。凡见有僧来，他都先请人家吃斋饭，给人家衬钱三百，再一起勘辨禅理。

　　有一天云门禅师到来，陈尚书看见他就发问："儒书中之问题，我不问你；佛家三乘十二分教，自有座主们去探讨；我只问你一个问题，什么是衲僧家的行脚事？"

　　云门问："尚书已经问过几人了？"陈操答："就今天问上座您！"云门说："就算只今天问我，那我问你，什么是教意？"陈操答："黄卷赤轴。"云门又问："这些是文字语言，怎么可能是教意？"陈操答："口欲谈而辞丧，心欲缘而虑亡。"云门再问："口欲谈而辞丧，是针对'有言'的，心欲缘而虑亡，是针对'妄想'的，怎么可能是教意？"陈操无言以对。

　　云门又问："听说尚书您读过《法华经》是吗？"陈操答："是的。"云门再问："《法华经》说一切治生产业，皆与实相不相违背，你且说说，'非非想天'现今有几人退位？"陈操又无言以对。

　　云门又说："尚书您读经，切莫草草而过。高僧大德们抛却三经五论，来入丛林，十年二十年，尚不能得彻解，尚书您又如何能领会！"陈操施礼，说："这是鄙人的罪过。"

　　又有一天，陈操与众官员登上高楼，远远望见有数僧前来。其中一官员说："来的人一定是禅僧。"陈操则说："不是！"那官问："如何知道不是？"陈操答："等他们走近，我勘验给你看。"

　　数僧到达楼前，陈操突然大叫一声："上座！"数僧皆应声抬头。尚书对众官员说："你们还不相信？"并说只有云门禅师一人是他勘验不过的。

他参见睦州回来，有一天去参见资福。资福见他前来，便画一个圆相。资福乃是沩山、仰山门下的尊宿，平常喜欢用"境致"接引僧徒。见陈操尚书来，他便画一个圆相。怎奈陈操也是一位"作家"，是不受人欺瞒的，他自我点检说："弟子那么远前来，本来就不方便，那还能经得住您画圆相！"资福于是关上门，不再见他。

这般公案，可以说是"言中辨的，句里藏机"。雪窦评论说："陈操只具一只眼。"雪窦可谓是"顶门具眼"。你们且说说，雪窦的意旨究竟何在，也好让我给你们画一个圆相？如果总是那么画圆相，衲僧家们如何能够应对？我且问问你们，如果当时是你们几位处在陈操之位置，你们能勘验出什么语句，可以避免雪窦说他"只具一只眼"呢？所以雪窦把结论推翻，撰出"颂词"。

[丁] 雪窦重显对公案之"颂词"

团团珠绕玉珊珊，马载驴驼上铁船。

分付海山无事客，钓鳌时下一圈挛。

雪窦复云：天下衲僧跳不出。

[戊] 圆悟克勤对雪窦重显颂词之"评唱" "团团珠绕玉珊珊，马载驴驼上铁船。"雪窦当头颂出，只是颂那个圆相。你若能够领会它，就会如虎戴角一般。

话虽这么说，也务必是桶底脱、机关尽、得失是非能一时放却的汉子，才能领会。尤其不要把它"作道理会"，也不得把它"作玄妙会"。那究竟应该作什么会呢？

这就涉及"马载驴驼上铁船"这一句，要从这一句上去观察才行。别的地方不可分付，要分付，务必去分付"海山无事底客"。你要是肚子里有杂念，是承当不起的。到这地步，务必是"有事无事，违情顺境，若佛若祖，奈何他不得底人"，方可承当。那些有禅可参，有凡圣情量的人，是注定承当他不得的。

要是能够承当，又该作什么会呢？他说"钓鳌时下一圈挛"，钓鳌务必用圈挛才行。所以风穴禅师说："惯钓鲸鲵沉巨浸，却嗟蛙步骤泥沙。"又说："巨鳌莫戴三山去，我欲蓬莱顶上行。"

雪窦最后重申："天下衲僧跳不出。"你要是"巨鳌"，终究不会与"衲僧"一般见地；你要是"衲僧"，也终究不会与"巨鳌"一般见地。

[己]圜悟克勤之"著语" "公案"中之"著语"有：陈操尚书看资福，见来，便画一圆相（著：是精识精，是贼识贼，若不蕴藉，争识这汉。还见金刚圈么）。操云：弟子恁么来早就不着便，何况更画一圆相（著：今日撞着个瞌睡汉，这老贼）。福便掩却方丈门（著：贼不打贫儿家，已入它圈缋了也）。雪窦云：陈操只具一只眼（著：雪窦顶门具眼，且道：他意在什么处，也好与一圆相。灼然龙头蛇尾，当时好与一拶，教伊进亦无门，退亦无路。且道：更与他什么一拶）。

"颂词"中之"著语"有：团团珠绕玉珊珊（著：三尺杖子搅黄河，须是碧眼胡僧始得。生铁铸就），马载驴驼上铁船（著：用许多作什么，有什么限，且与阇黎看）。分付海山无事客（著：有人不要，若是无事客，也不消得，须是无事始得），钓鳌时下一圈挛（著：恁么来，恁么去，一时出不得。若是虾鲢，堪作什么。虾蚬螺蚌，怎生奈何。须是钓鳌始得）。雪窦复云：天下衲僧跳不出（著：兼身在内，一坑埋却，阇黎还跳的出么）。

[庚]"陈操具只眼"之现代释读 前后左右上下，中土称之

为"六合"。一个人要同时看到"六合",是没有可能性的。他只有两只眼,且两只眼均在前额,故他同一时刻只能看清前方。他要同时看清后方,得后脑有眼;他要同时看清左右,得两侧有眼;他要同时看清上下,得顶门、脚跟有眼。

一个生物学意义上的人(可简称"肉人"),只具有看清前方的两只眼;一个禅学意义上的人(可简称"禅人"),却还要具备看清后方、左右、上下的"别眼",至少是三只眼,最好是四只眼、五只眼,甚至十只眼。"眼"是佛门及禅门的关键词汇,本就有肉眼、天眼、慧眼之"三眼说",肉眼、天眼、慧眼、法眼、佛眼之"五眼说",肉眼、天眼、慧眼、法眼、佛眼、智眼、明眼、出生死眼、无碍眼、普眼之"十眼"说,等等。

据说摩醯首罗天就有第三只眼,谓之"顶门眼",禅门称之为"顶门有眼""顶门具一只眼",喻其领悟已超越常人,具有以智慧彻照一切事理之特殊眼力以及卓越之见解。此等人又被禅门称为"具眼""具眼睛"或"具眼者"。

"圆相"在禅门中,乃是真如、法性、实相等之图形化。禅师们或以拂子、如意,或以拄杖、手指,或以笔、墨,在大地或空中,画出圆相,以喻真理之圆满与绝对。

"陈操具只眼"这则公案,正是落脚于"具眼"与"圆相"这两大"关键词"。圜悟克勤之"垂示",讲"东西不辨,南北不分",讲"眼似流星",讲"道人"与"常人"之分别,均是围绕"眼"而展开。其给公案所加"著语",讲到"金刚圈",讲到"圈缋",又讲到"瞌睡汉",讲到"顶门具眼",显然是围绕"具眼"与"圆相"两大主题而展开。

雪窦重显的"颂词"及圜悟克勤对于颂词之"评唱",则明显是围绕"圆相"而展开。"颂词"讲到"团团珠",讲到"玉珊珊",又讲到"圈㧎"之类,与"圆相"有关。"评唱"讲到"颂个圆相",讲到"钓鳌须是圈㧎始得",等等,亦与"圆相"有关。"评唱"之末句,讲"若是巨鳌,终不作衲僧见解;若是衲僧,终不作巨鳌见解",其中"巨鳌见解"当是能"透视圆相"者,"衲僧见解"当是不能"透视圆相"者。

然则"具眼"与"圆相"作为两大主题,究竟有何关联?答曰:"圆相"是一圈,能同时看见一圈者,具一只眼者不能,具两只眼者不能,具三只眼者方有可能,具五只眼、十只眼者最有可能。故本则公案之主旨,是要我们不要学陈操"只具一只眼",而是要向三只眼、五只眼甚至十只眼去努力,因为这是"透视圆相"之基本要求。

圜悟克勤在"评唱"公案时,曾提到陈操尚书之三次勘验。一次是与云门禅师之间,就"教意"问题展开问答,结果"操无语""操又无语"。一次是与众官之间,就"来者总是禅僧"之问题展开问答,结果是陈操取胜。再一次是与资福禅师之间,就"画一圆相"问题展开问答,结果是"福掩却门"。

第一次他"只具一只眼",所以两度陷入"无语"之境,第二次他具两只眼,比"众官"多了一只眼,所以得胜;第三次他又"只具一只眼",所以被资福禅师"掩却方丈门"。

雪窦重显是"顶门具眼"之大德,他判陈操尚书"只具一只眼",就是认为陈尚书还不具备领会资福"画一圆相"的能力。故雪窦"具只眼"之判语,不是赞美陈尚书,而是批评陈尚书。

《禅是一枝花》中释读本则公案时,判陈尚书"多半是未悟得",认为资福院智远禅师是把"一个现世的人"关在门外,"让世界去迷惘"。其释读基本可通,但未就"具眼"与"圆相"两大主题之关系,展开评论。

司南《禅心一念间》释读本则公案,评雪窦"只具一只眼"之判语为"看似懂,实则未懂",似离禅门所谓"眼""具眼"等,尚有距离。但其释读中又有"你必须因时因地而认真地与之周旋,将禅师的心视为无心接受,以免与上乘的教诲失之交臂"等语,似又基本合符禅门所谓"圆相"诸说。

尚之煜《碧岩录校注》"点评"本则公案,认为陈尚书"可能已认识到""圆相"之局限性,而资福禅师则是想引导陈尚书"当下超越""圆相"而悟入。有一定新意,但不合"圆相"之主旨。因为禅门讲"圆相",是在"超越"之后,而非"超越"之前。换言之,"圆相"是"超越"之所得,"圆相"无法再超越。"超越圆相"之说,似只有在"离四句绝百非"之理论框架中,才能成立。另,其"点评"认定陈操"明于勘人,暗于知己",可聊备一说。

综上所述,通过"陈操具只眼"这则公案,圜悟克勤告诉我们:人要进入禅境,须有一颗"具眼心"或"圆相心",以及"合观之兼心"。这是《碧岩录》给我们讲的第三十三个道理。

第三十四则　仰山不曾游山

"仰山不曾游山",禅宗公案名,又作"仰山问甚处来"等,述唐代禅师仰山慧寂接引僧徒之机缘问答。载《佛果圜悟禅师碧岩录》卷第四。

仰山慧寂,唐代高僧。俗姓叶,广东番禺人。生于唐文宗开成五年(840年),卒于五代后梁末帝贞明二年(916年),世寿七十有七。九岁入和安寺,十七岁自断二指,立誓落发。历参和安寺通禅师、耽源应真、沩山灵祐、岩头全奯诸大师,复还沩山,执侍灵祐凡十五年。唐僖宗时迁大仰山,振沩山宗风,创为沩仰宗。后住江西观音院,再迁韶州东平山。曾号"仰山小释迦"。追谥"智通禅师"。事迹见载于《宋高僧传》卷十二、《景德传灯录》卷十一、《传法正宗记》卷七等。

与仰山慧寂相关之公案极夥,除本则外,著名者尚有"仰山出井""仰山四藤条""仰山指雪""仰山问三圣""仰山推出枕子""仰山插锹""仰山随分""仰山谨白"等。

[甲] 圜悟克勤之"垂示"(原缺)

[乙]**"仰山不曾游山"之公案** 仰山问僧徒:"近来到过什么地方?"僧徒回答说:"庐山。"仰山再问:"游过五老峰么?"僧徒答:"不曾到过。"仰山于是说:"这僧徒不曾游山。"

云门文偃禅师对此评论说:"仰山此语,因太过慈悲而有此落草之谈。"

[丙]**圜悟克勤对公案之"评唱"** 验人端的处,下口便知音。古人说没量大人向语脉里转却,若是顶门具眼,举着便知落处。

你看他们一问一答,历历分明,云门禅师为什么却判为"仰山此语,因太过慈悲而有此落草之谈"?古人到这地步,就如明镜当台,明珠在掌,胡来胡现,汉来汉现,一个蝇子也逃不过他的法眼的。你们且说说,云门禅师何故判仰山此语是"皆因太过慈悲而有此落草之谈"?

他们之间的问答,自然是很险峻,到这步田地,也须是条汉子,才能提掇得起。云门禅师反复追问:"这僧徒明明亲自从庐山回来,为什么仰山却说'这僧徒不曾游山'?"

沩山禅师有一天问仰山说:"诸方若有禅僧过来,您将用什么来勘验他呢?"仰山答:"在下自然有勘验他之处。"沩山再问:"那请您举个例子来看看。"仰山回答说:"在下平时看见有僧过来,只是举起拂子问对方'诸方还有这个么',等对方有了回话,则又对他说这个暂且放下,那个如何。"沩山说:"您这是勘验上位僧人的手段。"

岂不见马祖问百丈:"什么处来?"百丈答:"山下来。"马祖问:"路上可曾遇见一个人?"百丈答:"不曾遇见。"马祖问:"为什么不曾遇见?"百丈答:"要是遇见,早就跟和尚您说了。"马祖问:"那你从哪里知道我在此处呢?"百丈答:"在下罪过。"马祖说:"却是老僧罪过。"

仰山问僧之格式,与上述马祖、百丈之问答正相类。仰山当时问僧说:"曾到五老峰么?"这僧若是条汉子,但答"祸事"即可,他却答"不曾到"。这僧既不是"作家",仰山何不据令而行,也可免去后续许多麻烦,反而却说"这僧徒不曾游山"。所以云门禅师才评论说:"仰山此语,皆因太过慈悲而有此落草之谈。"

要是"出草之谈",却不会是如此。

[丁] **雪窦重显对公案之"颂词"**

出草入草,谁解寻讨。

白云重重,红日杲杲。

左顾无瑕,右盼已老。

君不见,寒山子,行太早,十年归不得,忘却来时道。

[戊] **圜悟克勤对雪窦重显颂词之"评唱"** "出草入草,谁解寻讨。"雪窦禅师却是知其落脚处的。到这地步,可说是一手抬起来,一手把持住。

"白云重重,红日杲杲。"大似草茸茸,烟幂幂。到这地步,可说是无一丝毫属凡,亦无一丝毫属圣,遍界不曾藏,一一盖覆不得。所谓"无心境界",寒不闻寒,热不闻热,反正都是个大解脱法门。

"左顾无瑕,右盼已老。"懒瓒和尚隐居衡山石室中,唐肃宗闻其名,遣使召之。使者至其室,宣言天子有诏,尊者当起身谢恩。懒瓒和尚当时正拨牛粪火,找寻火中煨芋吃下,寒涕垂面,未尝搭理使者。使者笑他说:"还是请尊者先擦拭鼻涕。"懒瓒和尚答道:"我岂有工夫为俗人拭涕耶!"最终没有起身谢恩。

使者回京奏闻，肃宗甚是钦佩，感叹良久。像懒瓒和尚这般清寥寥、白的的，不受人处分，就能把得定，有如生铁铸就一般。只如善道和尚遭沙汰后，干脆不复作僧徒，人呼为"石室行者"，踏碓时常常忘记移步。

有僧问临济禅师："石室行者忘记移步，意旨如何？"临济回答说："没溺深坑。"法眼《圆成实性颂》云："理极忘情谓，如何有喻齐。到头霜夜月，任运落前溪。果熟兼猿重，山长似路迷。举头残照在，元是住居西。"

雪窦颂词又说："君不见，寒山子，行太早，十年归不得，忘却来时道。"寒山子原有诗云："欲得安身处，寒山可长保。微风吹幽松，近听声愈好。下有班白人，唠唠读黄老。十年归不得，忘却来时道。"永嘉禅师又说："心是根，法是尘，两种犹如镜上痕。痕垢尽时光始现，心法双忘性即真。"到了这地步，如痴似兀，方才能见出此则公案之深意。若是达不到这般田地，只是在语言中转圈，哪会有了悟之一日？

[己] 圜悟克勤之**"著语"** "公案"中之"著语"有：仰山问僧：近离甚处（著：天下人一般，也要问过，顺风吹火，不可不作常程）？僧云：庐山（著：实头人，难得）。山云：曾游五老峰么（著：因行不妨掉臂，何曾蹉过）？僧云：不曾到（著：移一步面赤，不如语直，也似忘前失后）。山云：阇黎不曾游山（著：太多事生，惜取眉毛好，这老汉，着甚死急）。云门云：此语皆为慈悲之故，有落草之谈（著：杀人刀，活人剑，两个三个，要知山上路，须是去来人）。

"颂词"中之"著语"有：出草入草（著：头上漫漫，脚下漫漫,半开半合,他也恁么,我也恁么),谁解寻讨(著:顶门具一只眼,阇黎不解寻讨)。白云重重(著:千重百匝,头上安头),红日杲杲(著:破也,瞎,举眼即错。左顾无瑕(著:瞎汉,依前无事,你作许多伎俩作什么),右盼已老(著:一念万年过)。君不见,寒山子(著:癫儿牵伴),行太早(著:也不早),十年归不得(著:即今在什么处,灼然),忘却来时道(著:渠侬得自由,放过一着,便打,莫做这忘前失后好)。

[庚]"仰山不曾游山"之现代释读 "答问"可以有三式:一曰"直答",二曰"不答",三曰"绕答"。"直答"在禅门中最无地位,可称为"落草之答";"不答"偶用之,可称为"出草之答";"绕答"常用之,可称为"离草之答"。

你看那僧徒,仰山禅师勘验他,问他"近离甚处",他居然照直答了,采用了三式"答问"中之最下式。回答"近离甚处"一问,最上式为"今日天气真好",此为"绕答";中式为沉默,或"不知",此为"不答";最下式为"庐山",照真回答,此为"直答"。

第一回问答毕,仰山已疑此僧不过"落草汉"而已。但尚未肯定,于是再追加一问:"曾游五老峰么?"僧依然是照直作答,说"不曾到"。如此则仰山便可肯定此僧之"落草汉"身份,于是才下断语曰:"阇黎不曾游山。"第二回问答,本在"不曾到"之处就已完毕,但仰山却还加上一句"阇黎不曾游山",这加上之一句,才是云门禅师批评之重点:这一句是多余的话,是可以不必加上去的;加上这一句,只说明仰山太过慈悲,太过"老婆心切"。

同样地,"对谈"亦可以有三式:一曰"下谈",可称为"向下门"或"对牛弹琴";二曰"对谈",可称为"向前门"或"棋逢对手";三曰"上谈",可称为"向上门"或"洗耳恭听"。"对牛弹琴"对于施教者而言,就是"落草之谈";"棋逢对手"对于施教者而言,就是"出草之谈";"洗耳恭听"对于施教者而言,就是"离草之谈"。云门禅师批评仰山"有落草之谈",就是针对仰山之教化方法而言的:仰山在凡愚众生中降低自己身份,随凡愚污浊之现实而行化导,就是"落草之谈",就是"向下门"。

对受教者而言是"直答",对施教者而言就是"落草之谈"或"下谈",故"直答"与"落草之谈"常处同一层次;对受教者而言是"不答",对施教者而言就是"出草之谈"或"对谈",故"不答"与"出草之谈"常处同一层次;对受教者而言是"绕答",对施教者而言就是"离草之谈"或"上谈",故"绕答"与"离草之谈"常处同一层次。(按:"上谈"要求僧徒"智过于师":"智齐于师,减师半德,智过于师,方堪传授。"见《景德传灯录》卷六、《碧岩录》第十一则载百丈怀海语。)

"绕答"与"离草之谈",正是本则公案之落脚点。公案本身反对"直答"与"落草之谈",落脚于此。公案中之"著语"讲"因风吹火""忘前失后""惜取眉毛好"以及"要知山上路,须是去来人"等,亦是落脚于此。

圜悟克勤"评唱"公案,讲"下口便知",讲"举着便知落处"等等,是落脚于此。其中对"马祖问百丈"之公案的释读,亦是落脚于此。马祖问百丈:"什么处来?"丈云:"山下来。"祖云:"路上还逢着一人么?"丈云:"不曾。"祖云:"为什么不曾逢着?"丈云:"若逢着,即举似和尚。"祖云:"那里得这消息来?"丈云:

"某甲罪过。"祖云:"却是老僧罪过。"

圜悟克勤以为,"仰山问僧"中之问答与此处"马祖问百丈"中之问答,是同其格式的。"马祖问百丈"落脚于"绕答"与"离草之谈","仰山问僧"同样落脚于"绕答"与"离草之谈"。圜悟克勤在"评唱"之末,还直接将"出草之谈"与"落草之谈"对举,更可见出其深意:"离草之谈"也许就是"落草之谈"与"出草之谈"之"合"?

雪窦重显之"颂词"更是直接以"出草入草"开篇,以"十年归不得,忘却来时道"结束。其中"出草"与"入草"对举,"白云"与"红日"对举,"左顾"与"右盼"对举,"归不得"与"来时道"对举,目标均是在对举双方之"合"。"颂词"中之"著语"讲"头上脚下""半开半合",讲"依前无事""渠侬得自由"以及"莫做这忘前失后好",等等,目标同样是在对举双方之"合"。

讲对举双方之"合",是要求"不执"于其中任何一方:不执于"出草",亦不执于"入草",此即为"离草";不执于"白云",亦不执于"红日",此即为"天空";不执于"左顾",亦不执于"右盼",此即为"张看";不执于"归不得",亦不执于"来时道",此即为"寒山"。"离"是半开,"不离"是"半合","离草之谈"亦只是"半开半合"之一种;"离草之谈"仅讲"离",还是"执",它还要讲"不离",讲"不执"。"绕答"情形亦然。

再看圜悟克勤对雪窦重显颂词之"评唱",中有"一手抬,一手搦"之句,是讲"半开半合"的;又有"无一丝毫属凡,无一丝毫属圣"及"一一盖覆不得"之句,是讲"半开半合"的;又有"寒不闻寒,热不闻热"及"大解脱门"之句,亦是讲"半开半合"

的；又有"清寥寥，白的的"及"如生铁铸就相似"之句，是讲"半开半合"的；又有"两种犹如镜上痕"及"心法双忘性即真"之句，同样是讲"半开半合"的。

总之，本则公案讲"开"，但不离"合"，故谓之"半开"；讲"合"，但不离"开"，故谓之"半合"。同理，讲"绕答"，但不离"直答"与"不答"，只能视为"半绕"；讲"离草"，但不离"出草"与"入草"，只能视为"半离"。"半绕"者，"不执"于"绕"而已；"半离"者，"不执"于"离"而已。"离草之谈"乃是"讲离草然不执于离草之谈"，此亦正是禅宗之根本意。

《禅是一枝花》以"拉弓必拉足""举步必踏实""凡做什么都必定要做到家""险绝""做人为彻""日常平地皆绝顶"等语，释读本则公案，拟以"五老峰"或"绝对的高"为本则公案之落脚点，似太肤浅。不知五老峰仅为庐山众峰之一，并非最高峰。

司南《禅心一念间》则以"游"字为本则公案之落脚点，释"游五老峰"为"挣脱五惑、五欲、五境、五官、五蕴"等，理论上有相当高度。然其立说，源于《佛光大辞典》释读本则公案之言："又所谓五老峰，虽仅为庐山名胜，然于此则公案中，乃以游山一事寓禅旨之一大事于其内，使学人得见真正游戏三昧之境地，此亦为本公案之要点。"（第2167页）

尚之煜《碧岩录校注》"点评"本则公案，则以"明心见性""当下即是"为中心而展开，似有"泛泛而论"之嫌，但亦可聊备一说。

综上所言，通过"仰山不曾游山"这则公案，圜悟克勤告诉我们：人要进入禅境，须有一颗"绕答心"与"离草心"，或曰"半开半合之兼心"。这是《碧岩录》给我们讲的第三十四个道理。

第三十五则　文殊前后三三

"文殊前后三三",禅宗公案名,又作"文殊前三三"等。载《佛果圜悟禅师碧岩录》卷第四。《佛光大辞典》未载。

文殊菩萨,音译作文殊师利、曼殊室利、满祖室哩,意译为妙德、妙吉祥、妙乐、法王子。又称文殊师利童真、孺童文殊菩萨,为中土佛教四大菩萨之一。华严宗称东方清凉山为其住所,而以山西五台山(清凉寺)为其道场。

无著,无著文喜。唐末杭州禅师。俗姓朱,湖南嘉禾人,生卒年不详。《五灯会元》卷九曾记其往五台山,遇均提童子之事。均提童子,文殊菩萨之侍者。

[甲]**圜悟克勤之"垂示"**　定龙蛇,分玉石,别缁素,决犹豫,若不是顶门上有眼,肘臂下有符,往往当头蹉过。只如今见闻不昧,声色纯真。你们且说说,这究竟是皂还是白,是曲还是直?到这地步,又该如何去辨别?

[乙]**"文殊前后三三"之公案**　文殊问无著:"近离什么处?"无著答:"南方。"文殊再问:"南方佛法,如何住持?"无著

答："末法比丘，少奉戒律。"文殊又问："多少众？"无著答："或三百或五百。"

无著反问文殊："此间如何住持？"文殊答："凡圣同居，龙蛇混杂。"无著再问："多少众？"文殊答："前三三后三三。"

[丙]圜悟克勤对公案之"评唱"　无著文喜禅师游五台山，至中路荒僻之处，文殊菩萨化作一寺，接待他住宿。于是问他："近来到过什么地方？"无著回答说："南方。"文殊再问："南方佛法，如何住持？"无著答："末法比丘，少奉戒律。"文殊又问："多少众？"无著答："或三百或五百。"

无著却又反问文殊："此间如何住持？"文殊答："凡圣同居，龙蛇混杂。"无著再问："多少众？"文殊答："前三三后三三。"

问答毕，去吃茶，文殊举起玻璃盏子问："南方还有这个么？"无著答："无。"文殊再问："平常用什么来吃茶？"无著无语，于是告辞离去。文殊令侍者均提童子送出大门，无著问童子说："刚才大师讲前三三后三三，究竟是多少？"童子喊一声："大德！"无著应喏，童子便问："是多少？"又问："此是何寺？"童子指向金刚殿后面。无著回头一看，寺院、童子均隐而不见，只剩下一片空谷。那个地方后来被人称为"金刚窟"。

后来有僧问风穴禅师："如何是清凉山中主？"风穴禅师答："一句不遑无著问，迄今犹作野盘僧。"若要参透，平平实实，脚踏实地，向无著禅师言下荐得，自然就会居镬汤炉炭中，亦不觉得热，居寒冰之上，亦不觉得冷；若要参透，就当使孤危峭峻，如金刚王宝剑，向文殊言下荐取，自然就会水洒不着，风吹不入。

不见漳州地藏院桂琛禅师曾问僧徒："近来到过什么地方？"

僧徒答："南方。"禅师再问："那地方佛法如何？"僧徒答："商量浩浩地。"禅师说："争似我这里，种田博饭吃。"

你们且说说，此处之问答与文殊、无著之问答，是相同还是不同？有人说无著答处不是文殊答处，也有龙有蛇，有凡有圣。这些说法，与原来旨意有何关联！

还能辨明"前三三后三三"吗？前箭犹轻后箭深，你们且说说，是多少？若向这里透得，千句万句只是一句。若向此一句下截得断，把得住，就能依次上达这个境界。

[丁] 雪窦重显对公案之"颂词"

千峰盘屈色如蓝，谁谓文殊是对谈。

堪笑清凉多少众，前三三与后三三。

[戊] 圜悟克勤对雪窦重显颂词之"评唱" "千峰盘屈色如蓝，谁谓文殊是对谈。"有人说雪窦这里只是"重拈一遍"，不曾颂着。只是如某僧问法眼："如何是曹源一滴水？"法眼答："是曹源一滴水。"又如某僧问瑯琊觉和尚："清净本然，云何忽生山河大地？"觉和尚答："清净本然，云何忽生山河大地。"

此两则答语，可以视为"重拈一遍"，但圜悟克勤之"颂词"，却不可也唤作"重拈一遍"。明招独眼龙禅师就曾"颂"其意旨，认为它有盖天盖地之机缘。颂云："廓周沙界胜伽蓝，满目文殊是对谈。言下不知开佛眼，回头只见翠山岩。"

"廓周沙界胜伽蓝"一句，是指草窟化寺，所谓有权实双行之机。"满目文殊是对谈，言下不知开佛眼，回头只见翠山岩"三句，正当这时节，把它唤作文殊、普贤、观音境界可以吗？又或且不是这个道理？雪窦只是改出颂词，明招独眼龙禅师却有针有线，能把它们编织起来。

"千峰盘屈色如蓝",更不伤锋犯手,句中有权有实,有理有事。"谁谓文殊是对谈",一夜对谈,不知是文殊。后来无著文喜在五台山作典座,文殊每于粥锅上现身,均被无著拈上搅粥篦拍打。就算如此,也只是贼过后张弓。当时若是等他一问"南方佛法,如何住持"时,劈脊就是一棒,还差不多。

"堪笑清凉多少众"。雪窦笑中有刀,你若能领会这"笑处",便就能懂得他所说"前三三与后三三"之真意。

[己]圜悟克勤之"著语" "公案"中之"著语"有:文殊问无著:近离什么处(著:不可不借问,也有这个消息)。无著云:南方(著:草窠里出头,何必担向眉毛上。大方无外,为什么却有南方)。殊云:南方佛法,如何住持(著:若问别人则祸生,犹持唇齿在)?著云:末法比丘,少奉戒律(著:实头人,难得)。殊云:多少众(著:当时便与一喝一拶,拶倒了也)?著云:或三百或五百(著:尽是野狐精,果然漏逗)。无著问文殊:此间如何住持(著:拶着便回转枪头来也)?殊云:凡圣同居,龙蛇混杂(著:败缺不少,直得脚忙手乱)。著云:多少众(著:还我话头来,也不得放过)?殊云:前三三后三三(著:颠言倒语,且道是多少,千手大悲数不足)。

"颂词"中之"著语"有:千峰盘屈色如蓝(著:还见文殊么),谁谓文殊是对谈(著:设使普贤也不顾,嗟过了也)。堪笑清凉多少众(著:且道笑什么,已在言前),前三三与后三三(著:试请脚下辨看,烂泥里有刺。碗子落地,楪子成七片)。

[庚]"文殊前后三三"之现代释读 当文殊问无著"多少众"

时，无著之回答是"或三百或五百"；而当无著反问文殊"多少众"时，文殊之回答却是"前三三后三三"。"前三三后三三"究竟是多少，于是便成为本则公案之核心与关键。

两人之答语，显示两人修行之高下。故圜悟克勤之"垂示"开篇就是"定龙蛇，分玉石，别缁素，决犹豫"四句，篇末又要求辨分皂白曲直，均是针对两人之高下而发言。真正"顶门上有眼，肘臂下有符"的一方，当是文殊。

在对"公案"之"著语"中，圜悟克勤在无著答语"或三百或五百"下加"著语"云："尽是野狐精，果然漏逗。"而在文殊之答语"前三三后三三"之下则加"著语"云："千手大悲数不足。"一谓"漏逗"，一谓"数不足"，显然更看重后者。之前又对同样"多少众"之问，给出了不同"著语"：对文殊"多少众"之问给出的"著语"是："当时便与一喝一拶，拶倒了也。"表示文殊此问不该提。而对无著"多少众"之问给出的"著语"却是："还我话头来，也不得放过。"表示无著此问是为了找回话头，可以提，但依然要仔细斟酌。

圜悟克勤对"公案"之"评唱"，亦是落脚于"前三三后三三"究竟是多少这一根本问题。文殊回答"前三三后三三"一语后"却吃茶"，不再续说，表示话头已经到底。无著辞别文殊后偷偷问均提童子"前三三后三三是多少"，童子反问一句"是多少"，却没有直答，表示该问题似乎没有答案。在"评唱"之末，圜悟克勤重提"前三三后三三"之问，认定"若向这里透得，千句万句只是一句，若向此一句下截得断、把得住，相次间到这境界"，还是认定"前三三后三三是多少"这一问题，乃是本则公案之核心问题。

雪窦重显之"颂词"凡四句，末两句为"堪笑清凉多少众，前三三与后三三"，依然是落脚于"前三三后三三是多少"这一根本问题。圜悟克勤给"颂词"加"著语"，对"前三三与后三三"一句给出的"著语"是："试请脚下辨看，烂泥里有刺。碗子落地，楪子成七片。""烂泥里有刺"，表示此问题中隐藏着陷阱，答问者务必万分小心。"碗子落地，楪子成七片"，表示此问题意义重大，不管是答得对还是答得不对，均会引起强烈震动。

圜悟克勤"评唱"雪窦之"颂词"，释读"堪笑清凉多少众"一句时，说"雪窦笑中有刀"，与"著语"中"烂泥里有刺"一句，表达的是同一意思。又说："若会得这笑处，便见他道前三三与后三三。"能明了"笑中有刀"，就能明了"前三三后三三是多少"，此处又再次重申了本则公案之落脚点。

既然"前三三后三三是多少"这一问题"烂泥里有刺""笑中有刀"，隐藏着陷阱，那究竟该如何解套呢？无著回答不出，均提童子又没有回答，今之人究竟该如何作答呢？

问："前三三后三三是多少？"答："或三百或五百。"这样答行吗？显然不行，这是回到无著作答之水平。

问："前三三后三三是多少？"答："无可奉告。"这样答行吗？显然不行，这是回到均提童子作答之水平。

那究竟该如何回答呢？

圜悟克勤"评唱"雪窦重显之"颂词"时，已经无意间给出了方案："重拈一遍。"僧问法眼："如何是曹源一滴水？"眼云："是曹源一滴水。"这就叫作"重拈一遍。"僧问琅琊觉和尚："清净本然，云何忽生山河大地？"觉云："清净本然，云何忽生山河大地。"

这就是"重拈一遍"。

仿此格式，我们就可以对"前三三后三三是多少"这一根本问题给出答案。问："前三三后三三是多少？"答："前三三后三三。"这也许不是最上答语，但至少吾人已经上达法眼禅师、瑯琊觉和尚之境界，已经不是无著文喜、均提童子之层次了。

为什么只能"重拈一遍"？只因"问题"本身就有问题。文殊与无著所有之"对谈"，均是在"虚幻"中展开的，背景是"文殊化一寺接他宿"。无著与文殊"一夜对谈，不知是文殊"；对谈完毕，"著回首，化寺童子悉隐不见，只是空谷"。对谈是发生在一片"空谷"中，一片"虚幻"中，对谈中之"问题"自然亦是"空谷"一片、"虚幻"一片。对于此种"问题"之最佳答式，应该就是"重拈一遍"："答实"或"实答"不好，"答无"或"不答"亦不好，"答虚"或"虚答"最好；"重拈一遍"就是"答虚"，就是"虚答"。只因"对谈"本身就是"虚幻"，就是"空谷"。

《禅是一枝花》评文殊"前三三后三三"之答语云："就是中国人的知性的喜乐好玩。中国人爱以不确定的数字来说确定的数，又以确定的数字来说不确定的数，好比是斗聪明，猜枚子，而这原来是发现事理与数理的极致。"又云："那喜乐就是对的了。你若不用这个数字，又可用什么数字来答？文殊的这个数字是包括历史上已知的数与未知的数的答法。"

上书此处显然是将文殊"前三三后三三"之答语，界定为本则公案之落脚点，这个落脚点显然是定错了。因为圜悟克勤对于本则公案之反复"评唱"，实是落脚于"前三三后三三是多少"这一根本问题，而不是文殊"前三三后三三"之答语。显然上书之释读是"差了一步""欠了一层",没有上到"竿头"去,没有上到"顶层"去,属于圜悟克勤所说的"当头蹉过""败缺不少""蹉过了也"之类。

但《禅是一枝花》之贡献,亦是显然的。该书作者释读本则公案,以"原来是发现事理与数理的极致"评文殊"前三三后三三"之答语,乃是突破"西式科学中心论"的惊人之语,是贡献。其又说:"佛寺为闲意妙义之地,当以六朝时庐山慧远寺为首。佛寺为世俗随喜,香火胜因之地,当以北魏时洛阳的诸寺为首。以佛寺为遁入空门,当以五台山为首。此皆异于印度的佛寺,而为中国所独有者。中国人不把佛教看作否定人生,而是开拓了人生的边际。而禅宗则是佛理的完全汉文章化了,后来就宁是有在人世里的佛寺,而无佛教了。"

以"开拓了人生的边际"来评判中土佛教,乃是贡献。因为全体中华文化,就是在"边际"上下功夫,或在"天人之际",或在"人人之际",或在"国国之际",简称为"天际""人际""国际",等等,总之是在"际"上(即上言所谓"边际"上)下功夫,而生发出人类独一无二、万年不死之文明。此文明立足于"际"字而生发,完全不同于"西式文明"立足于"实"字而生发。胡兰成能见到这一层,并以此而释读本则公案,当然可算是贡献。

司南《禅心一念间》亦以"前三三后三三"之答语为落脚点,且将其数字坐实了:以为"前"指过去,"后"提"未来","三"则"代表多数","三三"即是"很多数目相乘,代表无限多之数目"。并由此推定两种佛法之不同:"前者无著的乃是小乘,后者文殊所言才是大乘。"此种"坐实主义"或"实在论"之释读,自是源于西洋，与禅宗原理相差太远。

尚之煜《碧岩录校注》"点评"本则公案，同样是以"前三三后三三"为本则公案之落脚点，这与上述《禅是一枝花》、司南诸家无分别。然其释读层次，却高于上述诸氏。其释读"前三三后三三"之答语云："'前'或为所观之境，'后'或为能观之心。即境返照，能所泯然，而历历皆为直觉亲得的现量境。此既是修持真法，又是行深境界。"这就不是"坐实主义"或"实在论"之释读。证明尚氏"文殊菩萨的问话、答话却意蕴无穷"之言不虚。

尚氏"点评"又引元音老人对"前三三后三三"之释读，云"前面是三三，后面是三三，三三得九，九九是无穷无尽的数，九九返本还原，还是一体。所以说无穷无尽的国土返本还原还是一界，无穷无尽的佛菩萨说来说去都是一体。"元音老人此一释读，亦不宜判为"坐实主义"或"实在论"之释读；但同样没有上达"前三三后三三是多少"这一根本落脚点。

综上所言，通过"文殊前后三三"这则公案，圜悟克勤告诉我们：人要进入禅境，须有一颗"重拈一遍心"或"虚答心"，以及"合观之兼心"。这是《碧岩录》给我们讲的第三十五个道理。

第三十六则　长沙芳草落花

"长沙芳草落花",禅宗公案名,又作"长沙游山""长沙一日游""长沙一日游山""长沙游山来"等,述长沙景岑禅师与首座之间之机缘问答。载《佛果圜悟禅师碧岩录》卷第四、《联灯会要》卷六、《五灯会元》卷四、《宗门统要续集》卷六等。

长沙景岑,唐代禅僧。俗姓、籍贯及生卒年均不详。幼年出家,参南泉普愿,并嗣其法。初住长沙鹿苑寺,后则随波逐流,居无定所。后在长沙教化大振,故得"长沙和尚"之名。与仰山辩论时踏倒仰山,仰山谓如"大虫"之暴乱,故诸方又称其为"岑大虫"。其机锋峻峭,作风迅猛。谥"招贤大师"。事迹见载于《祖堂集》卷十七、《联灯会要》卷六、《五灯会元》卷四、《佛祖历代通载》卷十七等。

[甲] 圜悟克勤之"垂示"（原缺）

[乙] "长沙芳草落花"之公案　长沙景岑禅师某日游山归来,至门首,首座问他:"和尚从什么地方回来?"长沙答:"游山归来。"首座再问:"游哪座山归来?"长沙答:"始随芳草去,又逐落

花回。"首座说:"大似春意。"长沙答:"也胜秋露滴芙蕖。"

雪窦曾下"著语"云:"谢答话。"

[丙]圜悟克勤对公案之"评唱" 长沙鹿苑寺招贤大师,法嗣南泉,与赵州、紫胡辈同时,机锋敏捷。有人问教,便与说教;要颂,便与颂;你若要"作家"相见,便与你"作家"相见。

仰山平日里机锋之险峻,最为第一。某日与长沙景岑一起"玩月",仰山指着月亮说:"人人尽有这个,只是用不得。"长沙则说:"恰是,便请你用那。"仰山说:"你先试用着。"长沙一脚踏倒仰山,仰山爬起来,说:"师叔很像一只大虫。"后来人们就给长沙一个绰号"岑大虫"。

他因为某日游山归来,首座又是他会下人,首座便问:"和尚从什么地方回来?"长沙答:"游山归来。"首座再问:"游哪座山归来?"长沙答:"始随芳草去,又逐落花回。"

要懂得他这句话,务必是能坐断十方的大师,才有可能。古人进进出出,也常常拿他这句话来讨论。你看他们宾主互换,当机直截,各不相饶。既然是游山,为什么却要问"游哪座山归来"?要是现今的禅和子,便会答道:"游夹山亭归来。"

你看他们古人,无丝毫道理计较,亦无住着处,所以他才说:"始随芳草去,又逐落花回。"首座也是顺着他的意向,对他说:"大似春意。"长沙亦接话说:"也胜秋露滴芙蕖。"雪窦下"著语",说:"谢答话。"可视作一句收尾的话。

这句话也是落在了两边。毕竟其本意,不在这两边。过去有一位张拙秀才,读《千佛名经》时,问长沙和尚:"百千诸佛,但离其名,未审居何国土,还化物也无?"长沙反问说:"黄鹤楼崔颢题诗后，秀才您还曾题诗没有？"张拙秀才答："未曾题。"长沙说："得闲题上一篇也好。"

岑大虫平生为人耿直，一旦得到"珠回玉转"之机，总要人当面就能领会。雪窦"颂词"是这样说的。

[丁]雪窦重显对公案之"颂词"

大地绝纤埃，何人眼不开。

始随芳草去，又逐落花回。

羸鹤翘寒木，狂猿啸古台。长沙无限意，咄！

[戊]圜悟克勤对雪窦重显颂词之"评唱" 你们且说说，这则公案与前述"仰山问僧"之公案（仰山问僧："近离甚处？"僧云："庐山。"仰云："曾到五老峰么？"僧云："不曾到。"仰云："阇黎不曾游山。"）仔细分辨起来，是相同，还是不同？到这地步，也须是上达"机关尽，意识忘，山河大地，草芥人畜，无些子渗漏"之境者，才能领会。若不是如此，古人称为"犹在胜妙"境界。

不见云门曾说："直得山河大地，无纤毫过患，犹为转句；不见一切色，始是半提；更须知有全提时节，向上一窍，始解稳坐。"若是透得，依旧山是山，水是水，各住自位，各当本体，如大拍盲人那样。

赵州禅师曾说："鸡鸣丑愁见，起来还漏逗。裙子褊衫个也无，袈裟形相些些有。裈无裆，袴无口，头上青灰三五斗。本为修行利济人，准知翻成不唧嚼。"若能得其"真实"理解，到这境界，"何人眼不开"？

一任七颠八倒，一切处都是这境界，都是这时节，十方无壁落，四面亦无门，所以说："始随芳草去，又逐落花回。"

雪窦实在是巧妙,只是去他左边贴一句,右边贴一句,恰如一首诗那样。"嬴鹤翘寒木,狂猿啸古台。"雪窦把我们引到这里,自觉漏逗,故蓦然云:"长沙无限意,咄!"就好像作梦却醒相似。

雪窦虽甩下这一喝,却未能剿绝。要是山僧我,就不会只是如此。我会说:"长沙无限意,掘地更深埋。"

[己] 圜悟克勤之"著语" "公案"中之"著语"有:长沙一日游山归至门首(著:今日一日,只管落草,前头也是落草,后头也是落草)。首座问:和尚什么处去来(著:也要勘过,这老汉,箭过新罗)?沙云:游山来(著:不可落草,败缺不少,草里汉)。首座云:到什么处来(著:挼,若有所至,未免落草,相牵入火坑)?沙云:始随芳草去,又逐落花回(著:漏逗不少,元来只在荆棘林里坐。)座云:大似春意(著:相随来也,将错就错,一手抬,一手搦)。沙云:也胜秋露滴芙蕖(著:土上加泥,前箭犹轻后箭深,有什么了期)。雪窦"著语"云:谢答话(著:一火弄泥团汉,三个一状领过)。

"颂词"中之"著语"有:大地绝纤埃(著:豁开门庸,当轩者谁?尽少这个,不得天下太平),何人眼不开(著:顶门上放大光明始得,撒土撒沙作什么?)始随芳草去(著:漏逗不少,不是一回落草,赖值前头已道了),又逐落花回(著:处处全真,且喜归来,脚下泥深三尺)。嬴鹤翘寒木(著:左之右之添一句,更有许多闲事在),狂猿啸古台(著:却因亲着力,添一句也不得,减一句也不得。)长沙无限意(著:便打,末一句道什么,一坑埋却,随在鬼窟里),咄(著:草里汉,贼过后张弓,更不可放过)!

[庚] "长沙芳草落花"之现代释读 "芳草落花"是本则公案

之主题,其中"草",又是关键中之关键。

禅门论"草",有两极之论。正极曰"草木国土悉皆成佛",谓草木、瓦砾、土地等非情、无情之物,皆有佛性;负极曰"草里汉",谓禅僧因草深而迷路,陷入第二义门。

本则公案中之"草",可以指向两个方向:一个方向是"真草",此为圜悟克勤所反对者;一个方向是"假草",此为圜悟克勤所追求者。

我们看本公案中之"著语",始终围绕"草"字而展开。"至门首"之下有"著语"云:"今日一日,只管落草,前头也是落草,后头也是落草。""游山来"之下有"著语"云:"不可落草,败缺不少,草里汉。""到什么处来"之下有"著语"云:"捋,若有所至,未免落草,相牵入火坑。"几乎每句都论及"草"。

对于"始随芳草去,又逐落花回"一句,公案中有三种释读——首座之释读、长沙之释读、雪窦之释读。首座之释读为"大似春意",圜悟克勤评判为"相随来也,将错就错,一手抬,一手搦"。长沙之释读为"也胜秋露滴芙蕖",圜悟克勤评判为"土上加泥,前箭犹轻后箭深,有什么了期"。雪窦之释读为"谢答话",圜悟克勤评判为"一火弄泥团汉,三个一状领过"。首座之释读是"土",长沙之释读是"土上加泥",雪窦之释读更是"泥上加泥",三个均是"弄泥团汉",都被圜悟否决了。因为他们之释读"太实"了,把"芳草"引向了"真草"。朝这个方向去释读,是永无了期的。

圜悟克勤"评唱"公案,论及"始随芳草去,又逐落花回"一句时说:"须是坐断十方的人始得……看他古人,无丝毫道理计较,亦无住着处,所以道始随芳草去,又逐落花回。""无住着",就是不拖泥带水;而指向"真草",就是拖泥带水,就是"有住着"。

针对雪窦重显"颂词"中的"始随芳草去"一句,圜悟之评论是:"漏逗不少,不是一回落草,赖值前头已道了。"所谓"漏逗",就是烦恼,就是魅惑或醉乱,可引申为"陷进"。什么"陷进"呢?引向"真草"之"陷进"。一个人曾陷进去,二个人曾陷进去,历朝历代诸多人曾陷进去,所以叫作"不是一回落草"。

针对雪窦重显"颂词"中的"又逐落花回"一句,圜悟之评论是:"处处全真,且喜归来,脚下泥深三尺。"总算归来了,但依然曾陷三尺泥中。

最关键之"机缘",出现在雪窦重显之"颂词"及圜悟克勤对"颂词"之"评唱"中。雪窦"颂词"之末句为:"长沙无限意,咄!"圜悟之"著语"云:"便打,末后一句道什么?一坑埋却,随在鬼窟里。"又云:"草里汉,贼过后张弓,更不可放过。"这"末后一句"是不该说的,是画蛇添足。为什么?就因为这一句把读者所有注意力,都引向了"真草",引向了"真实"。

在"评唱"中,圜悟更云:"雪窦引到这里,自觉漏逗,蓦云:'长沙无限意,咄!'如作梦却醒相似。雪窦虽下一喝,未得剿绝,若是山僧即不然:长沙无限意,掘地更深埋。"要把这"末后一句"深埋地下。为什么?就因为这一句把读者所有注意力,都引向了"真草",引向了"真实"。

一种境界是雪窦的"长沙无限意,咄",另一种境界是圜悟的"长沙无限意,掘地更深埋"。这两种境界,根本区别何在呢?根本区别就在前者"未得剿绝",而后者"已得剿绝"。"剿绝"什么?剿绝"真草""真花",剿绝"真实",剿绝"实在论",剿绝一切"西式思维"。

雪窦既然已经喊出了一个"咄"字,说明他已不愿待在"草里",而是有"出草"之意愿与行动了。但这还不够,还要站得更高一点,还要上达"离草"之境。这"离草"之境,就叫作"长沙无限意,掘地更深埋"。

圜悟"评唱"雪窦之"颂词",引云门禅师之言云:"直得山河大地,无纤毫过患,犹为转句;不见一切色,始是半提;更须知有全提时节,向上一窍,始解稳坐。"于是最后之重心,就落在这个"全提"上。雪窦喊出一个"咄"字,"未得剿绝",所以只是"半提";圜悟在"咄"字之上,再加一个"掘地更深埋","已得剿绝",所以已是"全提"。所有"芳草落花"之探讨,所有"真草假草"之论辩,最终都落在这个"全提"与"半提"之区分上。

安于"草里",入于"草中",是"不提";举头"草外",致力于"出草",是"半提";"离草"而行,剿绝"真实",然又不执着于"剿绝",是"全提"。

《佛光大辞典》以"游戏三昧"与"生活态度"释读本则公案,谓其"于随逐芳草落花之游赏中点出春日游山随逐芳草落花,游戏三昧之妙境",又云:"此公案中,藉游山之态度喻指生活态度。盖随芳草以去,显示天地之自然悠哉,无丝毫之道理计较;逐落花而回,显示住于无所住处,去来任运。"(第3596页)此一释读着意于"芳草落花",落脚点自无问题。然其对"始随芳草去,又逐落花回"一句做出正面而积极之评论,却有违圜悟克勤本意。圜悟对此句之评论是:"漏逗不少,元来只在荆棘林里。"或云:"漏逗不少,不是一回落草,赖值前头已道了。"或云:"处处全真,且喜归来,脚下泥深三尺。"既非正面之评，亦非积极之评。

《禅是一枝花》以"就事问—离事答""空间问—超空间答""时间问—超时间答"以及"答非所问""皆自有其超越"等语，释读本则公案，着意于"问答学"，虽不十分切题，但亦可聊备一说。

司南《禅心一念间》立足于"游"字，释读本则公案；亦涉及"问答学"，谓长沙和尚之答"可谓以动答静，以实答虚"，且"在问题之上又有超越"；更以"离心力""流线型"等当下语词，释读本则公案。似乎多头并进，没有重心。又有"长沙禅师的禅风高雅机智，若不是最后那句答语，整个机锋对论就将落入败局"之言，似乎认为长沙和尚"也胜秋露滴芙蕖"那句话很重要。这就与圜悟克勤之本意相违了。圜悟对此句答语给出的"著语"是"土上加泥，前箭犹轻后箭深，有什么了期"，不仅认为此句话不重要，而且认为此句话坏了事，是"土上加泥"、错上加错之举。换言之，圜悟之本意是："正是此句答语，加速使整个机锋对论落入败局。"

尚之煜《碧岩录校注》"点评"本则公案云："能启人明悟禅道，而自身又不落草，这正是禅师的高明处。此则公案里的长沙禅师正展现了如此高明的手段。"并论评"也胜秋露滴芙蕖"之答语云："回答得真是妙极了，既表达了不离春意又不即春意、不落于有无两边的禅境。"此"点评"之弊，同于司南：有违圜悟克勤之本意。圜悟并不认长沙禅师为"高明"，而是评之以"土上加泥""未得剿绝"等语。

综上所言，通过"长沙芳草落花"这则公案，圜悟克勤告诉我们：人要进入禅境，须有一颗"全提心"与"剿绝心"，以及"合观之兼心"。这是《碧岩录》给我们讲的第三十六个道理。

第三十七则　盘山三界无法

"盘山三界无法",禅宗公案名,又作"盘山垂语"等。述盘山宝积禅师提撕学人之垂语。载《佛果圜悟禅师碧岩录》卷第四、《五灯会元》卷三等。

盘山宝积,唐代僧。俗姓、籍贯、生卒年均不详。马祖道一之法嗣。因居幽州盘山(位于今天津市蓟州区)弘扬宗风,故有"盘山宝积"之名。谥"凝寂大师"。事迹见载于《祖堂集》卷十五、《景德传灯录》卷七、《联灯会要》卷四、《五灯会元》卷三等。

与盘山宝积相关之著名公案,除本则外,还有"盘山精底肉"(一名"盘山肉案")等。

[甲] 圜悟克勤之"垂示"　掣电之机,徒劳伫思;当空霹雳,掩耳难谐。脑门上播红旗,耳背后轮双剑。若不是眼辨手亲,争能构得;有般底低头伫思,意根下卜度。殊不知,髑髅前见鬼无数。

你们且说说,不落意根,不抱得失,忽然生出上面之举觉,该如何应对呢?

请看公案。

[乙]"盘山三界无法"之公案　盘山宝积禅师曾下"垂语"说："三界无法，何处求心？"

[丙]圜悟克勤对公案之"评唱"　过去北幽州的盘山宝积和尚，乃是马祖道一门下的一位尊宿，后来带出普化这么一位徒弟。

他在临迁化时，对众僧说："你们中有人能远描出我的真身么？"众僧均描出其真身，呈送给他看，他一一予以斥责。此时普化站出来说："在下已经描绘出来。"宝积和尚说："为何不呈送给老僧我看呢？"普化于是便打筋斗而出。和尚说："这家伙以后会如狂风般去接引人。"

有一天和尚"垂语"众僧说："三界无法，何处求心。四大本空，佛依何住。璇玑不动，寂止无痕。觌面相呈，更无余事。"雪窦曾挑出其中的两句来加"颂词"，说："直是浑金璞玉。"

不见常言道："瘥病不假驴驼药。"山僧我为什么说"和声便打"，只因为它担枷过状。古人说："闻称声外句，莫向意中求。"你们且说说，盘山的意思是什么，直搅得奔流度刃，电转星飞？要是你准备去论议寻思，就是千佛出世也摸索他不着；要是你能深入阃奥，彻骨彻髓，见得透底，那将是盘山的一场败缺；要是你承言会宗、左转右转，则盘山只得一橛；要是你拖泥带水，在声色堆里转悠，那你连梦见盘山都不可能。

五祖先师曾说："透过那边，方有自由分。"不见三祖亦曾说："执之失度，必入邪路。放之自然，体无去住。"要是朝着这个方向而说"无佛无法"，则又会打入鬼窟里去，古人称为"解脱深坑"，是一件善因而招恶果之事。

所以说："无为无事人，犹遭金锁难。"也须是穷到底始得。要是朝着"无言处言得，行不得处行得"这个方向走，就叫作"转身处"。

"三界无法，何处求心"，你要是只能作情思知解，就只能死在他的言下。雪窦所见，七穿八穴，所以撰出下面的"颂词"。

[丁] 雪窦重显对公案之"颂词"

三界无法，何处求心。

白云为盖，流泉作琴。

一曲两曲无人会，雨过夜塘秋水深。

[戊] 圜悟克勤对雪窦重显颂词之"评唱" "三界无法，何处求心"，雪窦将其"颂"得有如"华严境界"。有人说雪窦这是无中生有，要是"眼皮绽底"的汉子，是不会那样去领会的。

雪窦又到它旁边贴上两句，说："白云为盖，流泉作琴。"苏内翰（按，即东坡）曾引照觉禅师之"颂词"云："溪声便是广长舌，山色岂非清净身。夜来八万四千偈，他日如何举似人。"雪窦借"流泉"作一片长舌头，所以才说"一曲两曲无人会"。

不见九峰山虔和尚曾说："还识得命么？流泉是命，湛寂是身。千波竞起，是文殊家风；一亘晴空，是普贤境界。"流泉作琴，一曲两曲无人会"，就是这般的曲调。务必是"知音"，才能领会；要是所遇非人，就是侧耳倾听也是徒劳。

古人说："聋人也唱胡家曲，好恶高低总不闻。"云门禅师亦说："举不顾，即差互，拟思量，何劫悟。"举是体，顾是用。未举以前，朕兆未分，以前见得，坐断要津；若朕兆才分，见得便有照用；若朕兆分后，见得落在意根。

雪窦也是太过慈悲，末后还给你添上一句，说就像"雨过夜塘秋水深"一样。这一句"颂词",曾有人论列评判,说它很"美"。雪窦有翰林之才,"雨过夜塘秋水深"一句,也务必是"急着眼看"才能领会的;要是你稍有"迟疑",就无法讨得其深意。

[己] 圜悟克勤之"著语" "公案"中之"著语"有:盘山垂语云:三界无法(著:箭既离弦,无返回势。月明照见夜行人,中也。识法者惧,好,和声便打)。何处求心(著:莫瞒人,好,不劳重举,自点检看,便打,云:是什么)?

"颂词"中之"著语"有:三界无法(著:言犹在耳),何处求心(著:不劳重举,自点检看,打,云:是什么)。白云为盖(著:头上安头,千重万重),流泉作琴(著:闻么?相随来也,一听一堪悲)。一曲两曲无人会(著:不落宫商,非干角徵,借路经过。五音六律尽分明,自领出去,听则聋),雨过夜塘秋水深(著:迅雷不及掩耳,直得拖泥带水,在什么处?便打)。

[庚] "盘山三界无法"之现代释读 "三界"者,欲界、色界、无色界之称,为众生所居之地,乃迷妄之有情在生灭变化中流转之三境界或三层阶。

"欲界"乃具有淫欲、情欲、色欲、食欲等有情所居之世界;"色界"乃远离欲界淫、食二欲而仍有清净色质等有情所居之世界;"无色界"乃唯有受、想、行、识四心而无物质之有情所居之世界。

"三界"中有没有"法"?当然有"法",如生死,如十二缘生诸法。盘山宝积禅师下"三界无法"之"垂示",恐怕并不是否定"三界"中之"法",只是强调其"法"不能"独立"、不能"自支"。既不能"独立"、不能"自支",那它"依于何""支于何"呢?当然只能"依于心""支于心"。故禅门常说"三界唯心"或

"三界唯一心"。

"三界唯心"者,谓三界中所有现象(法)皆出一心之所变现,只有"心",此外别无法;生死、十二缘生等诸法,实是"忘想心"之所变作。《六十华严》卷十云:"心如工画师,画种种五阴,一切世界中,无法而不造。"又云:"诸佛悉了知,一切从心转……心造诸如来。"此之谓也。

"三界唯心",实即讲"万法为心所造"。然"心"有多种,万法又为"何心"所造呢?有二心,有三心,有四心,有五心,有八心,有六十心,万法为"何心"所造呢?二心者,真心与妄心、相应心与不相应心、定心与散心等之谓也;三心者,贪、瞋、痴等等之谓也;四心者,贪心、瞋心、痴心、等心等之谓也,肉团心、缘虑心、集起心、坚实心等之谓也;五心者,率尔心、寻求心、决定心、染净心、等流心等之谓也;八心者,种子心、芽种心、疱种心、叶种心、敷华心、成果心、受用种子心、婴童心等之谓也;六十心之说,则见于瑜伽行者有关心相之分类。

"心"既如此复杂,万法为"心"所造,当然就变得极复杂。盘山宝积禅师"何处求心"之问,涉及的正是此问题。盘山之问,实含两问:(一)万法为"心"所造,为"何心"所造?(二)万法为"心"所造,"心"又造于何?后一问实即问:"心"可否"独立"可否"自支"?

前一问无答案;后一问之答案,当然是否定的。说"心"可以"独立"、可以"自支",乃是"执于心"或"执心";说"心"不可以"独立"、不可以"自支",乃是"不执于心"或"不执心"。禅门当然要讲"不执心"。

圜悟克勤之"垂示"中,"掣电之机""当空霹雳""眼辨手亲""不落意根""不抱得失"等,讲的是"不执心";"徒劳伫思""掩耳难谐""低头伫思,意根下卜度"等,讲的是"执心"。圜悟强调的,显然是"不执心"。

在对于公案之"著语"中,圜悟两处提到"打"字,一曰"和声便打",二曰"便打,云:是什么"。要打什么?要打的就是"执心"之人及其"执心"之事。不等其"执心"之话讲完便打,就是"和声便打";边打边追问"心是什么",就是"便打,云:是什么"。

圜悟"评唱"公案时,给出"和声便打"的理由是:"担枷过状。"这就是"执",就是"执心"。又区分认识此"心"之四个层次——"拟议寻思""深入阃奥""承言会宗""拖泥带水"。接着引三祖之言说明"无执"之理:"执之失度,必入邪路。放之自然,体无去住。""执之失度"就是只讲"执",而忘记了"不执"。"评唱"之末又讲"若作情解,只在他言下死却"。"作情解"就是"执心","执心"便是死路一条。

雪窦重显"白云为盖,流泉作琴""一曲两曲无人会,雨过夜塘秋水深"之"颂词",全都属于"无执"之境、"不执"之境。但圜悟似乎觉得还不够,还在给出"头上安头""一听一堪悲""自领出去,听则聋""直得拖泥带水,在什么处,便打"等之"著语",说明圜悟所要求的"无执""不执"之境,比雪窦之"颂词"还要高。如何一个"高"法呢?恐怕就是认为这些"颂词"作为文字,本身就是多余,本身就是不该"执"的。

圜悟"评唱"雪窦之"颂词",又分出"心"之认识的三层阶:

"朕兆未分""朕兆才分""朕兆分后"。"朕兆未分"是"不执",故曰"坐断要津";"朕兆才分"是"始执",故曰"便有照用";"朕兆分后"是"执",故曰"落在意根"。末后特别针对"雨过夜塘秋水深"一句来"评唱",认定此句"也须是急着眼看",而不能"迟疑"着去看。"急着眼看",就是"无执"之境;"迟疑"去看,就是"有执"之境。

盘山之完整"垂语",载于《景德传灯录》卷七之"盘山宝积"章,云:"禅德!且须自看,无人替代。三界无法,何处求心?四大本空,佛依何住?璇玑不动,寂尔无言。觌面相呈,更无余事。"对此《佛光大辞典》释读云:"此三界无法之'无法',与'无心''无事'同义,谓三界之事象,从根源之立场而言,乃不存在者。此公案即指示无念无想之存在方式即真实的存在。"(第6113页)句中"无法""无心""无事""无念""无想"等语,均是指"无执""不执"而言。"无心"即是著者所谓"不执心"。

《禅是一枝花》释读本则公案,认为"三界有法",且给出"大自然的五基本法则":一曰"意志与息法则",二曰"阴阳法则",三曰"绝对时空与相对时空统一法则",四曰"因果性与非因果性统一法则",五曰"循环法则"。又认为"万物皆有心","息在丹田,而意志则在心","丹田与心皆非可以生理解剖求得","丹田是阴,而心则是阳","所以何处求心,并非说无心"。并认为雪窦之"颂词"所讲"还是有法有心,有一种繁华"。胡氏释读,落实于"有法有心",自是不错,然却不够。"有法而不执法"才行,"有心而不执心"才行。"不执法"缘于"法由心造";"不执心"缘于"心由法造"。

司南《禅心一念间》释读本则公案，着意于"在有变化、有心之中，逐渐参悟到无变化、无心的境界"，又试图找到"始终如一"的"无心"之境，似比胡氏仅仅强调"有法有心"进了一步。

尚之煜《碧岩录校注》"点评"本则公案，以"绝凡圣、泯有无，本然妙明""心性不可得，诸法本空相""非空非有，空有一如"等为基点，原则上自然是对的。但有"泛泛而论"之嫌，没有紧扣一个"心"字。于"心"字上"绝凡圣、泯有无"，于"心"字上"非空非有，空有如一"，方为本则公案之主旨。

综上所言，通过"盘山三界无法"这则公案，圜悟克勤告诉我们：人要进入禅境，须有一颗"不执心心"或"无执心心"，以及"合观之兼心"。这是《碧岩录》给我们讲的第三十七个道理。

第三十八则　风穴祖师心印

"风穴祖师心印",禅宗公案名,又作"风穴铁牛""风穴铁牛机"等,述风穴延沼禅师接化弟子之机法。载《佛果圜悟禅师碧岩录》卷第四等。

风穴延沼,北宋临济宗禅师。俗姓刘,浙江余杭人。生于唐昭宗乾宁三年(896年),历经整个五代十国,卒于宋太祖开宝六年(973年)八月,世寿七十有八。少即魁伟英俊,博览群书。先依开元寺智恭律师剃发受具足戒,后从止南院颙公问学六载。后唐明宗长兴二年(931年)入汝州风穴古寺弘法,凡七载。天下僧徒,闻风云集,又大兴土木,改古寺为丛林。后晋高祖天福二年(937年),州牧慕名,待之以礼。文字传世者,有《风穴禅师语录》一卷。事迹见载于《景德传灯录》卷十三、《五灯会元》卷十一、《佛祖历代通载》卷十八等。

与风穴延沼禅师相关之著名公案,除本则外,还有"风穴一尘"(一作"风穴家国兴盛"或"风穴若立一尘")等。

[甲]圜悟克勤之"垂示"　若论渐也,返常合道,闹市里七纵

八横；若论顿也，不留朕迹，千圣亦摸索不着。倘若不立顿渐，又会怎样呢？快人一言，快马一鞭，正当如此时，谁是"作者"？

请看公案。

[乙]"风穴祖师心印"之公案　风穴延沼禅师某次在郢州衙内上堂，说："祖师心印，状似铁牛之机，去即印住，住即印破，只是不知不去不住，是印好呢，还是不印好？"

当时有一位卢陂长老站出来问："在下有铁牛之机，请师父不要再印。"风穴答："惯钓鲸鲵澄巨浸，却嗟蛙步骤泥沙。"卢陂陷入沉思，风穴大喝一声，问："长老为什么不说话？"长老正准备说话，风穴便打他一拂子。

风穴再问："还记得刚才的话头吗？你举出来看看。"长老刚想开口，风穴又打他一拂子。

此时牧主（南按：郢州州牧）开口道："佛法与王法相似。"风穴问："你悟出了什么道理？"牧主答："当断不断，返招其乱。"风穴于是说法毕。

[丙]圜悟克勤对公案之"评唱"　风穴乃是临济门下之尊宿。临济禅师当初在黄檗门下栽松树时，黄檗禅师问他："深山里栽这么多松树干什么？"临济回答说："一与山门作境致，二与后人作标榜。"说完便钁地一下。

黄檗又说："就算是这样，你已经吃我二十棒了。"临济又打地一下，说："嘘，嘘！"黄檗说："我之宗派到你这里会大兴于世。"

后来沩山喆禅师评论说："临济那种做派，很像是平地跌倒。就算可以这样，也须是临危不变，方才称得上是真丈夫。黄檗说'我之宗派到你这里会大兴于世'，很像是怜儿不觉丑。"

后来沩山问仰山："黄檗当时是只托付临济一人呢，还是有其他人？"仰山答："有其他人，只是年代久远，我不愿说给和尚听了。"沩山说："就算是这样，我还是想知道，你还是说来听听吧。"仰山于是说："一人指南，吴越令行，遇大风即止。"这是预言风穴禅师将出现。

风穴初参雪峰禅师五年，有次请教雪峰："临济入堂，两堂首座齐声一喝，僧问临济：'还能区分宾主吗？'临济答：'宾主清清楚楚。'"风穴于是问："不知其意旨如何？"雪峰答："我过去和岩头、钦山一起去见临济，走在半途，闻知他已迁化。若要领会他的'宾主学说'，就得去参拜他宗派下的尊宿。"

风穴后来又去参见瑞岩，此人常自唤："主人公。"自己回答："诺。"又自言自语说："要自己小心，以后莫要受人欺瞒。"风穴评论说："这是自拈自弄，有什么难的！"

后来在襄州，风穴与鹿门及廓侍者一起过夏，廓侍者指着风穴说："来，我们去参拜南院禅师。"风穴说："入门须辨主，端的请师分。"于是某日去见南院，把前面的那些话复述一遍，说："在下此次是特来亲自觐见大师的。"南院只说了句"雪峰古佛"。

有一天去见镜清禅师，镜清问："最近到过什么地方？"风穴答："我从东边过来。"镜清又问："还要经过小江吗？"风穴答："大舸独飘空，小江无可济。"镜清说："镜水图山，鸟飞不渡，你不要盗听遗言啰！"风穴答："沧溟尚怯蒙轮势，列汉飞帆渡五湖。"镜清竖起拂子，问："你看这个是什么？"风穴说："这个是什么！"镜清说："果然不知道。"风穴对曰："出没卷舒，与师同用。"镜清说："杓卜听虚声，熟睡饶谵语。"风穴对曰："泽广藏山，理能伏豹。"镜清说:"赦罪放恣,速须出去。"风穴对曰:"出即失。"

于是退出来,到法堂之上,自言自语说:"大丈夫,公案未了,岂可就此罢休!"乃返身回去,再入方丈室。等镜清落坐,就说:"在下刚才辄呈骇见,冒渎尊颜,承蒙和尚慈悲为怀,未赐在下罪责。"

镜清答:"你刚才说从东方来,岂不是从翠岩那里来吗?"风穴答:"雪窦亲栖宝盖东。"镜清说:"不逐亡羊狂解息,却来这里念诗篇。"风穴对曰:"路逢剑客须呈剑,不是诗人莫献诗。"

镜清说:"诗却秘却,略借剑看。"风穴对曰:"枭(原注:坚尧切,通作枭,断首倒悬)首甑人携剑去。"镜清说:"不独触风化,亦自显颠顸。"风穴对曰:"若不触风化,焉明古佛心。"镜清问:"何名古佛心?"风穴又对曰:"再许允容,师今何有?"

镜清说:"东来衲子,菽麦不分。"风穴对曰:"只闻不以而以,何得抑以而以。"镜清说:"巨浪涌千寻,澄波不离水。"风穴对曰:"一句截流,万机寝削。"说完风穴便礼拜镜清,镜清以拂子点三点,说:"很有才俊,请坐吃茶。"

风穴刚到南院时,入门不施礼,南院禅师说:"入门须辨主。"风穴对曰:"端的请师分。"南院左手拍膝一下,风穴便喝一声;南院右手拍膝一下,风穴亦喝一声。南院举左手说:"这个即从阇黎。"又举右手问:"这个又怎么办?"风穴答:"瞎!"

南院于是指向拄杖,风穴问:"作什么?在下待会儿夺过拄杖,打着和尚,别说没告诉你。"南院于是掷下拄杖,说:"今天可是被这黄面浙子折腾得够呛!"

风穴则说:"和尚您很像是持钵不得,诈道不饥。"南院问:"你小子莫非曾到过此地吗?"风穴说:"是。有何指教?"南院说:

"好好借问。"风穴对曰:"也不得放过。"南院说:"且坐,吃茶。"

你看风穴俊流倜傥,机锋峭峻,南院也拿他没有办法。到第二天,南院只是作平常语问他:"今年夏天在何处?"风穴答:"与鹿门及廓侍者一起过夏。"南院说:"原来是去亲见作家。"又问:"他们跟你说过什么?"风穴答:"自始至终只是教在下一向作主。"南院便打,把风穴推出方丈室,说:"这般纳败缺底汉,有什么用处?"

风穴自此以后服膺南院,在南院门下做"园头"。有一天南院到园里问他:"南方一棒,该如何理解?"风穴答:"作奇特理解。"又反问说:"和尚那边如何理解?"南院抓起禅棒,答:"棒下无生忍,临机不让师。"风穴于此处豁然大悟。

此时正值五代离乱时期,郢州牧主请风穴度夏。此时期临济一宗大盛,此宗凡是问答、垂示,无不是语句尖新,攒花簇锦,字字皆有下落。

有一天牧主请风穴上堂,风穴示众说:"祖师心印,状似铁牛之机,去即印住,住即印破,只是不知不去不住,是印好呢,还是不印好?"这里何故不说与石人本马之机相似,直接就说与铁牛之机相似呢?你找不到撼动它的地方,你才去即印住,你才住即印破,教你动弹不得。"只是不知不去不住,是印好呢,还是不印好?"你看他那么下"垂示",可以说是钩头有饵。

这时候听众席上有一位卢陂长老,也是临济门下之尊宿。他敢出头来与风穴对机,于是便翻转他的话头,致个问端,也是相当奇特,说:"在下有铁牛之机,请师不搭印。"

怎奈风穴是位"作家",便回答他说:"惯钓鲸鲵澄巨浸,却嗟蛙步骤泥沙。"也是言中有响。云门曾说："垂钓四海，只钓狞龙。格外玄机，为寻知己。""巨浸"是指用十二头水牯牛作诱饵，却只钓得一只蛙出来。这句话并不玄妙，也无太多道理计较。

古人说："若向事上觑则易，若向意根下卜度则没交涉。"卢陂长老陷入沉思，见之不取，可谓千载难逢之机会，有些可惜。所以说：直饶讲得千经论，一可临机下口难。其实卢陂是要讨好语对待风穴，不想陷入对峙中，却被风穴用揍旗夺鼓之机锋一路追杀，一路逼将过去，弄得他没奈何。

俗谚说：阵败不禁笤帚扫。当初是要讨个枪法来敌他，等你把枪法讨来，自己却是头先落地了。牧主也是久随风穴参禅之人，当时解围说："佛法与王法一般。"风穴问："你悟出了什么？"牧主答："当断不断，返招其乱。"

风穴做派，浑然如"一团精神"，就跟水上葫芦子一样，捺着便转，按着便动。解，则随机说法；若不随机，翻成妄语。风穴于是下座，结束说法。

只如临济，早有"四宾主之说"，参学之人，务必仔细才是。如宾主相见有语，论宾主往来，或应物见形，全体作用，或把机权喜怒，或现半身，或乘狮子，或乘象王。如有真正学人，便大喝一声，先拈出一个胶盆子。善知识若不辨此境，便上到他境上，在那里装模作样。于是学人又喝一声，前人不肯放下。这是膏肓之病，不堪医治，叫作"宾看主"。

或者是善知识不拈出，物随学人问处便夺，学人被夺，抵死不放。这是"主看宾"。

或者是有学人应一个清净境出，善知识、前知识辨得此境，把他抛向坑里,学人言大好,善知识、知识即云"咄哉,不识好恶",学人礼拜。这叫作"主看主"。

或者是有学人披枷带锁出来,善知识、前知识再给他安一重枷锁,学人欢喜,彼此不辨。这被称为"宾看宾"。

大德山僧我所列举的,均是辨魔拣异、知其邪正之法。不见有僧问慈明:"一喝分宾主照用,一时行时如何?"慈明便大喝一声。还有云居弘觉禅师曾示众说:"譬如狮子捉象,亦全其力,捉兔,亦全其力。"当时有僧问:"不知全什么力?"云居答:"不欺之力。"

我们且看他雪窦如何颂出。

[丁] 雪窦重显对公案之"颂词"

擒得卢陂跨铁牛,三玄戈甲未轻酬。

楚王城畔朝宗水,喝下曾令却倒流。

[戊] 圜悟克勤对雪窦重显颂词之"评唱" 雪窦知道风穴有这般宗风,于是便颂道:"擒得卢陂跨铁牛,三玄戈甲未轻酬。"

临济门下有"三玄三要"之说,凡一句中须具三玄,一玄中须具三要。僧问临济:"如何是第一句?"临济答:"三要印开朱点窄,未容拟议主宾分。""如何是第二句?"临济答:"妙辨岂容无著问,沤和不负截流机。""如何是第三句?"临济答:"但看棚头弄傀儡,抽牵全藉里头人。"

风穴禅师一句中,便具三玄,戈甲七事随身,不轻酬。他若不如此,如何奈何得了卢陂长老。

后面雪窦要亮出临济门下之机锋:莫说是卢陂,就算楚王城畔,洪波浩渺,白浪滔天,尽去朝宗,也只消大喝一声,必教他水倒流。

[己]圜悟克勤之"著语" "公案"中之"著语"有：风穴在郢州衙内上堂云（著：倚公说禅，道什么）：祖师心印状似铁牛之机（著：千人万人撼不动，誵讹节角在什么处？三要印开，不犯锋芒），去即印住（著：正令当行，错），住即印破（著：再犯不容，看取令行时，掇，便打），只如不去不住（著：看无顿置处，多少誵讹），印即是，不印即是（著：天下人头，出头没有分。文彩已彰，但请掀倒禅床，喝散大众）？

时有卢陂长老出问：某甲有铁牛之机（著：钓得一个谙晓得，不妨奇特）：请师不搭印（著：好个话头，争奈誵讹）。穴云：惯钓鲸鲵澄巨浸，却嗟蛙步骤泥沙（著：似鹘捉鸠，宝网漫空，神驹千里）。陂伫思（著：可惜许，也有出身处，可惜放过）。穴喝云：长老何不进语（著：搀旗夺鼓，炒闹来也）？陂拟议（著：三回死了，两重公案），穴打一拂子（著：好打，这个令须是恁么人行始得）。穴云还记得话头么？试举看（著：何必雪上加霜）。陂拟开口（著：一死更不再活，这汉钝置杀人，遭他毒手），穴又打一拂子。

牧主云佛法与王法一般（著：灼然，却被傍人觑破）。穴云：见个什么道理（著：也好与一掇，却回枪头来也）？牧主云：当断不断，返招其乱（著：似则似，是则未是。须知傍人有眼，东家人死，西家人助哀）。穴便下座（著：将错就错，见机而变，且得参学事毕）。

"颂词"中之"著语"有：擒得卢陂跨铁牛（著：千人万人中，也要呈巧艺，败军之将，不再斩），三玄戈甲未轻酬（著：当局者迷，受灾如受福，受降如受敌）。楚王城畔朝宗水（著：说什么朝宗水，浩浩充塞天地，任是四海，也须倒流），喝下曾令却倒流（著：

不是这一喝，截却你舌头，咄，惊走陕府铁牛，吓杀嘉州大象）。

[庚]"风穴祖师心印"之现代释读　"不去不住"乃是本则公案之落脚点。"不住不印"是相对于"去"而言的，同时又是相对于"住"而言，是"住"与"印"之间之"第三态"。

禅门中有所谓"八不中道"之说，或作"八不中观""八不正观""八不缘起""无得中道""无得正观""不二正观""八遮"等。谓于生灭、常断、一异、来出之关系上，不能固执两边，而当重视两边之间之"第三态"。

龙树《中论》卷首有偈语云："不生亦不灭，不常亦不断。不一亦不异，不来亦不出。能说是因缘，善灭诸戏论。我稽首礼佛，诸说中第一。"《般若波罗蜜多心经》亦云："舍利子，是诸法空相，不生不灭，不垢不净，不增不减。"此处可名为"六不"。目标均在以"不"遮遣世俗之邪执，彰显无得中道之实义。

"铁牛之机"似可理解为"铁牛之闸"，此闸有巧妙之机关，水少则关以蓄水，水满足则开以放水。铁牛据说铸成于大禹治水之时，可防黄河泛滥，为黄河之守护神。后置于河南陕府城外。世人常注重"铁牛"，并以此为讨论之中枢；实则当落脚于"铁牛之机"，即"铁牛之闸"。

此闸有三态："关"为一态，"开"为一态，"不关不开"为第三态。以"关"应对"水少"之现实，以"开"应对"水满"或"水多"之现实，以"不关不开"应对"水不少不多"之现实。

风穴禅师要追问的是"第三态"：当"水不少不多"之时，铁牛之机当处于何状态？当然不能处于"关"之状态，亦不能处于"开"之状态，只能处于"不关不开"之状态。然现实中"不关不开"之状态,又是一种怎样之状态呢?

当你将要偏离("去")正道之时,风穴即用"住"来印正你;当你将要执于此"住"之时,风穴即用"破"来印正你。风穴要问的是:当你处于"不去不住"之"第三态"时,他是印正还是不印正?若是要"印正",又将用什么去"印正"?

答案似乎是很显然的:用"第三态"去印正,用"不住不破"去印正。圜悟克勤之"垂示",落脚于"渐"与"顿"之间的"第三态",叫"不立顿渐",或叫"不顿不渐"。

公案中卢陂长老受到风穴禅师之嘲笑,就因为他没有掌握"第三态"之理。他说自己已掌握"铁牛之机",让风穴不要再"印正"("请师不搭印"),风穴之回答却是不以为然:"惯钓鲸鲵澄巨浸,却嗟蛙步骤泥沙。"慨叹自己放下十二头牛做诱饵,却只钓来一只小蛙。风穴为何这样看不起长老?因为长老此番话表明他已"住"于"铁牛之机"上,出不去,下不来了。

圜悟克勤对卢长老"某甲有铁牛之机"之言给出的"著语"是:"钓得一个谙晓得,不妨奇特。"显然不相信他。对其"请师不搭印"之言给出的"著语"是:"好个话头,争奈诵讹。"认为他言过其实。而对于风穴"惯钓"两句答语给出的"著语"却是:"似鹘捉鸠,宝网漫空,神驹千里。"显然评价极高。原因就在,卢长老没有意识到"第三态",而风穴却正是以"第三态"为坐标来评判他。

公案中牧主"当断不断,返招其乱"之发言,已经算是水平很高的了,但圜悟给出的"著语"却是:"似则似,是则未是。"牧主讲"当断不断",还是落脚于"断",还是"执于断",所以说他"是则未是";牧主既讲了"断",又讲了"不断",两边都顾及了,类似于"八不中道"里的"不生不灭",所以说他"似则似"。牧主根本没有意识到在"断"与"不断"之间,还有一个更为重要的"第三态"。

圜悟"评唱"公案,提到风穴参雪峰时"两堂首座齐下一喝"而"区分宾主"一事,就涉及典型之"第三态"。两堂首座齐下一喝,你说谁是主,谁是宾?临济说"宾主清清楚楚",实际上却是不清不楚的。张三、李四同时喝,你说张三是主、李四是宾,李四有意见;你说李四是主、张三是宾,张三有意见。最终之结论只能是"不张不李"。问"谁是主",只能答"不张不李";问"谁是宾",只能答"不张不李"。

圜悟"评唱"公案,提瑞岩禅师自唤"主人公"又自答"诺"一事,亦涉及典型之"第三态"。自唤"主人公"又自答"诺",你说谁是唤者,谁是答者?谁是"主人公",谁是"仆人"?最终之结论只能说是:"不唤不答""不主不仆"。风穴评此种状态为"自拈自弄",实际上"自拈自弄"就是"第三态"。

其实每个个体均是"第三态",是灵与肉之"第三态",是人与物之"第三态",是主与客之"第三态",是我与他之"第三态",是主与仆之"第三态",是问与答之"第三态"。

圜悟"评唱"公案,又提到风穴与镜清之长篇对谈,最后镜清说"东来衲子,菽麦不分",风穴对以"只闻不以而以,何得抑以而以";镜清说"巨浪涌千寻,澄波不离水",风穴又对以"一句截断,万机寝削"。

这最后两句对谈,又涉及"第三态":"不以而以"讲的就是不生不灭、不常不断、不一不异、不来不出。"抑以而以"不同,抑是抑或,它讲的是或生或灭、或常或断、或一或异、或来或出。实际上,在"不以而以"与"抑以而以"之外,还有一个"亦以而以"(讲亦不生亦不灭、亦不常亦不断、亦不一亦不异、亦不来亦不出),只是风穴没有讲出来。至于随后对谈中"波与水"之关系、"一与万"之关系,亦是强调其"第三态":"不波不水""不一不万"。

圜悟"评唱"公案,又提到临济义玄禅师"四宾主"之说。临济原名为"宾看主"(生看透师)、"主看宾"(师看透生)、"主看主"(两悟者相见)、"宾看宾"(两未悟者相见),强调一个"看"字。后来风穴延沼禅师改为"宾中主""主中宾""主中主""宾中宾"(参《景德传灯录》卷十三),强调一个"中"字。将"看"字改成"中"字,实即偏向"第三态",要讲四个"第三态";实乃将临济义玄之"四宾主",改造成四个"第三态"。

圜悟"评唱"雪窦之颂词,又提到临济义玄接引学人"三玄三要"之法,要求"一句语须具三玄门,一玄门须具三要,有权有用"(参《临济义玄禅师语录序》、《五家玄旨纂要》卷上)。不管是"三玄",还是"三要",均是强调"两边"之外,还有一个"第三态"。"三"之关键在"中","中"之关键亦在"三"。"八不中道"之每一项,既是"中",亦是"三"。

《佛光大辞典》释读本则公案云:"风穴云'祖师心印,状似铁牛之机',以此喝破此则公案之眼目。铁牛乃黄河之镇守神,其形庞大,为铁制;因其为铁,故洪水不能动;为神,故能护河。如死牛活牛,全无著手处,故以铁牛之机表祖师心印,来显人人之心印。"(第3993—3994页)似以"心印"为本则公案之落脚点,且要求"心印"如铁"不能动",如神"能护河"。显是着意于"铁牛"，而非"铁牛之机"，大有"坐实主义"或"实在论"之倾向。

《禅是一枝花》释读本则公案，认为风穴禅师在"印即是，不印即是"这一问题上，是主张"印"的："印对了是天幸，印错了是天意。没有得可以拟思的。"又认为牧主"当断不断，返招其乱"之答语，是其"悟得了"之表现。又评雪窦之"颂词"说："是非成败系于一发之际，是可以一声号令，拔赵帜易汉帜，大风吹历史的洪流，使之改变流向的。"这些意见，显与圜悟克勤之意见不合，是"执于两边""落于两边"之谈。既非"不立顿渐""不去不住"，亦非"三玄三要""不以而以""八不中道"。

司南《禅心一念间》释读本则公案，同样正面评估牧主"当断不断，返招其乱"之答语，认为其与风穴禅师一致，而完全不顾圜悟"似则似，是则未是"之"著语"的负面评估。又认"穴便下座"乃是"满意的表示，而非无言以答或者生气失望"，亦完全不顾圜悟"将错就错，见机而变，且得参学事毕"之"著语"的消极评估。

尚之煜《碧岩录校注》"点评"本则公案，以"若河水离开正道则镇住它，若住而不流则疏浚它"释读"去即印住，住即印破"，颇得圜悟之旨。又认"不去不住"之状态"正是铁牛精神，正是佛性境界"，认为"风穴讲至此，本可喝散大众，各自归去"。这些意见，已接近本则公案之核心，只是始终没有点出"第三态""八不中道""不以而以"等关键词汇。

综上所言，通过"风穴祖师心印"这则公案，圜悟克勤告诉我们：人要进入禅境，须有一颗"第三态心""八不中道心"或"不以而以心"。这是《碧岩录》给我们讲的第三十八个道理。

第三十九则　云门花药栏

"云门花药栏"，禅宗公案名，又作"云门花栏""云门金毛狮子"等，述云门文偃禅师与僧徒间讨论"清净法身"问题之机缘问答。载《佛果圜悟禅师碧岩录》卷第四。

云门文偃事迹见前文。

[甲] **圜悟克勤之"垂示"**　途中受用底，似虎靠山；世谛流布底，如猿在槛。欲知佛性义，当观时节因缘；欲煅百炼精金，须是作家炉鞴。

你们且说说，"大用现前底"又当用什么来勘验呢？

[乙] **"云门花药栏"之公案**　有僧问云门禅师："如何是清净法身？"云门答："花药栏。"僧再问："绕着这花药栅栏去寻找会怎样？"云门答："金毛狮子。"

[丙] **圜悟克勤对公案之"评唱"**　诸位还能理解这僧之"问处"与云门禅师之"答处"吗？要是能理解，两口同无一舌；要是不能理解，也未免太过颟顸了。

有僧曾问玄沙师备禅师："如何是清净法身？"玄沙答："脓滴

滴地。"让我们使出"金刚眼"，仔细来分辨看看。云门之回答，跟别人是不同的。他有时把定，壁立万仞，无你凑泊处；有时又为你开一道线，说是同死同生。

云门之"三寸"，隐藏很深。有人说他只是信口开河、随意而答，要是这样来领会，你们且说说，云门落脚在什么地方？这是我们的家里事，不要到外面去商讨这个问题。

所以百丈禅师说："森罗万象，一切语言皆转归自己。"是要求转辘辘地向活泼泼处去说话，要是拟议寻思，就是落入"第二句"了。

永嘉禅师说："法身觉了无一物，本源自性天真佛。"云门勘验这僧，这僧也是他屋里人，参他很久了，知道他"屋里事"，跟进一步问："绕着这花药栅栏去寻找会怎样？"云门答："金毛狮子。"你们且说说，云门此处是肯定他还是不肯定他，是褒他还是贬他呢？

岩头禅师说："若论战也，个个立在转处。"又说："他参活句，不参死句。活句下荐得，永劫不忘；死句下荐得，自救不了。"又有一次僧问云门："佛法如水中月是否？"云门答："清波无透路。"这僧跟进再问："和尚从何而得？"云门答："再问复何来！"僧又问："照着这个思路去寻找会怎样？"云门答："重叠关山路。"

要知道这件事情，不是在言句上可以讨得的，它如击石火，似闪电光，构得构不得，均不免会丧身失命。雪窦是懂得这个道理的人，所以能当头颂出。

[丁]雪窦重显对公案之"颂词"

花药栏，莫颟顸，星在秤兮不在盘。

便怎么，太无端，金毛狮子大家看。

[戊]圆悟克勤对雪窦重显颂词之"评唱" 雪窦相席打令，动弦别曲，一句一句判将去。这一首"颂词"，也不异于"拈古"之格。

一提"花药栏"，便说"莫颟顸"，世人都说云门此处是信口开河、随意而答，总是用世情知解去领会它。所以雪窦才下"本分草料"，一提"花药栏"，便说"莫颟顸"。

大概云门禅师之落脚点，不在"花药栏"，所以雪窦又说"星在秤兮不在盘"。这一句忒煞漏逗。"水中元无月，月在青天"，如星在秤，不在于盘。你们且说说，哪个是秤？要是辨明得出，也不辜负雪窦一片苦心。

古人到这地步，也还是不忘慈悲，分明是在告诉你：不在这里，往那边去。你们且说说，那边是什么地方？

这是颂头边一句。后面是颂这僧的第二句问话："绕着这花药栅栏去寻找会怎样？"雪窦说这僧也"太无端"了。你们且说说，雪窦此处是"明头合"，还是"暗头合"？是领会了才那样说的，还是未领会才那样说的？

"金毛狮子大家看"，还能见到金毛狮子吗？

[己]圆悟克勤之"著语" "公案"中之"著语"有：僧问云门：如何是清净法身（著：墼圾堆头，见丈六金身，斑斑驳驳，是什么）？门云：花药栏（著：问处不真，答来卤莽，墼着磕着，曲不藏直）。僧云：便怎么去时如何（著：浑仑吞个枣，放憨作么）？门云：金毛狮子（著：也褒也贬，两采一赛，将错就错，是什么心行）。

"颂词"中之"著语"有：花药栏（著：言犹在耳），莫颟顸

（著：如麻似粟，也有些子，自领出去），星在秤兮不在盘（著：太葛藤，各自向衣裳下返观，不免说道理）。便怎么（著：浑仑吞个枣）。太无端（著：自领出去，灼然莫错怪他云门好）。金毛狮子大家看（著：放出一个半个，也是个狗子，云门也是，普州人送贼）。

[庚]"云门花药栏"之现代释读　不在这里，到那边去。到了那边，那边就变成了这里。怎么办？当然还是那个原则：不在这里，到那边去。你到达任何一个地方，始终不忘"到那边去"，就对了！

这个过程，在圜悟克勤的"垂示"中，叫作"途中"，叫作"时节因缘"。他在"垂示"中述"途中受用底，似虎靠山"，讲"欲知佛性义，当观时节因缘"，就是在强调这个"途中"，强调这个"时节因缘"。"途中""时节因缘"，实际就是本则公案之关键词。

公案中僧问"如何是清净法身"，云门答以"花药栏"，再问，又答以"金毛狮子"。清净法身真的是在"花药栏"中吗？是的。真的只在"花药栏"中吗？不是的。它在"花药栏"中，所以它"在这里"；它不只是在"花药栏"中，所以它"不在这里"；它"不在这里"，所以你要"在那里"去寻找。

"那边是什么处？"那边是"金毛狮子"。清净法身真的是在"金毛狮子"中吗？是的。真的只在"金毛狮子"中吗？不是的。它在"金毛狮子"中，所以它"在这里"；它不只是在"金毛狮子"中，所以它"不在这里"；它"不在这里"，所以你要"在那里"去寻找。

"那边是什么处？"那边是青青翠竹，那边是郁郁黄花。

圜悟给公案加"著语"，亦是着意于这个"从这边到那边、从那边到这边"之"途中"。于"清净法身"下加"著语"云:"墡圾堆头,见丈六金身,斑斑驳驳,是什么?""斑斑驳驳"就是能看见,却看不清。"是什么"之问,亦是表示能看见,却看不清。能看见,说明它"在这里";看不清,说明它又"不在这里"。于"花药栏"下加"著语"云:"问处不真,答来卤莽。"以"花药栏"作答,当然"卤莽",因为清净法身在"花药栏"中,同时又不在"花药栏"中。

于"金毛狮子"下加"著语"云:"也褒也贬,两采一赛,将错就错,是什么心行?"清净法身既在"金毛狮子"中,又不只是在"金毛狮子"中,这就叫"也褒也贬"。它不只"在这里",所以你要到"那边"去,它亦不只"在那边",所以你又得返回到"这边"来,这就叫"两采一赛,将错就错"。"是什么心行"呢?是"行脚心行",是"云水心行",是"途中心行",是"时节因缘心行"。

圜悟评唱公案,讲到"同死同生",是落脚于"途中";讲到"令转辘辘地向活泼泼处",是落脚于"途中";讲到"个个立在转处",是落脚于"途中";讲到"他参活句,不参死句",是落脚于"途中";讲到"如击石火,似闪电光",是落脚于"途中"。

结尾句讲"构得构不得,未免丧身失命",同样是落脚于"途中":你说清净法身"在这里",这是"构得";你说清净法身不只是"在这里",这是"构不得"。"构得"是丧身失命,"构不得"也是丧身失命。怎么办?那就只能从"构得"跑到"构不得",又从"构不得"跑到"构得",不停地跑来跑去,才能避免"丧身失命"。不能"停",不能"住",不能"定",不管是"停""住""定"于"这边",还是"停""住""定"于"那边",都不行。一有"停",就会丧身失命；一有"住"，就会丧身失命；一有"定"，就会丧身失命。

雪窦重显之"颂词"的第一句是："花药栏，莫颟顸，星在秤兮不在盘。"你说清净法身在"花药栏"中是可以的，但若认为它只在"花药栏"中，就是"颟顸"。你说星在秤杆之上是可以的，但若认为星只在秤杆之上，就是"颟顸"。你要知道"星在秤兮不在盘"，同时你又要明白"星在秤兮亦在盘"之理：若它不是"亦在盘"，那秤如何工作？那星与盘岂不是没有了任何关联？

圜悟评唱雪窦之颂词，认为"盖云门意不在花药栏处"，他"意"不在花药栏处，在什么处呢？在"别处"，在"那边"。又说雪窦"星在秤兮不在盘"这一句"忒煞漏逗"，并先在其句下已加"太葛藤"等"著语"，评价极其负面。此句"道理"很深，为什么只能得极其负面之评价？吾人之解释就是：它只讲到了"星在秤兮不在盘"，而没有同时讲到"星在秤兮亦在盘"。他只讲到了"在这里"，而没有同时讲到"不在这里"，亦没有同时讲到"到那边去"。它缺了半壁江山，当然是"忒煞漏逗"，同时又是"太葛藤"。

所以圜悟评唱颂词之最终落脚点，就选在这个"从这边到那边、从那边到这边"之"途中"："古人到这里，也不妨慈悲，分明向你道：不在这里，在那里去。且道：那边是什么处？"又云："且道：是明头合，暗头合？会来恁么道，不会来恁么道？"

"不在这里""在那里去""那边是什么处"，这是由三个环节、三个"时节因缘"构成的一个"途中"。"明头合""暗头合""明头合"，这是由三个环节、三个"时节因缘"构成的一个"途中"。"会来""不会来""会来"，这又是由三个环节、三个"时节因缘"构成的一个"途中"。

《景德传灯录》载慧海禅师之言云:"青青翠竹,总是法身,郁郁黄花,无非般若。"《祖庭事苑》卷五载道生法师之言云:"青青翠竹,尽是真如,郁郁黄花,无非般若。"此"翠竹黄花"之论,告诉我们"清净法身"之真正归处:从翠竹到黄花,又从黄花到翠竹,一如从"花药栏"到"金毛狮子",又从"金毛狮子"到"花药栏"。它就在永不停歇之"途中"。

《佛光大辞典》释读本则公案,拘于"问答学"而展开,云:"对于僧所问'如何是清净法身',云门漫不经心地答以'花药栏',意谓清净法身遍于一切处,故答案非仅限于'花药栏';而师答以花药栏,唯因师此时恰于庭前眺望花坛。此答看似漫不经心,实系势力万钧。僧复问:'便恁么去时如何?'云门答以'金毛狮子'。金毛狮子一语,意含认可此僧之修行圆熟,然是否为完全之认可,则未尽然。"(第5341页)以"金毛狮子"之答语为"认可"(虽非"完全之认可")僧徒之言,实在是离题太远,不合雪窦重显之本意,亦不合圜悟克勤之本意。

《禅是一枝花》以"每每误会成了正解""天地不仁的锋芒""原来清净法身即是满蓄着危险的"等语,释读本则公案。又以"好精神抖擞的金毛狮子,像一只小犬的可爱"释读雪窦之"颂词"。实在是"不知所云"。

司南《禅心一念间》释读本则公案,以"花药栏"为古时厕所之围墙,并以"净秽如一"为本则公案之落脚点,云:"僧人问云门,什么是清净之身,云门却回答实际污秽不堪的厕所篱笆。换言之,原本应是最清净的佛,却以最不净之物回答,此即为了破除佛在清净中才存在的固定观念,而以矛盾之说表达。"又云:"真正的禅者，是能做到净秽一如的。这正是佛法与其他教义的最大区别所在：无论是清净之地还是龙蛇混杂之处，无论是圣人还是俗人，一切众生在佛法面前都是平等无二的。"又云："然而，惟有明知其难，而更努力不懈地去学习的人，才可能立于净秽一如的境地而不断成长。"此处释读紧紧围绕"净"字及"净秽一如"而展示，颇有新意，至少可聊备一说。

尚之煜《碧岩录校注》"点评"本则公案，着意于"不提明心却又不离明心"以及"辞断意连""即境而答"诸境，强调不要在"花药栏"与"清净法身"之间"直接画等号"，立意很高，但未及点明"途中"之关键字眼。

综上所言，通过"云门花药栏"这则公案，圜悟克勤告诉我们：人要进入禅境，须有一颗"途中心"与"时节因缘心"。这是《碧岩录》给我们讲的第三十九个道理。

第四十则　陆亘天地同根

"陆亘天地同根",禅宗公案名,又作"天地同""南泉一株花""南泉牡丹""南泉如梦相似"等,述僧徒陆亘景山以"天地同根"一语参唐代高僧南泉普愿时双方之机缘问答。载《景德传灯录》卷八"南泉普愿"条、《佛果圜悟禅师碧岩录》卷第四、《从容录》第九十一则等。

陆亘景山,唐代禅僧。俗姓、籍贯及生卒年均不详。官员,南泉普愿之法嗣。

南泉普愿事迹见前文。

[甲]圜悟克勤之"垂示"　休去歇去,铁树开花;有么有么,點儿落节。直饶七纵八横,不免穿他鼻孔。你们且说说,誵讹在什么处?试看公案。

[乙]"陆亘天地同根"之公案　陆亘大夫某次与南泉普愿交谈,陆亘问:"僧肇法师曾说'天地与我同根,万物与我一体也',甚是奇怪?"南泉指着庭前花,召陆大夫过来,说:"时人见此一株花,如梦相似。"

[丙] 圜悟克勤对公案之"评唱" 陆亘大夫长期参学于南泉，平常就很留心"理""性""中"诸论，对《肇论》亦深有心得。某日落座后，就将上述之两句拈出，以为这两句很奇特，就提问说："僧肇法师曾说'天地与我同根，万物与我一体也'，甚是奇怪？"

僧肇法师乃是晋代高僧，与道生、道融、僧叡同是鸠摩罗什门下弟子，人称"四哲"。幼年好读《庄子》《老子》，后来因抄写《古维摩经》而有开悟之处，才知庄子、老子尚未上达究竟真理。于是改综诸经，撰写"四论"。庄子、老子之意旨是：天地，形之大也，我形亦尔也，同生于虚无之中。庄子之大意，只论"齐物"；肇公之大意，则是论"性皆归自己"。

不见他"四论"中说："夫至人空洞无象，而万物无非我造。会万物为自己者，其唯圣人乎？虽有神有人，有贤有圣，各别而皆同一性一体。"古人说：尽乾坤大地，只是一个自己。寒则普天普地寒，热则普天普地热，有则普天普地有，无则普天普地无，是则普天普地是，非则普天普地非。法眼亦云："渠渠渠，我我我，南北东西皆可可，不可可，但唯我，无不可。"故曰"天上天下，唯我独尊"。

石头禅师因看《肇论》，读到这句"会万物为自己"之处，豁然大悟。后来撰写一本《参同契》，亦不出此意。看他那么提问，你们且说说，究竟是同什么根、同哪个体？到了这地步，也真是奇特，岂是他们常人不知天高地厚者，能够理解的？岂是他们能够成就这件事的？

陆亘大夫那么提问，奇虽是很奇，但依然还是没有超出"教意"。若说"教意"是"极则"，世尊何故还要"拈花"，祖师还要

"西来"做什么?

南泉回答之法,是用衲僧巴鼻与他,拈出他痛处,破除他窠窟。于是指着庭前一株花,召陆大夫过来,说:"时人见此一株花,如梦相似。"就如同把人引到万丈悬崖上去打,一推,令他命断。你要是平地上推倒他,就是到弥勒佛下生,他也不会理解是如何送命的。也如同人在梦中,欲觉不觉之时被人唤醒一样。

南泉要是眼目不正,一定会被他糊弄过去。你看他那么说话,也还真是难领会。要是眼目定、动灵活的汉,听他说话,会如醍醐上味;要是眼目定、动死板者,听他说话,反而变成毒药了。

古人说:若于事上见,堕在常情;若向意根下卜度,卒摸索不着。岩头禅师说:这是"向上人"的把戏,只露出眼前些许消息,如同电击一样。南泉之大意既是如此,就算你有擒虎咒、定龙蛇的手脚,到这地步,也务必是自己领会才行。

不见常言道:向上一路,千圣不传,学者劳形,如猿捉影。你看他雪窦如何颂出。

[丁]雪窦重显对公案之"颂词"

闻见觉知非一一,山河不在镜中观。

霜天月落夜将半,谁共澄潭照影寒。

[戊]圜悟克勤对雪窦重显颂词之"评唱" 南泉是"小睡语",雪窦是"大睡语",虽然都是在做梦,但却能做得个好梦。

前头讲的是"一体",这里讲的却不一样。"闻见觉知非一一,山河不在镜中观。"若说只有在镜中观,然后才能知晓,那你就不离开镜前好了。但山河大地、草木丛林,你千万不要用镜来鉴。"若将镜鉴,便为两段。"你只可认定山是山,水是水,法法住法位,世间相常住。

"山河不在镜中观",你们且说说,该向什么处观?

还能领会吗?到这地步,也就只有到"霜天月落夜将半"这边,跟你去打拼了。那边你须自己相度。还知雪窦常是以"本分事"接引人吗?"谁共澄潭照影寒",这是强调"自照",还是强调"共人照"?也务必是"绝机绝解"的汉,才有可能上达这样的境界。

我们现在既不要"澄潭",也不待"霜天月落",我们现在能做些什么呢?

[己]圜悟克勤之"著语" "公案"中之"著语"有:陆亘大夫与南泉语话次。陆云:肇法师道,天地与我同根,万物与我一体,也甚奇怪(著:鬼窟里作活计,画饼不可充饥,也是草里商量)。南泉指庭前花(著:道怎么,咄!经有经师,论有论师,不干山僧事,咄!大丈夫当时下得一转语,不唯截断南泉,亦乃与天下衲僧出气),召大夫云:时人见此一株花如梦相似(著:鸳鸯绣了从君看,莫把金针度与人。莫寐语,引得黄莺下柳条)。

"颂词"中之"著语"有:闻见觉知非一一(著:森罗万象,无有一法,七花八裂,眼耳鼻舌身意,一时是个无孔铁锤),山河不在镜中观(著:我这里无这个消息,长者自长,短者自短,青是青,黄是黄,你向什么处观)。霜天月落夜将半(著:引你入草了也,遍界不曾藏,切忌向鬼窟里坐),谁共澄潭照影寒(著:有么,有么?若不同床睡,焉知被底穿。愁人莫向愁人说,说向愁人愁杀人)。

[庚]"陆亘天地同根"之现代释读 "镜鉴"是本则公案之关键词,"莫将镜鉴"是本则公案之正命题,"若将镜鉴,便为两段"

是本则公案之反命题。

"镜鉴"什么？就是"镜鉴"僧肇所言"天地与我同根，万物与我一体"这件事，以缩语言之，就是"镜鉴"中土"同根一体"之哲学。此哲学在中土，乃是当然之理，不证自明，犹如西洋之"公理""公设"。而在西洋，却不能成立，因为他们拿显微镜看不到这个"同根一体"，因为从他们固有之"公理""公设"出发，推导不出这个"同根一体"。

晚明西洋传教士万里迢迢来到中国，第一个进攻的目标，就是这个"同根一体"之哲学。以利玛窦等为代表的"西士"，和以叶向高等为代表的"中士"之间所争论之最核心问题，就是这个"同根一体"之哲学。

"西士"以为一切为"天主"所造，"天主"不可能与"天地万物"有"一体"之关系；"中士"则反之，认为无所谓"主"，根本没有自外而"造"，一切只在"自化""自主"之中。"西士"讲"他主""他律"，"中士"讲"自主""自律"，此中西之根本异点。

教门经典中，常以"明镜"表清净法身之德，相当于"五智"中之"大圆镜智"。禅门亦常以"镜"或"明镜"喻人人本具之佛性，坐禅处亦多悬明镜，以助心行。

天台宗有所谓"镜像圆融"之说，以一"镜"喻三"境"："譬如明镜，明喻即空，像喻即假，镜喻即中。不合不散，合散宛然，不一二三，二三无妨。此一念心，不纵不横，不可思议，非但已尔，佛及众生亦复如是。"（《摩诃止观》卷一下）"镜"无非三义："明""像""镜"，"明"如空谛，"像"如假谛，"镜"如中谛；一镜当前，即可喻示"即空即假即中"之"三谛圆融"。

后来日本天台宗（如其祖最澄）承续此说，而以一镜喻三身三德之圆融无碍。以"明"喻"法身"，以"像"喻"应身"，以"镜"喻"报身"。扩大言之，又以"明"喻一念即具三千三谛，以"像"喻理性中所圆具之三千诸法，以"镜"喻凡圣本具一实之理性。

中土禅门论"镜"，意境最为高远。般若经十喻之中，就有一个"镜像"喻，讲明诸法"见有而实无"之理。《大智度论》卷六云："诸法如镜中像，复次如镜中像，实空不生不灭，诳惑凡人眼。一切诸法，亦复如是。空无实不生不灭，诳惑凡人眼。"又云："诸法从因缘生，无自性，如镜中像。"天地万物有如"镜中像"，天是"镜中天"，地是"镜中地"，"物"是"镜中物"。

禅门又有所谓"镜谷"之说，讲"镜中像"与"谷中声"。镜中所映之像，实不可得；谷中回应之声，亦非实有。"镜谷"之喻，是要讲明"万法假有而无实体"之理。

如此则于禅门中，可得最著名之三喻：一曰"镜花"，一曰"水月"，一曰"谷声"。"镜花"讲"镜中花"，"水月"讲"水中月"，"谷声"讲"谷中声"。"镜花水月谷声"，即村野鄙夫亦明其意，故无须多论。

然禅师毕竟不同于村野鄙夫。其不同又何在呢？不同就在于：村野鄙夫虽讲"镜花水月谷声"，然却以"镜""水""谷"为客观实有；禅师更进一步，以为"镜""水""谷"与"镜中花""水中月""谷中声"之哲学地位相同，均是"空假不实"者。

于是在村野鄙夫之下可得一境，认"花"为真花、"月"为真月、"声"为真声，此境可名为"方内境"；村野鄙夫自身是一境，认"花"为"镜花"，认"月"为"水月"，认"声"为"谷声"，此境可名为"方间境";在村野鄙夫之上还有一境,连"镜本身""月本身""谷本身"亦疑之,此境可名为"方外境"。"方内境"不谈,可知"方间境"实即"神秀之境","方外境"实即"慧能之境"。

神秀偈云:"身是菩提树,心为明镜台。时时勤拂拭,莫使惹尘埃。"以树、镜为真树、真镜。慧能前跨一步,偈云:"菩提本无树,明镜亦非台。本来无一物,何处若尘埃。"以树为假树,以镜为假镜。

本则公案中,雪窦之颂词、圜悟之评唱,均是立于"方外境"而展开。圜悟之"垂示",追问"誵讹在什么处",现在可以明确答曰:"誵讹"就在"真镜"与"假镜"之分别上,就在"真水"与"假水"之分别上,就在"真谷"与"假谷"之分别上。

公案中陆亘述"同根一体"之论,南泉指庭前花,应之以"如梦相似",就是告诉陆亘:"天地"与花同,"如梦相似";"万物"与花同,"如梦相似"。所谓"如梦相似",就是"镜花""水月""谷声"之意,就是告诉陆亘:"天"是"镜中天"、"地"是"镜中地"、"物"是"镜中物"。

这只是一个"方间境",所以圜悟不满意。他在"也甚奇怪"之下加"著语"云:"鬼窟里作活计,画饼不可充饥,也是草里商量。"视"方间境"为"鬼窟",为"画饼",为"草里商量"。

又在"庭前花"之下加"著语",讲"下得一转语",讲"截断南泉",讲"与天下衲僧出气",认南泉指花,层次太低。又在"如梦相似"之下加"著语"云:"鸳鸯绣了从君看,莫把金针度与人。莫寐语,引得黄莺下柳条。""金针"指"方外境","寐语"指"方间境"。

圜悟评唱公案，立足于"自己"（自主、自律）而展开。他说僧肇"四论"之大意，是论证"性皆归自己"，又引僧肇"会万物为自己"之言，引佛门"天上天下，唯我独尊"等言说明之，最终落实到理解公案之关键："到这里，也须是自会始得。"

"自会"讲的就是"自己"，就是"自己会"。这个"自己"强调"自"，好像属于"方间境"。但须知圜悟是在庄老思想之上讲这个"自己"的，他认为庄老讲"齐物"、讲"无"还不够，还需连"无"亦无之，故认"庄老犹未尽善"。在庄老思想之上讲这个"自己"，这个"自己"就是要"舍身""去自"的，是连"自"也要无之的。这样之"自己"，就不再属于"方间境"，而是属于"方外境"了。

雪窦撰写"颂词"，讲"闻见觉知非一一"，"一一"是"方间境"，"非一一"是"方外境"。又讲"山河不在镜中观"，"在镜中观"是"方间境"，"不在镜中观"是"方外境"。又讲"霜天月落夜将半，谁共澄潭照影寒"，"照影"是"方间境"，"照影寒"是"方外境"。

圜悟在颂词中加"著语"，讲"无孔铁锤"，讲"长者自长，短者自短，青是青，黄是黄"，讲"遍界不曾藏"，讲"愁人莫向愁人说"，等等，亦是立足于"自己"而展开。

其"评唱"颂词，讲南泉"小睡语"、雪窦"大睡语"，用语极妙。实际是判南泉为"方间境"，而判雪窦为"方外境"。"方间境"是"在镜中观然后方晓了则不离镜处"之一境；"方外境"则是"莫将镜鉴"之一境。

你如果离不了镜（"不离镜"），只能"在镜中观"，那你不管是"自照"还是"共人照",都是有问题的,因为你始终舍不掉一个"照"字。执于"照",就是执于镜内与镜外两个世界,这就叫作"若将镜鉴,便为两段"。

圜悟"评唱"颂词,还是以雪窦之境界为上,认为"须是绝机绝解方到这境界"。若说"机""解"属于"方内境",则"绝机绝解"要求的就是一个"方间境"。"评唱"之末,圜悟最终给出释读本则公案之核心坐标:"即今也不要澄潭,也不待霜天月落。"

这两个"不要",就是"不要镜","不要水","不要谷",不要"镜中花"之中的那个"镜",不要"水中月"之中的那个"月",不要"谷中声"之中的那个"谷"。这是"方间境"之上的另一个境界,这是"方外境"。

立足于"方内境",我们无法证成"同根一体"之哲学;立足于"方间境",我们会怀疑"同根一体"之哲学;唯立足于"方外境",我们方能讲通"同根一体"之哲学。

本则公案,并非"直讲""同根一体"之本身,而是提醒我们:在什么层次上讲"同根一体"才是最关键的。是在"镜中"观,还是在"镜外"观,还是"无镜"而观,你务必首先抉择之。

西洋哲学之大部,立足于"方内境"而构建,故其不承认中土"同根一体"之哲学;西洋哲学之"些许",偶见立足于"方间境"而构建,故其怀疑中土"同根一体"之哲学;西洋哲学之全部,根本未曾上达"方外境",根本不知"方外境"为何物,故其对中土"同根一体"之哲学,倾全力斥责之。

《佛光大辞典》释读本则公案,认为南泉普愿"训示应融会万物为一己",认为"南泉指庭前牡丹,谓森罗万象悉住法位,大觉一番,可参熟万物一体之当处"。似是以"同根一体"哲学本身为落脚点,疑不太"切题"。

《禅是一枝花》释读本则公案,以"英雄美人"及"亲"为两大关键词,离题太远。且全篇不知所云,真的"如梦相似"。

司南《禅心一念间》释读本则公案,以"空"和"无我"为立足点,是基本切题的。如其说:"一个'空',可说概括了佛家几乎所有的玄妙理论。空的最高境界,即是连自我的存在也彻底否定和无视。惟有达到这种地步,才能真正体会到什么是与万物合一的境界。否则,自我则会无限膨胀,直至丧失本心,陷入虚妄之中。"此处司南已意识到"无我""舍自"之重要性。实际上,不"无我",执着"我"与天地万物之对立,就无法证成"同根一体"之哲学;不"舍自",执着于"自"与天地万物之对立,就无法打通"自己"与天地万物之隔阂。所以司南反复强调"忘却自我","忘记花是花、我是我","忘记人是人、我是我",实乃切中本则公案之主旨。

尚之煜《碧岩录校注》"点评"本则公案,区分出"时人""明心""见性"三个层次,认为陆亘属"时人"境界,"只能见幻有虚象,而不能见真空实相";雪窦"霜天月落夜将半"句,属"明心的境界";南泉属"见性"境界,"不但语同己出,而且花同己身",雪窦"谁共澄潭照影寒"句,亦属"见性的境界"。

"时人""明心""见性"三层次(境界)之划分,自然颇有新意,并认定"明心的境界固然与时人不同,而见性的境界亦自是与明心不同",已经接近于我们的"方内境""方间境""方外境"三境之划分。但对公案中人物境界之归属,尚氏似未明示,似认南泉已达"见性"之境,又认雪窦既有"明心"之境,亦有"见性"之境,这就有些混乱了。似宜将陆亘归入"时人"之境,将南泉归入"明心"之境,将雪窦、圜悟归入"见性"之境。

综上所言,通过"陆亘天地同根"这则公案,圜悟克勤告诉我们:人要进入禅境,须有一颗"莫将镜鉴心""无镜心"或"方外心",以及"合观之兼心"。这是《碧岩录》给我们讲的第四十个道理。

第五卷

第四十一则　赵州大死底

"赵州大死底",禅宗公案名,又作"赵州大死底人""赵州问死"等,述赵州从谂与投子大同间有关"生死"之机缘问答。载《景德传灯录》卷十五、《祖庭事苑》卷四、《大慧普觉禅师宗门武库》、《碧岩录》卷第五、《从容录》第六十三则、《联灯会要》卷廿一、《五灯会元》卷五等。

投子大同,唐代禅师。投子山,位于今安徽桐城,山中有投子寺,乃是禅门名山。唐宋间此地称舒州桐城县。唐有大同禅师居此山弘禅三十余年,宋则有义青禅师在此弘扬曹洞宗风。义青于宋神宗熙宁八年(1075年)入山,元丰六年(1083年)迁化于此。

[甲] 圜悟克勤之"**垂示**"　是非交结处,圣亦不能知;逆顺纵横时,佛亦不能辨。为绝世超伦之士,显逸群大士之能。向冰凌上行,剑刃上走,直下如麒麟头角,似火里莲花。宛见超方,始知同道。

谁是好手者,试举公案一看。

[乙]"赵州大死底"之公案 赵州问投子:"大死底人却活时如何?"投子答:"不许夜行,投明须到。"

[丙]圜悟克勤对公案之"评唱" 赵州问投子:"大死底人却活时如何?"投子对他说:"不许夜行,投明须到。"你们且说说,这是什么时节?无孔笛撞着毡拍版,这叫作"验主问",也叫作"心行问"。

投子与赵州,诸方均赞誉有加,均有超拔群伦之辩才。二老虽然承嗣不同,你看他们的机锋,却是非常相投的。投子有一天为赵州置茶筵相待,自己拿蒸饼给赵州,赵州不接。投子令行者拿胡饼给赵州,赵州却以三拜之礼待行者。你们且说说,他是什么意思呢?

我们看投子的过往,言行全是"向根本上提",这也是以"本分事"待人。有僧问他:"如何是道?"他答:"道。""如何是佛?"他答:"佛。"又问:"金锁未开时如何?"他答:"开。""金鸡未鸣时如何?"他答:"无这个。""音响鸣后如何?"他答:"各自知。"那时投子平生之问答,总体就是如此。

看赵州问"大死底人却活时如何",他便答道:"不许夜行,投明须到。"直下如击石火,似闪电光,还得是他这样的"向上人"方能领会"大死底人"。这里没有什么"佛法",没有什么"道理",也没有什么"玄妙",得失、是非、长短,到这里都只能这样休去。古人叫作"平地上死人无数。""过得荆棘林是好手",就算你是这样的好手,也务必能"透过那边"才能领会。

即使如此,要是现今之人能到达这步田地,也还是非常难得。有些人有依倚,有解会,但都是不沾边的。喆和尚把这叫作"见不净洁",五祖先师把这叫作"命根不断"。务必是"大死一番却活过来"的人,方能领会。

浙中永光和尚说:"言锋若差,乡关万里。"直须悬崖撒手,自肯承当,绝后再苏,欺君不得,非常之旨,人焉廋哉!

赵州之问意如此,投子是"作家",也不辜负他所问。只是绝情绝迹,太难领会了,只在我们面前揭示那么一点点。所以古人说:"欲得亲切,莫将问来问。"问在答处,答在问处,要不是投子被赵州一问,这问题也很难酬对。只因为他是"作家汉",所以赵州一举,他便知落处。

下面是雪窦重显的"颂词"。

[丁] 雪窦重显对公案之"颂词"

活中有眼还同死,药忌何须鉴作家。

古佛尚言曾未到,不知谁解撒尘沙。

[戊] 圜悟克勤对雪窦重显颂词之"评唱" "活中有眼还同死",雪窦是"知有"的大师,所以敢这样去颂。古人说:他参活句,不参死句。雪窦说:活中有眼,还同于死汉相似,何曾死?死中具眼,如同活人。

古人说:杀尽死人,方见活人,活尽死人,方见死人。赵州是"活底人",故以"死"之问验取投子,就如同药性所忌之物,特意拿去试验一样。所以雪窦颂道:"药忌何须鉴作家。"这是颂赵州提问之处。

后面是颂投子:"古佛尚言曾未到。"只是这"大死底人却活"之处,古佛也不曾到过,天下老和尚也不曾到过。就算是释迦老子,碧眼胡僧,也务必一参再参,方能领会。

所以说：只许老胡知，不许老胡会。雪窦颂道："不知谁解撒尘沙。"不见有僧问长庆禅师："如何是善知识眼？"长庆答："有愿不撒沙。"保福说："不可更撒也。"

天下老和尚，绕着一张曲录木床，行棒行喝，竖佛敲床，现神通，作主宰，尽是撒沙。你们且说说，如何才能免于撒沙呢？

[己] 圜悟克勤之"著语" "公案"中之"著语"有：赵州问投子：大死底人却活时如何（著：有恁么事，贼不打贫儿家，惯曾作客方怜客）？投子云：不许夜行投明须到（著：看楼打楼，是贼识贼。若不同床卧，焉知被底穿）？

"颂词"中之"著语"有：活中有眼还同死（著：两不相知，翻来覆去，若不蕴藉，争辨得这汉缁素），药忌何须鉴作家（著：若不验过争辨，端的遇著，试与一鉴，又且何妨，也要问过）。古佛尚言曾未到（著：赖是有伴，千圣也不传，山僧亦不知），不知谁解撒尘沙（著：即今也不少，开眼也著，合眼也著。阇黎怎么举，落在什么处）。

[庚] "赵州大死底"之现代释读 禅门要我们"放舍身心"，是要求既"舍身"，亦"舍心"。设若你只"舍身"而不"舍心"，那是"小死"；设若你只"舍心"而不"舍身"，那也是"小死"；你既"舍身"又"舍心"，那才是"大死"。

宋代曹洞宗禅僧智通景深，曾参宝峰惟照禅师，惟照嘱咐他："全身放下，方有自由之分。"景深当下体得"大死一番"之道理而开悟，且将彻悟之因缘广而告之。人们均称他"大死翁"（事见《禅林口实混名集》卷下）。他之被视为"大死"，就在"全身"二字，"全身"就是"身与心"，"全身放下"就是放下"身"，同时放下"心"。

"大死一番""大死大活""绝后再苏"这些话，不只赵州讲，其他禅师都讲。佛教真谛，不是我们死亡肉体就能获得的，它要求我们"舍弃"身心之一切执着，无丝毫挂碍，进入"大死"之境，始能得之。

"大死底人"，就是无念无作的人，就是远离一切见闻觉知、情识分别的人，就是不再局囿于入与出世之对立、顺与逆之对立、善与恶之对立等相对性见解的人。

"大死"之另一面，就是"大活"。当我们"身心俱舍"之时，对过去之我而言，就是"大死"；但对现在之我而言，就是"大活"。一个"旧我"死去了，同时一个"新我"诞生了。

所以"大死"与"大活"，总是要联在一起讲的。只看到"大死"，那是只看到"阴"；只看到"大活"，那是只看到"阳"。阴阳不是两个东西，它们只是一体之两面，是"手心"与"手背"之关系。手心是肉，手背也是肉；不能说阴是肉，阳就不是肉；阴重要，阳就不重要。

"大死"是重要的，"大活"同样是重要的，所以禅林讲"大死大活"，又讲"绝后再苏"，绝不只讲"大死"，绝不只讲"绝后"。这就是本则公案之落脚点。

在"垂示"中，圜悟克勤讲的不是"是"，不是"非"，而是"是非交结处"；讲的不是"逆"，不是"顺"，而是"逆顺纵横时"。"是"好把握，"非"好把握，"是非交结处"则不好把握，所以克勤说"圣亦不能知"；"逆"好把握，"顺"好把握，"逆顺纵横时"则不好把握，所以克勤说"佛亦不能辨"。

"交结处"就是"际"，"纵横时"就是"际"，本则公案就落脚于这个"际"字,讲"大死大活之际",讲"绝后再苏之际",讲"手心手背之际",讲"阴阳之际"。

"垂示"几乎全部在围绕"际"字讲。"交结处""纵横时"是围绕"际"字讲的;"向冰凌上行,剑刃上走",讲的就是"凌际"与"刃际";"如麒麟头角,似火里莲花",讲的就是"角际"与"花际";"宛见超方,始知同道",讲的就是"方际"与"道际"。

"公案"中赵州问"大死底人却活时如何",落脚于"死活之际"。投子答以"不许夜行,投明须到",落脚于"夜明之际"。克勤对公案下"著语",则落脚于"贼贫之际""作怜之际""楼贼之际"等。

克勤"评唱"公案,讲"直下如击石火,似闪电光",就是立足于"击与石之际""闪与电之际"而讲的。讲"得失是非长短到这里只恁么休去",就是立足于"得失之际""是非之际""长短之际"而讲的。讲"须是大死一番却活始得",是立足于"死活之际"讲的。讲"欲得亲切,莫将问来问,问在答处,答在问处",是立足于"问答之际"讲的。

雪窦重显之"颂词",讲"活中有眼还同死",落脚于"活死之际"。克勤对颂词下"著语",讲"赖是有伴",落脚于"古今之际""圣凡之际""僧俗之际";讲"开眼也着,合眼也着",落脚于"开合之际"。

克勤"评唱"颂词,"他参活句,不参死句"之言,着意于"活死之际"。"活中有眼还同于死汉""死中具眼如同活人"等言,着意于"活死之际"与"死活之际"。"杀尽死人,方见活人,活尽死人,方见死人"之言,着意于"死活之际"与"活死之际"。"赵州是活底人，故作死问"之言，着意于"活死之际"。"只这大死底人却活处，古佛亦不曾到，天下老和尚亦不曾到"之言，着意于"死活之际"。

禅门讲"大死大活"，却并非不知道"小死小活"。佛学对于"死"研究之精细，不仅西洋哲学无法比拟，就是中土儒、道二教，也得甘拜下风。佛学之研究"死"，有"二种死""三种死""四种死""九种横死""九种死"等之分别，还有"死亡""死亡更生""死水""死王""死出山""死后""死狗""死门""死尸""死相""死苦""死海""死期""死汉""死禅和子""死魔""死灵"等之学说，其精其细，儒、道二教不及，西洋哲学更不及。

不过其精细，主要针对"小死小活"而展开，并非释家之"究竟真理"，更非禅门之"究竟真理"。在此之上，更有"大死大活"之一境，从而超越"肉体之死活"，而达"精神之死活"，超越"身之死活"，而达"心之死活"。合"肉体之死"与"精神之死"而观，即入"大死"之境；合"肉体之活"与"精神之活"而观，即入"大活之境"。

同理，合"身之死"与"心之死"而观，即有"大死"诸说；合"身之活"与"心之活"而观，即有"大活"诸说。中土圣哲，不分儒释道，莫不以"大死"为究竟，莫不以"大活"为究竟，莫不以"大死大活"为究竟，莫不以"大死大活之际"为究竟。一切"之际"，最终均上达"天人之际"，故中土圣哲要求我们"究天人之际"。这是最高之"际学"。

《佛光大辞典》从语言学角度释读本则公案，云："意味不执着于死、活等无用之言语，即能显示全机全现之活眼。"又云："盖投子以赵州之问,犹执着于死、活等言语葛藤,故以暗夜行路比喻之。"(第5935页)又着意于一"全"字,以"生也全机现,死也全机现"为"真面目"(第5935页),与"大死大活"之境及"际"字,尚有距离。

《禅是一枝花》释读本则公案,提到"譬如平剧吊嗓子,要吊到嗓子哑了,然后再生出新的嗓子来,就可比度过一番生死劫",提到"印度佛教没有这种修行途中的大死一番",提到"死与生的边际的绝对的安静与新鲜",提到"生灭灭已,寂灭为乐",提到"活眼中有死,死眼中有活",提到"单靠数学与物理学不能创造文明",等等(第123—125页),已逼近本则公案"大死大活"及"际"字之主旨,但焦点游移,重心不稳。

司南《禅心一念间》以"置之死地而后生"释读本则公案,云:"置之死地而后生,不只是禅的世界如此,在实业界或学术圈也是一样。倘若你没有度过惟马首是瞻的生活,便无法在他日发挥自己的本领成就自己的事业。所以,不但在他人游玩或睡觉时也要努力,并且还要以置之死地而后生的心情去创业。这样,无论置身于哪个领域,大成之时必将指日可待。"(第131页)此番释读焦点极集中,是其得;未讲明"置之死地而后"之"死"是"大死"还是"小死",是其失。

尚之煜《碧岩录校注》"点评"本则公案,着意于"一念相应内外通明,道在目前",着眼于"我们会自己拜谢自己吗",似是将"大死底人"与"却活时如何"分开讲的,认为"大死底人"是一种"境地",而"却活时如何"是另一种"境界"(第225页)。似乎根本忽略了"大死底人却活时"乃是一境,并非两境之事实,根本忽略了本则公案是立足于"大死大活"及"大死大活之际"而展开的。"际"字告诉我们,"大死底人却活时"只是一境,不可分割。

综上所言,通过"赵州大死底"这则公案,圜悟克勤告诉我们:人要进入禅境,须有一颗"大死大活心""际心"或"边际心"。这是《碧岩录》给我们讲的第四十一个道理。

第四十二则　庞居士好雪片片

"庞居士好雪片片",禅宗公案名,述唐代著名在家禅者庞蕴与全禅客有关"雪片"之机缘问答。载《碧岩录》卷第五。

庞蕴（？—808年）,唐代著名居士,《佛光大辞典》称之为"在家禅者"。世称"庞居士"或"庞翁"。湖南衡阳人。世代业儒,然蕴独慕内法。唐德宗贞元初年（785—804年）登衡山参石头希迁（700—790年）,颇有悟。又慕石头之弟子丹霞天然（739—824年）之风采,结为终生之友。与之常相往来者多是禅门大德,如药山惟俨、齐峰、百灵、松山,如大梅法常、洛浦、仰山等。后至江西参马祖道一,顿悟玄机,留驻两年。宪宗元和年间（806—820年）,北游襄阳,恋其风土,乃舟沉资财于江,偕妻及子女躬耕于鹿门山下。访道者日众,妻及子女常旁听机锋语,亦均彻悟。其女灵照早父亲七日"登父座合掌坐忘",蕴答曰:"我女锋捷矣!"亦传诵于禅林内外,成千古美谈。庞蕴之殁日,除唐宪宗元和三年（808年）之说外,另有元和十年（815年）、文宗太和年间（827—835年）之说。后世誉为"襄阳庞大士""东土维摩"。与梁代傅大士并称于史。既殁,生前好友、节度使于頔编成《庞居士语录》(明刊本三卷),得历代禅林看重,五代《祖堂集》、宋初《宗镜录》及《景德传灯录》等著名禅籍,均引用之。事迹见载于《佛祖纲目》卷三十二、《居士传》卷十七、《碧岩录》卷第五、《拈八方珠玉集》卷上等。

与庞居士相关之公案,除本则外,还有"庞居士不昧本来人"等。

[甲] 圜悟克勤之"垂示" 单提独弄,带水拖泥,敲唱俱行,银山铁壁。拟议,则髑髅前见鬼;寻思,则黑山下打坐。明明杲日丽天,飒飒清风匝地。

你们且说说,古人还有"諲讹处"吗?试举公案一看。

[乙] "庞居士好雪片片"之公案 庞居士辞别药山,药山命十人禅客相送。至门首,居士指着空中雪花说:"好雪片片,不落别处。"

这时有一位全禅客发问:"落在什么处呢?"居士打他一掌,全禅客说:"居士也不得如此鲁莽。"庞居士则说:"你这样子还称禅客,阎王老子都不会放过你。"

全禅客又问:"居士您为何如此说话?"居士又打他一掌,说:"眼见如盲,口说如哑。"

后来雪窦禅师辨析说:"其实应在他刚发问时,握住雪团便打。"

[丙] 圜悟克勤对公案之"评唱" 庞居士参马祖道一、石头希迁两处,都曾留下颂词。他初次见石头希迁,就问:"不与万法为侣,是什么人?"话音未落,就被石头掩住口。他有所省悟,作颂词云:"日用事无别,唯吾自偶谐。头头非取舍,处处没张乖。朱紫

谁为号,青山绝点埃。神通并妙用,运水及搬柴。"

后来他参马祖道一,又问:"不与万法为侣,是什么人?"马祖答:"你一口吸尽西江水,我就回答你的问题。"居士豁然大悟,作颂词云:"十方同聚会,个个学无为。此是选佛场,心空及第归。"

就因他是这样的"作家",后来各禅寺佛刹,都希望他能前往。每到一处,人都竞相赞誉。他到药山,已经滞留很长时间,于是向药山辞别。药山非常重视,就派十人禅客送他。

此时正遇下雪,居士指着雪说:"好雪片片,不落别处。"全禅客问:"落在什么处呢?"居士便打他一掌。全禅客既然不能行令,居士之令也就只能行一半。令虽行了一半,全禅客那么酬对,并非就是他不知落处。他们是各有机锋,卷舒不同,只是还没有到达居士所讲的"落处",所以跌落居士架下,难出他彀中。

居士打了他一掌,还要进一步跟他讲道理,说:"眼见如盲,口说如哑。"雪窦辨析前语说:"刚发问时,握住雪团便打。"雪窦那么辨析,只是要不辜负他的发问,可惜机缘已晚。

庆藏主说:"居士机如掣电,等你握雪团到几时,和声更应和声打,方始剿绝。"

雪窦自颂他"打处",说了如下的话。

[丁] 雪窦重显对公案之"颂词"

雪团打,雪团打,庞老机关没可把。

天上人间不自知,眼里耳里绝潇洒。

潇洒绝,碧眼胡僧难辨别。

[戊] 圜悟克勤对雪窦重显颂词之"评唱" "雪团打,雪团打,庞老机关没可把。"雪窦要在居士头上行。古人常以雪明"一色

边事"，雪窦的意思是说，当时要是全禅客握着雪团便打，居士纵使有如何机关，也难构得。雪窦自夸他"打处"，殊不知还有"落节处"。

"天上人间不自知，眼里耳里绝潇洒。"眼里也是雪，耳里也是雪，正住在"一色边"，也称为"普贤境界"。"一色边事"，也称为"打成一片"。云门大师曾说："直得尽乾坤大地，无纤毫过患，犹为转句。不见一色，始是半提；若要全提，须知有向上一路始得。"

到这地步，也务必是大用现前，针劄不入，不听他人处分才行。所以说：他参活句，不参死句。古人说：一句合头语，万劫系驴橛。有什么用处？

雪窦颂到此，也算是"颂杀"了，所以又"转机"说：只是这"潇洒绝"，直饶是碧眼胡僧，也是难以辨别的。碧眼胡僧尚难辨别，更教山僧我说个什么？

[己]圜悟克勤之"著语""公案"中之"著语"有：庞居士辞药山（著：这老汉作怪也），山命十人禅客相送至门首（著：也不轻他，是什么境界，也须是识端倪底衲僧始得）。居士指空中雪云：好雪片片不落别处（著：无风起浪，指头有眼，这老汉言中有响）。时有全禅客云：落在什么处（著：中也，相随来也，果然上钩来）？士打一掌（著：著，果然勾贼破家）。全云：居士也不得草草（著：棺木里瞠眼）。士云：汝恁么称禅客，阎老子未放汝在（著：第二杓恶水泼了，何止阎老子，山僧这里也不放过）。全云：居士作么生（著：粗心不改，又是要吃棒，这僧从头到尾不着便）。士又打一掌（著：果然雪上加霜，吃棒了呈款，云：眼见如盲，口说如哑（著：更有断和句，又与他读判语）。雪窦别云：初问处但握

雪团便打（著：是则是，贼过后张弓，也漏逗不少。虽然如是，要见箭锋相拄，争奈落在鬼窟里了也）。

"颂词"中之"著语"有：雪团打，雪团打（著：争奈落在第二机，不劳抬出，头上漫漫，脚下漫漫），庞老机关没可把（著：往往有人不知，只恐不恁么）。天上人间不自知（著：是什么消息，雪窦还知么），眼里耳里绝潇洒（著：箭锋相拄，眼见如盲，口说如哑）。潇洒绝（著：作么生，向什么处见庞老与雪窦），碧眼胡僧难辨别（著：达摩出来，向你道什么，打，云：阇黎道什么，一坑埋却）。

[庚]"庞居士好雪片片"之现代释读　"纯白"不是"一"，"纯黑"亦不是"一"，"合纯白与纯黑而观"方为"一"。禅门"一色边"，不可误读为"纯白"，亦不可误读为"纯黑"。执住于"纯白"，是差别与相对；执住于"纯黑"，亦是差别与相对。"一色边"乃是要超越差别与相对。

释读本则公案之关键，出现在圜悟克勤对雪窦重显"颂词"之"评唱"中。克勤云："古人以雪明一色边事。"又云："眼里也是雪，耳里也是雪，正住在一色边，亦谓之普贤境界。一色边事，亦谓之打成一片。"

何谓"普贤境界"？依华严宗，断绝一切言语思虑之佛境界，就是普贤境界。何谓"打成一片"？去除一切之情量、计较，而将千差万别之事物融通一片，不再有人我、彼此、主客等之差别情想，或泯绝二元对立之观念，融合一体，就是打成一片。

"一色边"也好，"普贤境界"也好，"打成一片"也好，均要求不执住于"纯白"，同时不执住于"纯黑"；不执住于"好"，同时不执住于"坏";不执住于"此处",同时不执住于"别处";不执住于"问",同时不执住于"答"。

克勤之"垂示"即立于此境而下:"单提独弄"是"纯白"或"纯黑",故曰"带水拖泥";"敲唱俱行"是"合黑白而观",故曰"银山铁壁"。"拟议""寻思"是"纯白"或"纯黑",故曰"髑髅前见鬼""黑山下打坐"。以"明明杲日"结尾,着意于"一色边";以"飒飒清风"结尾,亦是着意于"一色边"。

在庞居士"好雪片片,不落别处"之句下,克勤有"著语"云:"无风起浪,指头有眼,这老汉言中有响。"雪本无好坏,凭空说个"好雪",当然是无风起浪;处本无彼此,凭空说个"别处",当然是无风起浪。

又在全禅客"落在什么处"之句下,有"著语"云:"中也,相随来也,果然上钩来。"上什么钩?就是上"言语思虑"之钩,就是上"情量计较"之钩,就是上"二元对立"之钩。居士"打一掌""又打一掌",就是要把全禅客从钩上打下来。

克勤评唱公案,说:"全禅客既不能行令,居士令行一半。"假如全禅客不上钩,居士令就可以全行了。放出一句"好雪片片,不落别处",下面的人如何接话,就成为关键。全禅客第一次接话"吃棒",第二次接话"又是要吃棒",说明"这僧从头到尾不着便"(克勤公案"著语")。

"不着便"以今语言之,就是"不靠谱"。居士之令行至这僧,当然就走不下去了。克勤的建议是"和声便应和声打,方始剿绝"(引庆藏主语)。他刚一开口,就打断他,千万别让他把话说完,因为他说任何话都是多余。"和声"就是"不待他说完",在他将上钩然未上钩之时,将他打醒。

居士视此等境界为"眼见如盲,口说如哑":不是不见,只是要做到"见如盲";不是不说,只是要做到"说如哑"。全禅客之错不在"见",而在未达"见如盲"之境;不在"说",而在未达"说如哑"之境。

雪窦"颂词"第一句是"雪团打,雪团打",克勤加"著语"云:"争奈落在第二机,不劳拈出,头上漫漫,脚下漫漫。"以"第二机"评此句,是有道理的。因为这是执住于"雪",执住于"纯白",不是"一色边"。"颂词"第二句是"庞老机关没可把",此"机关"即指"一色边",它是很难把握的。"颂词"最后一句是"碧眼胡僧难辨别","难辨别"的也是这个"机关",也是这个"一色边"。

克勤于是在评唱颂词时直接点明主题:"古人以雪明一色边事。"假如全禅客未接话时直接就用"雪团"打,也是不行的,居士令还是无法行,"居士纵有如何机关亦难构得"(克勤评唱颂词语)。克勤以为雪窦颂词着意于"打处",但忽略了时间:若打的时间不对,会留下"落节处",也就是克勤"垂示"中所说的"誵讹处"。

执住于"雪",执住于"雪团",执住于"纯白","眼里也是雪,耳里也是雪",克勤称此种境界为"住在一色边"(克勤评唱颂词语)。"一色边"诚然是好,但"住在一色边"却又是"落节",又是"誵讹"。

为破有而说无,可以;但若"住于无",则是"誵讹"。为破无而说无无,可以;但若"住于无无",则是"誵讹"。凡"执"即"誵讹",凡"住"即"誵讹"。

故克勤评唱颂词时，特引云门大师之语来作结："不见一色，始是半提；若要全提，须知有向上一路始得。""不见一色"，是讲"一色边"，是"合纯白与纯黑而观"之一种境界，此境层次已经很高，克勤却以为是"半提"，是"令行一半"，是"半途而废"。

因为我们还要防范"住于一色边"，讲"一色边"却"不住于一色边"，这才是"全提"，这才是"全程"，这就是所谓"向上一路"。此"向上一路"是无尽头的："一色边"之上有"不住一色边"，"不住一色边"之上有"非不住一色边"，"非不住一色边"之上有"非非不住一色边"。从"四句百非"走向"离四句绝百非"，踏上永无尽头的"绝非"之旅。

总之，"半提"是"死句"，"全提"是"活句"；"半提"是"合头语"，"全提"是"转机语"；"半提"是"令行一半"，"全提"是"令行全程"。讲"一色边"，还只得到本则公案之"半旨"；讲"一色边"同时讲"不住一色边"，才是本则公案之"全旨"。

《佛光大辞典》释读本则公案，以"如盲如哑"为庞居士呵斥全禅客之言，谓全禅客"早已对当前好雪片片视而不见（眼见如盲）"，又谓全禅客"未能对万法之归处、法尔之自然有真正心领神会之一言半语（口说如哑）"（第6654—6655页），似有不妥。

全禅客并非因"眼见如盲"遭庞居士掌抽，而是因"眼见"但尚未达"见如盲"之境，才遭掌抽；并非因"口说如哑"遭庞居士掌抽，而是因"口说"但尚未达"说如哑"之境，才遭掌抽。全禅客并未上达"眼见如盲，口说如哑"之境，故此语并非庞居士呵斥全禅客之语。

《禅是一枝花》执着于"大雪"释读本则公案，似则似，是则未是。然其谓"眼见如盲,口说如哑"一句"不是骂那禅客"(第128页),却又是其得。"不是骂那禅客",是骂谁呢?其解释是"倒是居士自己对此境界的惺忪人意",并谓:"历史上的英雄美人对于现实都是这样的惺忪人意。"(第128页)"惺忪人意"不知何意,同样落入"似则似,是则未是"之境地。

司南《禅心一念间》同样执住于"雪团""大雪"释读本则公案,认为"这则公案妙就妙在雪窦禅师的这一雪团了,算是将庞居士的禅机接应到实处"(第133页),完全忽略了克勤在雪窦"颂词"第一句下所加"争奈落在第二机"之"著语"。执住于"雪团"既被克勤判为"第二机",怎能说"妙就妙在"雪窦"这一雪团"呢?又谓:"众人所谈论的,不正是这漫天大雪吗?"(第133页)此又太偏:全禅客诸人是,庞居士就不是;庞居士谈论的是"雪"所喻"一色边事",并非"大雪"本身。又将"眼盲口哑"一句释读为"眼睛能看见那就是瞎子,嘴巴能说出来就是哑巴了"(第133页),实在离题太远。

尚之煜《碧岩录校注》"点评"本则公案,着意于"心境浑然与天地万物融为一体""只是瞬间的自然相应"等语(第229页),以及"即得本,不愁末;心明才能眼亮,眼亮才能手快"之"启发"(第230页),似已逼近本则公案之"主旨"。然又忽视克勤评唱颂词时"古人以雪明一色边事"之关键提示,从而失去"点评"良机。

综上所言,通过"庞居士好雪片片"这则公案,圜悟克勤告诉我们:人要进入禅境,须有一颗"一色边心"或"打成一片心",以及"合观之兼心"。这是《碧岩录》给我们讲的第四十二个道理。

第四十三则　洞山无寒暑

"洞山无寒暑",禅宗公案名,一名"洞山寒暑回避"或"洞山寒热不到",述唐代名僧洞山良价与僧徒间有关"寒暑"之机缘问答。载《碧岩录》卷第五等。

洞山良价,唐代名僧,禅宗曹洞宗之祖。生于唐宪宗元和二年(807年),卒于唐懿宗咸通十年(869年)。唐越州诸暨人(今浙江诸暨)。俗姓俞。幼即从师诵《般若心经》,历参五洩山灵默禅师以及南泉普愿、沩山灵祐、云岩昙晟诸大师,涉水睹影,豁然大悟。终嗣云岩之法,弘法江西洞山,倡"五位君臣"之说,门风大振。咸通十年(869年)于方丈室端坐而逝,世寿六十三,法腊四十二。谥"悟本禅师"。嗣其法者二十余人,包括云居道膺、曹山本寂、龙牙居遁、华严休静、青林师虔等名僧。其中又以曹山本寂最优,创曹山法系,与其师合称"曹洞宗"。著述有《宝镜三昧歌》《玄中铭》《洞山语录》等。事迹见载于《瑞州洞山良价禅师语录》、《宋高僧传》卷十二、《景德传灯录》卷十五、《禅学思想史》卷上等。

与洞山良价相关之公案甚多,除本则外,著名者尚有"洞山三顿""洞山大事""洞山不安""洞山水深浅""洞山地神""洞山佛向上事""洞山供真""洞山到顶么""洞山垂语""洞山拂袖出去""洞山除名""洞山常切""洞山淘米话""洞山鸟道""洞山无寸草""洞山果子""洞山过水""洞山过水悟道""洞山说心说性"等。

[甲]圜悟克勤之"垂示" 定乾坤句,万世共遵;擒虎咒机,千圣莫辨。直下更无纤翳,全机随处齐彰。要明向上钳锤,须是作家炉鞴。

你们且说说,自古以来曾有那样家风吗,曾无那样之家风吗?试举公案一看。

[乙]"洞山无寒暑"之公案 有僧问洞山:"寒暑到来,如何回避?"洞山回答说:"何不到无寒暑处去。"僧徒又问:"什么地方才是无寒暑处?"洞山回答说:"寒时寒杀阇黎,热时热杀阇黎。"

[丙]圜悟克勤对公案之"评唱" 黄龙山新和尚曾拈此公案,说:"洞山袖头打领,腋下剜襟。"怎奈这些僧徒不甘心,硬是有一个跑出来问黄龙:"那您说说,该如何支遣?"黄龙很久才答:"安禅不必须山水,灭却心头火自凉。"

你们且说说,洞山的圈缋落在什么地方?要是能明辨得出来,方能知晓洞山禅师下"五位回互正偏"接人,实在是非常奇特。上升到此种"向上境界",方能如此,不消安排,自然恰好。

所以他才说:"正中偏,三更初夜月明前。莫怪相逢不相识,隐隐犹怀旧日嫌。偏中正,失晓老婆逢古镜,分明觌面更无真,休更迷头还认影。正中来,无中有路出尘埃,但能不触当今讳,也胜前朝断舌才。偏中至，两刃交锋不须避，好手还同火里莲，宛然自有冲天气；兼中到，不落有无谁敢和，人人尽欲出常流，折合还归炭里坐。"

浮山远录公认为此则公案，就属上述五位之格，若能领会其中一格，则其余各格自然容易领会。岩头禅师说此则公案，就好像水上葫芦子一样，捺着便转，完全没有着力之处。

曾有僧徒问洞山："文殊、普贤来参时如何？"洞山答："赶向水牯牛群里去。"僧又说："和尚入地狱如箭。"洞山答："全得他力。"

洞山说"何不向无寒暑处去"，这是"偏中正"。僧问"如何是无寒暑处"，洞山答"寒时寒杀阇黎，热时热杀阇黎"，这是"正中偏"。虽正却偏，虽偏却圆，《曹洞录》中一一记载，非常仔细。要是在临济宗下，却没有这么多事。

这种公案，"直下"就能领会。有些人说"大好无寒暑"，这跟公案有何干系？古人说：若向剑刃上走则快，若向情识上见迟。不见有僧问翠微："如何是祖师西来意？"翠微答："待无人来向你道，遂入园中行。"僧说："此间无人，请和尚道。"翠微指着竹子说："这一竿竹何以那么长，那一竿竹何以那么短？"其僧忽然大悟。

史书又载，曹山曾问僧徒："那么热时向什么处回避？"僧徒答："镬汤炉炭里回避。"曹山又问："镬汤炉炭如何回避？"僧徒答："众苦不能到。"

你看他们"家里人"，自然就能领会"家里人"所说的话。雪窦也是用他"家里事"颂出。

［丁］雪窦重显对公案之"颂词"

垂手还同万仞崖，正偏何必在安排。

琉璃古殿照明月，忍俊韩卢空上阶。

［戊］圜悟克勤对雪窦重显颂词之"评唱" 曹洞宗下有出世、不出世之异，有垂手、不垂手之异。要是不出世，则目视云霄；要是出世，便灰头土面。目视云霄，即是万仞峰头；灰头土面，即是垂手边事。

有时灰头土面，即在万仞峰头；有时万仞峰头，即是灰头土面。其实入廛垂手与孤峰独立一般，归源了性与差别智无异，切忌作两橛去领会。

所以说"垂手还同万仞崖"这句颂词，简直就没有留下让你凑泊的地方。

"正偏何必在安排"。就是若到用时，自然如此，不在安排之意。这是颂洞山的那句答语。

后面说"琉璃古殿照明月，忍俊韩卢空上阶"，这是颂那僧徒逐着言语走之事。洞山门下就有此种石女、木马、无底篮、夜明珠、死蛇等十八般大纲，只是要辨明"正位"，犹如月照琉璃古殿，似有圆影。

洞山回答说："为何不到无寒暑处去呢？"这僧一似韩卢逐块，连忙上阶捉其月影相似。还问"如何是无寒暑处"，洞山答云："寒时寒杀阇黎，热时热杀阇黎。"如韩卢逐块，跑上台阶，却又不见月影。

韩卢源出《战国策》，该书云："韩氏之卢，骏狗也，中山之兔，狡兔也，是其卢，方能寻其兔。"雪窦援引过来，比喻这僧也只如诸人一般。

还识洞山为人处吗？良久云："讨论什么兔子！"

[己] 圜悟克勤之"著语" "公案"中之"著语"有：僧问洞山：寒暑到来如何回避（著：不是这个时节，劈头劈面在什么处）？山云：何不向无寒暑处去（著：天下人寻不得，藏身露影，萧何卖却假银城）。僧云：如何是无寒暑处（著：赚杀一船人，随他转也，一钓便上）？山云：寒时寒杀阇黎，热时热杀阇黎（著：真不掩饰，曲不藏直。临崖看虎兕，特地一场愁。掀翻大海，踢倒须弥。且道：洞山在什么处）。

"颂词"中之"著语"有：垂手还同万仞崖（著：不是作家，谁能辨得？何处不圆融。正敕既行，诸侯避道），正偏何必在安排（著：若是安排，何处有今日，作么生两头不涉？风行草偃，水到渠成）。琉璃古殿照明月（著：圆陀陀地，切忌认影，且莫当头），忍俊韩卢空上阶（著：不是，这回蹉过了也，逐块作什么？打，云：你与这僧同参）。

[庚] "洞山无寒暑"之现代释读 "阴阳关系"至少有三款六式：第一款"阴"，第二款"阳"，第三款"阴阳"。第一款含"死阴"与"活阴"两式，第二款含"死阳"与"活阳"两式，第三款含"死阴阳"与"活阴阳"两式，分别对应"亦阴亦阳"与"非阴非阳"。

"偏正关系"亦如此："偏"含"死偏"与"活偏"两式，"正"含"死正"与"活正"两式，"偏正"含"亦偏亦正"与"非偏非正"两式。

洞山良价"五位"学说中，"正中来"相当于"死正"，"偏中至"相当于"死偏"，"兼中到"相当于"亦偏亦正"，"正中偏"相当于"活正"，"偏中正"相当于"活偏"。三款六式中，洞山"五位"只缺"非偏非正"一式。

圜悟克勤从浮山远录公"此公案为五位之格"之判语中得到启发,以洞山良价"五位回互正偏"为"评唱"本则公案之框架,其"五位回互正偏"实即"偏正五位",或简称"五位"。

他全文引用洞山良价《五位君臣颂》:

"正中偏",即"活正",被描绘为"三更初夜月明前,莫怪相逢不相识,隐隐犹怀旧日嫌"。

"偏中正",即"活偏",被描绘为"失晓老婆逢古镜,分明觌面更无真,休更迷头还认影"。

"正中来",即"死正",被描绘为"无中有路出尘埃,但能不独当今讳,也胜前朝断舌才"。

"偏中至",即"死偏",被描绘为"两刃交锋不须避,好手还同火里莲,宛然自有冲天气"。

"兼中到",即"死偏正",对应"亦偏亦正",被描绘为"不落有无谁敢和,人人尽欲出常流,折合还归炭里坐"。

按理应还有一颂,专颂"活偏正",即"非偏非正"之境,然"洞山五位"缺此一式,亦"不妨奇特"。吾人今日尽可将"五位"之说,发展成"六位"之说,以"三款六式"安排所有对待之关系。

克勤以为洞山"何不向无寒暑处去"之答语,属于"偏中正",是"活偏";洞山"寒时寒杀阇黎,热时热杀阇黎"之答语,属于"正中偏",是"活正"。有了"活偏"与"活正"两位,克勤就引申出"虽正却偏,虽偏却圆"之结论。

"寒暑关系"亦有三款六式:"死寒",寒中来;"活寒",寒中暑";"死暑",暑中至;"活暑",暑中寒;"兼中到",亦寒亦暑;"兼中往",非寒非暑。(南按:"兼中往"为著者杜撰,未必准确,以"来"与"至"对、"到"与"往"对故。)

克勤"评唱"颂词时论及其对应关系,至少有"出世与不出世之关系""垂手与不垂手之关系""目视云霄与灰头土面之关系""万仞峰头与垂手边事之关系""入廛垂手与孤峰独立之关系""归源了性与差别智之关系",等等。所有这些关系,均有三款六式。言此三款六式,即是"一般心";不言此三款六式,即是"两橛心"。

总起来看,本则公案之落脚点,正在此三款六式,或曰"六位"。克勤"垂示"中,讲"定乾坤句",所指即此三款六式;讲"擒虎兕机",所指即此三款六式;讲"全机""钳锤"等,所指亦是此三款六式。

克勤给公案加"著语",讲"劈头劈面",讲"天下人寻不得",讲"掀翻大海、踢倒须弥",等等,就是指此三款六式。

克勤"评唱"公案,讲"五位回互正偏",讲"五位之格",讲"家里人""家里事",等等,实际已经论及三款六式中之五式,只缺一个"非阴非阳式"。

实际上合禅宗各家而言,六式全部都已论及,只是有些偏此五式,有些偏彼五式而已。如"四句百非"中就有一个"非阴非阳式","离四句绝百非"中也有一个"非阴非阳式"。洞山"五位"之说中缺此"非阴非阳式",并不表示禅宗全体缺此式。

雪窦重显颂本则公案,说:"垂手还同万仞崖,正偏何必在安排。"前句是强调"垂手边"与"万仞崖"无区别,强调所谓"一般心"；后句强调的恰就是上述"五位正偏"之说，以"偏中正"明"活偏"，以"正中偏"明"活正"，以"正中来"明"死正"，以"偏中至"明"死偏"，又以"兼中到"明"亦偏亦正"。只缺一个"兼中往"，缺一个"非偏非正式"。

如何说"正偏何必在安排"呢？就是认为"正偏五位"并非人心刻意安排，而是本来就有的，不是人心之"造作"，而是直显之"澄明"。

故克勤在此句"颂词"下加如下"著语"："若是安排，何处有今日？作么生两头不涉？风行草偃，水到渠成。"不讲此"五位"，不讲此直显之"澄明"，就是"两头不涉"，是克勤要反对的；讲此"五位"，讲此直显之"澄明"，就是"风行草偃，水到渠成"，是克勤要寻求的。

克勤"评唱"颂词，除了列举"出世与不出世""垂手与不垂手""灰头土面与万仞峰头"等各种对应关系外，重点讨论"月与影""寒与暑"之"五位回互关系"。

"月影关系"中，"月"为第一款，"影"为第二款，"月影"为第三款。"月"有两式："活月"（月中影）与"死月"（月中来）。"影"有两式："活影"（影中月）与"死影"（影中至）。"月影"亦有两式："死月影"（兼中到或亦月亦影）与"活月影"（兼中往或非月非影）。

韩卢逐"月影"，所逐是"活月影"还是"死月影"呢？显然它以为是"死月影"，但最终所得只是"活月影"，故曰"空上阶"。"空上阶"就是"竹篮打水一场空"，只因"月影"本来就是"空"。

"寒暑关系"中，"寒"为第一款，"暑"为第二款，"寒暑"为第三款。"寒"有两式:"活寒"(寒中暑)与"死寒"(寒中来);"暑"有两式:"活暑"(暑中寒)与"死暑"(暑中至);"寒暑"亦有两式:"死寒暑"(兼中到或亦寒亦暑)与"活寒暑"(兼中往或非寒非暑)。

僧徒问"如何是无寒暑处",实际上就是问"如何是死寒暑处",此问一出,同时亦就遗漏了另一端的"活寒暑处"。洞山之答语中"寒时寒杀阇黎",讲的是"死寒";"热时热杀阇黎",讲的是"死热"或"死暑"。

克勤"评唱"颂词,最后讨论到"骏狗与狡兔"之关系。"骏狗"即所谓韩卢。狗不"骏",则无以应对兔之"狡",故曰"是其卢,方能寻其兔"。"骏与狡之关系",同样有三款六式,同于上述"月与影之关系",同于上述"寒与暑之关系",等等。

《佛光大辞典》释读本则公案,落脚于"生与死之关系",判此公案"乃洞山良价寓寒暑以示学人超脱生死之事",又云:"洞山以寒暑喻生死,谓寒时安住于寒处,热时安住于热处,无有分别,始得自由;即提示于生死中得解脱之妙下。"(第3878页)

"生与死之关系"与"寒与暑之关系",完全"同格",完全"同位",故以"生死"为框架释读本则公案,乃是允许的。只是此非"唯一框架",以"善恶""是非""美丑""有无"等为框架释读之,亦完全允许。

《禅是一枝花》以"坐标说"释读本则公案,认为"五位回互正偏"就是"坐标",坐标一变,冰可以为火,火可以不热,高与低、大与小、寒与暑等之关系,亦随之而变。此"坐标说"上承老庄,下通爱因斯坦之"相对论"及"核子现象"中"凡非可逆者皆可逆"之原理。此即"机",此即《红楼梦》中"太上忘情"之境。

该书作者此一释读,可谓别出心裁。尤可贵者,其还认定此"机"、此"太上忘情"之境、此"坐标说",乃吾华夏所独出,认为"日本的《源氏物语》没有此境。《金瓶梅》更没有。歌德的《浮士德》亦没有此境",又认定"汉民族是在革命战争的死生地亦会有'太上忘情',如在大寒酷暑而无寒暑"。(第129—130页)此亦为真知灼见。

该书作者释读之唯一欠缺,是没有说明此"机"、此"太上忘情"之境、此"坐标说"之具体内容是什么。其具体内容,正是著者所谓"三款六式"。

司南《禅心一念间》以"混成一片""禅宗的三昧之境""浑然忘物"等,释读本则公案,落脚于"浑然忘记了天气的恶劣"(第137页),似立意太低,有隔靴搔痒之感。

据《佛光大辞典》,"三昧"是指"将心定于一处(或一境)的一种安定状态","一般修行大都止心一处,不令散乱,而保持安静,此一状态称为三昧"(第580页)。可知"三昧之境"强调的是"定"与"静";三款六式作为"坐标",强调的却是"动"与"化"。两者不在同一位阶。故司南之释读,乃是"误读"。

尚之煜《碧岩录校注》"点评"本则公案,着意于"生死大事的诸多困境""绝不能了生死大事""了生死的必由之路",直接将"寒暑关系"落实为"生死关系",与《佛光大辞典》同其格式,基本上是没有新意的。

综上所言,通过"洞山无寒暑"这则公案,圜悟克勤告诉我们：人要进入禅境，须有一颗"一般心"或"三款六式之兼心"。这是《碧岩录》给我们讲的第四十三个道理。

附：曹山本寂之"君臣五位"：（一）君位（正中来），（二）臣位（偏中至），（三）臣向君（偏中正），（四）君视臣（正中偏），（五）君臣道合（兼中到）。

第四十四则　禾山解打鼓

"禾山解打鼓",禅宗公案名,一名"禾山四打鼓""解打鼓"或"禾山打鼓",述唐末五代禅师禾山无殷与僧徒间有关"真过""真谛"等之机缘问答。载《碧岩录》卷第五、《宗门统要续集》卷十七、《五灯会元》卷六、《拈评三百则》卷中等。

禾山无殷,唐末五代僧。籍贯、俗姓不详。生于唐僖宗中和四年(884年),卒于宋太祖建隆元年(960年)。九峰道虔之法嗣。

禾山位于今江西永新,因盛产嘉禾而得名。一名秋山。山景怪异,奇峰迭连。最高峰曰赤面峰,峰下有禾山寺(一名甘露寺),自古即为禅门著名道场。在此弘法者众,先后有死心悟新之法嗣慧方(629—695年)、九峰道虔之法嗣无殷(884—960年)、岩头全奯之法嗣慧宗、黄龙慧南之法嗣德普(1025—1091年)等。世人于他们之法号前,均冠以"禾山"二字,如"禾山慧方禅师""禾山无殷禅师""禾山慧宗禅师""禾山德普禅师"等。

[甲]圜悟克勤之"垂示"(原缺)

[乙]"禾山解打鼓"之公案　　禾山无殷禅师某日给僧徒下

"垂语"说:"习学谓之闻,绝学谓之邻,过此二者,是为真过。"

有僧徒出列发问:"如何是真过?"禾山答:"解打鼓。"又问:"如何是真谛?"禾山答:"解打鼓。"又问:"即心即佛即不问,如何是非心非佛?"禾山答:"解打鼓。"又问:"向上人来时如何接?"禾山答:"解打鼓。"

[丙] 圜悟克勤对公案之"评唱" 禾山给僧徒下"垂示"说:"习学谓之闻,绝学谓之邻,过此二者,是为真过。"这一段话,源出《宝藏论》。学至无学,谓之绝学,所以说:"浅闻深悟,深闻不悟,谓之绝学。"

一宿觉禅师曾说:"吾早年来积学问,亦曾讨疏寻经论。习学既尽,谓之绝学,无为闲道人。及至绝学,方始与道相近。直得过此二学,是谓真过。"

那僧徒也还真是明敏,就拈住这段话来问禾山。禾山答以"解打鼓",所答可说是"言无味,语无味"。想要辨明这则公案,务必是"向上人"方有可能。这句话不涉"理性",也无可"议论"之处,直下就能领会,就像桶底脱落一样。

方是衲僧安稳处,才能体证得出"祖师西来意"。所以云门大师说:"雪峰辊毬,禾山打鼓,国师水碗,赵州吃茶,尽是向上拈提。"

那僧又问:"如何是真谛?"禾山又答:"解打鼓。""真谛"更是不立一法,若是"俗谛",则万物俱备。真俗无二,才是"圣谛第一义"。

那僧又问:"即心即佛即不问,如何是非心非佛?"禾山答:"解打鼓。""即心即佛"之境,是容易求得的;若到"非心非佛"这个层次，就很难，很少有人能达到。

那僧又问："向上人来时如何接？"禾山答："解打鼓。""向上人"即是"透脱洒落底人"。

以上四句问答，禅林诸方，均以之为宗旨，称为"禾山四打鼓"。就好像僧徒与镜清禅师间之问答。有僧问镜清："新年头还有佛法边无？"镜清答："有。"僧又问："如何是新年头佛法？"镜清答："元正启祚，万物咸新。"僧云："谢师答话。"镜清则说："老僧今日失利。"像镜清这样的答话，可说有十八般"失利"。

又如僧问净果大师："鹤立孤松时如何？"净果答："脚底下一场懡㦬。"那僧又问："雪覆千山时如何？"净果答："日出后一场懡㦬。"僧又问："会昌沙汰时护法神向什么处去？"净果答："三门外，两个汉，一场懡㦬。"禅林诸方将此称为"三懡㦬"。

又如保福禅师问僧徒："殿里是什么佛？"僧徒答："和尚定当看。"保福说："是释迦老子。"僧徒答："莫瞒人好。"保福说："却是你瞒我。"

又问僧徒说："你名什么？"僧徒答："咸泽。"保福问："或遇枯涸时如何？"僧徒答："谁是枯涸者？"保福云："我。"僧徒则云："和尚莫瞒人好。"保福云："却是你瞒我。"

又问僧徒："你作什么业，吃得恁么大？"僧徒答："和尚也不小。"保福做出蹲身之姿势，僧徒说："和尚莫瞒人好。"保福则说："却是你瞒我。"

又问浴主："浴锅阔多少？"浴主答："请和尚量看。"保福做出丈量之姿势，浴主说："和尚莫瞒人好。"保福又说："却是你瞒我。"

禅林诸方将以上答语称为"保福四瞒人"。

又如"雪峰四漆桶",都是从上宗师,各出深妙之者、接人之机。雪窦禅师后面引一落索,依照云门示众之法,颂出此则公案。

[丁]雪窦重显对公案之"颂词"

一拽石,二般土,发机须是千钧弩。

象骨老师曾辊毬,争似禾山解打鼓。

报君知,莫莽卤,甜者甜兮苦者苦。

[戊]圆悟克勤对雪窦重显颂词之"评唱" 归宗禅师有一天请众僧搬运石块。归宗问维那:"你到什么地方去?"维那答:"去搬石块。"归宗对他说:"石块你可以搬,却不可动着中间的树木。"平常有新生到来,归宗都先令他们搬运三趟土石。

木平禅师曾有颂词示众,说:"东山路窄西山低,新到莫辞三转泥。嗟汝在途经日久,明明不晓却成迷。"

后来有僧徒就发问,说:"三转内即不问,三转外事作么生?"木平回答说:"铁轮天子寰中敕。"那僧无语,木平便打。

所以雪窦颂云:"一拽石,二般土,发机须是千钧弩。"雪窦用千钧之弩比喻这句话,是要见出他的为人处。三十斤为一钧,一千钧就有三万斤。要是狞龙、虎狼、猛兽,才会用此弩;要是鼯鹩小可之物,千万不可轻发。所以说千钧之弩不为鼷鼠而发机。

"象骨老师曾辊毬",讲的是雪峰禅师,他有一天见玄沙来,三个木毬一齐辊,玄沙便做斫牌之姿势,雪峰非常认可其做法。就算如此,在全机大用方面,总都不如"禾山解打鼓"之深妙,"禾山解打鼓"中不知有多少径截,实在是太难领会了。

所以雪窦才说"争似禾山解打鼓"。又担心世人只在话头上作活计,不知其来由,莽莽卤卤,所以又颂道:"报君知,莫莽卤。"

也务必落实到这般田地,才能有所得。

若要不莽卤,就须"甜者甜兮苦者苦"。雪窦就算能做到这一步,"拈弄"却终究还是无法避免的。

[己] 圜悟克勤之"著语" "公案"中之"著语"有:禾山垂语云:习学谓之闻,绝学谓之邻(著:天下衲僧跳不出,无孔铁锤,一个铁橛子),过此二者是为真过(著:顶门上具一只眼,作什么)。僧出问:如何是真过(著:道什么,一笔勾下,有一个铁橛子)?山云:解打鼓(著:铁橛铁蒺藜确确)。又问:如何是真谛(著:道什么,两重公案,又有一个铁橛子)?山云:解打鼓(著:铁橛铁蒺藜确确)。又问:即心即佛即不问如何,是非心非佛(著:道什么,这个垃圾堆,三段不同,又一个铁蒺藜子)?山云:解打鼓(著:铁橛铁蒺藜确确)。又问:向上人来时如何接(著:道什么,遭他第四杓恶水来也,又有一个铁橛子)?山云:解打鼓(著:铁橛铁蒺藜确确。且道:落在什么处?朝到西天,暮归东土)。

"颂词"中之"著语"有:一拽石(著:寰中天子敕,癞儿牵伴,向上人怎么来),二般土(著:塞外将军,令两个一状领过,同病相怜),发机须是千钧弩(著:若是千钧,也透不得,不可轻酬,岂为死虾蟆)。象骨老师曾辊毬(著:也有人曾怎么来,有个无孔铁锤,阿谁不知),争似禾山解打鼓(著:铁橛子须还这老汉,始得一子亲得)。报君知(著:雪窦也未梦见,在雪上加霜,你还知么),莫莽卤(著:也有些子儱侗侗),甜者甜兮苦者苦(著:谢答话,错下注脚,好与二十棒。吃棒得也未,便打,依旧黑漫漫)。

[庚] "禾山解打鼓"之现代释读 人类之"答法",不外三款六式。直答、不答、绕答,是谓三款;死直与活直、死不与活不、

死绕与活绕，是谓六式。

如问："如何是禅？"答："春花。"再问："如何是禅？"答："秋月。"三问："如何是禅？"答："夏风。"四问："如何是禅？"答："冬雪。"此种回答系"绕答"，然所绕之地不同，故称"活绕答"。

又如问："如何是禅？"答："春花。"再问："如何是佛？"答："春花。"三问："如何是道？"答："春花。"四问："如何是性？"答："春花。"此种四答亦系"绕答"，然所绕固定为一地，故称"死绕答"。

本则公案之最大特色是：它是讨论"死绕答"之专案。这在整部《碧岩录》中，是很罕见的。本则公案至少论及或提及五大"死绕答"："禾山四打鼓""赵州三吃茶""净果三憽懼""保福四瞒人""雪峰四漆桶"。

僧问："如何是真过？"禾山云："解打鼓。"

僧问："如何是真谛？"禾山云："解打鼓。"

僧问："如何是非心非佛？"禾山云："解打鼓。"

僧问："向上人来时如何接？"禾山云："解打鼓。"

——以上是公案本身之"死绕答"

师问新到："曾到此间么？"曰："曾到。"师曰："吃茶去。"

又问僧，僧曰："不曾到。"师曰："吃茶去。"

后院主问曰："为甚么曾到也云吃茶去，不曾到也云吃茶去？"师召院主，主应喏。师曰："吃茶去。"

——以上是克勤"评唱"公案时提及之"死绕答"，载于《五灯会元》卷第四《赵州从谂禅师》

僧问净果："鹤立孤松时如何？"净果云："脚底下一场懡㦬。"

又问："雪覆千山时如何？"净果云："日出后一场懡㦬。"

又问："会昌沙汰时护法神向什么处去？"净果云："三门外，两个汉，一场懡㦬。"

——以上是克勤"评唱"公案时论及之"死绕答"

僧云："莫瞒人好。"保福云："却是你瞒我。"

僧云："和尚莫瞒人好。"保福云："却是你瞒我。"

僧云："和尚莫瞒人好。"保福云："却是你瞒我。"

浴主云："和尚莫瞒人好。"保福云："却是你瞒我。"

——以上是克勤"评唱"公案时论及之"死绕答"

克勤"评唱"公案时，还提及"雪峰四漆桶"，惜《五灯会元》《佛光大辞典》未载，详情待查。

克勤"评唱"颂词时论及"拽石""三转土""三转泥""三转内"，等等，实际上亦可作为"死绕"之例来看待，因为搬运土石从甲地到乙地，总是要返回到同一地点：自"甲"而言，它是"死绕乙"；自"乙"而言，它是"死绕甲"。符合"死绕答"之格局。

克勤之"著语"亦极奇特，始终围绕"铁"字而展开。如公案中之"著语"，就论及"无孔铁锤""铁橛子""铁橛""铁蒺藜"等，而且不止一次地反复出现。"铁橛子"出现四次以上，"铁橛铁蒺藜确确"出现四次。（按："铁橛铁蒺藜确确"疑为鼓谱，然毕竟与"铁"字有关。）这是很不寻常的。

颂词中之"著语"同样论及"无孔铁锤"及"铁橛子"等与"铁"相关之意象。说明"铁"字在此则公案中，有很重要之地位。

假如我们将"铁"字与本则公案之主题"死绕答"联系起来，

则可明白,"铁"原来跟"死"是有密切关联的。如"铁证如山"一句,就是以"铁证"为"死证";又如"铁板钉钉"一句,亦是以"铁钉"为"死钉";再如"铁口独断",亦是以"铁口"为"死口";等等。

禅门亦常以"铁"喻"死",如以"铁城"喻"地狱"、以"铁蒺藜"喻"师家之指导严密难侵"、以"铁壁银山"喻行者修禅进入"死地"(无法透脱)、以"铁树"喻"无心"与"死心"、以"铁橛子"喻无法咬嚼与无可奈何之"死事"、以"铁馊馅"喻不可能之"死事"与难解难透之"死关"、以"铁锁"喻"有漏之烦恼障"等。总之,以"铁"字描绘"死绕答"之"死",很有禅意,也很有学术价值。

《佛光大辞典》释读本则公案,判"解打鼓"为"包含所有事实而始终同一"之境,认为此为"真正之解脱"之唯一所在。(第2146页)释读有些"太实"了。其实关键不在"解打鼓"本身,而在"解打鼓"连续出现四次,构成为一典型之"死绕答"。只要是"死绕答",答"解打鼓"可,答"解敲锣"可,答"甲乙丙"亦可。故其释读"太实","太实"则离禅"太远"。

《佛光大辞典》又引用别人之释读,谓"解打鼓"为"响在后面之意",亦即"寓玄旨于言外之意"。云:"盖真正体会诸佛悟境之人,视无味之言语,无关于慧解;若能于此理会,则当下犹如桶底脱落,执情尽除而蓦然开悟。"(第2146页)不仅"太实",而且"太玄",让人不知所云。

《禅是一枝花》释读本则公案时,有一得,亦有一失。得者,肯定西洋教堂之钟声不如中土禅寺之钟声,云:"西洋的钟声单是召集的通知，不如中国的钟声是一个省思，在晨辉与暮霭里。"（第131—132页）此"召集"与"省思"之判分，实乃高见！

其失者，则在趋鼓声入"实"，说鼓声"把江山都打着实了"，说"兴的东西，却又能这样着实"，说"都被这鼓声打得真实不虚"，说鼓声"则是充实的存在与行动"，等等。（第132页）此是以西洋"实在论"释"鼓声"，大为不妥。

司南《禅心一念间》将"解打鼓"释读为"得悟即是会打鼓"，认为禾山禅师是"因为想到自己是听了鼓声才开悟，所以说"解打鼓"，并认为"这已经是得悟的最佳回答了"。（第139页）又用"忘我投入"与"灵光乍现"释读本则公案。（第140页）前者实在既"奇"且"怪"，似难以立足；后者"虚"一些，也许还有"切题"之可能。

尚之煜《碧岩录校注》"点评"本则公案，区分"解打鼓"之"话面意思"与"寓意"，"话面意思"是"应明白打鼓的现象"；"寓意"则罗列四个"或许在暗示"，未敢落实于一义。之下以"茫然不解""不可意解"为禾山之"本意"以及"解打鼓"之"境界"。最后落脚于"鼓声"之上，引克勤"频呼小玉无无事，只要檀郎认得声"之偈后，问："我们如何会得这鼓声呢？"（第240页）自其强调"寓意"一方面而观，尚氏之释读"不太实"；然自其落脚于"鼓声"或"声"而观，则其释读"有些实"。"有些实"而又"不太实"，说明尚氏已逼近于"切题"。尚氏之失是在未明了："解打鼓"三字是可以完全不必释读的，就如"甲乙丙""ABC"一般，只是一串符号，刻意释读，反会弄巧成拙。

综上所言，通过"禾山解打鼓"这则公案，圜悟克勤告诉我们：人要进入禅境，须有一颗"死绕答心""绝对绕答心"或"铁绕答心"，以及"合观之兼心"。这是《碧岩录》给我们讲的第四十四个道理。

第四十五则　赵州七斤布衫

"赵州七斤布衫",禅宗公案名,述唐代名僧赵州从谂与僧徒间有关"万法归一,一归何处"之机缘问答。载《碧岩录》卷第五。《佛光大辞典》未载。

[甲] 圜悟克勤之"垂示"　要道便道,举世无双;当行即行,全机不让。如击石火,似闪电光。疾焰过风,奔流度刃。拈起向上钳锤,未免亡锋结舌。放一线道,试举公案一看。

[乙] "赵州七斤布衫"之公案　有僧问赵州:"万法归一,一归何处?"赵州回答说:"我在青州作一领布衫,重七斤。"

[丙] 圜悟克勤对公案之"评唱"　你要是朝着"一击便行处"去领会这则公案,天下老和尚鼻孔一时穿却,也拿你没有办法,自然水到渠成。要是稍有踌躇,老僧我也会(死)在你脚跟下。

佛法省要之处,言不在多,语不在繁。就好像这僧问赵州:"万法归一,一归何处?"赵州他却答道:"我在青州作一领布衫,重七斤。"你若向语句上去辨别,是错认定盘星;你若不向语句上去辨别,无奈他又的确是那么说的。

对这个公案虽然难有见地，却容易领会；虽然容易领会，却又难有见地。说它难，有如银山铁壁；说它易，却又可直下惺惺，没有你计较是非之地。这话与普化所说"来日大悲院里有斋"这句话，有异曲同工之妙。

有一天僧徒问赵州："如何是祖师西来意？"赵州答："庭前柏树子。"僧徒说："和尚莫将境示人。"赵州说："老僧不曾将境示人。"你看赵州，竟那样朝着"极则转不得处"转得，他自然能盖天盖地；要是转不得，则触途成滞。

你们且说说，他到底讨论过"佛法"没有？要说他讨论过"佛法"，他又何曾说心说性，说玄说妙；要说他没有涉及"佛法旨趣"，他却又并未辜负你所提之问题与话头。

岂不见有僧问木平和尚："如何是佛法大意？"木平回答说："这个冬瓜如许大。"又有禅问古德："深山悬崖回绝无人处，还有佛法也无？"古德回答说："有。"僧徒又问："如何是深山里佛法？"古德回答说："石头大底大，小底小。"

你们看这一类的公案，"諙讹"究竟在什么地方呢？雪窦知晓它们的落脚处，所以能"打开义路"，给你们颂出来。

[丁] 雪窦重显对公案之"颂词"

编辟曾挨老古锥，七斤衫重几人知。

如今抛掷西湖里，下载清风付与谁。

[戊] 圜悟克勤对雪窦重显颂词之"评唱" "十八问"中，这叫作"编辟问"。雪窦说："编辟曾挨老古锥。"编辟万法，教归一致。这僧要挨拶他赵州。赵州也不愧是"作家"，能在"转不得处"找到出身之路，敢开大口，便说："我在青州作一领布衫，重七斤。"

雪窦说这个七斤布衫能有"几人知","如今抛掷西湖里"。万法归一,"一"亦不要七斤布衫,亦不要一时抛在西湖里。雪窦住在洞庭翠峰,那里有一个"西湖"。

"下载清风付与谁。"这是赵州的示众法:你若向北来,与你上载;你若向南来,与你下载;你若从雪峰、云居处来,也是个担板汉。

雪窦问如此清风,堪付阿谁。"上载者",与你说心说性,说玄说妙,种种方便;若是"下载",也就没有这许多义理玄妙。

有些僧徒担一檐禅到赵州那里,一点也使力不着,赵州便一时与他打叠,教他洒洒落落,无一星事。这就叫作"悟了还同未悟时"。现今之人大都当作"无事"去领会,有的说:"无迷无悟,不要更求,只如佛未出世时,达摩未来此土时,不可不恁么也。"用"佛出世"做话头干什么,用"祖师更西来"做话头干什么?总是这样去领会,有什么干系?

也必是大彻大悟了,才能上达"依旧山是山,水是水"之境地,乃至上达"一切万法,悉皆成现"之境地。如此方能去做一个"无事底人"。

不见龙牙禅师说:"学道先须有悟由,还如曾斗快龙舟。虽然旧阁闲田地,一度赢来方始休。"就好像赵州这个"七斤布衫"的话头,你看他古人那么说,真是如金如玉。山僧我那么说,你们诸人那么听,总不免是一种"上载"。

你们且说说,如何才是"下载"?请到三条椽下看取。

[己] 圜悟克勤之"著语" "公案"中之"著语"有:僧问赵州:万法归一,一归何处(著:捺着这老汉,堆山积岳,切忌向鬼窟里作活计)?州云:我在青州作一领布衫,重七斤(著:果然七

纵八横，拽却漫天网，还见赵州么。衲僧鼻孔曾拈得，还知赵州落处么。若这里见得，便乃天上天下，唯我独尊，水到渠成，风行草偃。苟或未然，老僧在你脚跟下）。

"颂词"中之"著语"有：编辟曾挨老古锥（著：何必拶着这老汉，挨拶向什么处去），七斤衫重几人知（著：再来不直半分钱，直得口似匾担，又却被他赢得一簿）。如今抛掷西湖里（著：还雪窦手脚始得，山僧也不要），下载清风付与谁（著：自古自今，且道：雪窦与他酬唱，与他下注脚，一子亲得）。

［庚］"赵州七斤布衫"之现代释读　"问答法"实应分三途而观，一途曰"答法"，一途曰"问法"，一途曰"问答法"。"答法"有三款六式，"问法"有三款六式，"问答法"又有三款六式。禅门"十八问"中之"偏僻问"，乃是释读本则公案之关键。

"十八问"乃宋代名僧汾阳善昭所立，故又称"汾阳十八问"。据《人天眼目》卷二，汾阳善昭分学人之问为十八种：

（一）直接向师家问法，请求指导，谓之"请益问"；

（二）自呈见解，乞师家纠正，谓之"呈解问"；

（三）巧为辨难，试察师家，谓之"察辨问"；

（四）机宜与师家机锋互相投合，谓之"投机问"；

（五）以偏僻见解为问，谓之"偏僻问"；

（六）对修行之事请求纠正，谓之"心行问"；

（七）探验师家见处深浅，谓之"探拔问"；

（八）自己未会得而问，谓之"不会问"；

（九）劈头擎某物而问，谓之"擎担问"；

（十）援引古人问答之语而问，谓之"置问"；

（十一）援引经论中某故事而问，谓之"故问问"；

（十二）假借某事或譬喻而言，谓之"借事问"；

（十三）举事实而问，谓之"实问问"；

（十四）借虚假之事而言，谓之"假问问"；

（十五）呈露不审之点以进问，谓之"审问问"；

（十六）诘难而问，谓之"征问问"；

（十七）心中先已明知，直捷而问，谓之"明问问"；

（十八）不现言语，以动作而问，谓之"默问问"。

依中土"三款六式"之原理，此"十八问"应有三个"三款六式"。下位之三款六式为："直问"含"请益问"与"呈解问"两式，分别对应"死直问"与"活直问"；"不问"含"察辨问"与"投机问"两式，分别对应"死不问"与"活不问"；"绕问"含"偏僻问"与"心行问"两式，分别对应"死绕问"与"活绕问"。

中位之三款六式为："直问"含"探拔问"与"不会问"两式，分别对应是"死直问"与"活直问"；"不问"含"擎担问"与"置问问"两式，分别对应"死不问"与"活不问"；"绕问"含"故问问"与"借事问"两式，分别对应"死绕问"与"活绕问"。

上位之三款六式为："直问"含"实问问"与"假问问"两式，分别对应"死直问"与"活直问"；"不问"含"审问问"与"征问问"两式，分别对应"死不问"与"活不问"；"绕问"含"明问问"与"默问问"两式，分别对应"死绕问"与"活绕问"。

汾阳善昭禅师兄分立"十八问"，并未将此"十八问"置于"三款六式"框架下来讨论。然仔细观察，其"十八问"实暗含下位、中位、上位三个"三款六式"，且呈层层叠高之势：中位三款六式以下位三款六式中最高之"活绕问"（"心行问"）为起点，上位三款六式又以中位三款六式中最高之"活绕问"（"借事问"）为起点；三个"三款六式"首尾相连，共同构成一个更大框架下的"三款"。此乃"十八问"背后暗藏之结构与经络，汾阳善昭当时并未察觉，我们今日终得揭破之。

雪窦重显"颂词"第一句"编辟曾挨老古锥"，就是对本则公案"关键点"之揭示。"编辟"，即是"十八问"中之"偏僻问"，属于下位三款六式中之"死绕问"。圜悟克勤"评唱"颂词云："十八问中，此谓之编辟问。""编辟问"亦即"偏僻问"，同样旨在揭示本则公案之"关键点"。

于是吾人当知，本则公案之落脚点在"问法"，乃讨论"问法"之专案，尤其以讨论"偏僻问"为主。"偏僻问"是"以偏僻见解为问"。于是吾人明白，克勤之"垂示"乃是对"偏僻问"之描绘。克勤判"偏僻问"之根本特征为："要道便道，举世无双；当行即行，全机不让。如击石火，似闪电光。疾焰过风，奔流度刃。拈起向上钳锤，未免亡锋结舌。"

句中讲到"向上钳锤"，又在"垂示"之末加一句"放一线道"，真是千圣不传，万贤难会。但若抓住"问法"，尤其是"偏僻问"这一关键，吾人便有可能勉强去领会它。

"向上"是向什么处去？就是"向上一级三款六式而去"。从下位三款六式升至中位三款六式，就是"向上"；从中位三款六式升至上位三款六工，就是"向上"。"放一线道"亦可以作如是会：在下位"放一线道"，就至中位；在中位"放一线道"，就至上位；在上位"放一线道"，又回到下位。此即中土"物极必反"之原理。

公案中僧徒"万法归一,一归何处"之问,本身就是一个"偏僻问",所以赵州亦只能应之以"偏僻答":"我在青州作一领布衫,重七斤。"克勤于僧徒之问下加"著语",说"捋着这老汉",说"堆山积岳",又讲到"鬼窟",其实就是对此"问法"性质的一个判定:对赵州而言是一道难题,对僧徒而言是一大陷阱。

克勤又于赵州之答下加"著语",说"七纵八横,拽却漫天网",这是对赵州应对难题之手法的称赞;又说"衲僧鼻孔曾拈得",这是对僧徒落入陷阱之说明;又讲到"若这里见得,便乃天上天下,唯我独尊,水到渠成,风行草偃",这是对应对难题之后之"气势"与"情境"的描绘;最后讲到不能应对难题时"老僧在你脚跟下"之惨况。

克勤"评唱"公案,曾列示好几个"偏僻问",如普化禅师"来日大悲院里有斋"之问,如僧对赵州"如何是祖师西来意"之问,又如僧对木平"如何是佛法大意"之问,再如僧徒对古德"深山悬崖回绝无人处,还有佛法也无"之问及其"如何是深山里佛法"之问,等等。

雪窦"颂词"起笔即"点题",非常关键,所以克勤"著语"说"被他赢得一簿",又说"还雪窦手脚始得",又说"一子亲得",等等,都是对雪窦"颂词"之称赞。

克勤"评唱"颂词,还是继续这个思路,说赵州"不妨是作家",说他"向转不得处有出身之路敢开大口",都是对赵州"手脚"之称赞。

最后克勤之"评唱",讨论到"上载"与"下载"之关系问题。"上载"被视为应对"向北来"之方,"下载"被视为应对"向南来"

之方;"上载"被界定为"说心说性,说玄说妙","下载"被界定为"更无许多义理玄妙"。可知对于"有事底人",禅师必"上载"之;对于"无事底人",禅师必"下载"之。"上载"是"老婆禅","下载"是"顿悟禅"。无非都是"种种方便"。

然则"偏僻问"是"上载",还是"下载"?答曰:就其处下位"三款六式"中而言,它是"上载";就其在下位"三款六式"中处"绕问"之地位而言,它是"下载"。

《禅是一枝花》释读本则公案,落脚于"一"字,落脚于"布衫",落脚于"西湖",不仅无视"十八问""偏僻问"之关键词,而且擅改雪窦之"颂词"(将"编辟曾挨老古锥"改成"缝制犹认旧针线",将"下载清风付与谁"改成"千载清风付与谁")。(第133—134页)

司南《禅心一念间》释读本则公案,落脚于"万法归一"之内涵,讲"脱下之后",讲"抛弃自我",批评"始终不忘我们是人类,始终不忘自我的存在"之人类的"劣根性",认定人类"并非单独存在的个体,而是整个大千世界的一个组成部分"(第143页)。说法不为错,也合乎中土"关系主义"或"相互关系主义"之宗旨。惜不能切本则公案之主题。

尚之煜《碧岩录校注》"点评"本则公案,讨论到"一"与"万"之关系,称赞赵州能够跳出"一万之间"之"车轱辘话",既不"执一",也不"执万"。又讨论到"上载"与"下载"之关系,称赞赵州能抛弃对空、有两面之执着与思量,能领悟到"非空非有的佛性本体"。最后号召"我们千万不要把重七斤的布衫再背在身上了"。(第244页)所讨论者,均是关键问题,只可惜太注重"内容",而忽略了"形式"。"汾阳十八问""偏僻问"等,主要关涉"形式","内容"排在其次。

综上所言,通过"赵州七斤布衫"这则公案,圜悟克勤告诉我们:人要进入禅境,须有一颗"十八问心""偏僻问心"或"三个三款六式之兼心"。这是《碧岩录》给我们讲的第四十五个道理。

第四十六则 镜清雨滴声

"镜清雨滴声",禅宗公案名,述晚唐五代禅师镜清道怤与僧徒间有关"雨滴声"之机缘问答。载《碧岩录》卷第五。《佛光大辞典》不载。

镜清道怤,晚唐五代吴越僧。雪峰义存之法嗣。温州永嘉人,俗姓陈。生于唐懿宗咸通九年(868年),卒于吴越天福二年(937年),一说后晋天福二年。世寿七十。幼年出家,后入闽参雪峰义存,后嗣其法。在越州(今浙江绍兴)常与皮光业相辩难。历住镜清寺(位于今浙江绍兴)、天龙寺等名寺。钱镠私署"顺德大师"。钱元瓘于杭州创龙册寺,请镜清居之,镜清于此开辟吴越禅学。事迹见载于《宋高僧传》卷十三、《景德传灯录》卷十八、《六学僧传》卷八等。

与镜清道怤相关之公案不多,除本则外,还有"道怤缩手"等。

[甲] 圜悟克勤之"垂示" 一槌便成,超凡越圣;片言可折,去缚解粘。如冰凌上行,剑刃上走,声色堆里坐,声色头上行。纵横妙用则且置,刹那便去时如何?试举公案一看。

[乙] "镜清雨滴声"之公案　镜清道怤禅师问僧徒："门外是什么声音？"僧徒答："雨滴声。"镜清说："众生颠倒，迷己逐物。"僧徒问："和尚您为何这么说呢？"镜清答："洎不迷己。"僧徒又问："洎不迷己，意旨如何？"镜清答："出身犹可易，脱体道应难。"（原注：洎，巨至切，及也。）

[丙] 圜悟克勤对公案之"评唱"　就这样几句问答，也是可以勘验人的。古人下"垂示"，一机一境，都是要接引人的。

有一天镜清问僧徒："门外是什么声音？"僧徒答："雨滴声。"镜清说："众生颠倒，迷己逐物。"又问："门外是什么声音？"僧徒答："鹁鸠声。"镜清说："欲得不招无间业，莫谤如来正法轮。"又问："门外是什么声音？"僧徒答："蛇咬虾蟆声。"镜清说："将谓众生苦，更有苦众生。"

这句话与前头公案中的话，更是没有什么区别。衲僧家要是能于这里通透得去，他于声色堆里，也能来去自由；要是通透不得，他便会被声色俘虏。

这一类的公案，禅林诸方称为"锻炼语"。若是"锻炼"，便只与"心行"有关，无法见出古人之为人处。亦叫作"透声色"：一明道眼，二明声色，三明心宗，四明忘情，五明展演。已经讲得很仔细了，无奈其中有"窠臼"在。

镜清那么问："门外是什么声音？"僧徒答："雨滴声。"他却说："众生颠倒，迷己逐物。"世人都去错误领会，把它叫作"故意转人"，这是不沾边的。殊不知镜清接人有高超的手脚，胆子很大，不拘泥于一机一境，必要时不惜一切手段。

镜清岂不知道是"雨滴声"，又何必还要去问？须知古人是要用探竿影草,来勘验这僧徒。这僧徒也赶上要挨拶,便回答说:"和尚为何这么说呢?"简直害得镜清入泥入水,只好对他说"洎不迷己"。

这僧徒"迷己逐物"固然是不错,镜清为什么也"迷己"呢?须中在勘验僧徒的句中,便有"出身处",只是这僧太过懵懂,想要剿绝这句话,进一步追问说:"只个洎不迷己,意旨如何?"

要是在德山、临济门下,早就棒喝相加了。镜清仁慈,放他一线,随着他打葛藤,进一步跟他说:"出身就可易,脱体道应难。"话虽这么说,古人之道要延续传承,还是非常困难。你看他镜清,就一句问话,便给这僧徒点明了脚跟下大事。

雪窦于是撰如下"颂词"。

[丁] 雪窦重显对公案之"颂词"

虚堂雨滴声,作者难酬对。

若谓曾入流,依前还不会。

会不会,南山北山转霶霈。

[戊] 圜悟克勤对雪窦重显颂词之"评唱" "虚堂雨滴声,作者难酬对。"要是叫作"雨声",则是"迷己逐物";要是不叫作"雨声",又如何转物呢?到了这地步,就算你是"作者",也是难以酬对的。

所以古人说:"见与师齐,减师半德;见过于师,方堪传授。"还有,南院曾说:"棒下无生忍,临机不让师。"

"若谓曾入流,依前还不会。"教中说:"初于闻中,入流忘所,所入既寂,动静二相,了然不生。"要说是"雨滴声",也不是;要说不是"雨滴声",也不是。前头所颂"两喝与三喝,作者知机变",

正与此类似。

要说是"入声色之流",也不是;要是叫作"声色",依然还是无法领会其意旨。譬如以指指月,月不是指。不管是领会还是不领会,反正南山北山,已变成大雨霡霂。

[己]圜悟克勤之"著语""公案"中之"著语"有:镜清问僧:门外是什么声(著:等闲垂一钓,不患聋,问什么)?僧云:雨滴声(著:不妨实头也,好个消息)。清云:众生颠倒,迷己逐物(著:事生也,惯得其便,铙钩搭索,还他本分手脚)。僧云:和尚作么生(著:果然纳败缺,转枪来也,不妨难当,却把枪头倒刺人)?清云:洎不迷己(著:咄!直得分疏不下)。僧云:洎不迷己,意旨如何(著:拶着这老汉,逼杀人,前箭犹轻后箭深)?清云:出身犹可易,脱体道应难(著:养子之缘。虽然如是,德山临济向什么处去?不唤作雨滴声,唤作什么声?直得分疏不下)。

"颂词"中之"著语"有:虚堂雨滴声(著:从来无间断,大家在这里),作者难酬对(著:果然不知,山僧从来不是作者,有权有实,有放有收,杀活擒纵)。若谓曾入流(著:剌头入胶盆,不唤作雨滴声,唤作什么声),依前还不会(著:山僧几曾问你来,这漆桶,还我无孔铁锤来)。会不会(著:两头坐断,两处不分,不在这两边),南山北山转霡霂(著:头上脚下,若唤作雨声则瞎,不唤作雨声,唤作什么声。到这里,须是脚踏实地始得)。

[庚]"镜清雨滴声"之现代释读 禅门"答法"有三款六式,"问法"有三款六式,则"问答法"或"问答之配置",是否亦有三款六式呢?答曰:当然有,然绝不止三款六式。

如"直问",可以"直答"对,可以"不答"对,亦可以"绕答"对；

如"不问"，可以"直答"对，可以"不答"对，亦可以"绕答"对；

如"绕问"，可以"直答"对，可以"不答"对，亦可以"绕答"对。

这就已经有九式了。若考虑到应对"不问"还有九式，应对"绕问"还有九式，则就已得二十七式。

若再考虑到"直问"有"死直问"与"活直问"两式、"不问"有"死不问"与"活不问"两式、"绕问"有"死绕问"与"活绕问"两式、"直答"有"死直答"与"活直答"两式、"不答"有"死不答"与"活不答"两式、"绕答"有"死绕答"与"活绕答"两式，则"问与答"之间之配置样式，将不知有多少。

若依"汾阳十八问"之框架，仅"问法"就有三个三款六式，再配以"答法"之三个三款六式，则"问与答"之间之配置样式，究竟有多少种，笔者只能请数学家来计算了。

本则公案所讨论者，即是"问与答之配置"。于镜清禅师而言，他一问"门外是什么声"，再问"门外什么声"，三问"门外什么声"，显然是极典型之"死绕问"。

于僧徒而言，一答"雨滴声"，再答"鹁鸠声"，三答"蛇咬虾蟆声"，显然是极典型之"活直答"。换言之，本则公案所讨论者，乃是"死绕问"与"活直答"之关系。此是无穷种问答配置样式之一种。

圜悟克勤"垂示"中"一槌便成""片言可折"之说，讲的是禅师之本领，发一问出去，僧徒一开口，便已知其"答法"。"冰凌上行，剑刃上走"之说，讲的是在无穷种问答配置样式间游走之高风险与高危险。"声色堆里坐，声色头上行"之说，讲的是能自由游走其间之禅师，所达之境地。

克勤给公案加"著语"，讲到"等闲垂一钓，不患聋"，是针对镜清第一次的"问"而说的。对于僧徒第一次的"答"，则评以"不妨实头也，好个消息"，"实头"正是"直答"之典型特征。

然后讲到"果然纳败缺"，两次讲到"直得分疏不下"，都是针对僧徒之"实头"而言的。最后讲到"养子之缘"，讲"虽然如是，德山临济向什么处去"，乃是点明问答配置之不当。

若师出"绕问"，僧以"绕答"对，如德山、临济一般，则其为"亲子之缘"；若师出"绕问"，僧只能以"直答"对，则只能降级为"养之子缘"。此"养子"之说，极难解，极深奥，也极形象。

克勤"评唱"公案最大之贡献，是将镜清与僧徒间之问答，完整呈现出来。公案限于字数，只提到镜清之第一问与僧徒之第一答，然后附以过渡性的僧徒两问与镜清两答。若仅限于公案，则镜清之"死绕问"与僧徒之"活直答"，均看不出来。

此亦禅门所以重视"评唱"之故。正是因为有了"评唱"，很多公案才得以完整呈现；正是因为有了"评唱"，公案中之很多深层内涵，才得以发掘。

克勤"评唱"公案时论及"锻炼语"，似是针对僧徒而言的。明代禅僧晦山戒显即撰有《禅门锻炼说》一卷［一名《禅林锻炼说》或《锻炼说十三篇》，清同治十一年（1872年）刊行］，专讲锻炼禅众之法，包括"坚誓忍苦""辨器授话""入室搜刮""落堂开导""垂手锻炼""机权策发""寄巧回换""斩关开眼""研究纲宗""精严操履""磨治学业""简练才能""谨严付授"等十三项。戒显之说当然不是凭空而来，早在克勤时代就已有"锻炼语""锻炼"之类的说法了。

雪窦重显撰"颂词"，讲"作者难酬对"，是告诉我们，就算你是"作者"，要在这无穷种问答配置样式中游走自如，也是很困难的。与镜清对谈之僧徒，不是"作者"，甚至还不曾"入流"，当然就更是无力应对。

所以雪窦说"若谓曾入流，依前还不会"。以这样不"入流"之头脑，去应对镜清之"死绕问"，只会弄得遍体鳞伤，一片狼藉，所以雪窦说"会不会，南山北山转霶䨲"。

克勤给"颂词"加"著语"，两次提到"不唤作雨滴声，唤作什么声"，又讲"有权有实，有放有收，杀活擒纵"，还讲"两头坐断，两处不分，不在这两边"，似乎都在强调一个"两"字。这个"两"字当然是说给僧徒听的，是针对其"直答"而言的。"直答"是"一"，僧徒虽已进入"活直答"，但还不够，还依然是"一"。克勤强调"两"，也许正是破"一"之方便法门。

克勤"评唱"颂词，引用禅门"见与师齐，减师半德，见过于师，方堪传授"之古训以及南院"棒下无生忍，临机不让师"之言，目的还是批评僧徒，说他们太笨了，不仅无法"过于师"，连"与师齐"也达不到。最后论及"以指指月，月不是指"，以"指月关系"来勘明"问答关系"，又有一番新的景象。

《禅是一枝花》释读本则公案，落脚于一"谤"字与"反"字，说"一切法都是谤如来正法轮"，如林黛玉之"谤"贾宝玉；又说"雨滴声也是谤如来"。说"英雄"一生都在"反"，"反如来正法""反孔子孟子""反当时的众人""连对自然亦反";又说"众生谤如来,如来却不谤众生",黛玉故意"冤枉"宝玉,宝玉却不会"冤枉"黛玉,因为"年纪大些的总让让年纪小的";等等。(第135—136页)此番释读也许有深意,但是太过"花俏",太过"誧讹"了,不是一般人可以理解的。

司南《禅心一念间》释读本则公案,也落入前者之"窠臼",以所谓"文谤""故意作反语""故意将'道'反过来说"为释读坐标,最后辅以"看清楚自己""全神贯注"等语。(第145页)似未切题。

尚之煜《碧岩录校注》"点评"本则公案,论及"超越滞于有、无的两种状态",论及"不一不异,不即不离的明心见性境界",似是已逼近本则公案之主旨。然其最后退出一步,说:"我们到底应该如何回答镜清开头的问话呢?或仍可回答:'雨滴声。'"(第248页)

设若镜清三次问"门外什么声",僧徒均答以"雨滴声",则是以"死直答"应对"死绕问",此一境界,也许还不如公案中僧徒之以"活直答"应对"死绕问"。不知尚氏所谓"仍可回答",是指第一答,还是三答共指。若是仅指第一答,则见与僧徒齐;若是三答共指,则见不如僧徒。

综上所言,通过"镜清雨滴声"这则公案,圜悟克勤告诉我们:人要进入禅境,须有一颗"问答配对心"或"临机应答心",以及"合观之兼心"。这是《碧岩录》给我们讲的第四十六个道理。

第四十七则　云门六不收

"云门六不收",禅宗公案名,述云门文偃禅师与僧徒间有关"法身"之机缘问答。载《云门匡真禅师广录》卷上、《碧岩录》卷第五、《联灯会要》卷二十四、《禅宗颂古联珠通集》卷三十三等。

有关云门之事迹及相关公案,参见前文。

[甲]**圜悟克勤之"垂示"**　无何言哉,四时行焉;地何言哉,万物生焉。向四时行处,可以见体;于万物生处,可以见用。

你们且说说,向什么处能见得衲僧?离却言语动用、行住坐卧,并却咽喉唇吻,你还能辨认得出吗?

[乙]**"云门六不收"之公案**　有僧徒问云门禅师:"如何是法身?"云门回答说:"六不收。"

[丙]**圜悟克勤对公案之"评唱"**　云门回答"六不收",简直是太难琢磨了。若是朝着"朕兆未分时"去琢磨,已经落在第二头;若是朝着"朕兆已生后"去荐取,又落在了第三首;若是朝着言句上去辨明,最终还是摸索不着。

你们且说说，究竟该以何为法身？若你有"作家底"手脚，聊闻举着，剔起便行；要是稍有伫思停顿，就只有伏听处分的份了。

太原孚上座，原本是一位"讲师"，有一天他登台讲课，讲授"法身"说："竖穷三际，横亘十方。"有位禅客在座下听后，哑然失笑。孚上座走下讲台，问："鄙人刚才有什么不对的地方，请禅客批评指正。"禅客说："座主只讲到法身量边事，还没有讲到法身。"孚上座又问："那究竟如何才是法身呢？"禅客说："可以暂停讲课，于静室中默坐，法身一定自己呈现。"

孚上座听从禅客之言，一夜静坐，忽闻五更钟响，刹那间豁然大悟。于是去敲禅客房门，说："我领会了。"禅客说："那你试着说给我听听。"孚上座说："我从今天开始，再也不会将父母所生鼻孔扭捏了。"

另外，教中有言：佛真法身，犹若虚空，应物现形，如水中月。还有，某僧曾问夹山禅师："如何是法身？"夹山答："法身无相。"再问："如何是法眼？"夹山答："法眼无瑕。"

云门的回答是"六不收"，这则公案，有人说："讲的只是六根六尘六识，此六根六尘六识皆从法身，生六根，收他不得。"要是这样作情识解，一定是不沾边的，反倒是带累了云门禅师。

你要见便见，没有你穿凿附会的地方。不见教中有言：是法非思量分别之所能。解读云门的答话，常常只是惹人去作情识解。所以一句中务必具三句，才能不辜负你的问话，应时应节，一言一句，一点一画，方能有个"出身处"。

所以说：一句透，千句万句一时透。你们且说说，这是"法身"，还是"祖师"？放你三十棒，雪窦撰出"颂词"。

[丁]雪窦重显对公案之"颂词"

一二三四五六,碧眼胡僧数不足。

少林谩道付神光,卷衣又说归天竺。

天竺茫茫无处寻,夜来却对乳峰宿。

[戊]圜悟克勤对雪窦重显颂词之"评唱" 雪窦善于能在"无缝罅处"理出眉目,撰出颂词,教导他人。你看云门之答语是"六不收",雪窦为什么却说"一二三四五六",直弄得碧眼胡僧也"数不足"?

所以说:只许老胡知,不许老胡会。也务必还是他"屋里儿孙",方能领会得了。

刚才我们说"一言一句,应时应节",要是能通透理解,才知道"道不在言句中"。如果不是这样,免不了就是作情识解。五祖老禅师曾说:"释迦牟尼佛,下贱客作儿,庭前柏树子,一二三四五。"要是朝着云门言句下去领会,也就离这种境界不远了。

"少林谩道付神光。"二祖一开始名曰"神光"。及至后来,又说"归天竺"。达摩葬于熊耳山之下,当时宋云奉命出使西域,回来时在西岭见到达摩,他手提一只鞋,返回西天去。宋云回国后奏闻皇上,打开其坟墓,只见留下一只鞋。

雪窦讲出这段实情,这件事又该如何讲给僧徒听?既然无法讲解,如何又颂出"卷衣又说归天竺"一句?你们且说说,为什么中土这边总有几个人递相传说这件事?到这地步,也真是有些"謏讹"了。

也务必是琢磨得透的人,方能撰出"天竺茫茫无处寻,夜来却对乳峰宿"这句颂词。你们且说说,达摩如今究竟在什么地方?雪窦于是便打，说："都是瞎子！"

[己] 圜悟克勤之"著语" "公案"中之"著语"有：僧问云门：如何是法身（著：多少人疑着，千圣跳不出，漏逗不少）？门云：六不收（著：斩钉截铁，八角磨盘空里走，灵龟曳尾。朕兆未分时荐得，已是第二头；朕兆已生后荐得，又落第三首；若更向言语上辨得，且喜没交涉）。

"颂词"中之"著语"有：一二三四五六（著：周而复始，滴水滴冻，费许多工夫作什么），碧眼胡僧数不足（著：三生六十劫，达摩何曾梦见，阇黎为什么知而故犯）。少林谩道付神光（著：一人传虚，万人传实，从头来，已错了也），卷衣又说归天竺（著：赚杀一船人，懡㦬不少）。天竺茫茫无处寻（著：在什么处始是太平，如今在什么处），夜来却对乳峰宿（著：刺破尔眼睛，也是无风起浪。且道是法身，是佛身，放你三十棒）。

[庚] "云门六不收"之现代释读　僧徒所问是"法身"，云门所答是"六不收"。"法身"与"六"之关系问题，自然就是本则公案之主题。

"法身"与"六"最直接之关联，就是"真言家"（与"唯识家""三论家""天台家""华严家"等并列）所谓"六大法身"说。他们以地、水、火、风、空、识"六大"为大日如来之法身，又称"法界身"或"六大法身"。此"六大法身"具有本来色相，能以言语说法。"六大法身"之外，"自性""受用""变化""等流"四身亦称"法身"，合而言之，就是所谓"五种法身"。

"六大"在印度哲学中，被界定为"根本原素"，以其为构成有情无情世间之"要素"，且遍满一切法界，故称"大"。前五大属色法（物质），后一大属心法（精神）。

以西洋哲学术语言之，此"六大"即构成世界之六种"元素"或"实体"，一如后来古希腊哲学中之"水""四根""火""原子"等物。（按：古希腊哲学之"始基说"是否源于印度之"原素说"或"要素说"，值得高度关注。）其特征有二：一曰"实"，二曰"体"。"实"者，不虚也，看得见、摸得着、闻得到之谓也；"体"者，不依也，万象依它、它不依万象之谓也。

"六大"即是此种"不虚"与"不依"之"实体"。

如"地大"，其性"坚"，其形"方"，其色"黄"，其用"持"；

如"水大"，其性"湿"，其形"圆"，其色"白"，其用"摄"；

如"火大"，其性"煖"，其形"三角"，其色"赤"，其用"熟"；

如"风大"，其性"动"，其形"半月"，其色"黑"，其用"长"；

如"空大"，其性"无碍"，其形"团"，其色"青"，其用"不障"；

如"识大"，其性"了别"，其形"圆"，其色"白"，其用"决断"。

以上请参见《佛光大辞典》（第1252页）。后来古希腊哲学中"原子"之规定性类是，如认"原子"有大小、形状、位置、次序等之不同，由此种种不同而构成千差万别之性质与丰富多彩之万物。

印度之"六大"与古希腊之"四根"（水、火、土、气）属于同一思想系统。然中土之"五行"，却在这个思想系统之外。《尚书·洪范》云："五行：一曰水，二曰火，三曰木，四曰金，五曰土。水曰润下，火曰炎上，木曰曲直，金曰从革，土爰稼穑。润下作咸，炎上作苦，曲直作酸，从革作辛，稼穑作甘。"

"五行"非"原素"、非"要素"、非"元素"、非"实体"，其特性亦有二：一曰"非实"，一曰"非体"。"非实"者，看不见、摸不着、闻不到之谓也；"非体"者，万象依于它、它依于万象、它与万象互依之谓也。

"实"与"体"为印度"六大"与古希腊"四根"之共同特征，"非实"与"非体"则为中土"五行"之单独特征。

"五行相生"之说，如木生火、火生土、土生金、金生水、水生木，印度之"六大"与古希腊之"四根"不讲；"五行相胜（克）"之说，如水胜火、火胜金、金胜木、木胜土、土胜水，印度之"六大"与古希腊之"四根"不讲；"五行无常胜"之说，如《孙子·虚实》所言，印度之"六大"与古希腊之"四根"亦不讲。

因为要讲"相生"，则不能讲"实"与"体"；要讲"相胜"，则不能讲"实"与"体"；要讲"无常胜"，亦不能讲"实"与"体"。换言之，讲"实"与"体"，则无法讲"行"，讲"行"，则无法讲"实"与"体"，两者分属完全不同之思想系统。"行"实即"-ing"，实即"非实非体"。

然传教士利玛窦来华，肇"以西化中"之端，强勒中土"行模式"入古希腊"根模式"，强将"非实非体"之"五行"转换成"亦实亦体"之"五根"。于是"行文化"（属性文化、关系文化）被遮蔽、被掩埋，"根文化"（元素文化、实体文化）被彰显、被放大。中土学人不察，竟步其后，以讹传讹。

《佛光大辞典》之"五行"条云："其为万物化育生成之要素，与佛教以地、水、火、风四大种为能造之说有相通之处。此为佛教东传以前，我国之固有思想，广行于儒、墨、道、法、兵、医诸家之间。"（第1085页）此即以"利玛窦法"释读中土之"五行"，以讹传讹也。

严北溟《哲学大辞典·中国哲学史卷》之"五行"条云："水、火、木、金、土五种物质。中国古代思想家把这五种物质作为构成万物的元素，以此说明客观物质世界的起源和多样性的统一。"（第69页）"物质""元素""客观"云云，亦是以"利玛窦法"释读中土之"五行"，亦是以讹传讹也。

南北朝以降，"五行说"曾成为中土哲人"化佛"之格式，如提谓经等以之配五戒，三种悉地破地狱转业障出三界秘密陀罗尼法则以之配于五字、五佛、五智、五脏等，《大日经疏》卷四以之配于信、进、念、定、慧等五根，等等。（参见《佛光大辞典》，第1085页）

此处之"化佛"，未遭"利玛窦法"之毒害，因而是成功的。援"六大""四根"入"五行系统"，是可以成功的；然援"五行"入"实体系统"，则是不能成功的。因"属性主义""关系主义"可以消化"元素主义""实体主义"，反过来，"元素主义""实体主义"却无力消化"属性主义""关系主义"。

"法身"在教门中，特指佛所说之正法、佛所得之无漏法及佛之自性真如如来藏。又作"法佛""理佛""法身佛""自性身""法性身""如如佛""实佛""第一身"等。小乘诸部以"法身"指称佛所说之教法及其所诠之菩提分法、佛所得之无漏功德法等；大乘则于此之外，另以"法身"指称佛之自性真如净法界，谓法身即无漏无为、无生无灭。

"法身"与"生身"（肉身）相对，"法身观"与"生身观"相对。观佛身之"观佛三昧"中,分生身与法身二观,其中观佛之生身(肉身)中具有十力、四无所畏、大慈大悲等无量佛德,为法身之观法,称为"法身观"。

《思惟略要法》云:"法身观者,已于空中见佛生身,当因生身观内法身。"又云:"若此定成,除断结缚,乃至可得无生法忍。"各宗所立"法身"不同,其"法身观"亦各异。(参见《佛光大辞典》,第3353—3355页)

总之,"法身"是"行",而非"质";是"属性"而非"实体";是"关系"而非"元素";属"五行系统",不属"实体系统"。故不得以"六大模式"观之。

回头再看云门所答"六不收",则可恍然大悟:就是不用"六大模式"讲"法身";就是告诫僧徒,不得以"六大模式"讲"法身"。

换言之,反对以"元素主义"讲"法身",就是云门所谓"六不收";反对以"实体主义"讲"法身",就是云门所谓"六不收"。由此可知,云门禅师真乃"化佛"之大家!印度和中土有很多人讲"六收",以"元素主义""实体主义"讲"法身",这不是"化佛",而是"佛化";云门禅师反之,讲"化佛",而反对"佛化"。可知云门之法眼,真是看透了问题之深层。

圜悟克勤是云门之知音,"垂示"起笔即讲中土"行文化":"天何言哉,四时行焉;地何言哉,万物生焉。""行"与"生",正是"行文化"之核心词汇。

又云:"向四时行处,可以见体;于万物生处,可以见用。"此处之"体用",乃中土之"体用",非西洋所谓"本体现象"也!中土"体用"属于"行文化"系统,讲究互依不二;西洋"本体现象"

属于"质文化"系统,讲究不依有二。可知克勤"垂示"中引入"体用",乃是为了强化"五行格式"。

"垂示"最后一问更是意味深长:"且道:向什么处见得衲僧?离却言语动用、行住坐卧,并却咽喉唇吻,还辨得么?""言语动用、行住坐卧",全部是"行"而非"质""体";"咽喉唇吻",讲的也是"行",而非"质"。

"离却""并却"是舍弃、离开之意,就是反问众僧:舍弃了"行"还有什么,舍弃了"属性"还有什么,舍弃了"关系"还有什么?这真是中土哲学史上之"惊天一问"啊!

克勤给公案加的"著语","凝着""漏逗"等语,是说"法身"之讲法,可以有很多种;"斩钉截铁"等语,是说云门对于"法身"之见解,一开始就是坚定不移的。

"朕兆未分时"一段,是列示有关"法身"之三种讲法:一是在不知有"行"与"质"两种讲法情形下"荐得";二是在已知有"行"与"质"两种讲法情形下"荐得";三是通过言语"辨得"。第一种情况被判为"已是第二头",第二种情况被判为"又落第三首",第三种情况被判为"且喜没交涉"。

此三种讲法,又重新出现在克勤对公案的"评唱"中,只是第一句中以"构得"易"荐得",第二句中"荐得"不变,第三句中以"辨明"易"辨得",表述上略有不同而已。

然后"评唱"列示两个案例以明之,一是太原孚上座与禅客间之问答,二是夹山与僧徒间之问答。孚上座最后以"静坐"而非"讲座"悟得"法身",属于以"行"得而非以"质"得;夹山则答以"无相""无瑕",亦属以"行"答而非以"质"答。

之下"评唱"讲"一句中须具三句",说的还是讨论"法身"之"三款",讲"法身"同样可有三款六式。又说"一句透,千句万句一时透",依然是针对三款六式而言的:三个三款六式,能明得其中一句,其他千百句自然就明白了。

雪窦重显"颂词"第一句"一二三四五六",讲的就是地、水、火、风、空、识之"六大",此"六大"源于印度,是"碧眼胡僧"所为。因其基于"质"而讲,模式不对,故判它"数不足"。

但当菩提达摩入中土,将"佛棒"交到中土哲人手上,情形就有了完全之改观:中土哲人要换一种模式去讲,要以"行模式"替代"质模式",达摩只得回老家去了。

"少林谩道付神光",讲的是达摩交棒之事;"卷衣又说归天竺",讲的是达摩回老家之事。"天竺茫茫无处寻",讲的是"质模式"之卑微;"夜来却对乳峰宿",讲的是"行模式"之兴起或战胜。"佛棒"传到中国人手上,必定开出一片全新之天地。

克勤给颂词加"著语",对"六大"之评价是:"周而复始,滴水滴冻,费许多工夫作什么?""冻"是静是止,是硬是死,是典型之"质模式",在此之上费力太多,是不值得的。"为什么知而故犯",是质问中土学人的:中土学人明明知道自己有一个"行模式",为什么还要在"质模式"上磨磨唧唧?

"一人传虚",指"行模式"之相传,开悟者少;"万人传实",指"质模式"之相传,盲从者多。"从头来已错了也",是讲二祖若继续沿用源于印度之"质模式",乃是一种错误。"赚杀一船人,懡㦬不少",是对印度"质模式"之批评。"太平""放你三十棒"等,则是对中土"行模式"之赞誉。

克勤"评唱"雪窦之颂词,提到"只许老胡知,不许老胡会","老胡"指的就是碧眼胡僧,他们对于中土之"行模式"是只能知道、无力领会的。因为他们不是中土哲学之"屋里儿孙"。又问:"为什么此土却有二三递相恁么传来?""传"什么?就是把印度之"质模式"传入中国。老这样"传",不是一件好事,所以克勤之"评唱"以"打"与"瞎"作结:"师便打,云:瞎!"

《佛光大辞典》释读本则公案,以"六"为"佛教用以概括诸法实相之基本法数"(名相),如六根、六境、六大、六合等;以"收"为"收摄包含"。并谓:"盖法身为真如法性之理体,广如太虚,纵极三际,横涉十方,乃一绝对之本体,故非六根等之相对世界所能收摄包含者。"(第5335—5336页)

"六不收"被释读为"六根等无法收摄包含法身",此释读有一得,有一失。得者,认"质模式"无法收摄包含"法身",乃是对的;失者,继续以"质模式"述"法身",认其为"绝对之本体",乃是不对的。

又评判云门所答"六不收"云:"既充分显露出法身之鲜活,亦以之示导学人,若欲直下承当生死迷悟之津梁,究尽六不收之端的本源,唯有自己开拓不可思量、不可言说之境地。"(第5336页)此又似绕得太远,与前段之释读脱节。总体而观,《佛光大辞典》之释读,还是没有跳出"质模式"。

《禅是一枝花》引老子"反者道之动"释读"法身",认为"法身都带有反的意味儿"。又以"收留"释读"收",认为"孔子就是法身",孔子"栖栖没有个落脚处",就是云门所说的"六不收";林黛玉之处境"未有个着落",也可归入"六不收"。又说"六不收"

之含义是"法身不可被收在哪一类型"。(第139—140页)不管是以"收留"释读之,还是以"收在"释读之,似都与本则公案之主旨相距太远。

司南《禅心一念间》释"六不收"之"字面之意"为"六根收不下"(六根为眼、耳、鼻、舌、身、意),又释"六不收"之"话中之话"为"灭绝一切的身体享乐"以及"也不可执着于灭除'六根'一事"。(第146—147页)只讲"六根",而不提"六大",对于"六"字释读似乎太偏狭。

尚之煜《碧岩录校注》"点评"本则公案,以"六不收"为"不可收摄六根、六尘、六识、六合"等,并明确其含义是"内不粘着于身心,外不粘着于森罗万象"。换言之,"六不收"之含义就是"内外不粘着"。

又以达摩之"行踪"比喻"法身",谓其特点为"行无定所又无处不在"。并谓:"我们当下'六不收'时,达摩(法身)就在我们眼前,就在我们胸中,就是我们的真心呀!"(第252页)以"行踪"喻"法身",尚有一定道理;以"六不收"为"内外不粘着",似乎将"六"字故意遮蔽起来了。因为"身心""森罗万象"等,原是可以不必非得用"六根、六尘、六识、六合"等来概括的,用"二"可以,用"四"可以,用"五""八"亦可以。所以关键还在这个"六"字,还得围绕这个"六"字来做文章,比如"六大"。

综上所言,通过"云门六不收"这则公案,圜悟克勤告诉我们:人要进入禅境,须有一颗"行模式心""行格式心""行文化心"或"非实非体心",以及"合观之兼心"。这是《碧岩录》给我们讲的第四十七个道理。

第四十八则　招庆翻却茶铫

"招庆翻却茶铫"，禅宗公案名，一名"王太傅煎茶""朗上座翻却茶铫"等，述王太傅、朗上座、明招三人间有关"茶铫"之机缘问答。载《碧岩录》卷第五。《佛光大辞典》不载。

王太傅、朗上座、明招之籍贯、俗姓、生卒年均不详。据尚之煜之说，王太傅即王延彬，唐代禅僧，长庆慧稜之俗家弟子，官知福建泉州。朗上座即晚唐报慈禅院朗慧禅师，长庆慧稜之法嗣。招庆即招庆院，位于唐代之泉州。

[甲]圜悟克勤之"垂示"（原缺）

[乙]**"招庆翻却茶铫"之公案**　王太傅某次入招庆院煎茶，当时是朗上座与明招禅师把铫。朗上座一下将茶铫弄翻了，王太傅看见，就问："上座，茶炉下是什么？"

朗上座答："捧炉神。"王太傅说："既然有捧炉神在，为什么却将茶铫弄翻了呢？"朗上座回答说："就好像当官千日，失在一朝。"王太傅听后拂袖而去。

明招禅师在一旁说："朗上座这是吃招庆院的饭，却去江外打野槚。"朗上座问道:"和尚此话怎讲呢?"明招禅师答:"非人得其便。"

后来雪窦禅师评论说:"当时跟他踏倒茶炉就行了。"

[丙]圜悟克勤对公案之"评唱" 欲知佛性义,当观时节因缘。王太傅任泉州知州,很长时间都在招庆院参禅。有一天他入寺,正好赶上朗上座煎茶时弄翻了茶铫。太傅也是个"作家",一看见他弄翻了茶铫,就问上座:"茶炉下是什么?"

朗上座回答:"捧炉神。"确也还言中有响,无奈首尾相违,失却宗旨,伤锋犯手,不唯辜负了自己,而且也触忤了他人。

这虽然只是一件"无得失底事",但要是拈起来,依然还是有亲疏之别、皂白之分。要是讨论这件事,虽不在言句上,却要向着言句上去辨出个"活处"。所以说他是参活句,不参死句。据朗上座那句答话来看,他那样回答,确如狂狗逐块。王太傅拂袖而去,似乎是不认可他的话。

明招禅师在一旁说:"朗上座这是吃招庆院的饭,却去江外打野槚。"荒野中火烧过的木橛叫作野槚。用来说明朗上座不向"正处"行,却向"外边"走。朗上座回一拶,问:"和尚此话怎讲呢?"明招禅师答:"非人得其便。"

明招禅师这样说,自然有他的"出身处",也不辜负朗上座之所问。所以说:俊狗咬人不露牙。

沩山喆和尚曾说:"王太傅很像是相如夺璧,直弄得须鬓冲冠。大概明招禅师忍俊不禁,难逢其便。要是我大沩山是朗上座,看见他王太傅拂袖而去,便会放下茶铫,呵呵大笑。为什么呢?见之不取,千载难逢。"

不见宝寿禅师问胡钉铰说:"久闻胡钉铰大名,您莫非便是?"胡钉铰答:"正是。"宝寿又问:"还有钉虚空的本能么?"胡钉铰答:"请师傅打破了拿来。"宝寿便打,胡钉铰不让。宝寿说:"将来自然会有多口阿师为你点破所在。"

胡钉铰后来拜见赵州禅师,把前面的对话重述一遍。赵州问:"你因为什么被他打?"胡钉铰答:"不知道过错在什么地方。"赵州说:"只破一条缝,尚没有办法,还要教他将虚空打破了拿来。"胡钉铰便退下休息。赵州代答说:"就钉这条缝吧!"胡钉铰于言下有省。

京兆的米七师行脚回来,有位老宿问他:"月夜断井索,人皆唤作蛇,不知七师见佛时,唤作什么?"七师答:"若有所见,即同众生。"老宿说:"也是千年桃核。"

忠国师曾问紫璘供奉:"听说供奉您正解注《思益经》,不知是不是这样?"供奉答:"是。"忠国师说:"一般注释经典,务必了解佛意才行。"供奉答:"要是不懂佛意,哪敢说注经。"忠国师于是令侍者拿一碗水、七粒米,一只箸放在碗上,送给供奉,问他说:"这是什么义?"供奉答:"不懂。"忠国师说:"老师您连'意'都不懂,还哪里谈得上懂'佛意'。"

王太傅与朗上座的如此对话,各人的领会不一样。雪窦禅师后来却说:"当时跟他踏倒茶炉就行了。"明招禅师虽是手脚不错,但终究不如雪窦禅师。

雪峰禅师当日在洞山会下作饭头,有一天淘米的时候,洞山问他:"干什么呢?"雪峰答:"淘米。"洞山又问:"是淘米去沙呢,还是淘沙去米?"雪峰答:"沙米一齐去。"洞山又问:"那大众吃个什么呢?"雪峰于是便将米盆倒扣过来。洞山说:"你的因缘不在这里。"

虽然雪峰之做法,与雪窦所说"当时但踏倒茶炉"非常相似,但一定要看是什么时节。到了它发挥作用的时候,自然就能腾今焕古,有其"活脱处"。

下面是雪窦的"颂词"。

[丁] 雪窦重显对公案之"颂词"

来问若成风,应机非善巧。

堪悲独眼龙,曾未呈牙爪。

牙爪开,生云雷,逆水之波经几回。

[戊] 圜悟克勤对雪窦重显颂词之"评唱" "来问若成风,应机非善巧。"王太傅发问之处,有如"运斤成风"。

这一典故出自《庄子》:郢人有泥墙者,每留一小孔,搓泥丸掷补之,当时有少许泥落在鼻端。旁边有一匠人,对他说:"先生掷泥补小孔,非常巧妙,我现运用斧头为你取鼻端泥。"郢人鼻端之泥,细若蝇虫之翼,哪经得起匠人用斧头去砍。只见匠人运斤成风而砍下,尽去其泥而不伤其鼻。郢人也是稳稳站立,面不改色。所谓是"二俱巧妙"。

朗上座虽然能应对王太傅之机,却语无善巧。所以雪窦说:"来问若成风,应机非善巧。"

"堪悲独眼龙,曾未呈牙爪。"明招禅师说得也太奇特了,无奈没有拏云攫雾的爪牙。雪窦在一旁不肯忍俊不禁,代他出气。雪窦暗中去迎合他的意旨,自颂他"踏倒茶炉语"。

"牙爪开,生云雷,逆水之波经几回。"云门大师曾说:不指望你有逆水之波,你但有顺水之意也不错。所以说:活句下荐得,永劫不忘。朗上座与明招禅师之间,语句似乎有点"死"。想要见出其"活处",且看雪窦"踏倒茶铫"。

[己]圜悟克勤之"著语" "公案"中之"著语"有:王太傅入招庆煎茶(著:作家相聚,须有奇特,等闲无事,大家着一只眼,惹祸来也)。时朗上座与明招把铫(著:一火弄泥团汉,不会煎茶,带累别人)。朗翻却茶铫(著:事生也,果然)。太傅见问上座:茶炉下是什么(著:果然祸事)?朗云:捧炉神(著:果然中了他箭了,也不妨奇特)。太傅云:既是捧炉神,为什么翻却茶铫(著:何不与他本分草料,事生也)?朗云:仕官千日,失在一朝(著:错指注,是什么语话,杜撰禅和,如麻似粟)。太傅拂袖便去(著:灼然作家,许他具一只眼)。

明招云:朗上座吃却招庆饭了,却去江外打野榸(著:更与他三十棒,这独眼龙,只具一只眼,也须是明眼人点破始得)。朗云:和尚作么生(著:拶着,也好与一拶,终不作这般死郎当见解)?招云:非人得其便(著:果然只具一只眼,道得一半,一手抬,一手搦)。雪窦云:当时但踏倒茶炉(著:争奈贼过后张弓,虽然如是,也未称德山门下客,一等是泼郎泼赖,就中奇特)。

"颂词"中之"著语"有:来问若成风(著:箭不虚发,偶尔成文,不妨要妙),应机非善巧(著:弄泥团汉,有什么限,方木逗圆孔,不妨撞着作家)。堪悲独眼龙(著:只具一只眼,只得一橛),曾未呈牙爪(著:也无牙爪可呈,说什么牙爪,也不得欺他)。牙爪开(著:你还见么,雪窦却较些子,若有恁么手脚,踏倒茶炉),生云雷(著:尽大地人,一时吃棒,天下衲僧无着身处,旱天霹雳),

逆水之波经几回（著：七十二棒，翻成一百五十）。

［庚］"招庆翻却茶铫"之现代释读 佛门有"五过"之说，如"破戒五过""依语五过"。"破戒五过"指毁破佛戒之五种"过"，包括"自害"之过、"为智者所呵"之过、"恶名流布"之过、"临终生悔"之过、"死堕恶道"之过。"依语之过"指于正教未得正解而生之五种过，包括"不正信"之过、"退勇猛"之过、"诳人"之过、"谤法"之过、"轻圣法"之过。

亦有"十过"之说，如"食肉十过""饮酒十过"等。

然无论"五过"还是"十过"，在佛门中，"过"与"失"总是有别的："过"是有意为之，"失"是无意为之；"过"可以免，"失"则不可免。

朗上座"翻却茶铫"，究竟是"过"还是"失"，乃是本则公案之主题。吾人可以判其为"失"，如朗上座所为；亦可以判其为"过"，如王太傅、雪窦重显、圜悟克勤所为。判其为"失"是"非正解"，判其为"过"是"正解"。

为什么王太傅在听到朗上座"仕官千日，失在一朝"之答语后，拂袖而去呢？因为朗上座试图用"失"来释读"翻却茶铫"事件，而王太傅则认为是"过"。

何以见得呢？因为"煎茶"是王太傅之职，而非朗上座与明招之职。"非其职"而出错，是"过"；"是其职"而出错，是"失"。若是王太傅"翻却茶铫"，吾人可判为"失"，因为他是在"职中"出错，是非故意；现在是朗上座"翻却茶铫"，吾人只宜判为"过"，因为他是在"非职中"出错，是不懂装懂，是故意。

就算他本人原本并非故意，吾人亦得判其为故意。因为他是越俎代庖，明知会出差错的。有驾照而撞死人，可分故意与意外；无驾照而撞死人，则万不可认定有"意外"。这个所谓"意外"，早该在其意料之中；既在其意料之中，则"意外"就不成其为"意外"。只能一概以"故意"判之。不管现行法律如何规定，总之判无照驾驶者"意外杀人"，乃是不对的。

我们看本则公案，王太傅本来是去招庆院煎茶的，这他多年之"职"。然他刚进禅院，就见朗上座"翻却茶铫"，他知朗上座是狗拿耗子，多管闲事，故非常生气，所以才那么问。他是"生气问"，而非"平常问"。而朗上座却说"仕官千日，失在一朝"，把自己之"过"归于"智者千虑，必有一失"之类，这就有些不地道了。所以王太傅拂袖而去。

公案中明招禅师之解释，庶已近之。他将朗上座之所为判定为"吃却招庆饭了，却去江外打野榸"，就是吃东家饭，做西家事，是"越职"，是"非分"。朗上座再问，明招再明确判其为"非人得其便"：利用就近之便，不是煎茶的人去煎茶。

对此圜悟克勤在公案之"著语"中，有明确之判定。他说："一火弄泥团汉，不会煎茶，带累别人。"就是针对朗上座与明招把铫而言的。他说："错指注，是什么语话，杜撰禅和，如麻似粟。"就是针对朗上座"仕官千日，失在一朝"之语句而言的。他说："果然只具一只眼，道得一半，一手抬，一手搦。"就是针对明招禅师"非人得其便"之判语而言的。认为他这句判语说得好，但还不够，是给朗上座留了面子的。是半途而废，或者半途而返。

圜悟克勤"评唱"公案时，论列了好几个"案例"，如沩山喆和尚之"谈话"，如宝寿禅师与胡钉铰之"对谈"，如米七师与老宿之"对谈",如忠国师与紫璘供奉之"对谈",如雪峰禅师与洞山之"对谈",等等,主旨均在明"过"与"失"之别。如紫璘供奉注《思益经》,以为自己"解佛意",却被忠国师勘为"意尚不会,更说甚佛意"。于紫璘供奉而言,他不"解佛意"而注《思益经》,出错则是"过",而非"失"。

克勤"评唱"中,又判朗上座"不向正处行,却向外边走"。这个"正处"与"外边"之区分,是很重要的。"煎茶"之事,对王太傅而言是"正处",对朗上座而言是"外边";"禅修"之事,对朗上座而言是"正处",对王太傅而言是"外事"。出错在朗上座没有各就其位、各司其职,而王太傅没来得及各就其位、各司其职。

雪窦重显之"颂词"引《庄子》"运斤成风"之寓言释读本则公案,认定在"运斤成风"之格局下伤人之鼻,是"失"而非"过";若不具备"运斤成风"之本领而"斫之",伤人之鼻,则是"过"而非"失"。应对"运斤成风"之格局,靠的不是"善巧",而是"真功夫"。所以雪窦说"应机非善巧"。

"颂词"中"独眼龙"指的是明招禅师。公案之"著语"中,克勤就判明招为"独眼龙",说"这独眼龙,只具一只眼",又说他"果然只具一只眼",都是"独眼龙"之意。颂词之"著语"中,克勤还是说他"只具一只眼",还是"独眼龙"之意。

雪窦"颂词"判他"曾未呈牙爪",克勤"著语"却判他"也无牙爪可呈",说明克勤之要求比雪窦还要高。于雪窦而言,明招是有牙爪而未呈,相当于有驾照而出事,是"失"而非"过";于克勤而言,明招是本无牙爪而未呈,相当于无驾照而出事,是"过"而非"失"。

克勤"评唱"颂词时评判明招禅师说:"明招道得也太奇特,争奈未有拏云攫雾底爪牙。"还是判明招"也无牙爪可呈"。又引云门之语云:"不望你有逆水之波,但有顺水之意亦得。""有逆水之波"表示"有牙爪",仅"有顺水之意"表示"无牙爪",还是就明招禅师之本领而言的。

故克勤在"评唱"之末,判"朗上座与明招语句似死",认为它们之间之对谈"太死",是"无牙爪"之表现。要让它们活起来,就要回到雪窦禅师之"踏倒茶炉",故克勤曰:"若要见活处,但看雪窦踏倒茶炉。"

《禅是一枝花》以"大事化小,小事化无"释读公案中之"失",以"汉高祖起兵亡秦的气魄"释读雪窦禅师,对要求更高更严之圜悟克勤则只字不提,似离题太远。(第141—142页)

司南《禅心一念间》以"一语双关"释读明招禅师"非人得其便"之语句,认为"可解为被捧炉神所乘"。又以"反构想"释读雪窦禅师"当时但与踏倒茶炉"之语句,认为"这种从根本上推翻茶炉的反构想,其实更具有禅机的冲击力"。又认为"最错的地方正如明招禅师所言,太过自作聪明"。(第150页)"反构想"一词似有深意,然明招禅师却似乎并无"太过自作聪明"之语。

尚之煜《碧岩录校注》"点评"本则公案,讲到"惺惺寂寂",讲到"打成一片"。又以"我不便说(正惺寂着),说了你也不明白"释读明招禅师"非人得其便"一句,实在太过"奇特"。又以"最痛快"评"雪窦的著语"("当时但踏倒茶炉"那句),并解释说:"为什么如此?父母所生口,终不向你道!"还是非常"奇特"。

综上所言,通过"招庆翻却茶铫"这则公案,圜悟克勤告诉我们:人要进入禅境,须有一颗"无过心"或"过失有别心",以及"合观之兼心"。这是《碧岩录》给我们讲的第四十八个道理。

第四十九则　三圣透网金鳞

"三圣透网金鳞",禅宗公案名,一名"三圣金鳞""三圣透网金鱼"或"三圣以何为食"等,述三圣慧然禅师与雪峰义存禅师之间有关"透网金鳞以何为食"之机缘问答。载《碧岩录》卷第五、《天童颂古直注》卷上、《从容录》第三十三则、《禅宗颂古联珠通集》卷二十九等。

慧然,唐代临济宗禅僧,临济义玄之门人。生卒年、籍贯、俗姓均不详。常住镇州(今属河北正定一带)之三圣院,世称"三圣慧然"。得临济义玄宗旨后,参仰山慧寂(840—916年),留下"仰山问三圣"等著名公案。后遍历诸方,历参德山宣鉴、雪峰义存等大师。义玄嘱其编集《镇州临济慧照禅师语录》一卷。事迹见载于《景德传灯录》卷十二、《联灯会要》卷十、《五灯会元》卷十一等。

[甲]圜悟克勤之"垂示"　七穿八穴,搀鼓夺旗。百匝千重,瞻前顾后。踞虎头,收虎尾,未是作家;牛头没,马头回,亦未为奇特。

你们且说说,"过量底人"来时如何?试举公案一看。

[乙]"三圣透网金鳞"之公案　三圣慧然问雪峰义存:"透网金鳞不知以何为食?"雪峰答:"等你出得网来,再跟你说。"

三圣说:"你这里一千五百位善知识,也不懂得这个话头吗?"雪峰答:"老僧住持此地,事情太多。"

[丙]圜悟克勤对公案之"评唱"　雪峰、三圣虽然这样一出一入,一挨一拶,却不曾分个胜负。你们且说说,这两位尊宿具备的是什么眼目?

三圣慧然自于临济处受诀,遍历诸方,各方均以"高宾"待他。你看他致个"问端",有多少人摸索不着,而且都不涉理性、佛法。这一次他却问道:"透网金鳞,以何为食?"你们且说说,他的意旨究竟是什么?

透网金鳞平时既然不吃他人的香饵,不知他以什么为食。雪峰是"作家",看上去得闲,其实只是以一二分心思酬答他。却跟他说:"等你出得网来,再跟你说。"汾阳禅师将此种问称为"呈解问",洞山门下将此种问称为"借事问"。

务必是超伦绝类、得大受用、顶门有眼之大德,方可叫作"透网金鳞"。无奈雪峰是"作家",有减人声价的本领,却说:"等你出得网来,再跟你说。"

你看他们两家,把定封疆,壁立万仞,要不是三圣,就这一句话,便应付不下去了。无奈三圣也是"作家",刚一解围就对他说:"你这里一千五百位善知识,也不懂得这个话头吗?"雪峰却说:"老僧住持此地,事情太多。"

这句话显得很是顽慢。他们"作家"相见,一擒一纵,逢强即弱,遇贱即贵,你要是着意于胜负去领会,连梦见雪峰都不可能。你看他们两人,最初是孤危峭峻,末后是两俱"死郎当"。你们且说说,这里还有得失胜负吗?

他们"作家"之间酬知,一定不会如此。三圣禅师在临济院做院主,临济迁化时下"垂示"说:"吾去后不得灭吾正法眼藏。"三圣出列说:"岂敢灭却和尚正法眼藏!"临济说:"以后有人问你,如何答?"三圣便喝。临济说:"谁知道我的正法眼藏,就要在这瞎驴手上灭却!"三圣便礼拜。

他是临济的"真子",所以才敢如此酬唱。后来雪窦只颂"透网金鳞",以显示他们"作家相见"之关键处。他的"颂词"是这样的。

[丁] 雪窦重显对公案之"颂词"

透网金鳞,休云滞水。

摇乾荡坤,振鬣摆尾。

千尺鲸喷洪浪飞,一声雷震清飙起。

清飙起,天上人间知几几。

[戊] 圆悟克勤对雪窦重显颂词之"评唱" "透网金鳞,休云滞水。"五祖弘忍曾说:"只此一句,就已经颂完了。"既然是透网金鳞,岂会居于滞水之中。一定是在洪波浩渺、白浪滔天之处。

你们且说说,二六时中,以何为食?你们诸人且向三条椽下、七尺单前,试定当看。

雪窦说:此事当随分拈弄。如金鳞之类,振鬣摆尾时,直弄得乾坤动摇。"千尺鲸喷洪浪飞",这是颂三圣所说:"你这里一千五百位善知识,也不懂得这个话头吗?"这话就犹如鲸喷洪浪一般。

"一声雷震清飙起。"这是颂雪峰所说:"老僧住持此地,事情太多。"这话就犹如一声雷震清飙起一般。大纲则是颂雪峰、三圣两个都是"作家"。

"清飙起,天上人间知几几。"你们且说说,这一句落脚在什么地方?飙者,风也,当清飙起时,天上人间能有几人知?

[己]圜悟克勤之"著语" "公案"中之"著语"有:三圣问雪峰:透网金鳞,未审以何为食(著:不妨纵横自在,此问太高生,你合只自知,何必更问)?峰云:待汝出网来向汝道(著:减人多少声价,作家宗师,天然自在)。圣云:一千五百人善知识话头也不识(著:迅雷霹雳,可煞惊群,一任踍跳)?峰云:老僧住持事繁(著:不在胜负,放过一着,此语最毒)。

"颂词"中之"著语"有:透网金鳞(著:千兵易得,一将难求,何似生千圣不奈何),休云滞水(著:向他云外立,活泼泼地,且莫钝置好)。摇乾荡坤(著:作家作家,未是他奇特处,放出又何妨),振鬣摆尾(著:谁敢辨端倪,做得个伎俩,卖弄出来,不妨惊群)。千尺鲸喷洪浪飞(著:转过那边去,不妨奇特,尽大地人一口吞尽),一声雷震清飙起(著:有眼有耳,如聋如盲,谁不悚然)。清飙起(著:在什么处?咄),天上人间知几几(著:雪峰牢把阵头,三圣牢把阵脚,撒土撒沙作什么?打,云:你在什么处)。

[庚]"三圣透网金鳞"之现代释读 "汾阳十八问"之第二问名"呈解问"或"呈解",系"学人自呈见解,乞师家纠正"之问(《佛光大辞典》,第357页),或系"学人呈示自己之见解而请求师家提撕之法"(同上书,第2980页)。

"汾阳十八问"之第十二问名"借事问"或"借""借事",系

"假借事例或譬喻而问"（同上书，第358页），或系"学人借譬喻、事例来请益之问法"（同上书，第2981页）。

圜悟克勤"评唱"公案时，将三圣与雪窦间之"问答"判定为"呈解问"与"借事问"，此乃本则公案之关键。

但汾阳善昭禅师所说"呈解问"，是学人问师家或学人求师家；所说"借事问"，亦是学人问师家或学人求师家，系学人与师家之间之"问答"。与本则公案中三圣与雪窦之间之"问答"，很有不同。

本则公案之最大特点是"两个作家""两个师家""两个透网金鳞"，是强者与强者间之"问答"，是师家与师家间之"问答"。故只宜判为特殊之"呈解问"与特殊之"借事问"、特别之"呈解问"与特别之"借事问"。

克勤之"垂示"气魄极大，说"踞虎头，收虎尾，未是作家；牛头没，马头回，亦未为奇特"，那什么样的人才是"作家"，什么样的事方为"奇特"呢？克勤问僧众："过量底人来时如何？"原来"过量底人"才是"作家"，"过量底人来"方为"奇特"。最为奇特的，就是两个"过量底人"面对面。

在公案之"著语"中，克勤讲"此问太高生，你只合自知，何必更问"，是落脚于"问法"；讲"作家宗师，天然自在"，是落脚于"两个作家""两个宗师"之面对面；讲"不在胜负，放过一着"，也是落脚于"两个作家""两个宗师"之面对面。

克勤"评唱"公案，讲"未分胜负"，讲"这二尊宿"，是落脚于"强强相对"；讲"看他两家把定封疆，壁立万仞"，讲"雪峰是作家""三圣亦是作家"，是落脚于"强强相对"；讲"他作家相见",讲"若作胜负会,未梦见雪峰在",是落脚于"强强相对";讲"看他二人",讲"末后二俱死郎当",是落脚于"强强相对";讲"他作家酬唱,必不如此",讲"显他作家相见处",同样是落脚于"强强相对"。"评唱"中讲"须是超伦绝类、得大受用、顶门有眼,方谓之透网金鳞",是对"透网金鳞"的一个界定,也是对三圣、雪峰二大师之共同界定。

雪窦重显之"颂词"重点是描绘"两强相争""强强相对"之阵势。说"两个作家""两个师家"间之酬唱,具有"摇乾荡坤"之势,具有"喷洪浪飞"之势,具有"一声雷震清飙起"之势。

克勤给颂词加"著语",亦围绕此主题而展开。讲"一将难求",是以军中之"将"喻"作家""师家";讲"向他云外立,活泼泼地",是以"云外"喻"作家""师家";讲"作家作家,未是他奇特处",就是"作家对作家""师家对师家";讲"尽大地人一口吞尽",是以"大口"喻"作家""师家";讲"雪峰牢把阵头,三圣牢把阵脚",是以"阵地"喻"两两相对""强强相对"。

克勤"评唱"颂词,依然是强调"他两个俱是作家","两两相对"、"强强相对"之主题未变。

禅门中有"两刃相伤"一语,是讲"刃与刃"之面对面;有"两俱不成"一语,讲"立与敌"之面对面;有"两俱有体"(或"两俱有义")、"两俱无体"(或"两俱无义")等语,亦是讲"立与敌"之面对面;有"两俱不许"之语,讲立敌双方共不许;有"两俱不成"之语,讲命题不能得证之一种情形。总之,禅门中"两"字很重要,"两"是一门极精深之哲学。

《佛光大辞典》以"自修行证悟之束缚解脱而出之境域"释读

"透网金鳞";以"开悟之后,当如何生活"释读"透网金鳞,未审以何为食";认为三圣有"刚硬之机锋",雪峰亦有"不着痕迹之圆熟机法"(第642—643页)。彼一方面与此一方面,均已论及;唯独忽略了"彼此之间"之问题。换言之,此释读忽略了关键之"两"字。

《禅是一枝花》释读本则公案时云,有一得,有一失。一得是认为"向来中国的社会"给个人生存留空间,乃是"文明的人世"。(第143—144页)一失是以孙中山干革命无饭吃释读"以何为食",认为"以何为食的问题是只有以气概去盖过它"。(第144页)此释读完全忽视了"两两相对""强强相对"问题。

司南《禅心一念间》以"困在网中的鱼"释读"透网金鳞",可认定为"误读",因为圜悟克勤"评唱"公案时曾说过:"须是超伦绝类、得大受用、顶门有眼,方谓之透网金鳞。"只有"顶级大师"才可得"透网金鳞"之誉,如何能说他们是"困在网中的鱼"?!"困在网中"就不是"透网","透网"就不是"困在网中"。

又认雪峰高于三圣,认为"雪峰禅师的言下之意更是深妙",亦不符合克勤一再强调的"无得失胜负"之宗旨。又以所谓"自然界的食物链"释读本则公案,更是离题万里。(第151—152页)

尚之煜《碧岩录校注》"点评"本则公案,以"证得佛性理体后,如何才能证得佛性之用"释读"透网金鳞,未审以何为食";以"你若真得彻悟,不说自明;你若不悟,虽说不明"释读"待汝出网来向汝道";又以"我本来即在此悟境中,哪里还有什么分别"释读雪峰之"老僧住持事繁";等等。似乎太过注重于"字面",而基本忽略了"之间性",不知"两"字、"俱"字、"亦"字,方为本则公案之关键。

综上所言,通过"三圣透网金鳞"这则公案,圜悟克勤告诉我们:人要进入禅境,须有一颗"作家作家心"或"两两相对心""强强相对心",以及"合观之兼心"。这是《碧岩录》给我们讲的第四十九个道理。

第五十则　云门尘尘三昧

"云门尘尘三昧",禅宗公案名,一名"云门钵桶"等,述云门文偃与僧徒间有关"尘尘三昧"之机缘问答。载《碧岩录》卷第五、《从容录》第九十九则等。云门文偃事迹见前文。

云门山位于韶州(今属广东)曲江县东北,因文偃居此山,开创云门宗,而称名于世。

云门宗,禅宗五家七宗之一。简称"云宗",属南宗青原法系。宗风源于睦州道明之"峭峻"与雪峰义存之"温密",融合二者,而呈"险绝""简要"之特色,恰如电光石火。与之并存、对峙者有"法眼宗",法眼文益开创。文益承桂琛,桂琛承玄沙师备,玄沙师备承雪峰义存。

接引学人有所谓"云门八要",一曰"玄",二曰"从",三曰"真要",四曰"夺",五曰"或",六曰"过",七曰"丧",八曰"出"。所谓"函盖截流"是也。

云门宗勃兴于五代,鼎盛于北宋,衰微于南宋,传脉二百余年。

[甲] 圜悟克勤之"垂示"　度越阶级,超绝方便。机机相应,

句句相投。倘非入大解脱门,得大解脱用,何以权衡佛祖龟鉴宗乘?

你们且说说,当机直截,逆顺纵横,如何道得出身句?试举公案一看。

[乙]"云门尘尘三昧"之公案　有僧问云门禅师:"如何是尘尘三昧?"云门回答说:"钵里饭,桶里水。"

[丙]圜悟克勤对公案之"评唱"　还能"锁定要旨"吗?若能"锁定要旨",云门的鼻孔就在你们手里;若不能"锁定要旨",你们的鼻孔就在云门手里。

云门有所谓"斩钉截铁句",此一句中具三句。有的人被他问着,便说:"钵里饭,粒粒皆圆;桶里水,滴滴皆湿。"你要是那么去领会,的确是见不到云门之究竟的为人处。下面是雪窦的"颂词"。

[丁]雪窦重显对公案之"颂词"

钵里饭,桶里水,多口阿师难下嘴。

北斗南星位不殊,白浪滔天平地起。

拟不拟,止不止,个个无裈长者子。

[戊]圜悟克勤对雪窦重显颂词之"评唱"　雪窦前面在颂"云门对一说"这一话头时说:"对一说,太孤绝,无孔铁锤重下楔。"后面又在颂马祖"离四句绝百非"这一话头时说:"藏头白,海头黑,明眼衲僧会不得。"要是能透视上面两则公案,便能理解这篇"颂词"。

雪窦当头便说:"钵里饭,桶里水。"真是言中有响,句里呈机。"多口阿师难下嘴。"随后便就给你下注脚了。你要是朝着这个方向要求玄妙、道理、计较,反而难以下嘴。

雪窦只讲到这地步也就罢了,他却喜欢那么头上先把定,又怕僧众中有"具眼者"看破，所以到后面务必放过一着，好让初机打开颂出，教人见北斗依旧在北，南星依旧只在南。所以说"北斗南星位不殊"。

"白浪滔天平地起。"忽然平地上起波澜，又是为什么？要是朝着"事"上观察，则容易理解；要是朝着"意根"下寻找，终究摸索不着。这就与一根铁橛子相似，摆拨不得，插嘴也不得。

你要是寻思议论一番，想领会而又无法领会，想中止而又无法中止，胡乱呈示一知半解，正好就是"个个无裈长者子"。

寒山有诗曾说："六极常婴困，九维徒自论。有才遗草泽，无芒闭蓬门。日上岩犹暗，烟消谷尚昏。其中长者子，个个总无裈。"

此集自大慧一炬之后，而又重罹兵燹，世鲜善刻。今得蜀本板，校正颇完，犹恐中间亥豕鲁鱼，不无一二。四方具眼高人，为是正之，抄录见教。当复改审，俾成金美，禅宗幸甚。嵎中书隐白。（按：此段为卷第五末之补白或附语）

[己] 圜悟克勤之"著语" "公案"中之"著语"有：僧问云门：如何是尘尘三昧（著：天下衲僧，尽在这里作窠窟，满口含霜，撒沙撒土作什么）？门云：钵里饭，桶里水（著：布袋里盛锥，金沙混杂，将错就错，含元殿里不问长安）。

"颂词"中之"著语"有：钵里饭，桶里水（著：露也，撒沙撒土作什么，漱口三年始得），多口阿师难下嘴（著：缩却舌头，识法者惧，为什么却怎么举）。北斗南星位不殊（著：唤东作西作什么，坐立俨然，长者长法身，短者短法身），白浪滔天平地起（著：脚下深数丈，宾主互换，蓦然在你头上，你又作么生打）。拟不拟（著：苍天苍天，咄），止不止（著：说什么，更添怨苦），个个无裈长者子（著：郎当不少，傍观者哂）。

［庚］"云门尘尘三昧"之现代释读　　梵语samadhi音译为"三昧"，意译则为"定"。"三昧"即"定"，"定"即"三昧"，讨论"三昧"问题，实即讨论"定"问题。

"尘"分为六，一曰"色"，二曰"声"，三曰"香"，四曰"味"，五曰"触"，六曰"法"，合称"六尘"。佛门有"尘尘刹土"之说，以明一尘一国土、国土多如尘。又有"尘尘三昧"之说，以明一尘一三昧、三昧多如尘。

《华严经·贤首品》云："一微尘中入三昧，成就一切微尘定，而彼微尘亦不增，于一普现难思刹。"

此语有深意："六尘"之中，若吾人定于"色"，则为"色定"，所谓"成就一切微尘定"；"色"绝不因此"定"而获得比其他五尘更多之特性，如重要性、优先性、优越性之类，所谓"而彼微尘亦不增"。前一句强调"定可移"，后一句强调"所定非本"，两者合言，正代表中土哲学之根本特色。

"尘尘三昧"一句，自前一层面而观，就是"尘尘可定"之意；自后一层面而观，就是"定尘非本"之意。"尘尘可定"加上"定尘非本"，就是佛门"尘尘三昧"之基本义。

我们应该知道，西洋哲学所谓"定"，乃是"死定"。如"定义"（definition），就是将无数"种差"撇开，只"定"于一种"种差"。

"能制造并使用生产工具"，人之"种差"也；"无季节发情"，人之"种差"也；"能阳奉阴违"，人之"种差"也；"能组织国家"，人之"种差"也；"能举办奥运会"，人之"种差"也；"有语言有文字"，人之"种差"也。

依西洋"属加种差"之定义法，用任一"种差"均可构成一"定义"，如"人是能制造并使用生产工具的动物""人是无季节发情的动物""人是能阳奉阴违的动物"，等等。

然依西洋哲学之"死定"法，只有"人是能制造并使用生产工具的动物"是唯一正确之定义，其他"定义"不能作为人之定义来使用。

换言之，西洋哲学之"死定"法，认定（一）定不可移，（二）所定即本。即所定之"种差"获得了比其他无数"种差"更多之特性，它比其他无数"种差"更重要，比其他无数"种差"更优越，比其他无数"种差"更根本。

这在中土"活定"法看来，乃是"担板汉"之所为，乃是"死汉"之所为，乃是"半途而废"。[按：西洋哲学中之"定"，除"定义"（definition）外，还有"定量"（how much）、"定在"（being determinate）、"定理"、"定言"、"定性"，等等，均是所谓"死定"，值得专题研讨。]

中土所谓"定"，当然不是"死定"，但其仅为"活定"吗？是又不然。中土所谓"定"，实是"死定"与"活定"之合，另行名之，则宜称"大定"。

中土之"大定"至少有三款六式："死定"为一款，含"死死定"与"活死定"两式；"活定"为一款，含"死活定"与"活活定"两式；"死活定"为一款，含"亦死亦活定"与"非死非活定"两式。

佛门以"散"与"定"对称，"定散关系"，如"定心与散心之关系""定善与散善之关系"等，同样亦有此三款六式："定"为一款,含"死定"与"活定"两式;"散"为一款,含"死散"与"活散"两式;"定散"为一款,含"亦定亦散""非定非散"两式。可知中土所谓"定",要比西洋所谓"定",精细若干倍。

佛门讲"定",就有种种异说。依其来源,有"生得定"与"修得定"之区分。依其内容,有"有心定"与"无心定"之区分。"有心定"又分四色界定与四无色定,合为八定。四无色定即"空无边处定""识无边处定""无所有处定""非想非非想处定"。

依其程度,有"已入定"与"近分定"之区分,"近分定"又有"七近分定"与"中间定"之不同。依其性质,有"味定""净定""无漏定"之区分。

据梁译《摄大乘论释》卷十一,小乘清净道论立有六十七种定,大乘更立有五百定,而以大乘光定、集福德定、贤护定、首楞伽定等"四定"总摄之。其精细程度,西洋哲人难望项背。

自西洋"死定"法而观,可说西洋哲学只有"入定",而没有"出定"。此又为中西"定学"之根本区别。如佛门"二种超越三昧"之说,就涉及"入定"与"出定"两方面。"入定"有由浅入深之次第,先入"四禅",再入"四无色",次入"灭尽定";"出定"则逆此次第而出。

此为声闻人之法。若佛及深位菩萨,则可打破此次第,由散心直接超入"灭尽定",此之谓"超入三昧";出定亦然,他们可由"灭尽定"直接超出散心,此之谓"超出三昧"。

"超入三昧"与"超出三昧"之法,合称为"超越三昧"。所讨论者,实际上就是"常定"与"超定"之关系:"常定"必得依次第而出入,"超定"则可越次第而出入。不管是依次第,还是越次第,总之都是有入有出；不可能只入不出，也不可能只出不入。

这又是西洋"定学"无力讨论，也根本没有讨论到的。

如人之"定义"，将人"定"为"能制造并使用生产工具的动物"，其实并不可怕，可怕的是一"定"而不变，可怕的是一"定"而不出。只要变，则其他"种差"就有被"定"之机会；只要出，则其他"种差"就有被"入"之机会。

一如色、声、香、味、触、法"六尘"，"定"于色不可怕，可怕的是一"定"而不变、一"定"而不出，其他五尘因此就失去了被"定"、被"入"之机会。而只有每一尘均有被"定"、被"入"之同等机会，方可得谓"尘尘三昧"；一"定"而不变、一"定"而不"出"，只能谓之"一尘三昧"或"某尘三昧"，不得谓之"尘尘三昧"。

西洋之"死定"法，完全不合"尘尘三昧"之原理。

佛门有"十种得地三昧"之说，以大地之德喻菩萨修行所得之"定"。大地之德，博厚平静，无物不载；生育滋长，不自为功；包含摄受，周遍无量；于净于秽，爱憎无别。

菩萨修行所得之"定"类之，据《宝雨经》卷三，其特性凡十种：一曰"广大无边"，二曰"存济众生"，三曰"恩不望报"，四曰"普能容受"，五曰"众生依止"，六曰"能生善种"，七曰"如大宝器"，八曰"能出众药"，九曰"不可倾动"，十曰"不惊不畏"。

以上十项，只能用于描绘"活定"或"大定"，不可用于"死定"。因"死定"不具大地之德，所以，也可以说它刚好是"大地之德"之反面。

圜悟克勤之"垂示"中"度越阶级，超绝方便。机机相应，句句相投"一段,似乎是指"超越三昧"而言。"如何道得出身句"一段,似乎是指"出三昧""出定"而言。

克勤给公案加"著语",以"撒沙撒土"著"尘尘三昧",说明他心目中之"尘",不止佛门所谓"六尘"。又以"金沙混杂,将错就错"著"钵里饭,桶里水",亦说明他心目中之"尘",不止佛门所谓"六尘"。他所谓"尘尘可定",涵盖宇宙万象;他所谓"定尘非本",亦是针对宇宙万象。

克勤"评唱"公案,论及云门禅师之"斩钉截铁句",说它"一句中具三句",可以对应于中土"定"之三款六式。

"定"是一句,"定"这一句中含"死定""活定""死活定"三款,亦就是三句,故谓"一句中具三句"。"三句"中每一句都有两式,自然而然,故未特别提及。

"句"就是西洋哲学所谓"判断",但西洋哲学只讨论A、E、I、O四种"判断";而中土任一"观点",均可有六种表达式,即六种"判断",这是西洋哲学难以想见的。

A、E、I、O就"质"而言,只涉及"是"与"否"两项或"肯定"与"否定"两项,殊不知"是与否之关系"是有三款六式的,三款为"是""否""是否",六式为"死是"、"活是"、"死否"、"活否"、"死是否"(亦是亦否)、"活是否"(非是非否)。每一式都是一句。

换言之,中土之"句学"(判断学)仅"质"一方面,就有六种;如果再考之以"量"(如全称、特称之类),则至少有十二种,A、E、I、O只及其中三分之一;若再考之以"位"(如下位、中位、上位之类),则更有三个三款六式。

一个三款六式有"判断"十二种,三个三款六式则至少有"判断"三十六种。如此则A、E、I、O就仅论及全部"判断"九分之一。在任一"观点"上,西洋"判断学"只及中土"句学"九分之一,这就是中西哲学之"真相"。

克勤给雪窦"颂词"加"著语",论及"唤东作西""宾主互换"之类,亦是涉及"句学"与"定学"之三款六式问题。

西洋哲人只讲"主谓式",却不知还有一个"谓主式",还有一个"函数式"。"主谓式"含"死主谓"与"活主谓"两式,"谓主式"含"死谓主"与"活谓主"两式,"函数式"含"亦主亦谓"与"非主非谓"两式。西洋哲人不知此处也是有三款六式的,"东西"有三款六式,"宾主"亦有三款六式,绝非仅仅一个"主宾式"或"主谓式"可以涵盖。

克勤"评唱"雪窦之"颂词",提及云门之"对一说"与马祖之"离四句绝百非",说懂得这两则公案,就能领会雪窦之"颂词"。亦是颇有深意。云门"对一说",是相对于"倒一说"而言的,前者载《碧岩录》第十四则,后者载《碧岩录》第十五则。

僧问云门:"如何是一代时教?"云门云:"对一说。"僧问云门:"不是目前机,亦非目前事时如何?"门曰:"倒一说。"

合起来去看,就是对于"一"的一个正、负两面之讨论,"对一"相当于"死一","倒一"相当于"活一",此与"定"有"死定"与"活定"之别,格局完全相同。懂得"死一"与"活一"之关系,就能懂得"死定"与"活定"之关系;进而言之,懂得"一异"之关系,就能懂得"定散"之关系。故克勤说"便见这个颂"。

至于马祖"离四句绝百非",就更是与"定学"直接相关。禅门"四句"指"有""无""亦有亦无""非有非无",此四句表面看是"四",背后暗藏的却是"六"。

因为"有"含"死有"与"活有"两式,"无"含"死无"与"活无"两式,"亦有亦无"与"非有非无"则是"有无"之两式(前者是"死有无",后者是"活有无"),合起来总共是"六句"。

禅门只特别强调"四句",忽略了"活有"与"活无"两句,今天看来乃是其局限。懂得了"有无六句",当然就能懂得"定散六句",懂得了"有学",当然就能懂得"定学"。故克勤说"便见这个颂"。

克勤"评唱"雪窦之"颂词",还论及"言中有响,句里呈机",涉及"言学"与"句学",义与上同。"多口阿师"在禅门即指"多言的人",亦涉及"言学",义与上同。

又论及"他爱恁么头上先把定"及"恐众中有具眼者觑破",是有关"定学"的,"先把定"是预备"定可移",又是假设"所定非本";所谓"觑破"云云,就是觑破这个"先定者",若一"定"而不变、一"定"而不"出",则就被人"觑破"了。此"先定者"是"死定"还是"活定","具眼者"一看即知。

克勤"评唱"雪窦之"颂词",还论及"北斗依旧在北,南星依旧只在南",这是在提醒我们,不要以为只有西人之"死定"才是"定",中土之"活定"或"大定"同样也是"定"。不要以为"活定"不是"定",不要以为"大定"不是"定"。"死定"是"定",但它只是"定"之一式;"大定"亦是"定",其所含其他五式,全都是"定",且与"死定"有同等之价值与意义。

不要以为"北"是"无定"的,"北"就是"北",不是"南",

西洋如是，中土亦如是；不要以为"南"是"无定"的，"南"就是"南"，不是"北"，西洋如是，中土亦如是。

中土所以有别于西洋者，在不认"死北"为唯一之"北"、不认"死南"为唯一之"南"。"北"是活的，有"地理之北"、有"地磁之北"，有"相对之北"、有"绝对之北"，哪里会有一个唯一、绝对、不变之"北"？！

同理，又哪里会有一个唯一、绝对、不变之"南"？！不能说"地磁之北"就不是"北"，不能说"相对之南"就不是"南"，此即克勤所谓"北斗依旧在北，南星依旧只在南"。

《佛光大辞典》释读本则公案，以"尘尘三昧"为"透过一一微细之法，而入王三昧"，以云门所举"钵里饭，桶里水"为"藉透过一一微细之法，以阐释禅之要旨"。（第5342—5343页）落脚于"微细之法"，而完全忽略了"三昧"问题、"定"问题。

《禅是一枝花》对本则公案的释读，有一得，有一失。得者，谓中华料理"冠于世界诸国"，谓中国人对于饭、水、感情之阔达深厚"也非世界诸国所及"，谓中国处世做人"皆非他国人的可比"，谓"西洋人对于食就只是食饮"，"西洋人的只是生存竞争的社会"，西洋人"看似简，其实只是陋，看似明快，其实是粗"，等等。失者，落脚于"米饭与茶水"讲"钵里饭，桶里水"，谓"从食菽饮水做起"，等等，"太实"了。又以"人世的修行"讲"尘尘三昧"，似乎没有涉及"三昧"问题、"定"问题，亦是其失。（第145—147页）

司南《禅心一念间》释"三昧"为"与对象成为一体"，释"尘尘三昧"为"把自己的心投入一体之中"，并谓"只要将心投入个体中，进入三昧之地，很快就会遍及全体"。又落脚于"小"释读本则公案，如"最普通最平常""最琐碎最细微""普通孩童"等，说本则公案是强调看似高深的理论，成于"最普通最平常的事物"；任何惊世之举，起于"最琐碎最细微的事情"；任何时代的伟人，长于"普通孩童"。（第153—154页）总之其落脚点在"小物""小事""小人"，以为"尘尘"就是"小"，完全未涉及"三昧"问题、"定"问题。

尚之煜《碧岩录校注》"点评"本则公案，以"本来现成，不用他求"释读"钵里饭，桶里水"，以"现量境"（"将日常声色化为无分别、离能所"）释读"尘尘三昧"，又以"流浪者"释读"个个无裈长者子"，并谓"北斗南星分明处于本位，自由自在"，即是所谓"本来现成"，即是所谓"现量境"。（第264页）释读很深奥，但却没有切入"三昧"之主题，没有切入"定"之主题。

综上所言，通过"云门尘尘三昧"这则公案，圜悟克勤告诉我们：人要进入禅境，须有一颗"大定心""活定心"或"定之三款六式之兼心"。这是《碧岩录》给我们讲的第五十个道理。

附论

第一章　圜悟"住澧州夹山灵泉禅院"之因缘

《佛果圜悟禅师碧岩录》署"师住澧州夹山灵泉禅院评唱雪窦显和尚颂古语要"。"师住澧州夹山灵泉禅院",得益于圜悟克勤禅师与无尽居士张商英之间之一段因缘。

宋徽宗崇宁年间(1102—1106年),克勤(1063—1135年)开悟后返川探母,被成都知府郭知章请为成都昭觉寺住持,凡八年。政和初年(政和年间当1111—1118年)辞住持,再出三峡南游,于荆南得见四川同乡、曾任宰相之"当世名士"张商英(1043—1121年)。

张氏字天觉,号无尽居士,蜀州新津人。学于兜率从悦禅师,为其得法弟子,人称"饱学之士"。于禅颇有心得,曾撰《护法论》一卷,凡万二千六百七十五字(一说万二千三百四十五言),文署"宋张商英,观文殿大学士,无尽居士"。后载明陶宗仪(九成)纂《说郛》卷第八十五。

"护法"有道,眼界自然亦高。视之天下,四方高僧大德,少能入其眼。未会克勤之前,克勤亦属不入眼者。既会,克、张于叙舟之上，畅谈华严要旨及禅门宗趣。

克勤云："华严现量境界，理事全真，初无假法。所以即一而万，了万为一。一复一，万复万，浩然莫穷。心佛众生，一二无差别。卷舒自在，无碍圆融。此虽极则，终是无风匝匝之波。"张不觉促榻。

克又问："到此与祖师西来意，为同为别？"

张曰："同矣。"

克云："且得没交涉。"

张色为之愠。

克云："不见云门道，山河大地，无丝毫过患，犹是转句。直得不见一色，始是半提。更须知有向上全提时节。彼德山、临济，岂非全提乎？"

张乃首肯。

第二天，二人再次论及"事法界""理法界"及"理事无碍法界"。

克又问："此可说禅乎？"

张曰："正好说禅也。"

克笑曰："不然。正是法界量里在。盖法界量未灭，若到事事无碍法界，法界量灭，始好说禅。如何是佛，干屎橛。如何是佛，麻三斤。是故真净偈曰：事事无碍，如意自在。手把猪头，口诵净戒。趁出淫坊，未还酒债。十字街头，解开布袋。"

张曰："美哉之论，岂易得闻乎？"

张于是"以师礼留居碧岩"。复徙道林。时枢密邓公子常奏赐紫服师号，诏住金陵蒋山，学者无地以容。敕补天宁万寿，上召见，褒宠甚渥。（以上见《五灯会元》卷第十九《昭觉克勤禅师》。另，

《释氏稽古略》亦有详细记载,晓莹《罗湖野录》亦有记载。)

克、张之关系,《五灯会元》先记为"师舣舟谒之",是克勤拜谒张;后记为张"以师礼留居碧岩",是张拜克勤为师。《佛光大辞典》"克勤"条则直接记为"当世名士张无尽礼谒之",是张拜谒克勤;而克勤"住夹山灵泉禅院"一事,《佛光大辞典》则记为"受澧州刺史之请"。

拜谒一事,一记为克勤谒张,一记为张谒克勤;住碧岩一事,一记为张"留居",一记为刺史"请住"。孰是孰非,有待进一步考究。

克勤遗作中最为著名者,为《碧岩录》或《碧岩集》,十卷。后载《大正藏》第四十八册,《禅宗全书》第八十九册。

另有《圜悟佛果禅师语录》(简称《圜悟语录》或《圜悟克勤禅师语录》),二十卷,署"宋平江府虎丘山门人绍隆等编"。后载《大正藏》第四十七册,《禅宗全书》第四十一册。其中卷十六、十七、十八载有克勤《拈古百则》;卷十八、十九载有克勤《颂古八十二则》。均为极重要之史料。

另有《佛果圜悟真觉禅师心要》(简称《圜悟心要》或《佛果克勤禅师心要》《圜悟禅师心要》),上下两卷,署"嗣法子文编"。后载《卍续藏经》第一百二十册。

另有《佛果击节录》(简称《击节录》或《圜悟击节录》),上下两卷,署"雪窦明觉禅师拈古佛果圜悟禅师击节"。后载《续藏经》第六十七册。

《碧岩录》自然与"澧州夹山灵泉禅院"直接相关;然克勤其他遗作,如"语录""心要""击节录"等,亦或多或少与"夹山"、与"灵泉禅院"间接相关。尤其"语录"和"心要",很多就是在

"夹山"所说、在"夹山"所写。故亦当关注之。

《圜悟语录》卷五载师应"少保张丞相忌日请"之"上堂"语，忆及"无尽大居士"：

> 进云：只如无尽居士与和尚平昔道契相知，且道，即今何在？
>
> 师云：……忆昔无尽大居士，生平以此个事为务，遍寰海宗师无不咨参。到兜率山下逢见老衲，论末后句，始得脱体全真。言解道理一时脱却，遂作偈云：
>
> > 鼓寂钟停托钵回，岩头一㧖语如雷。
> > 果然只得三年活，莫是遭他授记来。
>
> 铿金戛玉，虎骤龙骧，不妨具大机，得大用，以此正印，印天下丛林善知识。山僧昔在湖北相见，与伊电卷星驰，一言契证，表里一如。居士功业书于竹帛，遗德在于生民。后来当此之日，撒手那边行止。且道，无尽居士向什么处去，还委悉么？大千沙界诸佛土，刹刹尘尘现胜身。复云：盛德在生民，四方共钦仰。三教大宗师，秤头有铢两。七十九岁佛齐年，是日霜风亘霄壤。一声振忽雷，前星堕云帐。麒麟掣断黄金锁，一跃直归梵天上，万载千秋着遗想。①

---

① 《圜悟克勤禅师——碧岩录心要语录》，巴蜀书社2006年版，第386页。

第二章　五面而观"夹山境"

——"猿抱子归青嶂后，鸟衔花落碧岩前"分疏

"夹山文化"之全体，可归入"夹山境"来理解。"夹山境"三字虽由夹山善会提出，然"夹山境"之文化内涵，却非仅由善会一人开拓。其他开拓者，至少还有临济宗杨岐派著名大师圜悟克勤、无尽居士张商英以及善会以降所有在夹山酬唱、著述、思想之历代禅师。

《祖堂集》卷第七《夹山和尚》载罗秀才与善会之问答："（罗秀才）又问：如何是夹山境地？师答曰：猿抱子归青嶂后，鸟衔花落碧岩前。"① 此即"夹山境"之出处。兹从五个方面分疏此"夹山境"：禅宗史上"文字禅之巅峰"；文化史上两宋间"文化转折之枢纽"；哲学史上"道学生成之范型"；山文化史上"山境开拓之模范"；茶文化史上"茶禅一味之源头"。

一、禅宗史上"文字禅之巅峰"

九百年前，中土禅宗临济宗杨岐派著名大师圜悟克勤，受当时

---

① 静、筠二禅师：《祖堂集》，中华书局2007年版，第328页。

住在荆州的无尽居士张商英礼之邀,住澧州夹山(今石门夹山)灵泉禅院,讲解雪窦重显禅师的名著《颂古百则》(又名《颂古语要》或《百则颂古》)。克勤在夹山住了七年。他的讲解被门人普照等记录下来,编成《佛果圜悟禅师碧岩录》十卷,简称《碧岩录》。此书后来成为中国禅宗史上的著名经典,被称为"宗门第一书""天下第一奇书"。是六祖慧能《坛经》之后,禅林中最著名的典籍,其地位可与《坛经》比肩。

《碧岩录》最重要之贡献,是把"文字禅"推向极致。换言之,《碧岩录》乃是中国"文字禅"的最高代表与终极表达。故笔者倾向于把《碧岩录》定位为"文字禅之巅峰"。须知禅宗最初之宗旨是"不立文字",后来才有所谓"绕路说禅",最后形成"不离文字"之所谓"文字禅",出现两宋时期"禅宗文字化"之浪潮。

在此股浪潮中,临济宗的汾阳善昭(存奖一系的第四传)和云门宗的雪窦重显先后编集《颂古百则》("颂古"是针对前贤公案用韵语颂出其奥蕴),自此走上从文字追求禅意之路,"文字禅"于是兴起。

克勤之外,曹洞宗投子义青等人也有《颂古》,林泉从伦加以"评唱",编成《空谷集》;曹洞宗另一著名禅师天童正觉也有《颂古》,元初万松行秀加以"评唱",编成《从容庵录》。还有《虚堂集》,宋丹霞子淳"颂古",林泉从伦"评唱"。它们共成一系,后世称为"文字禅"之"四书",即"禅门四书",这是"文字禅"之主流。

"禅门四书"中,影响最大的是《碧岩录》。这跟当时和以后"临天下,曹一角"之禅宗布局是相应的。克勤"文字禅"到顶之后，才有大慧宗杲之"看话禅"（提出某些"话头"即禅师"答语"来参究，曰"看话头"），以及正觉宏智之"默照禅"（主张默默静坐，观照内心）。

禅门初阶文字禅凡六式，"著语"与"代别"为"点"之两式，"举古"与"拈古"为"评"之两式，"垂示"与"颂古"为"唱"之两式。凡三款六式。历史上所谓"评唱"，实为"点评唱"之简称。

禅门初阶文字禅六式中，"著语"旨在"定是非"，"代别"旨在"正离合"，"举古"旨在"论好坏"，"拈古"旨在"分正邪"，"垂示"旨在"知得失"，"颂古"旨在"别曲直"。

禅门二阶文字禅，乃是对于初阶各式而"再造作"。已见"集录"与"击节"两式，前者由评唱初阶之"颂古"而成，如《碧岩录》或《碧岩集》；后者由评唱初阶之"拈古"而成，如《佛果击节录》。两者之宗旨，均在"明显隐"。

二阶文字禅已成熟者，既只见"集录"与"击节"两式，则未来之发展空间极大。由评唱初阶之"著语"可得一式，由评唱初阶之"代别"可得一式，由评唱初阶之"举古"可得一式，由评唱初阶之"垂示"又可得一式。各式之名称，暂无以定，然亦可初步拟之。

由评唱初阶之"著语"而成之书，可拟名曰"论"或"议"或"辩"；由评唱初阶之"代别"而成之书，可拟名曰"诀"或"决"或"鉴"；由评唱初阶之"举古"而成之书，可拟名曰"记"或"训"或"释"；由评唱初阶之"垂示"而成之书，可拟名曰"讲"或"赞"或"考"。若综合言之，集各式于一书，则可拟名曰"衍"或"大义"或"传"。

《碧岩录》一书中，已见对于"示众"加"著语"或"评唱"，对于"著语"加"著语"或"评唱"，对于"代别"加"著语"或"评唱"，对于"举"加"著语"或"评唱"，对于"颂古"加"著语"或"评唱"，对于"拈古"加"著语"或"评唱"六种情况。

换言之，初阶文字禅与二阶文字禅均齐备于《碧》书。此即吾人将其定位为"中华文字禅之巅峰"的根本理由。只是《碧》书并未予二阶文字禅给出恰当专名，如此则文字禅，历经千余年，其实并未完成。其发展空间，尚极广阔。设若两百年成熟一式，则"集录"与"击节"而外，二阶文字禅尚有四式可发展，需时八百年。此八百年，正中华学术与中华哲学大有作为之期。

另，因"集"与"录"被滥用，由评唱"颂古"而成之书，宜称为"慨古"。"慨古"一词，见于圆澄《慨古录》。该书论"评唱"云："今之宗师，依本谈禅，惟讲评唱，大似戏场优人，虽本欲加半字不得。学者不审皂白，听了一遍，已谓通宗。……由是而推，今之谈宗者，寔魔所持耳。"[①]虽其对"评唱"有讥评，然其"慨古"二字，实可用之。今后即可称由评唱"颂古"而得为"慨古"，由评唱"拈古"而得为"击节"。

历史上对于"颂"而再加工，有所谓"颂疏"。如《俱舍论颂释疏》，全称《阿毗达摩俱舍论颂疏论本》，三十卷，又作"俱舍论颂疏论本""俱舍颂疏""俱舍论颂疏""俱舍论颂释"，略称"颂疏"。《俱舍论颂疏》，唐圆晖撰，今存《大正藏》第四十一册。颂凡六百行，圆晖疏注之，为研究《俱舍论》之重要入门书。"颂疏"出

[①]《续藏经》第114册，第736页。

于普光、法宝二疏之后,后来居上,盛行于两河、两京、江表、燕、齐、楚、蜀诸地。

可知在二阶文字禅层面,对于"颂古"而再加工,可称为"颂疏",亦可称为"释疏""释""疏""疏论"等。

魏建中谓《碧岩录》《圜悟心要》和《圜悟克勤禅师语录》三部著作,把中国的禅文化推向了辉煌的顶峰"。①此处有两误:一曰非"中国禅文化顶峰",实乃"中华文字禅顶峰"。"禅文化"与"文字禅"实为两事;且"文字禅顶峰"不必即是"禅文化顶峰"。当然魏氏文之正文另有说法:"圜悟禅师是禅宗史上杰出的代表人物,他为禅宗写下了波澜壮阔的一页。他的《碧岩录》从根本上把文字禅推上了顶峰,对禅宗历史地位的确立有着深远的影响。"②此处"顶峰论"是确指"文字禅",而非"中国的禅文化"。

二曰非"三书",实"四书"。《碧》书、"语录"、"心要"而外,另有《佛果击节录》(上下卷)至关重要。"拈古""颂古""击节"等,均为文字禅核心体裁,《碧》书载有"评唱百则","语录"载有《拈古百则》与《颂古八十二则》,均未见专门之"击节"。《佛果击节录》则为"击节"之专著,载有"击节百则",而为文字禅之利器。

故倡"克勤三书推顶峰"说,不如倡"克勤四书推顶峰"说。此四书即《圜悟碧岩录》《圜悟语录》《圜悟心要》《圜悟击节录》。

---

① 魏建中:《圜悟克勤禅学思想研究》,武汉大学博士学位论文,2010年,"中文摘要"第1页,"引言"第1页。

② 同上文,第135页。

二、文化史上两宋间"文化转折之枢纽"

圜悟佛果禅师克勤住持澧州夹山（1111—1118年）开讲《碧岩录》，以及《碧岩录》最终成书时期（1125年），正处北宋宋徽宗时期。

可以说《碧岩录》成书，与宋徽宗下台（1125年），与金灭辽（1125年），与北宋王朝灭亡（1127年，钦宗靖康二年二月六日）以及南宋王朝建立（1127年，高宗建炎元年五月），几乎是完全同步的。

从文化史上说，北宋灭亡是中华文化史上一重要转折点。圜悟克勤及其《碧岩录》，就刚好处在这个转折点上，承担起"文化转折"的神圣使命。《碧岩录》被誉为"宗门第一书"，著者以为就是指担当此"文化转折"之使命而言。"宗门"是相对于"教门"而言的，"宗"是指禅宗，表示它是在传统佛教之外的独立门派。

"宗门第一书"表示《碧岩录》是自东土禅宗初祖菩提达摩（？—536年）至圜悟克勤约六百年间之"第一书"，至少表示它是六祖慧能（638—713年）至圜悟克勤四百余年间之"第一书"。此种评价之于《碧岩录》，是非常崇高的。

这部可与《坛经》比肩的"宗门第一书"，其在禅宗发展史上之重要地位，已多有学者论及。如任继愈先生主编之《宗教词典》称它"是中国禅宗临济宗的主要典籍"，又说它"对日本佛教禅宗也有相当大的影响"。① 又如吴立民先生等称它是一部"在中国禅宗史上占重要地位、有巨大影响的著作"，说它"不仅内容丰赡、风格独

---

① 任继愈主编：《宗教词典》，上海辞书出版社1981年版，第1103页。

特，而且其流通传布也极具传奇色彩，①等等。总之，《碧岩录》在"宗门"中之地位，甚至在"教门"中之地位，已基本得到公认。

但著者以为仅仅承认《碧岩录》在佛教及禅宗发展史上之地位，是远远不够的。实际上《碧岩录》影响了整个中华文化史之发展。它在中华文化史上，还有更重要之地位：《碧岩录》乃是两宋间文化转折之枢纽。如大河转弯，没有此弯转，便没有南宋以将中华文化之成功转型。

此中最为关键者，是《碧岩录》从根本上确立、强化了中华哲学批评之"佛禅格式"。表现在：（一）开"茶禅一味"之源，（二）开"诗禅一味"之源，（三）开"字禅一味"之源，（四）开"教禅一味"与"禅禅一味"之源，（五）开"儒禅一味"之源。

"茶禅一味"置后讨论。"诗禅一味"方面，所谓"诗"，主要是诗评，而非诗歌创作。禅诗之创作，早在圜悟克勤之前就已存在，但那只是"禅诗"而非"诗禅"；真正"诗禅"之代表作，是南宋严羽②之《沧浪诗话》。这部"代表了中国古代诗学的成就和特色，堪称中国诗话的高峰"③之作，中心思想是"以禅喻诗"，此处所谓"禅"即大慧宗杲禅学，而大慧宗杲禅学恰是来源于圜悟克勤及其《碧岩录》。故《碧岩录》完全可被视为"诗禅一味"之源。

大慧宗杲（1089—1163年）是圜悟克勤之后南宋重振临济宗

---

① 吴立民主编：《禅宗宗派源流》，中国社会科学出版社1998年版，第322页。

② 严羽（1197—1241？），字仪卿，一字丹邱，号沧浪逋客，福建邵武人。

③ 刘烜：《禅与严羽的〈沧浪诗话〉》，季羡林、吴亨根等：《禅与东方文化》，商务印书馆1996年版，第178页。

风大禅师。其禅学之特色，一是积极进取，反对曹洞宗宏智正觉（1091—1157年）"默照禅"之消极退避；二是慷慨批判，给报国无门之士大夫以安慰；三是独立不羁，颇具反潮流之精神；四是强调"妙悟"，以为"妙悟"之地位要高于"工巧技艺"。

宗杲禅学此种特色，就构成了《沧浪诗话》之理论背景与理论依据，可以说，无宗杲禅学，即无《沧浪诗话》。严羽曾恭称宗杲为"参禅精子"，一心想当"参诗精子"的严羽，其吸收运用宗杲禅学理论，无疑完全是自觉的，有意识的。严羽时代，禅师们中之著作不止宗杲一家，严羽找到"最有权威性的禅学理论"——宗杲禅学——作为自己之指导思想，"说明他的选择是成功的、有眼光的"①。而一旦他选择了宗杲禅学，也就选择了圜悟克勤及其《碧岩录》。在此意义上，《碧岩录》乃是从"以文字为诗，以才学为诗，以议论为诗"走向"以禅喻诗"之转折点，简言之，是从"诗工"走向"诗禅"之转折点。

再看"字禅一味"。"字禅一味"所谓"字"，指的是语言文字。欲知"字禅一味"之重要性，首先得了解禅宗"不立文字"之本旨。六祖慧能乃不识文字却能悟道之开山典范，"不立文字"之原则，在慧能之后成为禅宗内在精神之重要组成部分，号曰"教外别传，不立文字，直指人心，见性成佛"。所以慧能以后之禅宗实是"两手抓"，一手是"见性成佛"，一手是"不立文字"。

"不立文字"之初衷，是认定语言文字对禅而言乃是人为枷锁，

---

① 刘烜：《禅与严羽的〈沧浪诗话〉》，季羡林、吴亨根等：《禅与东方文化》，第184页。

它是有限、片面、僵死、外在的，不仅不能促成人达到禅境，相反，无时不成为人们"见性成佛"之障碍。换言之，在禅宗看来，执着于语言文字，就是执着于思辨、认识、理性、推理、分析，这对"本来境界"之把握而言，乃是南辕北辙。故禅宗主张用种种形象、直觉之方式去表达和传递那些本无以表达与传递之信息。此一种方式被禅宗称为"如人饮水，冷暖自知"①。

此种"不立文字"之传统，何时发生转变了呢？笔者以为彻底之转变是实现于圜悟克勤及其《碧岩录》，在这里"不立文字"之传统转变为"只立文字"之宗风，语言文字之"第二义"地位转变为"第一义"。而这正是笔者所说"字禅一味"。"字禅一味"之思维方式，以"文字禅"为主要代表，而真正代表"文字禅"之真义者，恰就是圜悟克勤及其《碧岩录》。

语言文字在这里不再是障碍、阻力，反而成为帮助与推动力；语言文字不再是"第二义"，反而成为"第一义"；中华文化史上"言不尽意"之传统，在这里转变成为"言尽意"甚至"惟言尽意"之门风。此种转变，在语言学上有无比重要之价值，欧西哲人是直至20世纪才真正认识到此点的。而这一转变之实现，就是圜悟克勤及其《碧岩录》之功劳。②

"字禅一味"之出现，标志着平民化之"农禅"，已经转变成为以文人士大夫为代表之文人禅、儒禅，标志着禅宗僧人文化水平已

---

① 道原：《景德传灯录》卷四，《袁州蒙山道明禅师》，《大正藏》第51卷第202册，第232页。

② 临济宗四传弟子汾阳善昭、黄龙慧南的二传弟子慧洪、宋僧景淳、宋僧契嵩及明僧紫柏真可等人在文字禅发展史上之地位，笔者拟另文论述。

经提高,标志着以诗歌为代表之中华主流文化,已经渗透到禅宗之深层。这一切向我们昭示,中华文化确是走上了一个新方向。

再看"教禅一味""禅禅一味"。"教禅一味"谈的是佛教与禅宗之关系,"禅禅一味"谈的是禅宗内部各宗派之关系。教门与宗门之分,源于《楞伽经》。禅宗内部有一个说法,说释迦牟尼在创立佛教时,除了说"教"以外,还创立了一个"教外别传""以心传心""不立文字"之"正眼法藏"。"教"须靠语言文字传授;而"宗"则不靠语言文字传授。教门与宗门之区别,除了对佛经佛典之态度不同外(宗门讲求自悟,不假外求,故反对经教),主要就表现在对于语言文字之不同态度上:教门重佛经佛典,因而重视语言文字;宗门讲求机锋、直觉,因而不重视语言文字。

"教禅一味"所讲"一味",主要归结到教门之重视语言文字上,而不是宗门之不重视语言文字上。禅宗自菩提达摩至圜悟克勤六百年间,尤其是六祖慧能至圜悟克勤四百年间,所持基本是"不立文字"之立场,因而是坚持教、门二分的。自圜悟克勤及其《碧岩录》开始,才真正转向"只立文字"之立场,因而才有可能真正实现"教禅一味"。

历史上有一种观点,认为"教禅一致"要在于克勤及《碧》书,然在笔者看来:(一)"教禅一致"还只是强调教、禅之相关与一致,还远没有达到"教禅一味"之境界;(二)在实现"字禅一味"之转变前,不可能真正实现"教禅一味"。圜悟克勤及其《碧岩录》才是"教禅一味"之彻底实现者。

至于"禅禅一味",情形亦大致如是。印顺之名著《中国禅宗史》曾对禅宗内部"禅风的对立"有所分析,如"直说与巧说"之对立、"随相与破相"之对立、"尊教与慢教"之对立、"重定与轻定"之对立,①等等,总之认为禅宗内部也是分歧重重,远没有达到"一致"或"一味"之程度。"禅禅一味"开始于何时,鉴安之说法给我们以启示。

鉴安说:"可是雪窦的颂古百则得到临济宗杨歧派的圜悟克勤禅师在住持夹山灵泉禅院时,加上评唱,组成《碧岩录》(或称《碧岩集》),而被当时的禅僧们称为'宗门第一书',这一事实说明禅宗从唐末发展至北宋不但在语句的修饰上达到了空前成熟的程度,而且在宗派之间也倾向于合流。"②又说:"圜悟……给予参禅的人以很大的方便,所以当时用'丛林学道诠要','留示丛林,永垂宗旨','欲天下后世知有佛祖玄奥'等语赞美它。禅宗五宗七派的祖师们本来各有机用,不易'凑泊',自《碧岩录》出而有'敲门砖'可寻,禅风又为之一变……"③鉴安此处已明确指出,《碧岩录》已成为禅宗内部各宗派共用的"敲门砖",而这正是"禅禅一味"之雏形。

总之,禅宗五宗七派,最后被以圜悟克勤为代表之杨歧禅收归一统,影响中华文化史九百年。说"禅禅一味"以圜悟克勤及其《碧岩录》为源头,一点也不为过,因为到了此时,"一味"得"一味",不"一味"也得"一味"。"禅禅一味"乃成一种必然。

"儒禅一味"方面,要证明其亦以圜悟克勤及其《碧岩录》为源头,似相当困难。鉴安在论及大慧宗杲时,曾谓宗杲"把'合

---

① 印顺:《中国禅宗史》,上海书店1992年版,第326—351页。
② 鉴安:《试论唐末以后的禅风——读〈碧岩录〉》,张曼涛主编:《禅学论文集》,台北:大乘文化出版社1976年版,第32页。
③ 同上书,第313页。

流'的倾向扩大到佛教以外的儒家去了,似乎比他的老师又进了一步"①,似乎主张大慧宗杲才是"禅儒合流"的始祖。王志远先生则反之,把"三教合一"之时间提前,认为"宋初三先生"(孙复、胡瑗、石介)就已经实现"儒教的彻底宗教化",被后人称为"后世儒者鼻祖"的周敦颐在"三教合一"方面并无首创之功,他"不过是将宋初正在复兴过程中发生转变的佛教、道教的修养方式、修养对象和修养目的移植到儒教中来,将韩愈、李翱等人的'道统说''心性说'等唯心主义体系在新形势下继承并加以发挥而已"②。

有谓"儒禅一味"始于南宋者,如鉴安;有谓"儒禅一味"始于北宋初年者,如王志远;亦有谓"儒禅合一"始于云门宗禅僧契嵩和尚(1007—1072年)者,如严北溟③。这些观点,尤其最后一种观点,有很广大市场。对所有这些观点之梳理,将置诸另文。此处只谈笔者自己之观点,就是认为圜悟克勤及其《碧岩录》是"儒禅一味"之源。

此说大意如下:第一,圜悟克勤及其《碧岩录》最终完成了从平民禅向文人禅、从农禅向儒禅之转变;第二,圜悟克勤及其《碧岩录》流布极盛之时代,亦就是道学勃兴之黄金时代;第三,圜悟克勤及其《碧岩录》通过实现从"离世间求解脱"向"即世间求解脱"之革命性转变,构成为宋儒逃儒入禅之"重要契机"④;第四,

---

① 鉴安:《试论唐末以后的禅风——读〈碧岩录〉》,张曼涛主编:《禅学论文集》,第317页。
② 王志远:《唐宋之际"三教合一"的思潮》,《佛教与中国文化》,中华书局1988年版,第76页。
③ 严北溟:《中国佛教哲学简史》,第207页。
④ 同上书,第113页。

宋明儒学又被称为"新儒学",其"新"很大程度上来源于圜悟克勤及其《碧岩录》。

圜悟克勤及其《碧岩录》所完成之"文化转折",实质就是"批评格式"之根本转换,使"佛禅格式"变得不可逆转。以此格式去品茶,就能实现"茶禅一味";以此格式去品诗,就有"诗禅一味";以此格式去品语文,就有"字禅一味";以此格式去品禅宗之外其他佛教派别,就有"教禅一味";以此格式去品禅宗内部各派,就有"禅禅一味";以此格式去品儒,就有"儒禅一味"。其中任何一项,就足以使中华文化走上另一方向,使"中华哲学批评"呈现另一种风貌。

三、哲学史上"道学生成之范型"

杜松柏《知止斋禅学论文集》云:"首揭公案之名,而最为禅林所重的,当推圜悟禅师的《碧岩录》了。其序云:'百则公案,从头串穿来。'其成书在宣和七年,出书在建炎二年,理学已在发展阶段,语录在形成之中,陆游《跋兼山先生易说》云:'郭立之从程先生游最久,程先生病革,犹与立之有问答语,著于语录。'最早的理学家语录,当推二程子,而学案则晚至清初,黄宗羲《明儒学案》序云:'于是为之分源别派,使其宗旨历然,由是而之焉,固圣人之耳目也。'虽然黄氏以前,已有学案一类的书,但仍源于禅宗。"[①]

又云:"禅宗有语录之后,理学家方有语录,禅宗有了语录以

---

① 杜松柏:《知止斋禅学论文集》,台北:文史哲出版社1994年版,第157—158页。

后约二百余年方有专门公案之书,理学家有了语录之后约二百余年方有学案之书,当非巧合,显系受禅宗的影响。由以上三点,可见禅宗使宋代的学者,转移了经典的重心,改变了对经籍的态度,并使经学的研究由注疏而趋向于义理的探求,宋代理学的能放一异彩,谁能否定这些由典籍形成基本因素呢?而这三者全与禅宗有关。"①

钱穆《黄梨洲的明儒学案·全谢山的宋元学案》亦云:"今说到学案,其实学案两字,也就是禅宗里边用的字,而语录起于禅宗,'学案'也起于禅宗,明代人第一个最先做的学案,叫做'圣学宗传',写这书的人是周海门,周海门就是一个学禅宗的人,从周海门的《圣学宗传》下面继起的有孙夏峰的《理学宗传》,此两书都在黄梨洲《明儒学案》之前,《明儒学案》则是接着此二书而来。……明人讲学,一家有一家的宗旨,其实这也都是跟着禅宗来的。"②

可说学界有一基本共识:"文字禅"乃是"道学生成之范型"。兹对此一共识略加说明:

第一,就禅师身份而言,圜悟克勤及其《碧岩录》最终完成了从平民禅向文人禅、从农禅向儒禅之转变。身份转变,是实现"儒禅一味"之基本前提。六祖慧能本就是不识字之人,出道之后,为了直指心性,语句都很质朴平实,其后继者如青原、南岳、马祖、石头、百丈、药山,等等,所用语句亦大都开门见山,质直无华,

---

① 杜松柏:《知止斋禅学论文集》,第158页。
② 钱穆:《黄梨洲的明儒学案·全谢山的宋元学案》,原载《文艺复兴》第三十期,转引自杜松柏《知止斋禅学论文集》,第158页。

且都亲自开山种地，参加劳动。此即所谓"农禅"。百丈是最早提倡"农禅"之人，沩山、仰山都忠实于此种"一日不作，一日不食"之生活规范，并使禅在全方位劳作中得到运用。①

由四祖道信创始、五祖弘忍光大之"农禅"群体，影响当时与后世极其深远。弘忍亦因之声名远播，六祖慧能就是在此情形下闻其名而投其门的。"农禅"是一种平民禅，比较接近民众，禅对他们而言，就在茶园、田地、庄稼中，就在吃饭、睡觉、寒暑中，"作务"即禅，禅即"作务"。只要机缘凑合，村姑野老也可以悟道。马祖位下之凌行婆及以后之台山婆、烧庵婆等，见地透彻，机锋灵活，并不逊于得道高僧。当文人士大夫被禅宗吸引，村姑野老便渐渐失去参禅机会，终至于与禅门绝缘，于是平民禅彻底转变为文人禅，"农禅"彻底转变为"儒禅"。

"不立文字"之特色消失了，师徒间之棒喝与拳打脚踢不见了，避世求生转变为入世求生，对现实道德与现实政治之远离转变为接近与纠缠，锄头换成笔，种田吃饭、田园劳作变成吟诗作赋、讲究修饰。"寇盖荐临禅门的次数愈多，村姑野老们自在参禅的机会就愈少，到了北宋，禅宗门下，除了禅和子以外，就只见到士大夫们憧憧往来，很少有村姑野老们的足迹。"②

---

① "农禅"之前还有一个"流禅"或"游禅"的阶段，达摩一系禅僧和多数楞伽师均以游方为务，居无定所。大约从三祖僧璨开始，禅僧到达江淮地区。及至四祖道信在黄梅双峰山聚众五百定居，倡导作、坐并重，自给自足，禅僧便开始由流动转向定居，完成生活方式之重大转变。

② 鉴安：《试论唐宋以后的禅风——读〈碧岩录〉》，张曼涛主编：《禅学论文集》，第315页。

唐之时，尤其唐、宋间，诗僧人数就已呈不断增加之势。①但诗僧增加只是表明禅师文化水平提高，还不是真正意义上之"儒禅"。"农禅"之彻底消亡与"儒禅"之最终确立，笔者以为是实现于圜悟克勤及其《碧岩录》所处之北宋末期。理由有三：第一，《碧岩录》是第一部自觉地、有意识地"笼络当世学者"之著述；第二，圜悟克勤是禅门中与文人士大夫来往最多、交往最密之"第一人"；第三，圜悟克勤及其《碧岩录》有将禅师与孔孟相提并论之文化背景。

张方平"禅师过于孟子"之说，也许有些"过火"，但圜悟克勤时代出身儒家者陆续出家而为佛门中之大德小德，确已成为当时不可逆转之风潮。这其中圜悟克勤及其《碧岩录》"功莫大焉"。且克勤本人就是出身清儒世家。

克勤弟子大慧宗杲有言曰："昔李文和都尉，在富贵丛中参得禅，大彻大悟；杨文公参得禅时，身居翰苑；张无尽参得禅时，作江西转运使。只这三大老，便是个不坏世间相而谈实相底样子也。又何曾须要去妻孥，休官罢职，咬菜根，苦形劣（劳）志，避喧求静，然后入枯禅鬼窟里，作妄想，方得悟道来。"②宗杲所说的，其实就是"儒禅一味"，此"儒禅一味"之成为不可逆转，就始于其师圜悟克勤。

第二，就发生时间而言，圜悟克勤及其《碧岩录》流布极盛之时代，亦就是道学勃兴之黄金时代。两者之关联并不是偶然的：

---

① 杨维中：《由"不立文字"到文字禅——论文字禅的起因》，《禅学研究》第三辑，江苏古籍出版社1998年版，第243页。

② 大慧宗杲：《大慧普觉禅师语录》卷第二十一《示徐提刑敦济》，《大正藏》本。

朱熹作为道学之集大成者，本就是大慧宗杲之徒子、圜悟克勤之徒孙。圜悟克勤及其《碧岩录》之前之道学，如"宋初三先生"，如"北宋五子"，我们不能说它就是禅学；圜悟克勤及其《碧岩录》之后之道学，如朱子，如陆象山，如王阳明，等等，我们可以说它就是禅学，只不过是以"阳儒阴禅"之形式表现罢了。

林科棠先生有言曰："雪窦之颂古，已与学者以大影响，而绝灭《碧岩集》之大慧，乃朱子同时之先辈，故宋学勃兴之黄金时代，即《碧岩集》流布极盛之时代也。朱子青年时爱读《大慧语录》，想如斯风潮中，其他儒者多少必接触禅家语录欤？"[①]朱熹自谓"少年亦曾学禅"，又说"某于释氏之说，盖尝师其人，尊其道，求之切至矣"，并向宗杲问禅学道，赞同宗杲之思想，敬重宗杲之人格。谓朱子思想有"阳儒阴禅"之内涵，一点也不为过。

清儒颜元就曾如此评定朱子："朱子凡到辟禅肯綮处，便谈禅有殊味，只因其本来有禅根，后乃混儒于释，又援释入儒也。"[②]又说："朱子沉迷于读讲章句，更甚于汉儒；玩心于空寂禅宗，更甚于陆子。"[③]可见朱子思想至少是"儒禅参半"的。

陆象山受禅宗影响更大（实际就是受克勤、宗杲禅学之影响），朱熹曾斥其为"顿悟之禅宗"，说："近闻陆子静言论风旨之一二，全是禅学，但变其名号耳。竞相祖习，恐误后生。"[④]"今金溪学问，

---

① 林科棠：《宋儒与佛教》，台北：弥勒出版社1984年版，第53—54页。
② 颜元：《朱子语类评》，《颜元集》，中华书局1987年版，上册，第283页。
③ 同上书，第275页。
④ 《朱子大全》卷第四十七《答吕子约（祖俭）》之十七，《四部备要》本。

真正是禅。""子静寻常与吾人说话，会避得个禅字，及与其徒，却只说禅。""又论说道理，恰似闽中贩私盐底，下面是私盐，上面以鲞鱼盖之，使人不觉。盖谓其本是禅学，却以吾儒说话遮掩。"①"子静一味是禅，却无许多功利术数，目下收敛得学者不为无力，然其下稍无所据依，恐亦未免害事。"②

王阳明融禅，有过之而无不及。且王阳明不再是偷偷摸摸、羞羞答答地融禅，而是公开地、直言不讳地融禅。不仅其"良知"学说深受禅宗"本来面目"思想之影响，而且其修养方法亦多接近于或类似于禅宗之修行方法。王门后学自王龙溪、王心斋以降，盛行自然无为之风，力主"率性工夫本自然，自然之外更无传""此心收敛即为贤，敛到无心识性天"，并有"吾人心体活泼，原来如此"之言，完全一副禅家模样。③

第三，就思维方式而言，圜悟克勤及其《碧岩录》通过实现从"离世间求解脱"向"即世间求解脱"之革命性转变，构成宋儒逃儒入禅之"重要契机"。④禅宗沿着"即世间求解脱"之方向发展，至圜悟克勤及其《碧岩录》而臻完成，出世与入世最终实现统一。自此禅宗变成为一种"不坏世间相而证实相""既在孤峰顶上，又在红尘浪里"之人间宗教。自此儒门很少再听到"排佛"声音。

后人评宋明道学，谓理学为"儒表佛里"（梁启超语），谓心学

---

① 《朱子语类》卷一百二十四，《四库全书》本。
② 《朱子大全》卷第三十五《与刘子澄》之二，《四部备要》本。
③ 参考赖永海：《佛道诗禅——中国佛教文化论》，中国青年出版社1990年版，第113—114页。
④ 同上书，第113页。

为"阳儒阴释"（王夫之语），或谓无佛学即无宋明道学，"吾人如谓无佛学即无宋学，绝非虚诞之论。宋学之所号召者曰儒学，而其所以号召者实为佛学"（周予同语），或谓"今之所谓理学者，禅学也"（顾炎武语），或谓"宋儒之学，其入门皆由禅也"（明儒黄绾语），等等。①

站在儒之立场，可以叫作"禅儒一味"，阳儒阴禅；站在禅之立场，又可视为"儒禅一味"，阳禅阴儒。禅与儒变成为一体之两面，半儒半禅，亦儒亦禅，或逃儒而入禅，或逃禅而入儒。此种格局之终极打造，就有圜悟克勤及其《碧岩录》一份功劳。

第四，就学术框架而言，宋明"新儒学"之"新"很大程度上来源于圜悟克勤及其《碧岩录》。这涉及两宋儒学之根本差异，从北宋到南宋，著者以为儒门发生了根本转折，促成此转折的正是圜悟克勤及其《碧岩录》。转折之内容很明确：北宋儒学之"新"在融合儒与道（以禅为中介），而南宋儒学之"新"则在融合儒与禅。融合儒与道不算"新"，汉代"新儒学"即是儒道融合之产物；宋明新儒学之"新"，全赖一"禅"字，尤其是圜悟克勤及其《碧岩录》之禅学。

北宋儒者，无不以排佛为要务。既亟亟于排佛，又岂有融佛之理？到南宋，此种情形完全改变了：排佛声音很少听到了；禅成为"新儒学"之格式、要素与内容，而不再仅是一种"中介"。朱熹"排佛"已完全不是真正排佛。朱子是以融佛方式"排佛"的，"他首先融取了佛教的理论成果，实现了对佛学的超越。然后在这种深

---

① 赖永海：《佛道诗禅——中国佛教文化论》，第114页。

厚的理论背景的支持下，怀着'吾道自足'的信念，侧重从心性论的角度展开对佛禅的批评，从而较为彻底地解决了儒佛关系，标志着中国哲学从佛学到理学过渡的完成"①。

朱子之"天理""天命之性"，颇相近于禅之佛性；朱子之"人物之性，亦我之性"之说，同于禅自性是佛、莫向性外四处寻觅等说；朱子所言"尽性知天"，同于禅所说之见性成佛；朱子"皆反诸身心性情"之说，同于禅之反悟自心、见性成佛之说；朱子"存天理，灭人欲"等说，接近于佛之去妄证真②。总之，朱子学说之底蕴，就是禅学，其"合下连根铲去"之说，"合下不合下，连根不连根，正释氏所谓'折服现行烦恼''断尽根本烦恼'之别尔"③。

与北宋儒学相比较，南宋儒学呈现出全新面貌：

第一是经籍方面，解经活动由维护经说、笃守师说家传，注不悖经，疏不悖注，重于文字名物之训释，疏于义理之寻求，转变为怀疑注疏之当否，怀疑经籍内容之可靠性，跳出前人解经说经之窠臼。

第二是语录方面，南宋儒者之语录典籍，受禅宗影响而兴，"至少如宋代理学家的语录，便是从禅宗祖师们的语录转来"④。

第三是学案方面，"而语录起于禅宗，'学案'也起于禅宗"⑤。

第四是"道统"方面，儒者（包括韩愈）"道统"观念之形

---

① 李作勋：《论朱熹的排佛思想》，《禅学研究》第三辑，第261页。
② 赖永海：《佛道诗禅——中国佛教文化论》，第109—110页。
③ 王夫之：《读四书大全说》，中华书局1975年版，第406页。
④ 钱穆：《黄梨洲的明儒学案·全谢山的宋元学案》，《文艺复兴》第三十期。
⑤ 同上。

成与确立，显然是受到禅宗"宗统"观念之影响，且同样都强调"心传"。

第五是治学精神及方法方面，从学思并重，从师圣人、师其书，转变为师圣不如师心，师心以师圣，求圣于师心，不执经典，重于求理而略于求证。

第六是修为接引方法方面，强调"平常心"，特重"开悟"，教人参悟"公案"，以学人所问作为答问之答案等禅家方法，完全融入道学家之问学系统。

第七是思想方面，从以"德"打通小我与大我，转向承认可以"慧"打通小我与大我，换言之，道学家已完全接受禅家"人可由了悟以明彻本体"之观念，以解决"宇宙不曾隔限人，人自隔限宇宙"（陆象山语）之问题。

第八是体用观方面，禅之体用观影响道学家甚巨。

第九是心性论方面，朱子取效禅师之法，直以为"心病"所在即是"心药"之方，"凡日用间知此一病而欲去之，则即此欲去之心，便是能去之药"①，等等。②

总之，南宋儒学之面貌，已焕然一新；而这焕然一新之面貌，其"范型"基本上是在圜悟克勤及其《碧岩录》之影响与作用下建构的。

---

① 黄宗羲、全祖望：《宋元学案》卷四十八，《晦翁学案上·语要》，中华书局1986年版，第1531页。
② 上段文字参考杜松柏：《宋代理学与禅宗之关系》，《知止斋禅学论文集》，第153—178页。

四、山文化史上"山境开拓之模范"

圜悟克勤住夹山语录,目前可以确定的有《大正藏》第四十七册所载《圜悟佛果禅师语录》卷第一的一部分、卷第二的一部分以及卷第九的一部分。这些言论大大拓展了"夹山文化"之内涵,值得认真发掘。

我们均知夹山善会对"夹山文化"最重要贡献,是提出了"夹山境地"(简称"夹山镜")之专名,他所理解之"夹山境",就是所谓"猿抱子归青嶂后,鸟衔花落碧岩前"①。他也提到了"夹山顶",如说"日在夹山顶上"等,但并没有对"夹山顶"之内涵做出解释。圜悟克勤住夹山语录,不仅确定了"夹山顶"的内涵,还从"夹山关""夹山口"等方面,丰富了"夹山文化"之内容。

第一,"夹山顶"被定位为"顶门眼"。"顶门眼"是佛教中一重要概念。据称摩醯首罗天王面有三目,生于额上之一目即为"顶门眼"。禅宗以"顶门眼"比喻人之智慧与洞见,不仅能照见佛性,且能洞察秋毫。故"顶门眼"就是"慧眼",就是"慧目",就是"光明之眼"。圜悟克勤有"释迦老子,顶额放光,肘下悬符"之言,又有"如今千圣顶额上拈出了也""释迦老子,向千圣顶额,万仞峰头,指出金刚性"等言,②都涉及"顶门眼"。

夹山善会自号"佛日",也是讲"光明"的,讲佛教之目标只在求得"光明"。他说"日在夹山顶上",已有把"夹山顶"描绘为"光明之顶"之意。但他还只是说"光明在夹山顶上",还没有直接

---

① 《祖堂集》卷第七。
② 《圜悟佛果禅师语录》(以下简称《语录》)卷第五《上堂五》。

说"夹山顶就是光明顶"。圜悟克勤不同,他直接把"夹山顶"描绘为"光明之眼":"师入院,指方丈云:个是毗耶据坐处,正同摩竭令行时。夹山顶额通一窍,放出天彭老古锥。既放伊出头,且道,作得个什么伎俩,冲浪锦鳞来入罟,漫天网举不饶伊。"① 天网恢恢,疏而不漏,这就是佛教对于人世生活的理解。"漫天网举不饶伊",讲的是你本领再大,蹿上跳下,左冲右突,你总是会在网罗中。破不了网罗,也就得不到"光明"。怎么办?能否找到一个"网开一面"之地?

克勤以为这个地方就在"夹山顶"。"夹山顶额通一窍",这"窍"就是"天眼",是"放伊出头",窥视"光明"之洞孔。透过此"窍",我们得见黑暗人生中"一孔光明";有此"一孔光明",我们方有向上生存之勇气。我们也许不能"作得个什么伎俩"去冲破网罗,但我们毕竟已得"一孔光明"为我们漫漫长途之指引,也算不枉此生了。

"夹山顶"就是"顶门眼",就是"光明孔",这是克勤初至夹山时,给予夹山一重要定位。他到夹山上第一堂课,就围绕着"光明"而展开。他讲"域中日月斩新,方外乾坤独露",是讲"光明"的;他讲"一处透脱,千处百处该通,一机洞明,千机万机圆转",是讲"光明"的;他讲"碧岩不离此处,此处不离碧岩""衔华鸟过,抱子猿归""万卉正资和气力,碧岩先发一枝春",等等,也是讲"光明"的:"师指法座云:大众,还识宝华王么?更不落二落三。便敷座云:野猿抱子归青嶂,幽鸟衔华过碧岩。此地昔时曾作

---

① 《语录》卷第二《上堂二》。

客,今兹为主愧无惭。众中还有辩得宾主底衲僧么?"①

听到问题,堂上就有人答话:"雨细柳拖金线,风和华绽锦屏,云月溪山即不问,到家一句若为论。"克勤答:"坐断天下人舌头。"那僧又问:"只如尖新的事又作么生?"克勤答:"尔还识得舌头么?"僧又问:"云到碧岩千仞翠,月当青嶂万溪春。"克勤答:"更进一步始得。"僧又问:"莫便是摩竭令也无?"克勤答:"放尔三十棒。"又补充说:"门下青山泼黛,途中细雨如膏,灵云陌上桃华,处处芳菲溢目……"

此课堂上之对话,自不易解,但基本意思还是清楚的:那僧讲"雨细",讲"云月",自是"光明"得不够,所以克勤教他"坐断天下人舌头";那僧又讲到"云"与"月"、"翠"与"春",还是"光明"得不够,所以克勤教他"更进一步始得"。那僧不知如何"更进一步",于是扯到"摩竭令"之类。克勤制止,并自己描绘出"门下青山泼黛"之"光明"景象。

克勤在夹山最后一堂课,也是围绕"光明"展开。上堂即云:"第一句下荐得,祖师乞命;第二句下荐得,人天胆落;第三句下荐得,虎口里横身。"②人之智慧有高下,见识有深浅,得睹"光明"之时间自然就有先后。克勤接着说:"不是循途守辙,亦非革辙移途。透得则六臂三头,未透亦人间天上。"③"透得"就是能通过"顶门眼"窥见"夹山顶"上之"一孔光明",如此则"一了一切了,

---

① 《语录》卷第二《上堂二》。
② 《语录》卷第三《上堂三》。
③ 同上。

一成一切成,一见一切见,一得一切得"①,犹如六臂三头般。若是"未透"或"透不得",则就只能永沉"黑暗",不能由"人间"而达于"天上"。最后克勤以两句向往"光明"之话语作结:"生涯只在丝纶上,明月扁舟泛五湖。"②"丝纶"是"光明","明"是"光明","月"也是"光明";能够有一颗"明月扁舟泛五湖"之心,也就不枉曾到"夹山顶"。

克勤移住道林,在第一堂课上总结自己住夹山之心得:"数载碧岩藏拙讷,幽深颇惬再南心。业缘苦死相驱逼,随顺还须过道林。"③"夹山顶"上那"一孔光明",恐怕就是他"数载碧岩"生涯中最重要的创获。

第二,"夹山关"被定位为"向上关"。圜悟克勤初到夹山寺"小参",就论及"夹山关"的问题:"夹山寺入院小参。师云:收光摄彩信天真,事事圆成物物新。内既无心外无相,更于何处觅通津。还有透得赵州关底么?试出众相见。问:承师有言透得赵州关,如何是夹山关?师云:退身三百步。"④

"夹山关"之含义就是"退身三百步"。此是何意?我们看一样东西有一个"正常距离",超出这个"正常距离",就看不清了。看不清有时是坏事,有时却不一定是坏事。

一事当前,我们是在"正常距离"上做出决断,还是"退身三百步"做出决断,后果是很不一样的。"退身三百步",我们会站

---

① 《语录》卷第八《小参一》。
② 《语录》卷第三《上堂三》。
③ 同上。
④ 《语录》卷第九《小参二》。

得高一点,看得远一点,想得久一点;"退身三百步",我们就会与"当前利害"拉开距离,不再计较一时一地之得失;"退身三百步",我们就基本具备了"旁观者"之身份与"审美者"之目光。"夹山关"就是让我们"退身三百步"之关,就是让我们"登高望远"之关,就是让我们远离"当前利害"之关,就是让我们取得"旁观"身份与"审美"眼光之关。圜悟克勤给"夹山关"之定位,对"夹山文化"来讲是很关键的。夹山寺原有之山门与大殿之距离超出"正常距离",而有"骑马关山门"之说,此"远距离"也许正就是圜悟克勤"退身三百步"之距离。

克勤讲到"退身三百步",就有听者追问:"如何理解九天云静鹤飞高?"克勤答:"岂干阇黎事!"听者又问:"共相证据也何妨。"克勤答:"持聋作哑。"又说:"牛头没,马头回,全彰照用;金乌急,玉兔速,略露权衡。透得过底,似虎靠山,如龙得水;透不过底,闻恁么道,似鸭听雷鸣。盖未谙悉,元由一向情存知解。"①克勤为什么不正面解释"九天云静鹤飞高",为什么两度坐断听者舌头,一答之以"岂干阇黎事",再答之以"持聋作哑",弄得听者无言而退?克勤为什么要这样?就因为那句"九天云静鹤飞高",已经基本道出"退身三百步"之内涵。它有了"静",也有了"高","退身三百步"主要也就是为了获得一个"静"与"高"。

然后克勤开始论及"向上机关"之重要性,他说:"山僧今夜向作家面前,不惜眉毛放行去也。但能上无攀仰,下绝己躬,外不见大地山河,内不立闻见觉知。直下摆脱情识,一念不生,证

---

① 《语录》卷第九《小参二》。

本地风光，见本来面目。然后山是山，水是水，僧是僧，俗是俗。虽然，莫错认定盘星，更须知有解粘去缚向上机关始得。"接着克勤继续追问："且道作么生是向上事？雕弓已挂狼烟息，万里歌谣贺太平。"①

"向上机关""向上事"，就是克勤到夹山首次"小参"之落脚点，目的是告诉听者，这就是参禅之"通津"。在此意义上，"夹山关"就是一个"向上机关"，就是我们完成"向上事"之漫漫长途上之"出入境海关"，是我们"外不见大地山河，内不立闻见觉知"以及"证本地风光，见本来面目"之"通津"，是我们了悟人生、权衡得失之"定盘星"。

"关捩子"或"向上关捩子"，是禅宗中常见用语，意指明心见性之紧要处，之关键，犹如旅行途中之"关口"。北宋临济宗著名禅师黄龙慧南（1002—1069年），设有三问以勘验学禅者，且奉行此道三十余年，人称"黄龙三关"。《指月录》卷三十五载其内容为："人人尽有生缘，上府生缘在何处？""我手何似佛手？""我脚何似驴脚？"三问连贯而下，峰回路转，常弄得学禅者开口不是，不开口也不是。北宋兜率院从悦禅师（1044—1091年）也常设三语，作为勘验学禅者之关口，人称"兜率三关"。《续传灯录》卷二十二载其内容为："一曰拨草瞻风，只图见性，即今上座性在甚么处？二曰识得自性，方脱生死，眼光落地时作么生脱？三曰脱得生死，便知去处，四大分离向甚么处去？"

"黄龙三关"也好，"兜率三关"也好，都不及"夹山关"来

---

① 《语录》卷第九《小参二》。

得具体而形象。"夹山关"本就是路上之关口,圜悟克勤把它定位为"向上机关""向上关捩子""向上事"之路上之"通津",确能收"震撼人心"之效。"兜率三关""黄龙三关"之类,只是语言上之关口,属知之层面;"夹山关"则是地理上之关口,属行之层面。"夹山关"专名之提出,至少极大地拓展了禅宗"向上机关"之内涵,让我们知道"抽钉拔楔"之"关口"何在,"解粘去缚"之"关口"何在。

第三,"夹山口"被定位为"圌檐口"。克勤住夹山,"郡中出队众请小参",在此"小参"会上,克勤论及"夹山口":"师云:兰城道友集如云,选佛场开不二门。光饰碧岩无舌老,小参佳会四方闻。闻者争如见底,见底争如激扬酬唱底,还有作家禅客么?僧问:三世诸佛只言自知,历代祖师全提不起,一大藏教诠注不及,未审和尚如何?师云:夹山到这里口似圌檐。进云:捉败这老汉。师云:且喜没交涉。进云:恁么则天下人鼻孔被和尚穿却了也。师云:尔且道,夹山鼻孔在什么处?"[①]

此处"夹山口",是指夹山善会之口。夹山善会之口是一张什么口?是一张"大口","口似圌檐"之一张"大口"。大到一个什么程度?大到只剩下一张口,舌头看不见,鼻孔也看不见。故克勤说"光饰碧岩无舌老",又问"夹山鼻孔在什么处"。

善会住夹山辟玄机二十年,他究竟说了些什么"大话",而被克勤判为"口似圌檐"?我们知道他说过"语带玄而无路,舌头谈而不谈"之类的话,但这算不得"大话";他也说过"道无一法,无

---

① 《语录》卷第九《小参二》。

佛可成，无道可得，无法可舍"①之类的话，口气虽大一些，但也算不得"大话"。如果"三世诸佛只言自知，历代祖师全提不起，一大藏经诠注不及"这几句话是他说的，这可就是"大话"了。且不是一般"大话"，而是很大很大之"大话"，把列祖列宗全盘否定了，类似"历史虚无主义"。

当克勤问"夹山鼻孔在什么处"时，问话之僧便大喝一声。于是又有下面之对话："师云：也须穿脚。进云：明眼宗师天然有（自）在。师云：犹是落二落三。师乃云：开佛祖镬鞴用向上钳锤，拟议不来则千里万里，当锋荐得则坐断要津。此犹是化门之说。若确实而论，山僧有口无说处，诸人有耳无侧聆处，乃至日月未足为明，虚空未足为广，乾坤未足为大，万象未足为众。到这里一搓一捺，一挨一拶，要见本分事。且问，如何是本分事？大千沙界海中沤，一切圣贤如电拂。"②

此是对"夹山口"一完整说明。"夹山口"之主要特征是"大"，"大"到什么程度？"大"到"日月未足为明，虚空未足为广，乾坤未足为大，万象未足为众"。这是何等"广大"之心胸！知道此"大"，认识到此"大"，就是禅僧之"本分事"。"大千沙界海中沤，"是言其"大"；"一切圣贤如电拂"，是言其"久"。可久可大，这就是禅僧之"本分事"。这个"本分事"是"有口无说处"者，是有口说不出者。"夹山口"是个"大口"，其可久可大，常人是"蚊子叮铁牛，无个下嘴处"的。

---

① 据〔日〕忽滑谷快天：《中国禅学思想史》，朱谦之译，上海古籍出版社2002年版，第276—277页。

② 《语录》卷第九《小参二》。

禅师常说之"口",一是"金刚口",二是"一口吸尽西江水"。"金刚口"或称"金口",是对"佛口"之美称,言其口业如金刚般坚固不坏。故"金口"之说,主要是言其"久"。"一口吸尽西江水"是马祖道一答衡阳庞蕴居士语,主要是言其"大"。禅宗常说之"口",也主要是一个可久可大之"口"。难怪圜悟克勤要把可久可大界定为"夹山口"之内涵。

克勤是有"大根器""大机用"之禅师,所以他时时处处总念念不忘此"可久可大"。他住成都府崇宁万寿禅寺"上堂",讲:"大人具大见,大智得大用。胸中怀六合,袖里挂金锤。高提祖印据寰中,万里孤光长溢目。直得清风匝地,雨洒长空,截断两头,归家稳坐。"① 他住东京天宁寺"上堂",讲:"大人具大见,大智得大用,举一明三,告往知来。"②

他在夹山寺"小参",讲:"目前无法,胸中无心。上不见诸圣,下不见凡夫。外不见一切境界,内不见眼耳鼻舌身意。……一锤击碎圣贤窠窟,一刀截断生死根株,设使临济、德山、文殊、普贤,乃至无量无边,具大解脱,有大威神,无数河沙浩浩地来,不消一捏。"③ 又说:"大事未办,如丧考妣。"④ 又说:"具足凡夫法,凡夫不知;具足圣人法,圣人不会。圣人若会即是凡夫,凡夫若知即是圣人。此事一语两当。"⑤

---

① 《语录》卷第一《上堂一》。
② 《语录》卷第五《一堂五》。
③ 《语录》卷第九《小参二》。
④ 同上。
⑤ 同上。

他住道林寺"小参"，讲："若是透得底，须知其中有一条通天大路，把断要津，凡圣迹绝。若也挨得一线开，立得一机出。则千圣万圣罗笼他不住，千人万人寻觅他不着。"①他住蒋山寺"小参"，讲："一念万年，万年一念……任任运运，如兀如痴，不妨是一个决量大人。"②

他住东京天宁寺"小参"，讲："一点灵光异，万古照人间。……大人具大见，大智得大用。发大机，群机泯息；立一言，众言绝谓。……既有非常之旨，必藉非常之人；既有非常之人，必明非常之旨。"③他住云居山"小参"，讲："千人万人，但识取一人；千句万句，但识取一句；千机万机，但识取一机。"④他讲："遇上根大器，方可印受也。"⑤讲："等是大丈夫，应务敌胜惊群，满自己，本志愿，乃为本分，大心大见大解脱，无为无事真道人也。"⑥他讲："忠臣不畏死，故能立天下之大事；勇士不顾生，故能成天下之大名；衲僧家透脱生死不惧危亡，故能立佛祖之纪纲。"⑦

诸如此类之言论，都是克勤教人之"最高目标"，自然不容易做到；但有了此"最高目标"，每个参禅者就有了奔头，不再是盲目的。

我们均知唐代之夹山，只有一个"夹山境"，为善会禅师开拓出来，由"青嶂后"与"碧岩前"而构成。到两宋间，圜悟克勤禅

---

① 《语录》卷第九《小参二》。
② 《语录》卷第十《小参三》。
③ 《语录》卷第十一《小参四》。
④ 《语录》卷第十二《小参五》。
⑤ 《语录》卷第十五《示裕书记》。
⑥ 《语录》卷第十六《示一书记》。
⑦ 《语录》卷第二十《为范和尚下火》。

师把"夹山文化"大大拓展。夹山有了"夹山顶",那是"光明之顶",为我们黑暗人生开得"一孔光明";夹山有了"夹山关",那是"向上机关",给我们凡夫俗子一个"登高望远"之平台;夹山有了"夹山口",那是一张"匾檐大口",给我们愚夫愚妇开导"可久可大"之理。

"夹山文化"合"夹山境""夹山顶""夹山关""夹山口"而一之,呈现出无限丰富之内涵。这是夹山善会、圜悟克勤诸大师给我们留下的宝贵精神遗产。笔者曾说夹山在中华文化史上有极重要之地位,当然是因为在这里诞生了《碧岩录》;但假如没有《碧岩录》,而只有我们上面所说"夹山文化",它还是有极重要之地位。晚唐以降,沿长江一线铺展着的崇山峻岭,就是禅宗文化繁荣昌盛之沃土。禅宗一步步成长为中华文化之顶峰,这长江一线之崇山峻岭,也就一步步替代黄河一线之大平原,而成为中华文化之又一中心。夹山处在此文化中心之中上游,起着承上启下之作用。

克勤之行履,就是这种文化格局之缩影。夹山就是克勤全部生涯中,承上启下之山。到夹山之前,他没有产生巨大的影响;到得夹山,"数载碧岩"生涯使他获得此种力量,走出夹山他就能够开始影响中华文化。夹山是中转站,也是"加油站"。夹山"光明""向上""可久可大"之胸怀,滋养着生于斯、长于斯、住于斯之万民,使他们完全脱免"小家子气",走出去,总带几分"大模大样"之气质。

离开云居山真如禅院之前,克勤有一"退院上堂",实即"告别演讲",总结自己一生行履云:"七处住持三十载,今朝方作地行仙。上蒙圣主从卑愿，亭毒之恩远似天。见可而进，知难而退。权柄在手，舒放非他。住既无心，动亦非我。所以二六时中，与他同得同证，同出同入，岂有心于彼此，何有象于去来。所以道，欲识佛性义，当观时节因缘。时节若至，其理自彰。正当与么时，还委悉么？林间萧散处，世外一闲人。"复有颂云："禅月昔年曾有语，山僧师范作良谋。如斯标致虽清拙，大丈夫儿合自由。"①"七处住持三十载"之说，与《语录·上堂》所载行履，完全吻合。故有很高之可信度。

五、茶文化史上"茶禅一味之源头"

"茶"者，"人在草木中"。茶生天地草木、名山秀水间，承天地之精华；人假茶而通天地，茶乃沟通人与天地宇宙之良媒。此沟通之途径有三：曰德，曰智，曰体。以茶养德而得与天地通，此儒家之茶论；以茶养智而得与天地通，此释家之茶论；以茶养体而得与天地通，此道家之茶论。释儒道三家"一致而百虑，同归而殊途"，假不同之具，经不同之路，而登共同之极：人与天地参，人与天地通，人与天地万物为一体。此种"人在草木中"之共识，遍布中华文化之全体，茶论仅其一端耳。

《碧岩录》茶论在释家茶论中，处于关键地位。释家茶论之见于《碧岩录》者，均以"智慧"为落脚点，如"寻常茶饭""遇茶吃茶""将一帖茶来""吃茶去""路次煎茶""却吃茶""且坐吃茶""置茶筵相待""赵州吃茶""翻却茶铫""遇茶吃茶""吃茶

---

① 《语录》卷第八《上堂八》。

去"等。

吾人对于各则茶论初步之释读如下：（1）"寻常茶饭"——茶中"千句万句一时透"；（2）"遇茶吃茶"——茶中"净裸裸，赤洒洒"；（3）"将一帖茶来"——茶中"自领出去"；（4）"吃茶去"——茶中"承言须会宗"；（5）"路次煎茶"——茶中"随他去"；（6）却吃茶——茶中"千句万句只是一句"；（7）"且坐吃茶"——茶中"向事上觑"；（8）"置茶筵相待"——茶中"向根本上提"；（9）"赵州吃茶"——茶中"尽是向上拈提"；（10）"翻却茶铫"——茶中"当观时节因缘"；（11）"遇茶吃茶"——茶中"未曾分别"；（12）"吃茶去"——茶中"无你计较是非处"。以上均以"智慧"为落脚点。

各则茶论在《碧》书中之分布情况如下：第一则《圣谛第一义》："寻常茶饭"；第九则《赵州四门》："遇茶吃茶"；第十三则《巴陵银碗里雪》："将一帖茶来"；第二十二则《雪峰鳖鼻蛇》："吃茶去"；第二十九则《大隋随他去也》："路次煎茶"；第三十五则《文殊前后三三》："却吃茶"；第三十八则《风穴祖师心印》："且坐吃茶"；第四十一则《赵州大死底》："置茶筵相待"；第四十四则《禾山解打鼓》："赵州吃茶"；第四十八则《招庆翻却茶铫》："翻却茶铫"；第八十则《赵州初生孩子》："遇茶吃茶"；第九十五则《长庆阿罗汉三毒》："吃茶去"。以上茶论，归结到"智"与"慧"字之上，第四则《德山挟複问答》中克勤释读公案云："智过于禽，获得禽；智过于兽，获得兽；智过于人，获得人。"此为点题之言。

夹山善会以"智慧"论茶虽非最早，但以现存最早之禅宗史传

《祖堂集》①所载而论，善会也是最早者之一。该书乃"古来公案之集成"，更早者无文字记载。至于《碧岩录》以"智慧"论茶，则处禅宗之顶端；禅宗以"智慧"论茶，又处释家茶论之顶端。可见夹山茶文化之地位。

《碧岩录》被认为是"茶禅一味"之源头。如吴立民先生《中国的茶禅文化与中国佛教的茶道》一文，就明确地肯定"茶禅一味"是"由宋朝临济宗大师圜悟克勤提出的"，并说他在湖南夹山寺编著的《碧岩录》被韩国称为"天下第一奇书"，其手书"茶禅一味"四字真诀，"成为日本代代相传的国宝"。②又如刘墨先生《禅学与艺境》一书亦谓日本村田珠光（1423—1502年）正是因为从一休纯宗那里得到印可状——圜悟克勤之黑迹，而成为日本茶道之"开山祖师"，并谓圜悟克勤的墨迹已成为"日本茶道界最为珍贵的宝物"③。可知日本"茶道"实际就是"茶禅"，而《碧岩录》正是"茶禅"之源头。

此处应注意"茶道"与"茶禅"之区分，如果说"茶道"是茶与道之结合，"茶道是变相的道教"④，则"茶禅"便无疑是茶与禅之结合，"茶禅是变相的禅宗"。茶与禅虽关系密切，但在圜悟克勤以前，茶还只是禅之附着物，还不是禅本身，故不能命之为"茶禅"，而只能命之为"禅茶"。到圜悟克勤提出"茶禅一味"，茶一跃而成

---

① 五代南唐泉州招庆寺释静、释筠编著，南唐保大十年（952年）。
② 吴立民：《中国的茶禅文化与中国佛教的茶道》，《法音》2000年第9期。
③ 刘墨：《禅学与艺境》，河北教育出版社2002年版，第923页。
④ 〔日〕福光永司：《冈仓天心与道教》，《日本学者论中国哲学史》，中华书局1986年版，第503页。

为达到彼岸之桥梁，茶一跃而成为禅本身，而非禅之附着物，故此时方有真正所谓"茶禅"：以茶为禅；以禅之格式评茶品茶。

夹山善会之"夹山境地"，是一种"境界"，乃因茶而得。"酽茶三两碗，意在钁头边。""瓶有倾茶意，篮中无一盂。"①圜悟克勤论"境界"云："一尘中含一切境界，一切境界入一尘中。"②又云："终日吃饭，不曾嚼一粒米；终日着衣，未尝挂一缕丝。"③又云："一棒上，一喝下，一句一言，若细若粗，若色若香，一时穿透，方称无心境界。养得如婴儿相似，纯和冲淡。虽在尘劳中，尘劳不染；虽居净妙处，净妙收他不住。随性任缘，饥餐渴饮。"④又云："灰头土面处壁立千仞，壁立千仞处土面灰头。"⑤又云："树凋叶落，瓦解冰消，岁暮年穷，家残户破。以世谛观之，是不称意境界；以道眼观之，却是好个消息。"⑥

这是一种"智慧"。将此种"智慧"运用到茶论中，就有圜悟克勤下面之高论："遇饭吃饭不知是饭，遇茶吃茶不知是茶。"⑦这又是对《碧岩录》茶论之发展：这是儒、道两家完全不可能有之见解。

儒以德论茶，不可能入"不知是茶"之境；道以体论茶，以茶当药，更不可能入"不知是茶"之境；唯释家能，唯禅宗能，唯圜悟克勤能。

---

① 《祖堂集》卷第七《夹山和尚》。
② 《语录》卷第九《住道林寺》。
③ 《语录》卷第九《住夹山》。
④ 《语录》卷第十六《示成都府雷公悦居士》。
⑤ 《语录》卷第二《住夹山》。
⑥ 《语录》卷第九《住道林寺》。
⑦ 同上。

克勤从善会"酽茶三两碗"拓展出"不知是茶"等各种意境，成为夹山茶文化史上之重要创获。总之，夹山茶文化之定位，当从"茶禅一味"拓展至"智慧茶"，又从"智慧茶"拓展至"不知是茶"，此为全新之"境界。"以此"夹山境，张家界，谓之境界"，可以写到"夹山茶文化"旗帜上。

总体而观，"茶禅一味"之成长历程如下：从夹山善会"酽茶三两碗""这一碗是什么"，中经赵州禅师"吃茶去"，再到圜悟克勤"茶禅一味"。赵州先参南泉、黄檗、宝寿、盐官，后曾参夹山善会（嗣花亭，住澧州）。"年至八十，方住赵州城东观音院。"其《语录》第十二则称"老僧九十年前见马祖太师下，八十余员善知识"，或疑赵州年九十方定住一地。《赵州语录》第四百五十六则讨论"老老大大何不觅个住处"凡两次，一次与云居，一次与茱萸。其住赵州观音院，不管是八十而住，还是九十而住，均是在参夹山善会之后。其"吃茶去"之名论，受善会影响无疑。

第三章　文字禅三款六式论

——初阶文字禅与二阶文字禅齐备《碧》书考

《碧岩录》一书中，可见对于"示众""著语""代别""举""颂古""拈古"各加"著语"或"评唱"之情形。换言之，初阶文字禅与二阶文字禅齐备于《碧岩录》，此当引起学界高度重视。

一、文字禅三款六式论

禅门初阶文字禅，凡六式："著语"与"代别"为"点"之两式，"举古"与"拈古"为"评"之两式，"垂示"与"颂古"为"唱"之两式。凡三款六式。史上所谓"评唱"实为"点评唱"之简称。

禅门初阶文字禅六式中，"著语"旨在"定是非"，"代别"旨在"正离合"，"举古"旨在"论好坏"，"拈古"旨在"分正邪"，"垂示"旨在"知得失"，"颂古"旨在"别曲直"。

禅门二阶文字禅，乃是对于初阶各式之"再造作"。已见"集录"与"击节"两式，前者由评唱初阶之"颂古"而成，如《碧岩录》或《碧岩集》；后者由评唱初阶之"拈古"而成，如《佛果击节录》。两者之宗旨，均在"明显隐"。

二阶文字禅已成熟者，若无见"集录"与"击节"两式，则未来之发展空间极大。由评唱初阶之"著语"可得一式，由评唱初阶之"代别"可得一式，由评唱初阶之"举古"可得一式，由评唱初阶之"垂示"又可得一式。各式之名称，暂无以定，然亦可初步拟定。

由评唱初阶之"著语"而成之书，可拟名曰"论"或"议"或"辩"；由评唱初阶之"代别"而成之书，可拟名曰"诀"或"决"或"鉴"；由评唱初阶之"举古"而成之书，可拟名曰"记"或"训"或"释"；由评唱初阶之"垂示"而成之书，可拟名曰"讲"或"赞"或"考"。

若综合言之，集各式于一书，则可拟名曰"衍"或"大义"或"传"。

《碧岩录》一书中，已见对于"示众"加"著语"或"评唱"、对于"著语"加"著语"或"评唱"、对于"代别"加"著语"或"评唱"、对于"举"加"著语"或"评唱"、对于"颂古"加"著语"或"评唱"、对于"拈古"加"著语"或"评唱"六种情况。

初阶文字禅与二阶文字禅齐备于《碧》书，然《碧》书并未予二阶文字禅给出恰当专名，如此看来，文字禅历经千余年，其实并未完成。其发展空间，尚极其广阔。

另，因"集"与"录"被滥用，由评唱"颂古"而成之书，宜称为"慨古"。"慨古"一词，见于明圆澄《慨古录》。该书论"评唱"云："今之宗师，依本谈禅，惟讲评唱，大似戏场优人，虽本欲加半字不得。学者不审皂白，听了一遍，已谓通宗。……由是而推，今之谈宗者,寔魔所持耳。"

虽其对"评唱"有讥评,然其"慨古"二字,实可用之。今后即可称由评唱"颂古"而得为"慨古",由评唱"拈古"而得为"击节。"

对于"颂"之再加工,则有所谓"颂疏"。如《俱舍论颂释疏》,全称《阿毗达摩俱舍论颂疏论本》,三十卷,又作"俱舍论颂疏论本""俱舍颂疏""俱舍记颂疏""俱舍论颂释",略称"颂疏"。

《俱舍论颂疏》,唐圆晖撰,今存《大正藏》第四十一册。颂凡六百行,圆晖疏注之,为研究《俱舍论》之重要入门书。"颂疏"出于普光、法宝二疏之后,后来居上,盛行于两河、两京、江表、燕、齐、楚、蜀诸地。

可知在二阶文字禅层面,对于"颂古"而再加工,可称为"颂疏",亦可称为"释疏""释""疏""疏论"等。

二、著语论

圜悟克勤在《碧岩录》第二十三则《保福长庆游山次》之公案评唱部分,论"著语"云:"雪窦恁么道,也不妨险峻。若不是同声相应,争得如此孤危奇怪。此谓之著语,落在两边;虽落在两边,却不住两边。"

可知"著语"之内涵有三:(一)孤危奇怪,(二)落在两边,(三)不住两边。

"著"于佛法中,原即"执著"意。谓心情缠绵于某事理而不舍离。执于爱而不舍离,曰"爱著";执于贪而不舍离,曰"贪著";等等。

《大乘义章》卷二云："缠爱不舍名著。"

《释门归敬仪》卷上云："著是病本"。

《法华经·方便品》云："吾从成佛已来，种种因缘，种种譬喻，广演言教，无数方便，引导众生，令离诸著。"

"诸著"即是诸种执著，如爱著、贪著等。

"著心"即执着于事理之心。"著法"即执着于法，或执着之念及所执着之事物。执着于"实在之我"，谓之"著我"或"我著"；执着于万事万物，谓之"著法"或"法著。"

文字禅中之"著语"，与上述之"著"有关，然又超越上述之"著"。

《佛光大辞典》释"著语"为"置评语"，"著"即"置"，有一定道理，但不完备。置而不舍，即是"执著"；置，然后舍之，即是"舍着"。文字禅中之"著语"，应有"执着"与"舍著"双重含义："置"与"著"乃不得已之方便法门，"置"之目标即在"舍置"，"著"之目标即在"舍著"。

"著语"又作拣语、拣话、下语。《佛光大辞典》将其严格限定为"对公案之本则、颂等所加之短评"，似有偏颇。"著语"类似今日之"案语"，如"严译名著"中之"严案"，《德育鉴》中之"启超案""张译纯理检别"中之"东荪案"等。"案语"可以加于任何地方。同理，"著语"亦可以置于任何地方，而不必仅限于公案之"本则"与"颂"。

另当注意者，张明远重刊本《碧岩录》中，并未出现"著"字或"著语"二字，只是以小字表示，后人称为"著语"而已。

故就《碧岩录》而言，"著语"又可称为"小字"或"小字语"。唯见第四则《德山挟複问答》之公案中,出现了三次"雪窦著语云",可知克勤本人已有称"小字语"为"著语"之习惯。又见第十八则《忠国师无缝塔》之公案中出现四次"雪窦著语云"。另,第三十六则、第五十五则亦然。

如《碧岩录》第三则《马祖日面佛月面佛》之"公案"部分,"著语"情况如下:

马大师不安(这汉漏逗不少,带累别人去也)。院主问和尚近日尊候如何(四百四病一时发,三日后不送亡僧,是好手,仁义道中)。大师云日面佛月面佛(可煞新鲜,养子之缘)。

括号中之语,即是"著语"。
在其"颂"部分,"著语"情况如下:

日面佛月面佛(开口见胆,如两面镜相照于中,无影像)。五帝三皇是何物(太高,生莫谩他好,可贵,可贱)。二十五年来曾苦辛(自是尔落草,不干山僧事,哑子吃苦瓜)。为君几下苍龙窟(何消恁么,莫错用心好,也莫道无奇特)。屈(愁杀人,愁人莫向愁人说)。堪述(向阿谁说,说与愁人愁杀人)。明眼衲僧莫轻忽(更须子细,咄,倒退三千)。

括号中之语,即是"著语"。

又如《碧岩录》第百则《巴陵吹毛剑》之"公案"部分,"著语"情况如下:

僧问:巴陵如何是吹毛剑(斩,〔险〕)。

陵云:珊瑚枝枝撑着月(光吞万象,四海九州)。

括号中之语,即是"著语"。

在其"颂"部分,"著语"情况如下:

要平不平(细如蚘蜉,大丈夫汉,须是恁么)。大巧若拙(不动声色,藏身露影)。或指或掌(看,果然这个不是)。倚天照雪(斩,觑着则瞎)。大冶兮磨砻天下(更用锻炼作什么,干将莫能[来])良工兮拂拭未歇(人莫能行,直饶干将出来,也倒退三千)。别别(咄,有什么别处,赞叹有分)。珊瑚枝枝撑着月(三更月落,影照寒潭,且道:向什么处去。直得天下太平,醉后郎当愁杀人)。

括号中之语,即是"著语"。

以上即"著语"之例。观其做法,可知"著语"非"注释",非"释语",亦非"疏",非"疏语"。可算一种"评语",然非一般"理评"或"文评",实乃"慧评"或"酷评"。

其特点,即如《碧岩录》第一则之"垂示"语:截断众流,东涌西没,逆顺纵横,与夺自在,举一明三,目机铢两。此为一般"案语"或"评语"所不及。

三、《碧岩录》中"重著"之例

"重著",即"著语"之上再加"著语",属于二阶文字禅。

第四则"举"中,三见"雪窦著语云",均系"重著"之例。

在"雪窦著语云:勘破了也"句下,克勤再加"著语"云:"错,果然点。"之下又重复之。

在"雪窦著语云:雪上加霜"句下,克勤再加"著语"云:"错,果然点。"

第十八则"举"中又三见"雪窦著语云",又系"重著"之例。

在"雪窦著语云:独掌不浪鸣"句下,克勤再加"著语"云:"一盲引众盲,果然随语生解,随邪逐恶作什么。"

在"雪窦著语云:山形拄杖子"句下,克勤再加"著语"云:"拗折了也,也是起模画样。"

在"雪窦著语云:海晏河清"句下,克勤再加"著语"云:"洪波浩渺,白浪滔天,犹较些子。"

第二十三则"举"中见"雪窦著语云:今日共这汉游山,图个什么",句下克勤再加"著语"云:"不妨减人斤两,犹较些子,傍人按剑。"

第三十一则"举"中两见"雪窦著语云"。

在"雪窦著语云:错"句下,克勤再加"著语"云:"放过则不可,犹较一着走。"

又在另一处"雪窦著语云:错"句下,克勤再加"著语"云:"放过不可。"

第三十六则"举"之未见"雪窦著语云:谢答话",句下克勤再加"著语"云:"一火弄泥团汉,三个一状领过。"

第五十五则"举"之末段见"雪窦著语云:苍天苍天",句下克勤再加"著语"云:"太迟生,贼过后张弓,好与一坑埋却。"

四、《碧岩录》中"代别"之例

第一则"颂古"之末云:"师顾视左右云:这里还有祖师么?自云:有。唤来与老僧洗脚。"此处"自云",即是"自代云"。

第六则"举"之末云:"自代云:日日是好日。"

第二十五则"举"之后段两见"自代云":"古人到这里为什么不肯住?众无语。自代云:他途路不得力。复云:毕竟如何?又自代云:栁楝横担不顾人,直入千峰万峰去。"

第四十二则"举"之末云:"雪窦别云:初问处,但握雪团便打。"此处之"别云",即是"别"之显例。

第八十三则"举"之末云:"自代云:南山起云,北山下雨。"

第八十六则"举"之末云:"自代云:厨库三门。又云:好事不如无。""又云"即"又自代云"。

五、代别论

据赵娜2011年博士学位论文《北宋"文字禅"研究》,"代别"为"代语""别语"之合称,解读"公案"形式之一。出现于唐末五代,《祖堂集》中已载石头希迁与马祖道一之弟子药山惟俨、南泉普愿运用"代语"之例,如卷四药山问云岩段之"师代曰:还曾担担么",卷十六南泉问黄檗段之"自代云:更觅则不得有"等。

杜继文、魏道儒《中国禅宗通史》认为"代语"有含义二:

"其一是指问答酬对,禅师设问,听者或懵然不知,或所答不合意旨,禅师便代答一语;其二是指古人公案中只有问话,没有答语,代古人的答语。公案中原有答语,作者另加一句别有含义的话。"[①]末句话所指即"别语"。

运用"代语"者,以石头系为主,洪州系少用。石头系中又以两大圈为主:一曰药山再传石霜庆诸、洞山良价辈及其弟子,扩大"代语"使用范围,形成"代语"模式;二曰石头希迁四传及五传弟子雪峰义存及其弟子,亦使用之。

北宋运用"代别"者,以善昭与重显为重镇。《汾阳无德禅师语录》载善昭"代语"百余则,"别语"三则。该书卷中给出"代别"之含义:"室中请益,古人公案未尽善者,请以代之,语不格者,请以别之,故目之为代别。"(《大正藏》卷四十七)此为"代别"最"科学"之"定义"。

"别语"另一形式之一,为"同问异答",类于问答学中之"境遇主义直答"。亦即对于学人所问固定问题,禅师给予不同回答。如"祖师西来意""如何是佛""向上一路""前后事"等之问答。就此层意思而观,"别语"实极为常用,可说不懂"别语",即不够禅师资格。

善昭"代语"中,既有"直答",亦有"反答"与"不答",是问答学之重要素材。其"别语"则仅有三则:在"马鸣问迦毗摩罗"段有"别云:许即不让",在"龙树行化,至西印土"段有"别云:

---

① 杜继文、魏道儒:《中国禅宗通史》,江苏古籍出版社1993年版,第388页。

因一事长一智",在"王问尊者曰"段有"别云：知师不各"。

重显之"代语"较之善昭，数量更大，运用范围更广。且以"代语"为儒、释交通之方式。如《瀑泉集》中六则宋太宗与僧人问答之"代语"。

"别语"亦超过善昭，《瀑泉集》载有三十四则。"别"之方式亦丰富多彩：或别肯定为否定，或别否定为肯定，或别实言为虚言，或别主位为宾位，或别疑问为非疑问，或别非疑问为质疑，等等。

对于同则公案，善昭与重显之"代别"各有不同。如"四祖见牛头"案，昭代云："一似怕。"显代云："但亦作怕势。"又代云："泊合放过。"

又如"金刚经最初两字"案，昭代云："早是葛藤。"显别云："以拄杖打。"

"代别"之作用，赵娜以为有三项：一曰匡正对"公案"之解读，二曰开启"玄言"解读风气，三曰限制禅之灵活性与变通性。

"代别"于北宋前、中期，相对流行，后渐被韵律型"颂古"取代。①

又，"代"起源于《祖堂集》。《祖堂集·石头和尚》在"师将锹子划草次"一段之末，附云："洞山代曰：还有堆阜摩？"②此处"代曰"即"代"之起源。

《祖堂集·药山和尚》在"师书一佛字问道吾"一段之末云：

---

① 以上参考赵娜：《北宋"文字禅"研究》，西北大学博士学位论文，2011年，第53—74页。

② 《祖堂集》，第202页。

"千佛代,叉手退后立,又代药山第二机曰:错。"①

同样,"别"亦起源于《祖堂集》。《祖堂集·洞山和尚》在"师问僧有一人在千万中"一段云:"师却问典座:此是什么人?对曰:此人无面背。师不肯。又别对曰:此人无面目。"②此处"又别对曰",即是"别"之源头。

六、举论

《佛光大辞典》有"举"之专条,云:禅门举起、举出之意,用于禅录记载禅师提示祖录公案之时,或提起拳棒以启发学人之时。自"提示唱道"之意而观,相近用语还有举向、举示、举拈、举唱、举似、举著、举看等。延伸而言,向学人举示古则,谓之举古或举则;向学人举示话头公案,谓之举话。详情请参《敕修百丈清规》卷下《节腊章》、《无门关》第十三则、《联灯会要》卷七。

相关用语还有:

举向(提示唱道祖录公案)、

举似(以言语提示古则或以物示人)、

举则(举唱本则或公案)、

举唱(以叱喝之声破除学人之邪见与谬想)等。

---

① 《祖堂集》,第228页。另见该书第255、272、276、296、300—301、302—303、304—306、308—309、311、317、319、327、336、359、366—367、368、370、374、385、386、393、414、432—433、478、486—487、491、496页。

② 同上书,第311页。另见该书第353、356、372、452、495页。

依《碧岩录》之例,"举"之前常接"垂示"之末字"试举看"或"看取";"举"之后则列公案本身。可知"举"常与"试举看"或"看取"配套使用。

《碧岩录》中以"试举看"紧接"举"字者,有第三则、第四则、第五则、第八则、第九则、第十则、第十一则、第十三则、第十五则、第十六则、第十七则、第二十则、第二十二则、第二十三则、第二十四则、第二十五则、第二十七则、第二十九则、第三十一则、第三十二则、第三十三则、第三十七则、第三十八则、第四十则、第四十一则、第四十二则、第四十三则、第四十五则、第四十六则、第四十九则、第五十则、第五十一则、第五十三则、第五十四则、第五十五则、第五十六则、第五十九则、第六十则、第六十一则、第六十二则、第六十三则、第六十五则、第六十八则、第六十九则、第七十则、第七十三则、第七十五则、第七十六则、第七十七则、第七十九则、第八十二则、第八十五则、第八十七则、第八十八则、第九十则、第九十一则、第九十二则、第九十五则、第九十七则、第九十九则、第百则。

赵娜认为"举古"出现于公元8世纪左右,主要有两种方式:弟子列举先师之事(多为自己的嗣法师);列举佛教经典中之语句或佛教历史事件。

前者发生在石头系药山惟俨之弟子云岩昙晟时期,其列举先师事迹作为教材教化弟子,掀起"举古"之风。石头系天皇道悟门下德山宣鉴亦举先师证据。赵州从谂亦引先师南泉普愿。

后者在曹山本寂时已存在,其曾举《妙法莲华经》"无问而自说,称赞所行道"句说法。

两种方式在雪峰义存之弟子时代形成风气，尤以云门文偃、长庆慧稜、安国弘韬为代表。《云门匡真禅师广录》(《大正藏》卷四十七) 已成唐末五代"举古"之典范，参学问道之重要内容。①

又，"举"起源于《祖堂集》。《祖堂集·云岩和尚》在"南泉云智不到处"一段之末，附有三"举"，云："有人举问洞山：云岩与摩道，作摩生？洞山云：在途也。有人举问云居：洞山与摩道，意作摩生？居云：说似也。有人举问疎山：云居与摩道，意作摩生？疎山云：一棒打杀龙蛇。"② 此处"举问"即是"举""举古"之源头。

七、拈古论

圜悟克勤《碧岩录》第一则论"颂古"云："大凡颂古，只是绕路说禅。"论"拈古"云："拈古，大纲据款结案而已。"

《佛光大辞典》有"拈提"条，涉及"拈古"，云：谓拈评古则。又作拈古、拈则。禅林说法，拈举古则公案以开发学人之心地。禅宗本旨原系教外别传，不立文字，不依经论等，然为使学人体悟言诠所不及之生死大事，乃拈提古则公案以举示宗门之要旨。宗师拈示之古则、公案、机缘语句等，称为拈语。详情参《拈八方珠玉集序》，《宏智禅师广录》卷二、卷三，《从容录》第二十一则评唱等。③

《佛光大辞典》又有"提唱"条，亦涉及"拈古"，云：又作提

---

① 赵娜：《北宋"文字禅"研究》，第43—44页。
② 《祖堂集》，第255页。另见第348、352—353、367、372、491、495页。
③ 《佛光大辞典》，第3266页。

倡、提纲、提要。提纲唱要之意。即禅林向学徒拈提宗门之纲要。一般多就古德之语要而唱说之,故又称为拈古、拈弄。盖禅宗之宗旨为教外别传,不立文字,故虽讲说语录,亦唯提示宗门之纲要,学人欲明个事,更须勤学励参。其他宗派类似活动,则名为讲释、讲义。《大鉴禅师小清规秉拂提纲法》云:"衲僧以参学为主,头首以秉拂为主,秉拂以提纲为主,提纲以宗眼为主。宗眼既正,则举扬个一段大事。胸襟浩之地,盖天盖地,纵横得妙,左右逢原。"详情参《元叟行端禅师语录》卷五,《答慈云【王壬】长老嗣法书》,《古尊宿语录》卷六,《睦州和尚语录》,《敕修百丈清规》卷上《住持章》,《禅苑清规》卷二《小参》等。①

圜悟克勤本人即撰有《拈古百则》,载于其《语录》卷十六、卷十七、卷十八。观其格式,即是以"师云"或"师拈云"之形式,表达对某则公案之见解。如对"翠岩眉毛"之公案,克勤拈云:输机是算人之本,翠岩坐却人舌头,无鹘啄处。长庆云生也,因事展智;保福云作贼人心虚,是精识;门云关,据款结案。虽宗师竞酬,还截得翠岩脚跟么?不蹑前踪,试请道看。

又如对"德山问话者三十棒"之公案,克勤拈云:德山大似金轮圣王,寰中独据四方八表,无不顺从。等闲布一敕,施一令,直得草偃风行。若不是这僧,争见杀活擒纵,威德自在。法眼云大小德山,话作两橛;圆明云大小德山,龙头蛇尾;雪窦云德山握阃外威权,有当断不断、不招其乱底剑。虽则直截单提,各能扶竖,德山要且只扶得末后句,未扶得最初句在。且作么生是德山最初句?

---

① 《佛光大辞典》,第4958页。

大鹏欲展摩霄翅，谁顾崩腾六合云。

又如对"南泉各与二十棒"之公案，克勤拈云：南泉动弦，赵州别曲。苦痛苍山，寒山拾得。若是崇宁则不然，灯笼露柱，昨夜起，佛见法见。各与二十棒，令归本位去也。或有个出云：和尚棒教谁吃？只对他道：落宾落主。

可知"拈古"与"颂古"之别，只在形式，不在实质。"颂"为韵律句或长短句，"拈"则为日常语，"评论""提唱"之实质未变。"颂"似与"偈"有关，而"拈"似与"说"有关。

赵娜认为，"拈古"出现于唐末，主要见于雪峰义存门下。当时"拈古"主要是"拈"出他人话语，继而发问，回答者与"拈问者"并不完全一致。北宋禅师继之，纷纷借助"拈古"形式表达见解，提出新意，推动"拈古"盛行。

宋初善昭之弟子琅琊慧觉有"拈古"之作，今存《古尊宿语录》卷四十六。《建中靖国续灯录》（1101年）卷二十七有"拈古门"专条，列二十九师八十六则"拈古"之作，今存《续藏经》第136册。《嘉泰普灯录》（1204年）卷二十六亦列"拈古"之作，含四十五师百八则"拈古"，今存《续藏经》第137册。

北宋"文字禅"大师雪窦重显、黄龙惠南、杨岐方会、投子义青、圜悟克勤等，皆有"拈古"之作。宋师祖庆重编为《拈八方珠玉集》，今存《续藏经》第119册。清师净符再汇之，集成《宗门拈古汇集》，今存《续藏经》第115册。

北宋"拈古"经历"固定化"与"完善化"之趋势：与"举古"密切结合；重在"品古"、评论、个人见解；"意旨在辨别正误，明确禅宗正学"，并去"邪"；目的在"教化后学""因材施教"。①

清净符《宗门拈古汇集》之"凡例"云:"自有佛祖以来,千七百则机缘,经作家手,拈掇一过,不啻黄金增色,真能便陈烂葛藤顿生光怪。则拈掇语当,尤重于机缘。"认为"拈"比"公案"本身更重要。

圜悟克勤"拈古观"值得关注。其《佛果击节录》明确给出"拈古"之内涵:(1)"要须出他古人意,方唤作拈古。"(2)"大凡拈古,须平将秤称斗量了,然后批判。"其《碧岩录》又曰:"拈古,大纲据款结案而已。"

赵娜认为:"据款结案非克勤首创,唐末雪峰义存勘验学人时已使用。"《明觉禅师语录》卷三载:"峰云:我与么及伊,尔又道据款结案;他与么及我,又道成何道理。一等是什么时节,其间有得不得。清云:不见道,醍醐上味,为世所珍,遇此之人,翻成毒药。"此即其例。善昭、重显多次提及,克勤以降,宗杲、正觉等继承此法。②

又,"拈"起源于《祖堂集》。《祖堂集·惠能和尚》在"有人问黄梅意旨"一段之末,附云:"云大师拈问龙花:佛法有何过,祖师不肯会?花云:向上人分上合作摩生?进曰:向上人事如何?花云:天反地覆。"③此处"拈问",即是"拈古"之源。

在"六祖见僧竖起拂子"一段之末,附云:"有人拈问招庆:曹溪竖起拂子,意旨如何?庆云:忽有人回杓柄到,汝作摩生?学

---

① 以上参考赵娜:《北宋"文字禅"研究》,第46—47页。
② 《明觉禅师语录》卷三,第49—50页。
③ 《祖堂集》,第129页。

人掩耳云:和尚!庆便打之。"① 此处"拈问"即是"拈古"之源。

八、击节论

《佛光大辞典》有"击节录"专条,释"击节"云:"即雪窦重显拈提百则古则,圜悟克勤对之一一著语评唱。"并认为"其形式类于《碧岩录》","所谓击节,即相对于拈古而言,谓击节其间,使人不觉手舞足蹈"。②

"击节",字面义即击打乐器以调节乐曲,或谓"节"为一种乐器。

左思《蜀都赋》即见"击节"二字:"羽爵执竞,丝竹乃发。巴姬弹弦,汉女击节。"

《晋书·乐志下》亦见"击节"二字:"魏晋之世,有孙氏善歌旧曲,宋识善击节唱和。"

袁宏《三国名臣序赞》亦见"击节"二字:"尚想重晖,载挹载味。后生击节,懦夫增气。"不过此处之"击节",未必与音乐有关。

明大建校《禅林宝训音义》释"叩关击节"云:"叩关,紧要处,难过而能过;击节,阻隔处,不通而能通也。谓叩其机关,击其节要,提持祖印,显露真机,于节要处敲击,使其庆快也。"③

将"击节"发展成文字禅之一种体裁,始于圜悟克勤,似亦终于圜悟克勤。禅门以"击节"入书名者,似仅有《佛果击节录》一部,前不见古人,后不见来者。

---

① 《祖堂集》,第129页。另见236、254、259、272、276、296、298、308、319、327、347、355、357、369、393、414、486、491页。
② 《佛光大辞典》,第6439页。
③ 《续藏经》第113册,第279页。

"击节"就实质而言，即"击打节拍"，有如今日之沙锤。就其形式而言，确有"类于《碧岩录》"之处，即均系一种"评唱"。只是"评唱"对象有不同：《碧岩录》是对于"颂古"而"评唱"，《击节录》则是对于"拈古"而"评唱"，其他如"举""著语"等，则大同小异。

《击节录》无"垂示"，然无"垂示"却未必就是"击节"。如《碧岩录》，即有二十一则无"垂示"，它们是第六则《云门日日好日》、第十四则《云门一代时教》、第十八则《忠国师无缝塔》、第二十六则《百丈独坐大雄峰》、第二十八则《南泉不说底法》、第三十则《赵州大萝卜头》、第三十四则《仰山不曾游山》、第三十六则《长沙芳草落花》、第四十四则《禾山解打鼓》、第四十八则《招庆翻却茶铫》、第五十二则《赵州渡驴渡马》、第五十八则《赵州分疏不下》、第六十四则《赵州头戴草鞋》、第六十七则《傅大士讲经竟》、第七十一则《五峰和尚并却》、第七十二则《云岩和尚有也》、第七十八则《开士入浴》、第八十则《赵州初生孩子》、第八十三则《云门古佛露柱》、第九十三则《大光这野狐精》、第九十六则《赵州三转语》。若谓无"垂示"即是"击节"，则以上二十一则即可归入《击节录》中。

《击节录》所以不同于《碧岩录》者，在《击节》之对象为"拈古"，而《碧岩录》之对象为"颂古"。"拈"与"颂"之别，前已论及。故《击节录》在"举"之末，必列"张三拈云""李四拈云""王五拈云"或"张三云""李四云""王五云"等段落，而《碧岩录》则无。《碧岩录》另段列示重显之"颂"并予评唱，此则为《击节录》所无。

如《佛果击节录》第一则《德山示众》，在"举"之末，列示诸"拈"如下："法眼拈云：大小德山，话作两橛。圆明拈云：大小德山，龙头蛇尾。雪窦拈云：二老宿虽善裁长补短，舍重从轻，要见德山亦未可。何故？德山大似握阃外威权，有当断不断，不招其乱底剑。诸人要识新罗僧么，只是撞着露柱的瞎汉。"以下便是圜悟克勤对于诸"拈"之"评唱"。

《佛果击节录》第二十八则《三圣金鳞》，与《碧岩录》第四十九则《三圣透网金鳞》，系同一则公案。《碧岩录》则"举"字之下只列公案，不接其他内容；而《击节录》在列示公案之后，还加列雪窦之"拈"。内容为："雪窦云：可惜放过，好与三十棒。这棒一棒也饶不得，直是罕遇作家。"之下便是克勤对于雪窦之"拈"之"评唱"。

可见《击节录》与《碧》书之最根本区别，在其"评唱"之对象为"拈"或"拈古"，而《碧》书"评唱"之对象为"颂"或"颂古"。抓住此一根本点，吾人即可判定《碧》书中是否含有"击节"之内容。

《佛果击节录》上、下两卷，署"雪窦明觉禅师拈古佛果圜悟禅师击节"。又称《击节录》《圜悟击节录》。今载《卍续藏》第117册。详情请参《禅籍志》卷上、《禅学要鉴》、〔日〕忽滑谷快天《禅学思想史》卷下、〔日〕白石芳留《禅宗编年史》等。

《重刻圜悟禅师击节录题辞》云："圜悟禅师，电机波辨，色丝妙绝，可谓文武火炉，锻练学人矣。"既言"文武火炉"，则有"文火"与"武火"之别。"评唱"其为"文火"，"击节"其为"武火"乎？"举""拈古""击节"其为"文火"，"垂示""著语""颂古"

其为"武火"乎?

赵娜则认为:"禅门中运用'击节'者,仍为克勤,他在重显'拈古百则'的基础上,采用'评唱'的体例,但在论述方式上有所简化而集成《佛果击节录》。'评唱'与'击节'成为北宋末年特有的表达形式,对世俗文学(评书、小说)的发展有一定的影响。"①

赵娜还认为"评唱"与"击节"(一)由"绕路说"转向了"直接说",(二)"客观上开启了"禅门"文字疏证之风"。②赵氏此说有误。禅门始终重"绕说","直说"仅其特例也。

宋道融《丛林盛事》卷上云:"士大夫中,谛信此道,能忘齿屈势,奋发猛利,期于彻证而后已。如杨大年侍郎、李和文都尉,见广慧琏、石门聪并慈明诸大老,激扬酬知,斑斑见诸禅书。杨无为之于白云端,张无尽之于兜率悦,皆扣关击节,彻证源底,非苟然者也。"③

九、《碧岩录》中"拈古"与"击节"之例

第二十则在"颂古"之位置,明示"雪窦拈出令人看",表示是"拈古"而非"颂古"。下段再次明示"雪窦复拈云",亦指"拈古"而非"颂古"。对"拈古"加"著语"或"评唱",即是所谓"击节"。

查《碧岩录》第三十三则《陈操具只眼》,在其"举"之末,出现了如下内容:"雪窦云:陈操只具一只眼。"此处"雪窦云",即

---

① 赵娜:《北宋"文字禅"研究》,第18—19页。
② 同上文,第96—97页。
③ 《续藏经》第148册,第70页。

是"雪窦拈云"。接下来"著语"与"评唱"亦是围绕雪窦之"拈"而展开的。换言之,此段"评唱"即是"击节"。接下来列示雪窦之"颂",并予"评唱",则不属"击节"。

第四十二则《庞居士好雪片片》,在其"举"之末,出现如下内容:"雪窦别云:初问处,但握雪团便打。"此处"别云"亦当归入"拈云"一类。

第四十八则《招庆翻却茶铫》,在其"举"之末,出现如下内容:"雪窦云:当时但踏倒茶炉。"此处"云"即是"拈云"。

第六十一则《风穴家国兴盛》,在其"举"之末,出现如下内容:"雪窦拈拄杖云:还有同生同死底衲僧么?""拈拄杖云"即是"拈云"。

第八十一则《药山尘中尘》,在其"举"之末,出现如下内容:"雪窦拈云:三步虽活,五步须死。"此处直接出现"拈云"二字,然后予"拈云"加"著语"与"评唱",属地地道道之"击节"。另,本则"颂古"之末出现"雪窦高声云"字样,亦属"拈古"。

第八十四则《维摩不二法门》,在其"举"之末,出现如下内容:"雪窦云:维摩道什么。复云:勘破了也。"此处"云"即"拈云","复云"即"复拈云"。

第八十五则《桐峰庵主作虎声》,在其"举"之末,出现如下内容:"雪窦云:是则是,两个恶贼,只解掩耳偷铃。"此处"云"即"拈云"。

第九十一则《盐官犀牛扇子》,在其"举"之末,出现如下内容:"雪窦拈云:我要不全底头角。……雪窦拈云:犀牛儿犹在。……雪窦拈云:适来为什么不将出。……雪窦拈云:可惜劳而无功。"一则公案中,连出四次"雪窦拈云",极为罕见。对其"拈云"加"著语"并进行"评唱",就是"击节"。

另外,第四则《德山挟複问答》,在"举"之中与之末,连续出现三次"雪窦著语云",一为"勘破了也",二为"勘破了也",三为"雪上加霜"。

第十八则《忠国师无缝塔》在"举"之末,连续出现四次"雪窦著语云",一为"独掌不浪鸣,中有黄金充一国",二为"山形拄杖子,无影树下合同船",三为"海晏河清,琉璃殿上无知识",四为"拈了也。"

第三十六则《长沙芳草落花》在"举"之末,出现"雪窦著语云:谢答话"。

第五十五则《道吾一家吊慰》在"举"之中出现"雪窦著语云:苍天,苍天"。

所有围绕这些"雪窦著语云"而展开的"著语"与"评唱",是否亦可以归入"击节"体裁呢?我以为是可以考虑的。反正它们不是针对"颂古"而展开,可以不必归入"录""集"体裁。

总之,笔者现基本可判定,《碧岩录》已含有"击节"之体裁,其评唱之对象,一为"雪窦云",如第三十三则、第四十八则、第八十四则、第八十五则;一为"雪窦别云",如第四十二则;一为"雪窦拈拄杖云",如第六十一则;一为"雪窦著语云",如第四则、第十八则、第三十六则。

更为重要的,是直接针对"拈云"而展开的"评唱",直接就是"击节",如第八十一则、第九十一则。

《碧》书既含有"击节"体裁,则《佛果击节录》就非为"孤证"。同时亦说明,《碧》书除新开创"评唱"体裁外,还发扬光大了"垂示""举""著语""颂古""拈古""击节"六种体裁;"评唱"为新创,计入则有七种体裁。所有"文字禅"之体裁,备于一书,此所以《碧》书被称为"天下第一书。"

刘方以经学之"疏"评《碧》书之体裁,云:"克勤的《碧岩录》从方法论的意义而言,体现出典型的传统阐释学方法的特征,在体例上借鉴中国传统经学阐释学的范式很明显,相当于经学之疏,既对经典文献经注作出解释,又有训诂,有注释,还有公案前因后果的背景、因缘的介绍。《碧岩录》将禅门玄奥的公案,化为易解的思想,使初学僧人得以窥视禅悟的门径。另外,克勤在《碧岩录》的体例上,也创造了中国传统经学阐释传统中所没有的一些方法,比如评唱,比如对公案因缘的介绍。"①

刘氏以"评唱"为"创造",也许太过;真正之"创造",也许在"公案体"。传统经学无"公案体",禅门有"公案体",此乃根本之差别,亦即禅门之"创造",亦即《碧岩录》之"创造"。

赵娜曾提出"文字禅"五式说,云:"'文字禅'的主要表现形式有,'代别''拈古''颂古''评唱''击节'。除了'拈古'没有明文记载始于临济宗人外,在北宋,其他四种皆始于该宗。'代别'始用于首山省念,其弟子汾阳善昭续之,正式以'代别'作为解读'公案'的形式。善昭对'文字禅'的贡献还在于,作《颂古百则》,以'颂古'作为解读'公案'的另一种形式。后来云门宗人雪窦重显仿照善昭'颂古'的体例,另作《颂古百则》,推动了'颂古'在

---

① 刘方:《圜悟克勤的禅学与美学思想》,《宗教学研究》2005年第2期。

丛林中的流传。"①

又云："北宋'文字禅'的主要表现形式有'举古''代别''拈古''颂古''评唱''击节'。其中，'评唱'与'击节'皆由克勤所创……其他的四种方式，早在唐五代时期即已出现，经历了'模式固定化'和'意蕴玄妙化'的改造。"②

另有一种"五式说"，如元《万松老人评唱天童觉和尚拈古请益录》卷上云："古来有拈古、颂古、征古、代古、别古。"③

与上述"五式说"或"六式说"不同，化西宗主张"十二式说"，含"初阶三款六式"与"二阶三款六式"。禅门初阶文字禅，凡六式："著语"与"代别"为"点"之两式，"举古"与"拈古"为"评"之两式，"垂示"与"颂古"为"唱"之两式。凡三款六式。

禅门二阶文字禅，乃是对于初阶各式之"再造作"。由评唱初阶之"著语"而成之书，可拟名曰"论"或"议"或"辩"；由评唱初阶之"代别"而成之书，可拟名曰"诀"或"决"或"鉴"；由评唱初阶之"举古"而成之书，可拟名曰"记"或"训"或"释"；由评唱初阶之"垂示"而成之书，可拟名曰"讲"或"赞"或"考"。

十、垂示论

《佛光大辞典》有"垂示"专条，云：指垂说示众。又作垂语、垂说、示众。禅门师家对弟子大众开示宗要，谓之垂示。其法为于

---

① 赵娜：《北宋"文字禅"研究》，第18页。
② 同上文，第43页。
③ 《续藏经》第117册，第827页。

说示法要时，先以简明语句标示所说之要谛。如《碧岩录》《从容录》等，均先下"垂示"，次揭公案，后予评唱。

另有索语、索话或钩语、钩话等词，亦跟"垂示"有关。指师家下"垂示"之后，接受学人请问，为彼等解疑释难之语。详情可参《六祖大师法宝坛经·定慧品》、《临济义玄禅师语录》、《禅林宝训》卷三、《禅林象器笺·垂说门》等。

《佛光大辞典》另有"示众""示谈"等专条，与"垂示"有关。

其论"示众"云：禅林中禅师为门第大众等开示宗要，称为示众。又作垂语、垂示。"示众"一词源出《六祖坛经·定慧品》，云："师示众云：善知识，我此法门以定慧为本。"诸经录中有关"示众"一词，盖出于此。

"示谈"则为日本佛教用语，指日本净土真宗所办之答辩座谈，对象为在家信徒。说法者予其质疑给予应答，以加深其信仰，此布教方法，即是示谈。又称信仰座谈。

"垂示"之言，一般极为简洁明快，且斩钉截铁。如《碧岩录》第一则《圣谛第一义》之"垂示"云：隔山见烟，早知是火；隔墙见角，便知是牛。举一明三，目机铢两，是衲僧家寻常茶饭。至于截断众流，东涌西设，逆顺纵横，与夺自在，正当恁么时，且道：是什么人行履处？看取雪窦葛藤。

再如《碧岩录》第四十九则《三圣透网金鳞》之"垂示"云：七穿八穴，搀鼓夺旗。百匝千重，瞻前顾后。踞虎头，收虎尾，未是作家；牛头没，马头回，亦未为奇特。且道：过量底人来时如何？试举看。

又如《碧岩录》第百则《巴陵吹毛剑》之"垂示"云：收因结

果,尽始尽终,对面无私,元不曾说。忽有个出来道:一夏请益,为什么不曾说,待你悟来向你道。且道:为复是当面讳却,为复别有长处。试举看。

由以上三例,可知"垂示"之大概。

又,"示众"起源于《祖堂集》。《祖堂集·云岩和尚》在"师问黄檗侍者"一段之后,另段云:"师示众云:从门入者非宾,直饶说得石点头,亦不干自己事。又云:拟心则差,况乃有言。恐有所示,转远。"①此为"示众"之源头。

"垂语"亦起源于《祖堂集》。《祖堂集·曹山和尚》在"师举教中事问大众"一段之后,另段云:"师垂语云:此座高广,吾不能升,未审唤作什么座?"②

合而言之,《祖堂集》已有"示众"与"垂语"之分述,乃"垂示"之前奏。

十一、颂古论

圜悟克勤《碧岩录》第一则:"大凡颂古,只是绕路说禅。"这是对于"颂古"之经典定义。

《佛光大辞典》释"颂古"云:禅宗将古人指导弟子所开示之公案(古则),以简洁的偈颂表示之,称为颂古。其本意即在讽咏吟诵之间体会古则之意,本为一种禅文学,系以汾阳善昭语录中所收颂古为始例,而盛行于宋代以降之丛林,例如雪窦重显、宏智正觉、

---

① 《祖堂集》,第254—255页。另见268、307、337、356—357、359、367、368、372、403、424、471、474页。

② 同上书,第383页。另见第423、447、490页。

无门慧开等禅师,均以颂古集而名重天下。

又云:然至此风之末流,学者每流于求新求奇,巧琢变弄,乃将颂古原有的简劲之风,一变而为浮华冗漫之词,致令痛心时弊者如大慧宗杲,倡议将《碧岩录》刻板付之一炬。

颂古集传留至今者颇多,较著称者有《禅宗颂古联珠通集》(四十卷,宋代法应集,《卍续藏》第115册)、《禅门诸祖师偈颂》(四卷,宋代子昇、如祐集录,《卍续藏》第116册)、《空谷集》(六卷,宋代义青之颂古,《卍续藏》第117册)、《虚堂集》(六卷,宋代子淳之颂古,《卍续藏》第124册)、《宗门拈古汇集》(四十五卷,清代浮符汇集,《卍续藏》第115册)等。详情可参《禅林象器笺垂说门》《经录门》等。①

"颂古"作为文字禅之一种体裁,杨曾文认为"在唐末五代丛林间已经有颂古出现"②。只因宋初汾阳善昭禅师撰《颂古百则》很有名,人多以为其为创始者。"颂古"成熟于北宋中叶雪窦重显禅师之《颂古百则》,其书被誉为将"文字禅"推向"巅峰"之作。

圜悟克勤评该书云:"雪窦颂一百则公案,一则则焚香拈出,所以大行于世。他更会文章,透得公案,盘礴得熟,方可下笔。"(《碧岩录》第四则)

克勤弟子关友无党评该书说:"雪窦《颂古百则》,丛林学道诠要,其间取譬经论,或儒家文史,以发明此事。"

于"颂古"一体裁,克勤本人亦撰有《颂古八十二则》,载于

---

① 《佛光大辞典》,第5705页。
② 杨曾文:《宋元禅宗史》,中国社会科学出版社2006年版,第287页。

《语录》卷十八与卷十九。其所涉公案有：德山问话者三十棒、德山挟複子、南泉参百丈涅槃和尚、百丈再参马祖、道吾抚棺问生死、灵山会上好佛前入定、清原曹溪有消息、云门清波无透路、龙牙二鼠侵藤、《圆觉经》以大圆觉为伽蓝、云门闻声悟道、镜清门外雨滴声、南泉每人二十棒、雪峰生死海未渡、云门对一说、云门倒一说、文殊三处安居、岩头涂毒鼓、沩山天寒人寒、归宗观音行等。

于公案"德山挟複子"，克勤颂云：

> 大用不拘，今古楷模。
> 倒拈蝎尾，平捋虎须。
> 若非深辩端倪，何以坐观成败。
> 俊处颖脱囊锥，高来卷舒方外。
> 孤峰顶上浪滔天，正令当行百杂碎。
> 咄！

于公案"洞山麻三斤"，克勤颂云：

> 钟在扣谷受响，池印月镜含像。
> 曾非展事投机，岂是预搔待痒。
> 点铁成金，举直措枉。
> 一箭雕一双，一掴血一掌。
> 君不见，疏而不漏兮恢恢天网。

于公案"归宗观音行"，克勤颂云：

无学弹指超,圆通耳根净。

透出闻不闻,妙哉观音行。

棒头指出金刚王,险恶道中为津梁。

以上即圜悟克勤《颂古八十二则》之大概。逆测克勤之原意,当亦欲撰《颂古百则》,但"特殊原因"令其未完成,成为禅门憾事。

慧能以下禅门"五家"宗师,均撰"颂古",如《镇州临济慧照禅师语录》《潭州沩山灵佑禅师语录》《袁州仰山慧寂禅师语录》《筠州洞山悟本禅师语录》《抚州曹山本寂禅师语录》《云门匡真禅师广录》《金陵清凉院文益禅师语录》等,今均存于《大正藏》卷四十七。

苏轼《东坡集》卷四十有《磨衲传》一篇,谓此批名僧"能文善诗及歌词,皆操笔立就"。擅"颂古"之禅师,如善昭、重显、惠南、义青、惠洪、克勤等,均"善于翰墨"。

"偈"字数、节律固定,体制严格,类于律诗。神秀、慧能"菩提明镜"之"偈",即其典范。"颂"亦重韵,讲究平仄押韵,且节律固定,多用五七言。最终走向"诗"与"禅"之结合,于中土构建一全新诗歌体裁——"禅诗"。

《碧岩录》对于重显《颂古古则》之贡献,一在使其得以幸存(《明觉禅师语录》卷五《祖英集》只载有少量"颂古"之作),二在使其名闻天下。克勤借重显而有盛名,同理,重显又借克勤而益彰。

善昭《颂古百则》多用七言律诗(占百分之九十七);重显《颂古百则》则多用七绝(占百分之三十六),兼采七律、五言古、四言古、杂言。

宋净善重编之《禅林宝训》卷三斥"颂古"之流弊云:"其颂始自汾阳,暨雪窦宏其音,显其旨,汪洋乎不可涯。后之作者,驰骋雪窦而为之,不顾道德之奚若,务以文彩焕烂相鲜为美,使后生晚进,不克见古人浑淳大全之旨。"①

宋道谦编《大慧普觉禅师宗门武库》亦以峨眉山白长老为典型案例,斥"颂古"之流弊,云:"遂作颂千首,以多十倍为胜,自编成集,妄意他日名压雪窦。到处求人赏音。……白携其颂往谒之(按:大和山主),求一言之鉴,取信后学。大和见,乃唾云:此颂如人患鸦臭,当风立地,其气不可闻。自是白不敢出似人。"②

又,"颂"起源于《祖堂集》。《祖堂集·丹霞和尚》在"师又有《玩珠吟》"一段之末附:"又颂曰:丹霞有一宝,藏之岁月久。从来人不识,余自独防守。山河无隔碍,光明处处透。体寂常湛然,莹彻无尘垢。世间采取人,颠狂逐路走。余则为渠说,抚掌笑破口。忽遇解空人,放旷在林薮。相逢不擎出,举意使知有。"③

稍后又有段落云:"师又有《如意颂》曰:真如如意宝,如意宝真如。森罗及万像,一法更无余。海澄孤月照,天地洞然虚。寂寂空形影,明明一道如。"④

以上两"颂",即文字禅历史上"颂"之源头。

---

① 《大正藏》卷四十八。
② 《大正藏》卷四十七。
③ 《祖堂集》,第216—217页。
④ 同上书,第220—221页。另见第259—260、269、336、354、359、405、419、431、439、469、471、472—473、474—475、483页。

十二、"颂古"作为文字禅之一种体裁

宋以降禅门大德，多有"颂古"之作。北宋善昭禅师首撰《颂古百则》，雪窦重显续作《颂古百则》，最为有名。

据《禅宗颂古联珠通集·序》，至南宋孝宗淳熙年间（1174—1189年），可得颂古325则，涉及宗师122人，公案325则，出颂2100首。至元延祐戊午年间（1318年），又得颂古493则，涉及宗师426人，公案493则，出颂3050首。

北宋汾阳善昭、雪窦重显、投子义青、丹霞子淳，被誉为"颂古四大家。"

观《祖堂集》，可知"颂古"之体裁，唐代即有。曹洞宗诸师，已开始运用"颂古"，如洞山良价、曹山本寂、雪峰义存等。

《筠州洞山悟本禅师语录》载，僧问"宾主话"，洞山遂示颂："嗟见今时学道流，千千万万认门头。恰似入京朝圣主，只到潼关[即]便休。"（《大正藏》卷四十七）此即"颂古"。

于"外道问佛"之公案，善昭禅师颂以七言云：

鞭影分明指似君，多闻瞥地爽精神。
汾阳报汝诸禅侣，信手拈来莫厌尘。
——《汾阳无德禅师语录》卷中，《大正藏》卷四十七

而重显禅师却颂以五言与七言，云：

机轮未曾转，转必两头走。
明镜忽临台，当下分妍丑。

妍丑分兮迷云开,慈门何处生尘埃。
因思良马窥鞭影,千里追风唤得回。
——《碧岩录》卷七,《大正藏》卷四十八

于"俱胝一指"之公案,善昭禅师亦颂以七言,云:

天龙一指悟俱胝,当下无私物匪齐。
万互千差宁别说,直教今古勿针锥。
——《碧岩录》卷七,《大正藏》卷四十八

重显禅师亦颂以七言,云:

对扬深爱老俱胝,宇宙空来更有谁。
曾向沧海下浮木,夜涛相共接盲龟。
——《碧岩录》卷二,《大正藏》卷四十八

以上为"颂古"写法之大概。

十三、文字禅与禅诗

"颂古论"一节已论及"颂"与"偈"之关系,表明文字禅由"偈"而"颂",由"颂"而"诗"之历史变迁。文字禅之顶峰,实即"禅诗",它离开"点",离开"评",而直接进入"唱"。"诗"是用来"唱"的;"禅诗"是用来"唱禅"的。

周裕锴以"禅诗"为"狭义文字禅",云:"所谓狭义的'文字禅'就是指一切禅僧所作忘情的或未忘情的诗歌以及士大夫所作含带佛理禅机的诗歌。……因此，以'文字禅'作为诗的别称，与其说是表现了作诗者融合诗禅的意图，不如说是取决于读诗者的接受态度，即把诗（不管是否忘情之语）当作禅的文本来阅读。"①

以"禅诗"为"狭义文字禅"，不妥；"禅诗"实为"文字禅"之最高形态与终极表达。"文字"至"诗"而极，"文字禅"至"禅诗"而极。

魏建中以"诗禅合一"评《碧岩录》，云："《碧岩录》中机锋峻峭的公案，精金美玉的言辞，充满灵性的禅悟体验，都令人惊叹不已。可见，《碧岩录》从一个侧面反映出禅教融合的大趋势，也反映了中国文化最高的美学特征——诗禅合一，并对后世禅宗产生了巨大的影响力。"②

以"诗禅合一"为中华最高美学特征，实为的论。

十四、公案与颂评论

中峰《山房夜话》卷上云："或问：佛祖机缘，世称公案者，何耶？幻曰：公案乃喻乎公府之案牍也。法之所在，而王道之治乱实系焉。公者，乃圣贤一其辙，天下同其途之至理也。案，乃记圣贤为理之正文也。凡有天下者，未尝无公府；有公府者，未尝无案牍。盖欲取以为法，而断天下之不正者也。公案行，则理法用；理

---

① 周裕锴：《"文字禅"的用例，定义与范畴》，《传统文化与现代化》1997年第5期，第58—59页。

② 魏建中：《克勤"文字禅"的理论与实践及其对后世的影响》，《理论月刊》2009年第5期，第41页。

法用,则天下正;天下正,则王道治矣。夫佛祖机缘,目之曰公案亦尔。"此为"公案"最为完整、最为正面之论。

清道霈《为霖道霈语录·四家颂古序》云:"古公案无颂,颂自汾阳始。阳之后,雪窦继之,号称颂之圣。嗣是,诸家皆有颂。洞上颂名最著有三人,投子青、丹霞淳、天童觉是已。颂无评,评自圜悟始,悟之后,万松、林泉继之。悟评雪窦,松评天童,林泉评丹霞与投子是已。后人合之,目为四家颂古,禅者倚为指南。"此处论公案而颂、颂而评之历程简单明了,并首次提出"雪窦号称颂之圣"之命题,殊为难得。

十五、评唱论

《佛光大辞典》无"评唱"条,"评"仅涉及"评定众"一词,为日本僧徒之专名。"唱"则有"唱衣""唱拍相随""唱食""唱导""唱导师""唱礼""唱题"等专条。

与"评唱"相近者,或为"唱导"。故"评唱"也许可简称为"唱"。然元张明远校刊本《佛果圜悟禅师碧岩录》,于题名之下,明署"师住澧州夹山灵泉禅院评唱雪窦显和尚颂古语要",则"评唱"为文字禅专名,当无疑。然或为张明远校刊时补入。

《佛光大辞典》述"唱导"云:法会或斋会时,宣说教理以开导众心。与演说、说教同义,然为一种较浅近之教导方法。又,唱导系有关经典之讲演说话,即就经文而讲,故又称讲经、讲说、唱说、说法、讲导、宣讲、宣唱。

"唱导"词出《法华经》卷五《从地踊出品》,云:"是四菩萨,于其众中,最为上首唱导之师。"《天台宗三大部补注》卷九亦云:

启发法门称为唱,引接物机称为导。

梁《高僧传》卷十三列举当世中土著名唱导师十人,如道照、昙颖、昙光等。《续高僧传》卷三十《杂科声德篇》则列举慧明、立身等人。宋《高僧传》卷二十九、卷三十《杂科声德篇》又列举法真、无迹等人为"唱导家"。

梁《高僧传》卷十三列出"唱导师"四条件:声、辩、文、博。声则吐音嘹亮,以洗涤尘心;辩则擅于论难,以随机应变;文则出口成章,文采斐然;博则精通经论,广采书史,乃至民间技艺。此四条件,亦可为"评唱家"四条件,圜悟克勤等大师可当之。

唐时为佛法普及故,"唱导"法合渐变为"俗讲"法会。讲经对象不再限于教团内僧侣,亦含寺院外之一般世俗民众。为方便故,"俗讲"一以平易通俗之说法为特色,并随之选择教材,融合转读、赞呗、讲经说话等法。世俗化之"唱导师",亦随之被称为"说法师""化俗法师"。①

"评唱"是否源出"唱导"之世俗化,不得而知。然学理上,可做此考虑。"评唱"之对象,亦是寺内外兼备,教法亦相近。差别恐只在一项:"俗讲"以"普及"为重点,犹之中小学阶段;而"评唱"则以"创新"为重点,犹之大学与研究生阶段。"俗讲"可以没有"新意",然"评唱"则不能没有"新意"。

魏道儒认为"评唱"乃是文字禅发展之最高形式或最后阶段,而宋代出现之唯一评唱体语录,即是克勤所著《碧岩录》。②

---

① 《佛光大辞典》,第4418—4419页。
② 魏道儒:《关于宋代文字禅的几个问题》,《中国禅学》第一卷,中华书局2002年版。

"评唱"体之专书，或名"录"，或名"集"。最著名者，有四书：一曰《碧岩录》，二曰《从容录》，三曰《空谷集》，四曰《虚堂集》。

《碧岩录》十卷，宋圜悟克勤评唱。又称《碧岩集》《圜悟老人碧岩录》《圜悟碧岩集》。全称《佛果圜悟禅师碧岩录》。成于宋徽宗宣和七年（1125年）。书名"碧岩"源于澧州夹山灵泉院方丈室之匾额，匾额源于夹山开祖善会之悟"夹山境"偈："猿抱儿归青嶂后，鸟衔花落碧岩前。"南宋高宗建炎年间（1127—1130年），克勤门人大慧宗杲当众焚毁之。此后两百年间未见于丛林。直至元成宗大德年间（1297—1307年）张明远重刊，始得再生。被尊为"宗门第一书。"

《从容录》六卷，南宋万松行秀评唱。又称《万松老人评唱天童和尚颂古从容庵录》《天童觉和尚颂古从容庵录》。成于南宋理宗绍定六年（1233年），翌年耶律楚材作序于西域。书名"从容"源于万松行秀晚年所居庵名，庵位于燕京报恩寺。行秀有门人耶律楚材，随元太祖成吉思汗西征，途中屡致书行秀评唱天童山宏智正觉和尚《颂古百则》。行秀从之，命侍者离知笔录成书。与《碧岩录》并称禅门"二大宝典"。《碧》书属临济宗系统，本书则属曹洞宗系统。注疏有下列数种：《从容录颂解》，一卷，默绍撰；《从容录事略》，十七卷，松云撰；《从容录接觜录》，二卷，鼎三撰；《从容录笔削》，一卷，梵丁撰。

《空谷集》六卷，元林泉从伦评唱。全称《林泉老人评唱投子青和尚颂古空谷集》。宋投子义青作《颂古百则》，丹霞子淳附"示众"及"著语"，从伦"评唱"而成书。与《从容录》《碧岩录》并称。另，疑明僧祖庭景隆亦撰有《空谷集》，三十卷，惜佚。

《虚堂集》六卷，元林泉从伦评唱。又作《虚堂录》。全称《林泉老人评唱丹霞淳禅师颂古虚堂集》。书刊行于元成宗元贞元年（1295年）。宋僧丹霞子淳之《丹霞子淳禅师语录》卷下载有《颂古百则》，元从伦摘编，并附以"示众""著语""评唱"等而成书。

赵娜认为："'评唱'始于圜悟克勤，以重显选取的100则'公案'和重显的'颂古'为基础，引经据典，运用文字诠释禅法义理。克勤对重显《颂古百则》的评唱，集成《碧岩录》（又称《碧岩集》），被誉为'禅门第一书'，成为北宋末年理解禅理的'敲门砖'。"[①]

又云："到克勤时，在二十余年间三处评唱，集成《碧岩录》一书，开创了'评唱'方式，在再加工的过程中更深层地推动了'颂古'的发展。"[②]

[①] 赵娜：《北宋"文字禅"研究》，第18页。
[②] 同上文，第88页。